季愚文库

阿拉伯哲学

陈中耀 著

陈中耀

1940年生,上海外国语大学退休教授,享受国务院政府特殊津贴。长期致力于阿拉伯语语言、文学和阿拉伯哲学的教学与研究,曾任中国阿拉伯语教学研究会会长。完成中国国家教委"七五"社科重点项目《阿拉伯哲学研究》和国家教委人文社会科学研究"八五"规划项目《阿拉伯语语言与修辞研究》。出版专著《阿拉伯语语法》《阿拉伯语语言与修辞》《阿拉伯语词汇学》《阿拉伯哲学》《世界文学家大辞典》(最后一部负责阿拉伯文学家部分)等,英文译作《伊斯兰哲学史》以及阿拉伯文学作品译作《蓝灯》《灵魂归来》《天长日久》《我家有个男子汉》《两宫间》《思慕宫》《怡心园》(后三部为诺贝尔文学奖埃及得主的代表作)等,还出版大学教材多部,发表学术论文40余篇。

总　序

　　七十年在历史长河中只是短暂一瞬，但这却是上外学人扎根中国大地、凝心聚力、不断续写新时代中国外语教育新篇章的七十年。七秩沧桑，砥砺文脉，书香翰墨，时代风华。为庆祝上外七十华诞，上外携手商务印书馆合力打造"季愚文库"，讲述上外故事，守望上外文脉。"季愚文库"系统整理上外老一辈学人的优秀学术成果，系统回顾上外历史文脉，有力传承上外文化经典，科学引领上外未来发展，必将成为上外的宝贵财富，也将是上外的"最好纪念"。

　　孔子曰："居之无倦，行之以忠。"人民教育家王季愚先生于1964年出任上海外国语学院院长，以坚定的共产主义信仰和对人民教育事业的忠诚之心，以坚苦卓绝、攻坚克难的精神和毅力，为新中国外语教育事业做出了卓越贡献。她在《外国语》杂志1981年第5期上发表的《回顾与展望》一文被称为新时期外语教育的"出师表"，对上外未来发展仍具指导意义。王季愚先生一生勤勤恳恳，廉洁奉公，为人民服务，她的高尚情操始终指引着上外人不断思索："我们从哪里来？我们在哪里？我们向哪里去？我们应该做什么？"

　　七十载筚路蓝缕，矢志创新。上外创建于1949年12月，是中华人民共和国成立后由国家创办的第一所高等外语学府，是教育部直属并与上海市共建、进入国家"211工程"和"双一流"建设的全国重点大学。从建校初期单一语种的华东人民革命大学附设上海俄文学校,到20世纪50年代中期迅速发展为多语种的上海外国语学院;从外语单科性的上海外国语学院,到改革开放后率先建设以外国语言文学学科引领,文、教、经、管、法等学科协调发展的多科性上海外国语大学;从建设"高水平国际化多科性外国语大学",到建设"国别区域全球知识领域特色鲜明的世界一流外国语大学",上外的每一次转型都体现着上外人自我革新、勇于探索的孜孜追求。

"立时代之潮头,通古今之变化,发思想之先声。"习近平总书记在哲学社会科学工作座谈会上强调,要着力构建中国特色哲学社会科学,在指导思想、学科体系、话语体系等方面充分体现中国特色、中国风格、中国气派。在中国立场、中国智慧、中国价值的理念、主张、方案为人类文明不断做出更大贡献的新时代,外语院校应"何去何从"?秉承上外"格高志远、学贯中外"的红色基因,今日上外对此做出了有力回答,诚如校党委书记姜锋同志所言:"要有一种能用明天的答案来回应今天问题的前瞻、勇气、担当和本能。"因此,上外确立了"国别区域全球知识领域特色鲜明的世界一流外国语大学"的办学愿景,致力于培养"会语言、通国家、精领域"的"多语种＋国际化卓越人才,这与王季愚先生"外语院校应建设成多语种、多学科、多专业的大学"的高瞻远瞩可谓一脉相承。

历沧桑七十载,期继往而开来。"季愚文库"是对上外学人的肯定,更是上外文脉在外语界、学术界、文化界的全新名片,为上外的学术道统建设、"双一流"建设提供了全新思路,也为上外统一思想、凝心聚力注入了强大动力。上外人将继续跟随先师前辈,不忘初心,砥砺前行,助力中国学术出版的集群化、品牌化和现代化,为构建有中国特色、中国风格、中国气派的哲学社会科学体系贡献更大的智慧与力量!

上海外国语大学
2019年10月

编辑说明

1. 本文库所收著作和译作横跨七十载,其语言习惯有较明显的时代印痕,且著译者自有其文字风格,故不按现行用法、写法及表现手法改动原文。文库所收译作涉及的外文文献底本亦多有散佚,据译作初版本着力修订。

2. 原书专名(人名、地名、术语等)及译名与今不统一者,亦不作改动;若同一专名在同书、同文内译法不一,则加以统一。如确系笔误、排印舛误、外文拼写错误等,则予径改。

3. 数字、标点符号的用法,在不损害原义的情况下,从现行规范校订。

4. 原书因年代久远而字迹模糊或残缺者,据所缺字数以"□"表示。

目　录

前　言 / 1

第一章　阿拉伯哲学导论 / 7

第一节　阿拉伯哲学的产生 / 7

第二节　阿拉伯哲学的发展 / 29

第三节　阿拉伯哲学从兴旺到衰落 / 68

第二章　经院哲学和神秘主义哲学 / 105

第一节　伊斯兰教教派和早期的经院哲学 / 105

第二节　穆尔太齐赖派 / 122

第三节　神秘主义（苏菲派）哲学 / 159

第四节　艾什阿里主义 / 178

第五节　伊斯兰泰斗加扎利 / 192

第三章　受希腊哲学影响的阿拉伯哲学家 / 223

第一节　第一位系统的阿拉伯哲学著述家铿迪 / 223

第二节　主张物质永恒论的哲学家　/ 237

第三节　精诚兄弟社的数理哲学　/ 249

第四节　阿拉伯新柏拉图主义的奠基者法拉比　/ 267

第五节　阿拉伯哲学家之王伊本·西那　/ 289

第六节　唯理主义哲学家伊本·巴哲和伊本·图斐勒　/ 323

第七节　阿拉伯逍遥学派哲学的集大成者伊本·鲁世德　/ 343

第四章　阿拉伯哲学探讨的主要课题　/ 371

第一节　真主与世界——存在的来源与系列　/ 371

第二节　人与外部世界——关于认识的问题　/ 393

第三节　人际关系和人类社会　/ 417

参考文献　/ 446

前　言

原先一盘散沙似的阿拉伯民族，在伊斯兰教于7世纪初诞生后迅速崛起，百年期间建立了一个西起大西洋，东至中国边境，横跨亚、非、欧三大洲的大帝国。为推行宗教、巩固政权、发展经济，阿拉伯人与处于阿拉伯帝国版图内的波斯人、柏柏尔人、科卜特人以及其他少数民族一起，广泛吸收东、西方文化，融会贯通，创造出辉煌灿烂、特色鲜明的阿拉伯文化，在自然科学和人文科学诸方面都取得了令人瞩目的成就。大量的阿拉伯文著作通过翻译传入欧洲后，点燃了欧洲智慧的火炬，促进了近代自然科学的建立和欧洲文艺复兴时代的到来。中世纪阿拉伯文化的传播，沟通了东西方文化，在世界文化史上，起到了承前启后、继往开来的作用。

"任何真正的哲学都是自己时代精神的精华。"[①]作为阿拉伯文化重要组成部分的阿拉伯哲学是在特定的历史条件下产生和发展起来的，它在伊斯兰意识形态的基础上，继承和发扬古希腊罗马哲学的传统，融进东方

[①]《马克思恩格斯全集》，第1卷，人民出版社1959年版，第121页。

哲理，始终以整个宇宙为主要研究对象，并以灵魂与理性为核心，研究人与社会。早期的阿拉伯哲学是从伊斯兰神学中分化出来的经院哲学，它实际上是论证伊斯兰教教义的一种理论工具。辩证法和逻辑学的引进，在平静的阿拉伯思想界激起了理性的浪花，自由意志论对前定论的冲击，使穆尔太齐赖派登上了历史的舞台。苏菲派在禁欲主义和直观的自我深化思想的基础上，提倡神秘的神智哲学，使新柏拉图主义获得了独特的实践。艾什阿里①调和正统派与唯理派的冲突，最终使他的学说成为占统治地位的哲学信条。

阿拉伯真正的哲学思维是从自然哲学开始的。精诚兄弟社力图普及科学哲学知识，但他们的哲学的要点是神秘的新柏拉图主义，并带有相当多的新毕达哥拉斯主义的成分。拉齐的五大永恒的本原的理论，向传统的伊斯兰观念发出了挑战。阿拉伯逍遥学派客观上具有唯物主义和无神论倾向，他们在与保守的经院哲学的论争中逐渐发展起来，成为阿拉伯哲学的主流。加扎利②对阿拉伯哲学家进行了猛烈的攻击，并在艾什阿里学说和苏菲主义的基础上，完成了伊斯兰实用主义哲学体系，使其成为官方哲学。伊本·鲁世德回击了加扎利的非难，全面地捍卫了阿拉伯亚里士多德哲学。13世纪初，保守势力对阿拉伯逍遥学派迫害加剧，没收与公开焚毁哲学著作的事件越来越多，阿拉伯哲学受到沉重的打击。内部的争斗和外部的入侵，使阿拉伯文化一落千丈，阿拉伯哲学进入15世纪后

---

① 一译艾什尔里。
② 一译安萨里。本书根据"名从主人"的原则，按阿拉伯原名译出。

便处于停滞状态,一直到19世纪末20世纪初阿拉伯思想解放运动中,才有所复苏。

必须指出,阿拉伯人主要是通过新柏拉图主义者的解释来了解亚里士多德主义的。早期的逍遥学派所主张的,实际上是以亚里士多德学说为主,夹杂着新柏拉图主义和各种东方哲理的混合物。例如,在很长的时期内,阿拉伯人一直把《神学》和《原因篇》当作亚里士多德的著作。事实上,前一部书是普罗提诺《九章集》的卷四至卷六的释义本,后一部书则是普罗克鲁斯《纯粹的德性》的摘录。这两部书是阿拉伯哲学家所提出的溢出主义宇宙观的主要希腊源泉。这种情况一直到伊本·鲁世德才得到彻底纠正。

早期的阿拉伯哲学,是包括各种学问在内的知识总汇。哲学研究和自然科学研究相结合,是阿拉伯哲学的一大特点。阿拉伯哲学家通常都是出色的自然科学家。他们大多认为哲学的主旨是研究存在自身,存在可分为必然的存在和可能的存在。前者是存在之本,具有创造力,即造物主;万物是可能的存在,由造物主所创造或从造物主溢出。数学、医学、天文学、物理学等等,都是存在的体现,都应以理性思考为基础来进行研究。它们理应是哲学研究的一部分,谁不研究自然科学,谁就不是真正的哲学家。阿拉伯一些哲学著作,例如精诚兄弟社的《书信集》、伊本·西那的《治疗书》,除涉及形而上学问题外,都包含大量自然科学的内容,可以说是百科全书式的著作。他们尤其推崇数学,把它作为哲学的基础。随着阿拉伯哲学的发展,认识论成为哲学研究的中心问题之一。

哲学是以理论形式表现的世界观，它作为社会意识形态，是被社会存在所左右的。阿拉伯哲学离不开伊斯兰教教义的思想基础，在思维对存在、精神对物质的关系这个哲学的基本问题上，深深地打上了伊斯兰的烙印。绝大部分哲学家为求生存，一方面力图在亚里士多德哲学和柏拉图哲学之间进行调和，寻求共同点；另一方面千方百计地使阿拉伯哲学——至少在表面上——与宗教教义相一致。部分哲学家在貌似折中的叙述中，以隐晦的形式表达了唯物主义的思想，提出双重真理论、自然神论、泛神论、无始实体论、感性基础论等主张，强调逻辑思维和实践经验相统一、理性和感性相统一的原则。这些智力的成果，虽然并未成为阿拉伯思想的主流，但毕竟引起了相当大的震动。

阿拉伯哲学在世界哲学思想史上占有特殊的地位。5世纪西罗马帝国灭亡后，欧洲进入黑暗的中世纪时代，古代希腊罗马的文化潮流几乎中断。12世纪末13世纪初，这种情况才有根本的变化。在这个时期，亚里士多德的一些主要著作从阿拉伯文译成拉丁文，打破了当时思想界的僵化局面。与此同时，伊本·西那等阿拉伯哲学家的著作也被介绍到西欧，引起学术界的注意。

罗吉尔·培根十分尊敬伊本·西那，称他为哲学家的领袖和首脑。阿拉伯哲学注重自然科学的精神，促使他将实验的和理性的能力密切地结合起来，成为"英国唯物主义和整个现代实验科学的真正始祖"[1]。作为

---

[1] 《马克思恩格斯全集》，第2卷，人民出版社1959年版，第163页。

"中世纪的最后一位诗人,同时又是新时代的最初一位诗人"[①]的但丁,他的作品中存在着许多阿拉伯新柏拉图主义的因素,足见阿拉伯哲学思想对西欧的影响。

1250年,相当完整的阿威罗伊(即伊本·鲁世德)拉丁文全集得以出版,一些进步的思想家以巴黎大学为中心,发挥阿威罗伊的唯物主义和无神论思想,形成"拉丁阿威罗伊主义",使伊本·鲁世德的思想得到广泛的传播,影响深远。尤其是他的双重真理论,对中世纪西欧的哲学和科学摆脱宗教教条的束缚,起了积极的作用,推动近代哲学和科学的诞生。恩格斯对阿拉伯人的历史贡献作了充分的肯定,认为"在罗曼语诸民族那里,一种从阿拉伯人那里吸收过来并从新发现的希腊哲学那里得到营养的明快的自由思想,愈来愈根深蒂固,为十八世纪的唯物主义作了准备"[②]。

本书是国家教育委员会"七五"社科重点项目——"阿拉伯哲学研究"的内容之一。从收集资料到此稿完成,经历了整整5年时间。1989年11月—1991年8月,笔者利用再次应聘赴埃及爱因·夏姆斯大学语言学院任教的机会,广泛查阅了开罗市级图书馆和部分区级图书馆,以及开罗大学、爱因·夏姆斯大学图书馆库存的阿拉伯文和英文有关资料,在行前已有草稿的基础上完成了初稿,谨在此向提供方便的这些单位的埃及朋友们表示衷心的感谢。对本学院的有关领导和许多同志的热情关心和具体

[①] 马克思、恩格斯:《共产党宣言》,人民出版社1959年版,第22页。
[②] 《马克思恩格斯选集》,第3卷,人民出版社1972年版,第445页。

帮助,也深表谢意。由于本人水平有限,拙作恐有不少疏漏舛误之处,敬希专家和读者不吝赐教,批评指正。

陈中耀

1992 年 10 月于上海外国语学院

第一章 阿拉伯哲学导论

第一节 阿拉伯哲学的产生

一、贾希里亚时代的阿拉伯人

阿拉伯半岛是阿拉伯民族的故乡、伊斯兰教的摇篮。位于亚洲西南部的这个世界上最大的半岛,其土地主要是沙质平原和沙砾高原,有的是干旷草原,有的是沙漠。除半岛西南角和少量绿洲外,大地是贫瘠的,不适宜耕种,难以定居。从远古时代起,生活在这个半岛上的居民就以放牧为主,骆驼和羊是他们的主要家畜。绝大多数阿拉伯人过着逐水草而居的生活,缺乏文化生活,更谈不上科学和艺术。只有绝少数人能读会写,沙漠居民几乎全是文盲。他们的精神世界相当狭窄。在这种荒凉的环境里,为生存而斗争几乎耗尽了他们的精力,难以有时间和兴趣去进行哲理思索。他们的宗教是观念模糊的多神教。他们的"哲学"不过是为数有限的箴言。

古代阿拉伯人虽然没有什么成文的文学,却掌握着一种词汇量极为丰富的语言。在没有绘画和雕塑的情况下,他们把自己的语言作为一门艺术而进行发展,使它具有丰富的表达力。创作震撼人心的诗歌的诗人和发表演说的口若悬河的演说家深受人们的尊敬。

从伊斯兰教产生前的那个时代(贾希里亚时代)的诗歌、《古兰经》中辩驳性段落以及后来的伊斯兰文学来看,整个古老的阿拉伯半岛上盛行一种建立在多神教基础上的偶像崇拜。

"一切宗教都不过是支配着人们日常生活的外部力量在人们头脑中的幻想的反映,在这种反映中,人间的力量采取了超人间的力量的形式。"①在社会生产力低下,人们长期处于社会蒙昧的时期,他们认为有一种超自然的神力在支配着世间万物,于是就把自然力人格化,产生了最初的神——自然神。万物有灵,灵魂不灭,是阿拉伯原始宗教的思想基础。几乎所有的部落都有自己的神,这个神就是该部落宗教生活的中心、礼拜的直接对象。但与此同时,他们又相信有一个最高神的存在,称为"安拉",但这种信念是相当模糊的,他们对安拉的信仰并不坚定。遇到危险时,他们会祈求安拉保佑,等危机一过,他们就把这位神置之脑后了。除安拉外,他们还承认和崇拜大量的其他神。日月星辰等大自然的产物,尤其是陨石,均为神灵。由于地域和自然条件的差异,各个部落所崇拜的主

---

① 《马克思恩格斯选集》,第3卷,人民出版社1972年版,第354页。

要对象，也有所不同。他们认为自己部落的神至少可为他们在安拉处说情。尤其是乌扎、马纳特和拉特这三位神，被看作是安拉的女儿而受到特别的崇拜。此外，他们还崇拜偶像和祖先英灵，有些地方则流行着萨比教、琐罗亚斯德教、摩尼教、犹太教、基督教等外来宗教。

值得注意的是，6世纪末7世纪初，某些阿拉伯部落受到犹太教、基督教一神信仰的影响，反对贾希里亚时代的多神崇拜，开始创立本民族的一神教——哈尼夫教（正教），认为只有"安拉"这一个神，并笃信"天命""复活""惩罚""报应"等，形成了"哈尼夫运动"，提倡隐修，以求与神"合一"。

除了无数的神外，阿拉伯人还相信精灵这个虚幻事物的存在，他们称之为"精恩"，意为被隐蔽的，即肉眼看不见。它们被当作诡计多端的、有害的，几乎是恶毒的，因而令人心惊，对精灵的恐惧产生了形形色色的故事。他们还相信魔鬼附身之说，人或兽一旦被魔鬼缠住就会发疯。

他们认为，人的灵魂是一种空气似的缥缈的物质，和人的肉体截然不同。他们认为灵魂是和精神（气息）一致的。因此，阿拉伯语中，"纳夫斯"这个词既指灵魂，又指精神和气息，还可指本人。他们通过自己的观察，认为人一旦停止呼吸，人的存在也就中止，这就是死。人死时，只是精神（气息），即生命本身，通过其自然的通道——嘴或鼻孔逃遁了，留下来没有生命的肉体。所以阿拉伯语"鼻孔气尽"即指"寿终正寝"。而在暴死或横死时，其精神（气息）则是通过伤口逃遁的。一个人被谋杀后，他迫切想复仇，渴望喝谋杀者的血。如果仇未报，死者的灵魂安息不了，它化作猫头鹰形状，不断在坟墓上空喊着"伊斯古尼！"（"让我喝！"），直到大仇得报。

一般地说，古代阿拉伯人是宿命论者，他们相信人一生的遭遇都是命运中预定的，因而是不可避免的。不管人做出多大努力，他们都不能逃避自己的命运。人生遭遇被认为是由时间和光阴所决定的，因此，"萨尔夫，戴赫尔"（意为"光阴带来的改变"）便成了"灾难"和"祸患"。阿拉伯人尤其阿拉伯诗人们经常使用这个词组来表达人们对人生浮沉的无可奈何的心境。当时阿拉伯半岛上的居民，完全处于大自然的控制之下。邻近部落的突然袭击、瘟疫流行、长期干旱，可以使一个强大部族一落千丈成为赤贫。沙漠生活的特殊环境看来助长了宿命论在阿拉伯人中间滋长。脑子里有这种倾向的存在，那么在伊斯兰教出现后的第一个世纪内，伊斯兰教关于"前定"的教义迅速地被当地居民所接受，就不足为奇了。"前定"的概念只是摒除了"光阴"的作用。

在无情的命运前束手无策的感觉可能产生另一种思想："顺从"是一种值得称赞的美德。对人一生中的逆境和困苦采取既来之、则安之的态度的人，"顺从"或许具有幸存下来的价值。面对厄运，他们不是烦恼、愤怒、奋起反抗，千方百计地去改变命运，而是安之若素，甚至心甘情愿地接受命运的安排。

当时的社会虽然没有统一的宗教或成文的法律，但有公认的道德观念。勇敢、坚定和忠诚，被奉为立身之本；对他人慷慨、殷勤则成为时髦。阿拉伯的部落组织是建立在血统的基础之上。血统是一群人休戚与共的联结力。保护家属和部落，不管是个人还是集体，都被看作是一项神圣的职责。"荣誉"要求一个人必须站在自己族人一边,与他们同甘苦共患难。如果同部落的人寻求帮助,不管是非曲直,都应挺身而出。为部落和朋友不惜自我牺牲,被认为是人生的最高理想。"以血还血"是至理名言,为死者复仇是不容推辞的责任。血亲复仇战争非常频繁,有的持续数十年,使许多人丧生。

二、伊斯兰教与阿拉伯文明

六七世纪,阿拉伯半岛正处在一个社会动荡和变革的时期。原始社会解体,商业危机深重,社会矛盾错综复杂,尤其是奴隶主与奴隶的矛盾,游牧人与城市贵族的矛盾,各氏族部落之间的矛盾,以及阿拉伯民族与入侵的外来民族的矛盾,到了不可调和的程度。正是在这种巨大的社会经济变动和"阿拉伯人的民族感觉醒"①的条件下,伊斯兰教(意为"顺从之教")产生了。

伊斯兰教创始人穆罕默德出身于麦加古莱氏部落的没落贵族家庭,自幼失去父母,由伯父抚养。他经历丰富,广泛接触了阿拉伯半岛社会各阶层,对社会的动乱、苦难和危机有深刻的认识,又十分熟悉犹太教、基督教以及半岛上其他各种宗教思想。25岁时与麦加贵孀赫蒂吉结婚,从此再不需要四处奔波,有时间到希拉岩洞隐修。于是,每年拉马旦月(斋月),他都在岩洞内凝神深思,探索宇宙之真谛、宗教之奥秘。经过整整15

---

① 恩格斯语,见《马克思恩格斯书信选集》,人民出版社1962年版,第77页。

年,他终于创立了一种新的宗教,把古莱氏部落的主神安拉奉为宇宙唯一的神,自己则是安拉派遣的最后的使者、信仰的先知。他的思想和主张都以安拉的意志出现,用安拉降下"启示"的方式颁布。610年,穆罕默德开始在麦加进行传教活动,宣扬末日审判、死后复活、行善济贫者进天园、作恶者入火狱等教义,随后公开号召信仰唯一的神——安拉,反对多神崇拜,遭到古莱氏部落贵族的反对和迫害,信徒分批出逃埃塞俄比亚。

622年,随着迫害加剧,大批信徒迁往麦地那。穆罕默德本人也于这一年9月24日迁徙(阿拉伯语音为"希吉拉")到该地,迅速建立政教合一的政权。他提出"穆斯林皆兄弟"的口号,突破阿拉伯氏族部落的血缘关系和宗主关系,以伊斯兰社团的形式,把迁士(从麦加迁到麦地那的穆斯林)和辅士(麦地那当地的穆斯林)组织起来,从而历史上第一次把分散的阿拉伯民族团结在"伊斯兰"的旗帜下。"希吉拉"对伊斯兰教的顺利发展和阿拉伯民族的统一,具有决定性的意义,所以后来把伊斯兰教历称为"希吉拉历",并以迁徙的那一年阿拉伯太阴年的岁首(7月16日)作为该历纪元元年元旦。

穆罕默德掌握了最高的宗教权力和世俗权力后,以"圣战"的名义,与非穆斯林势力进行了一系列政治的和军事的较量,终于在631年统一了阿拉伯半岛。更为重要的是,他使穆斯林对伊斯兰教的宗教情感变为整个阿拉伯民族的共同心理和传统习惯。这种宗教情感和民族情感的合二为一,形成了阿拉伯民族的强大内聚力,使一个散漫的民族成为一个震撼世界的民族。

632年，穆罕默德病逝，他的哈里发（继位者）们为缓和半岛的经济危机和社会矛盾，开始向外扩张。经过四大哈里发时期和倭马亚朝时期这两个时期的南征北战、东伐西进，到8世纪上半叶，他们已经开拓出一个东起印度河和中国边境，西至直布罗陀海峡，北达黑海，南临尼罗河流域，横跨亚、非、欧三大洲的阿拉伯哈里发国，使伊斯兰教成为世界性宗教。

来自沙漠地区的游牧民，征服了具有比较发达文明的地域，他们敏锐的感官、无比的好奇心、强烈的求知欲和潜在的才能被充分地激发了起来。倭马亚朝的统治者充分意识到，为了巩固政权、发展生产和繁荣经济，一方面须处理好各种内部的和外部的关系，另一方面还必须面对各种意识形态的挑战，提高科学文化水平。他们从统一语言文字着手，推行阿拉伯文，统一货币，建立行政和经济法规，兴办学校，加强翻译出版经典著作的工作，促进商业流通，注重文化与科学。阿拉伯民族，在伊斯兰精神的鼓舞下，继续发扬古典的传统，汲取东、西方文化的营养，开创了举世闻名的阿拉伯文明，对中世纪的人类文明，做出了不可磨灭的贡献。

社会实践的需要，是阿拉伯文明产生和发展的根本原因。被阿拉伯人所征服地域里的印度文化、波斯文化、两河流域文化、叙利亚文化和埃及文化，以及当时已经流传到北非、西亚地区的希腊文化，成为阿拉伯文明产生的肥沃土壤。阿拉伯人和生活在这一地区的其他民族一起，在伊斯兰教教义的基础上，吸收、消化、融合了上述种种文化基质，结合传统的阿拉伯文化，形成了独特的阿拉伯-伊斯兰哲学思想体系和文明体系。这种文明在文学、艺术、伦理学、数学和天文学方面，深受东方文化（主要是印度文化和波斯文化）的影响，而在自然科学、逻辑学和哲学方面，则主要受到西方文化（希腊、罗马文化）的影响。值得指出的是，早在前汉时期（公元前202—公元8），中国和阿拉伯之间就开始有了交往，中国的伦理学和逻辑思维对阿拉伯人不无影响。中国的四大发明就是通过阿拉伯人传到欧洲的。尤其是阿拉伯人于8世纪中叶学得中国的造纸术，大大推动了阿拉伯文明的发展和繁荣。

必须着重指出，这种文明中，"阿拉伯"和"伊斯兰"是难以分割的。阿拉伯哈里发国是一个多民族的国家，作为这个国家基石的，一是阿拉伯语，二是伊斯兰教。这两者又是紧密地结合在一起的。阿拉伯文明，实际上是多种民族文化的融合。创造这一文明的，有阿拉伯人、波斯人、柏柏尔人、科卜特人，以及并入阿拉伯哈里发国版图的其他少数民族。他们都用居统治地位的阿拉伯文进行创作，为繁荣和发展阿拉伯文明做出了各自的贡献。因此，这里的"阿拉伯"一词与其说指民族的范畴，不如说指语言的范畴。这种文明又离不开伊斯兰教教义的思想基础，尽管我们可以发现这种文明独特地综合了希腊、罗马、埃及、波斯、印度、中国等古代文明以及古代阿拉伯的文化，但这些都被糅进伊斯兰的思想体系，使它带上了伊斯兰的烙印。阿拉伯哲学也不例外，在它自身的发展中，哲学与神学、反映论与先验论、自由意志与前定、可知与不可知、理性与非理性的斗争连绵不断，其中还出现唯物主义思想的火花，但无论哪一种思潮和学派，都不能脱离伊斯兰教的主流。因此，确切地说，应称其为阿拉伯-伊斯兰哲学，但一般都简称为阿拉伯哲学或伊斯兰哲学，不过后者常常加入非阿拉伯的成分。

三、翻译运动

亚历山大大帝的征战，使希腊文化传到中东地区。埃及、叙利亚和伊拉克北部，都出现了一些研究希腊文化的中心。早在4世纪，一些学者就开始将希腊哲学和自然科学著作译成古叙利亚文，在亚历山大学派和安提俄克学派的基础上，逐渐形成了哈兰学派、以得撒学派和琼迪沙普尔学派。阿拉伯人征服鲁姆（今叙利亚、黎巴嫩、巴勒斯坦等地）和波斯后，大大受益于世界文明，迫切要求汲取世界优秀文化，学习科学和哲学，提高自己的文化素质。当时的哈里发国统治者为了巩固帝国的地位，对外族文化采取了兼容并蓄的态度，支持和奖励翻译活动，从而形成了世界历史上罕见的"翻译运动"。

早在倭马亚朝时期（661—750），少数希腊医学、天文学和炼金术等方面的著作已经通过叙利亚文译成了阿拉伯文。当时的翻译工作主要由基督教徒，其次由拜星教徒和犹太教徒自由进行，仅有少量穆斯林参加。由于没有一定的组织，因而成果不多。在哲学方面，哈兰的拜星教徒向阿拉伯人介绍的主要是新柏拉图主义和新毕达哥拉斯主义，而以得撒的景教徒则是亚里士多德主义的传播者。

阿拔斯朝的真正奠基者、第二任哈里发曼苏尔（754—775年在位）对科学和哲学有浓厚的兴趣，给翻译家们的活动提供了有力的支持和大量的资助。印度的天文学著作《悉檀多》（即《历数全书》）、波斯的历史著作《波斯列王记》和童话故事《卡里莱和迪姆乃》等作品先后被译成了阿拉伯文。据说托勒密的《天文集》、欧几里德的《几何学原理》,以及亚里士多德的《范畴篇》《解释篇》《前分析篇》和《后分析篇》等,也在这个时期被译成阿拉伯文。① 早期的译本主要采取直译的方法,科学术语因无相应的阿拉伯词,常用音译。由于能胜任翻译工作的学者不足,且可供翻译的书籍缺乏,翻译运动的进展并不快。

曼苏尔之后的两任哈里发对翻译活动并无多大兴趣。哈伦·拉西德哈里发(786—809年在位)掌权后,出现了以御医叶海雅·本·马沙威赫(777—857)为首的一批翻译者,翻译运动开始蓬勃发展。

麦蒙哈里发(813—833年在位)时期,巴格达成为巨大的学术中心,各种知识迅速传播。学校、图书馆、书店,甚至各种学术团体如雨后春笋般出现,大批人才脱颖而出。阿拉伯人同拜占庭讲和的条件之一,就是把所有最著名的希腊书籍都交给阿拉伯人一本,从而解决了资料问题。哈里发还派人到各地去收集古旧书籍。有人又有书,麦蒙于830年在巴格达建立"智慧馆",任命叶海雅·本·马沙威赫为第一任馆长。智慧馆是一个兼科学院、图书馆和翻译局性质的机构。数百名学者在这里从事着希腊文、叙利亚文、波斯文和梵文典籍的翻译、注释和研究工作。翻译运动由此达到鼎盛。

叶海雅·本·比特里格被认为是最早翻译希腊哲学原著的学者,他把柏拉图的《蒂迈欧篇》(即《论自然》)和亚里士多德的《灵魂论》释义本(很可能是泰米斯提乌斯的改写本)、《动物学》全集(共19卷)等译成了阿

---

① 参见迈斯欧迪:《黄金草原》,第8卷,第291—292页。

拉伯文。但是,哲学翻译史上的最重要人物是叶海雅·本·马沙威赫的高足和同事侯乃恩·伊本·伊斯哈格(809—873),他是一个景教徒,精通希腊语、波斯语、叙利亚语和阿拉伯语。他总结了前人的翻译经验,将阿拉伯文翻译的技巧奠定在科学的基础上。他的译作深得麦蒙哈里发的赏识,他入智慧馆不久,即被提升为馆长。他译作等身,被誉为"科学的源泉、道德的宝库"①。他认为过去的许多译本错误甚多,开校订和重译之先河。他的儿子伊斯哈格(911年卒)、侄子侯拜什以及他的学生伊萨·本·叶海雅步他之后尘。他们几乎将所有的亚里士多德文集以及《理想国》等许多柏拉图的著作,翻译或重译成阿拉伯文,还翻译了大量的科技书籍。侯乃恩的儿子伊斯哈格成为亚里士多德著作的最伟大的翻译家。铿迪(约801—873)是阿拉伯首先提倡亚里士多德主义的哲学家,他不仅资助翻译运动,而且为亚里士多德的不少著作作了注释。

与侯乃恩的学识水平相匹敌的是著名学者古斯塔·本·罗加(820—900)。他生于黎巴嫩的巴阿莱贝克,可能有希腊人的血统,擅长医学、哲学、几何学和天文学,翻译与校订了三十几本译自希腊文的译本,并写作了《希腊人的诸学说评介》《灵魂和精神之间的区别》《论原子》《逻辑学导论》等哲学著作。来自哈兰的翻译家萨比特·本·古拉(约836—901)曾任皇家占星术家和陪臣,他的儿子息南,孙子萨比特和易卜拉欣,重孙艾卜勒·法拉吉,都是杰出的翻译家和科学家。他本人不仅重译了托勒密

---

① 希提:《阿拉伯通史》,马坚译,商务印书馆1979年版,第313页。

的《天文集》、欧几里德的《几何学原理》以及一些哲学书籍,而且还写出了《对〈物理学〉的注释》《星体的性质及其影响》《伦理学诸原则》等著作。这以后的著名翻译家有艾布·比什尔·马塔(940年卒)和他的学生叶海雅·本·阿迪(893—974)等。

这样,经过200余年的努力,希腊重要的哲学和自然科学著作几乎都被译成了阿拉伯文。与此同时,大量优秀的东方文化遗产也被介绍进来。这些译作扩大了阿拉伯人的视野,影响了他们的思维方式,改变了他们的某些观念。阿拉伯人吸收与消化这些思想成果,融进伊斯兰精神和朴实的自然观,促进了阿拉伯文化的发展。例如,阿拉伯第一位天文学家法萨里(796—806年间卒)就是从翻译《悉檀多》起家的。阿拉伯人在印度的代数学和埃及的几何学的基础上,吸收希腊数学家的成果,迅速使阿拉伯数学在总体水平上处于当时世界上的领先地位。花拉子密(780—约850)的《积分和方程的计算》一书,自12世纪被译成拉丁文后,直到16世纪,一直被用作欧洲各大学的教科书。印度数字、零号、十进位法和发达的笔算,就是通过花拉子密的书为媒介传入欧洲的,促进了西欧计算科学的发展。中世纪阿拉伯学者的各种著作的完成,大多离不开译本,他们从中获取了许多借鉴和研究的素材。阿拉伯的自然科学研究正是在总结前人经验的基础上发展起来的。"精确的自然研究只是在亚历山大里亚时期[①]的

[①] 科学发展的"亚历山大里亚时期",指公元前3世纪到公元7世纪。这时期因埃及地中海沿岸名城、当时国际经济关系最大中心之一——亚历山大而得名。在这个时期内,许多科学,如(欧几里德和阿基米德的)数学和力学、地理学、天文学、解剖学、生理学等等,都获得了很大的发展。

希腊人那里才开始,而后来在中世纪由阿拉伯人继续发展下去。"[1]阿拉伯人在天文学、物理、化学、矿物学、地理学等方面的研究都取得举世瞩目的成果。这些成果连同从中国和印度学来的磁针、火药、滴水计时器和机械钟、棉纸和亚麻纸等发明,一起传入欧洲,促进了欧洲自然科学的发展。举世闻名的阿拉伯医学和医药学是在广泛研究和汲取希腊、波斯、印度、中国的医学知识的基础上发展起来的。著名哲学家和医学家伊本·西那的医学名著《医典》中,把脉象区分为48种,其中35种与中国的脉象名称相同,极可能有人把中国晋代太医王叔和的《脉经》一书译成了阿拉伯文,而被伊本·西那所采用。

此外,这场翻译运动在保存古代文化典籍方面具有不容抹杀的功绩。例如,《卡里莱和迪姆乃》的梵文原本早已失传,波斯文译本也已散佚。就是靠阿拉伯文译本,这一世界名著才得以保存至今,现已出了40余种文字的译本。许多阿拉伯学者当时千方百计地搜寻与翻译经典著作,尤其是古希腊罗马的哲学著作,把它译成阿拉伯文,对其中的一些重要著作还作了注释。后来西方译者又把相当长时间内失传的亚里士多德、柏拉图等哲学家的著作,从阿拉伯文或希伯来文转译成拉丁文,对打破当时西欧思想界的僵化局面起了很大的作用。

四、阿拉伯哲学的源泉

阿拉伯哲学是用阿拉伯文写成的、渗透伊斯兰精神的哲学。阿拉伯

---

[1] 《马克思恩格斯选集》,第3卷,人民出版社1962年版,第60页。

哲学家力图将他们意识形态方面的立场与那个时代的科学知识的成果相联系,以此去解释存在的真理。这种解释反映了他们自然知识的水平,提供了将知识的两种形式——直观的与抽象的——相结合的一种自发的乡土化的现象。由于使阿拉伯人得以自立于世界强大民族之列的伊斯兰教受到了东、西方各种思潮的冲击,阿拉伯思想家们自然首先把精力投向那些有利于捍卫和发展伊斯兰教的领域。各种教律学派和教义学派纷纷出现。为阐明宇宙的产生、世界的存在、人的灵魂等等玄奥的问题,伊斯兰经院哲学应运而生。为尽多地博取世界知识,翻译运动大盛。与此同时,文化和教育事业迅速发展,各种人文科学和自然科学的研究取得了长足的进展。一些思想家不囿于传统的教条,他们在将伊斯兰意识形态和科学知识相结合的基础上,力图勾画出一种语言和术语来自古希腊人的哲学,而又不受其某种体系或倾向限制的新的哲学形式,这就是狭义上的阿拉伯哲学。在这种哲学中,研究存在的来源与系列自始至终是其核心问题。真主的存在是不容置疑的,对真主属性(德性)的研究构成了这种哲学的一个方面。《古兰经》成为阿拉伯哲学的重要源泉之一。

《古兰经》是伊斯兰教的经典、教义的基础、立法的依据、行为的准则。穆斯林认为《古兰经》是安拉的语言,是安拉于 610 年至 632 年间通过天使哲布拉伊勒[①](伽百利)口授"降示"给穆罕默德的。全经共 30

---

① 又称吉卜利勒。

卷，114章，6200余节①，分"麦加篇章"（约占全经的三分之二）和"麦地那篇章"（约占全经的三分之一）。前者在麦加"降示"，大多短小精悍、慷慨激烈，以宗教说教为主，宣传伊斯兰教的基本信仰和功课，尤其强调安拉独一、顺从、忍耐、行善、施舍和宿命；后者在麦地那"降示"，大半是长篇，以立法为主，为政教合一的穆斯林公社确立宗教、政治、经济、社会、军事和法律制度，树立种种伦理规范。《古兰经》中有许多与多神教徒、犹太教徒和基督教徒进行论辩的记述，引用了一些流行于阿拉伯半岛的犹太教、基督教以及古阿拉伯人的故事、传说和谚语等。《古兰经》涉及最高实在、宇宙起源、各别灵魂、神人关系、善恶相对、自由意志、死后生活等问题，阐述现象与实在、存在与属性、真理与谬误、空间与时间、变与不变、永恒与瞬间等概念。例如，对于人的灵魂，《古兰经》认为它是来自真主的"精神"②，可分为三类：人与动物共有的"邪恶的灵魂"③、在善与恶之间斗争的并为过去的错误而悔恨的"自责的灵魂"④、完美的符合安拉意志的"安定的灵魂"⑤。这种说法对阿拉伯的灵魂学影响颇大。

阿拉伯哲学是在中东文化圈内成长发展起来的。落在这个文化圈内

---

① 《古兰经》各章分节，是由后来的经学家完成的，各地版本不一，麦地那的两个版本分别为6000节和6214节，麦加版为6219节，库法版为6236节。马坚译的《古兰经》分为6236节，见马坚译《古兰经》，中国社会科学出版社1981年版。
② 《古兰经》15:29。
③ 《古兰经》12:53。
④ 《古兰经》75:2。
⑤ 《古兰经》89:27。

的古代文明，对阿拉伯哲学思想的形成不能不起重大的作用。在阿拉伯半岛本土，从公元前8世纪起，也门和哈达拉毛一带就出现过一些早期阿拉伯国家，产生过有名的"滨海文明"，务农、航海、经商，促进了这一地区与外界的接触。半岛的北部地区也相继出现了一些国家，它们处于东边的波斯帝国和西边的罗马帝国的夹峙之间，独特的地理环境，使希腊、罗马、叙利亚和波斯文化在这里融为一体。

古埃及对世界文明做出过令人瞩目的贡献。早在公元前5000年，埃及人就有了历法基础和土地丈量法，建立了社会制度。公元前3500年，埃及人就发明了文字，并有了历史记述。古王国时期，埃及的天文学、农业、数学、医学和建筑取得了辉煌的成就。埃及后来先后被亚述人、波斯人、希腊人和罗马人所统治，最后被阿拉伯人所征服。各种各样的文明在这古老的土地上杂交，培育出了著名的亚历山大学派。在思想领域，古埃及人的宗教思想对人类思想的发展影响深远。他们首先排定众神系列，确立神与人的关系，相信来世的生活，提出死后奖惩问题，并把此奖惩建立在今世德行的基础上，而不是形式上的礼仪和教规。他们还提出灵魂不灭的概念，认为灵魂有别于肉体，甚至推而广之，使整个宇宙都有两种本质——精神的和物质的，将人与宇宙联系起来。

在石器时代，苏美尔文明曾在两河流域大放异彩。这是一种产生于水和土的文明。底格里斯河和幼发拉底河的河水给万物带来了生命，他们又需要土地进行耕种，造房、制陶、做砖也离不开黏土，苏美尔人就认为人"来自水和土"。古巴比伦人又在苏美尔文明的基础上进一步发展，用巴比伦文代替了苏美尔文,并将迈尔杜克神尊为唯一的神,首先提出一神的概念。他们还制定了律法(《汉谟拉比法典》)。亚述人掌权后,虽然在思想领域建树不多,但是在数学和天文学方面却达到很高水平,他们将巴比伦文明和亚述文明传播到叙利亚、埃及和希腊。公元前2000年,地中海东海岸的腓尼基人创造的文字对世界文化有过重大影响。

由于阿拉伯人在伊斯兰教出现前尚无文字记载的作品,这些古老文明的许多内容,都是以神话故事和历史传说的形式流传下来的,它便成了阿拉伯哲学的第二个源泉。从伊本·西那的《阿卜萨勒和萨拉曼》、伊本·巴哲的《索居指南》、伊本·图斐勒的《哈伊·本·雅格赞》,到舒赫拉瓦尔迪的《奇特的离乡》、阿塔尔的《鸟的逻辑》,这些阿拉伯哲学的小册子,都是通过传说故事来渲染一种宗教哲理。可以说,神话故事在一定的历史阶段表达了一种象征性的哲学。

东方思想和古希腊罗马哲学,是阿拉伯哲学的第三个源泉。尤其是其中的古希腊罗马哲学,对阿拉伯哲学的形成和发展起了举足轻重的作用,可以说几乎没有一个阿拉伯哲学家未受到它的影响。相对来说,东方思想对阿拉伯哲学思想的影响要小得多,但也不能忽视。众所周知,东方人对事物的看法是直观的,西方人则是推理的;东方人的思维方法是综合型的,西方人的思维方法则是分析型的;东方文明着重精神的、灵性的,西方文明则注重物质的。这两者在阿拉伯哲学思想中都不乏其例。研究比较思想史的学者一再指出,西方思想受到过以印度形而上学和中国伦理学为代表的东方思想的影响,"在基督教的经典当中有佛典故事的影响痕迹,在一部分希腊哲学当中,也有印度哲学的影响"①。

穆斯林在阿拔斯朝时直接与印度人接触。曼苏尔和哈伦·拉西德统治期间,经原籍波斯的大臣叶海雅·帕尔麦基的提议,朝廷聘用印度医生,并将许多印度医学著作和其他典籍直接从梵文或通过帕赫莱维语(中古波斯语)译本,翻译成阿语。萨伊德·安达鲁西的《各族状况》一书中提到了译成阿语的印度典籍的书名及译者姓名,尤其是《印度人的观点和宗教》一书,流传甚广。伊兰沙赫里(9世纪后半叶)对于印度人的宗教信仰和哲理思想的叙述,足证阿拉伯哲学受印度思想的影响。阿拉伯哲学中关于物质、空间和时间的概念,原子论的内容,五个永恒本原的提法,以及灵魂轮回说和转生的观点,通过苦行使灵魂摆脱肉欲而净化的做法,无不受印度思想的影响。

波斯思想对阿拉伯文明的影响更为深远。波斯有很多思想流派,崇拜火和某些抽象的力量是古波斯最重要的信念。他们认为人在善与恶之中有自由选择的意志,因而有决定自己命运的权利。波斯人还提出"拯救者"(梅特拉)思想,梅特拉有朝一日将返回大地,使死人复活并永生,使他们实现人类向往的理想,进入"神国"。值得注意的是,加扎利提出的"净化心的镜子"是反映不朽真理的先决条件,正是受了波斯"意愿净化"论的影响。佐而文派的"无限时间"论实际上成了阿拉伯哲学的一部分。波斯人在阿拉伯文化史上所作出的丰功伟绩,可能也从一个侧面说明了波斯

---

① 中村元:《比较思想论》,吴震译,浙江人民出版社1987年版,第178页。

思想和文化的影响力:阿拔斯朝建立后,几乎所有的文化领域都有波斯人在驰骋并取得伟大成就,例如首屈一指的语法学家西伯威希(约793年卒)、影响深远的哲学家伊本·西那(1037年卒)、声名显赫的医生拉齐(925年卒)、最伟大的经院哲学家加扎利(1110年卒)等等。

五、神学大辩论和理性的冲击

伊斯兰教建立之始,就和政治结下了不解之缘。穆罕默德逝世后,为争夺领导地位,穆斯林社团发生严重分裂。倭马亚朝建立后,学说渐多,主张渐杂,各种相互冲突的神学观点的倡导者开始投身关于教义的辩论之中。政治的因素,犹太教和基督教的影响,希腊哲学思想的传入,给这一辩论增添了催化剂。倭马亚朝的建立是天意还是人为,这个问题成为人们的注视中心,引发了自由意志论和前定论的大辩论。这是早期神学家进行公开论战的第一个主要问题,各个派别实际上都对这个问题表明了态度,构成错综复杂的关系,神学问题和政治立场纠缠在一起,难解难分。这场大辩论使伊斯兰经院哲学应运而生,登上了历史的舞台。

社会的发展,不像人们想象的那么平坦,经历过大风大浪的穆斯林不得不思索真主的公正和人的责任这个两难问题,以及由此引起的种种道德上和法律上的问题。这个问题构成了伊斯兰生活观和哲学观的重要内容。前定论者认为真主拥有至高无上的权力,人既无能力又无选择,一切全由真主前定。既然一切不由人决定,那么来世的奖惩如何体现真主的公正呢?前定论者对此问题避而不答,但斩钉截铁地说:真主是公正的,这一点不容置疑。自由意志论者认为每个人都有自由意志,有权利选择和进行自己的一切行为,但得对自己的所作所为负责,真主最终将给予公正的奖惩。这就是说真主是公正的。但人有自由意志,那又怎么体现真主的绝对权威呢?自由意志论者对这个问题的回答是含糊其辞的。

这个问题表面上是神学问题,实际上是针对现实的。倭马亚家族原先是麦加贵族,曾对初期的穆斯林进行过迫害,后失去权力,投身伊斯兰运动,逐渐积聚势力,终于取得了政权,他们把这一切归于真主的安排,宣扬绝对神定论。反对倭马亚家族的神学家认为这个家族掌权是非法的,是用阴谋手段篡夺了本来不应属于他们的权力。最早的一批自由意志论者不仅对倭马亚家族口诛笔伐,而且采取行动力图推翻倭马亚人的统治,有的甚至参加武装起义,足见他们的神学观点和政治立场之间的密切关系。

神学的讨论,促使一部分神学家潜心研究希腊逻辑学和哲学,他们把前者作为系统表述自己的思想、克敌制胜的工具,并从后者汲取营养,使自己的思想理论化、哲理化。他们不但对天启的三大宗教——犹太教、基督教、伊斯兰教——进行比较,而且以此三大宗教去和印度、波斯的各种宗教教义相比较。他们借助希腊的思想进行综合研究,发明了一种天然的、理性的宗教,其依据是:人类有天赋的知识,定能推知宇宙间有一位睿智的造物主,他创造宇宙万物,赋予人类理性。他们认为即使无天启,人类也应感谢造物主的化育之恩。人凭理性可以辨善恶,明是非,所以趋善避恶,应是人们的义务,凡不以自己的理性为行为的指南者,来世应受惩罚。这就诞生了穆尔太齐赖派。他们继承了自由意志论的观点，认为人的思想不可能直接来自真主，人具有自由意志，可进行他愿意进行的行为。人的一切行为，都是他们"自己创造的"[①]，真主依人的善恶功过而定赏罚，因而真主是公正的。所以穆尔太齐赖派以公正派著称。他们在研究人类的行为时，以真主与人类的关系为首要研究对象；在研究自然时，又以真主与自然的关系为首要研究对象。基于真主的创造性和公正性的原则，他们认为人们仅能进行自己的行为，至于行善或作恶的能力，则为真主所创造。同样，宇宙及其能力，由真主创造，但宇宙有其自身的规律，受各种媒介（近因或远因）所制约。这样，真主的全能，无论在伦理学还是自然界，都是受其公正性所限制的。

与他们对立的，是主张人类的知识来自天启、一切由真主定夺的天启派。这一派认为，只有真主才具有无限的能力和不可测的意志，一切行为与事件均由真主创造，人不能创造其行为，自然界也不能创造自然现象，否则人与自然界具有创造能力，就与真主的创造能力相提并论，陷入多神论的泥坑。他们特别注重真主的独一性，但将人类的许多美好的德性归于真主，最后浓缩为知识、能力、活力、意志、听觉、视觉和言语7种。他们认定《古兰经》即真主的言语，真主是无始的，所以作为他德性之一的《古兰经》也是无始的。他们的观点赢得大多数穆斯林的拥护，又得到历代哈里发（除个别外）的支持，遂取得正统派的地位。

[①] 沙赫拉斯塔尼：《教派与信条》，第35页。

穆尔太齐赖派不以传统的说法为准绳,而以推理的结论为依据,即使这会与穆斯林社团的佥议相矛盾,也在所不计。他们反驳天启派的观点,特别指出既信仰真主是无始的,又认定《古兰经》也是无始的,这显然具有多神论的倾向。他们认为《古兰经》是被造的。这种观点,被正统派斥责为异端,穆尔太齐赖派屡遭政府当局的取缔和迫害。但当阿拔斯朝第七任哈里发麦蒙(813—833年在位)宣布《古兰经》被造说为官方教义后,穆尔太齐赖派立即得势,便以宝剑代证据,反过来对正统派和不同意他们观点的其他派别的穆斯林进行大肆镇压。可是不到20年,正统派得以反攻,穆尔太齐赖派再一次遭受迫害。

值得注意的是,不仅整个穆尔太齐赖派,还有哈瓦利吉派、大多数穆尔吉阿派、什叶派,甚至贾赫姆派,看来都赞成《古兰经》被造说。从这一点可以看出,理性思考的方法已被相当多的派别所采用。这种思考方法虽然一时被扼杀了,以伊本·罕伯勒为代表的保守派视言论自由为异端邪说,强调对《古兰经》性质的充分探究是有害的,至少是无益的,对启示的知识应深信不疑,不容提出任何问询;但理性的冲击,在阿拉伯思想史上毕竟产生了深远的影响。理性思维的源泉,不断地冒出地面,时而明显、时而隐蔽地冲击着传统思想的大厦的根基。通过理性的思维,人们开拓了视野,扩展了研究领域,引起了新旧思想更深刻的碰撞,最后连正统派的改革家们也不得不正视这一点:不借助于他们的敌手从希腊引进的逻辑学和理性思维,就不再能成功地捍卫正统的观念。

第二节 阿拉伯哲学的发展

一、阿拉伯人论哲学

阿拉伯哲学是阿拉伯文明发展的一种体现。阿拉伯人将哲学分为理论哲学和实践哲学两大类,前者包括自然哲学(运动与变化)、数理哲学(抽象的变化)、第一哲学即神学(无变化的哲学);后者则分民事哲学(人类为了生存和发展而进行合作)、家庭哲学(家庭的组成和利益的取得)和道德哲学(推崇德行、抛弃恶为)。理论哲学只要求人们理解,而实践哲学不仅要求理解,而且还要身体力行;前者是"确定一种信念",后者则是"化信念为行为",前者是根本性的。① 阿拉伯哲学的首要问题是认识真主,他们将"哲学的觉悟"和"宗教的觉悟"混为一谈,认为"理智是宗教的基础"。②

被誉为"阿拉伯第一位有创造性的哲学著述家"的铿迪认为,"哲学是其他学科均由她生出的母亲",是"根据人的能力,对万物实在的认识"。哲学即"热爱哲理",其作用是"依人的能力去比划至高无上的真主的行为",是"人自己认识自己的学问",因此哲学是研究"整个永恒事物的学科,根据人的能力去理解和阐述这些事物的内涵和本质"。他强调"哲学

---

① 阿卜杜·蒙伊姆·哈马台:《伊斯兰哲学的先驱》,第 212—213 页。
② 素莱曼·敦亚:《伊斯兰哲学思想》,第 226 页。

只有通过数学才能被理解"。他提出"第一哲学"的概念,认为它是"了解""第一真理的学问","第一真理是各真理之原因","哲学家的目的是获取真理,并按真理行事"。①

精诚兄弟社声称"哲学以热爱知识开始,通过了解万物的真理,最后达到言行与学说相一致"②。他们将哲学的目的具体分为:"一、了解天地万物的真理;二、相信正确的观点;三、具有高尚的道德和美好的品性;四、端正的实践和良好的操行。"③

法拉比(870—950)指出,"哲学就其目的和最终臻于完美而言,是研究各有自己原因的宇宙万物的存在原因的科学,自然学是哲学的一部分"④。他在《学科统计》一书中,将科学分为五大类:语言学、逻辑学、数学、神学、民事学。至于哲学,他则认为是"科学之科学","它不是像数学、自然学、医学等学科那样的局部科学,而是给我们描绘整个宇宙全貌的总体科学"。"完全的哲学家是了解这总体科学并有能力运用它,首先具有理论的造诣,尔后具有不容置疑的洞察力并有充分实践的人。"⑤

根据伊本·西那(阿维森纳,约980—1037)的观点,哲学则是"人们利用它了解整个存在"的学问,从而"使自己的心灵纯洁、完美",成为可以"与存在的世界相媲美的有理智的学者","按照人的能力,为来世的最大

---

① 艾布·里达:《铿迪哲学论文集》,第1卷,第96—100页。
② 《精诚兄弟社书信集》,第2卷,第10页。
③ 《精诚兄弟社书信集》,第3卷,第30页。
④ 阿卜杜·拉赫曼·巴达维:《哲学论文集》,第48页。
⑤ 法拉比:《学科统计》前言,第43页。

幸福作准备"。他又认为"哲学是通过存在了解存在的学问,是其他各别的学科所依据的那些原则的学问"。①

加扎利(1058—1110)把哲学分成四个部分:工程和算术,逻辑学,神学,自然学。"理性是科学的源泉、出发点和基础。"他把"理性"描述为"一种了解理论学科的本能","能理解允许可行的、杜绝不行的那种必要的知识","获取来自实践的知识","明白事情的后果"。②

伊本·鲁世德(1126—1198)是阿拉伯最著名的哲学家,被西方学者唤作阿威罗伊。他是阿拉伯逍遥学派中最典型、最彻底的一个。甚至有人认为"亚里士多德解释了自然界,而阿威罗伊解释了亚里士多德"③。他主张哲学就是"根据证明法所必须有的规则,去审视万物"④。他一方面用"世界发展论"同"世界被造论"相对立;另一方面又提出哲学和宗教的"双重真理论",认为哲学和宗教不仅可以并存,而且相辅相成。在具体的问题上,哲学和宗教的分歧是可能的,它们有各自独立运用的范围。哲学是真理的最高形式。他甚至认为亚里士多德的学说就是最高的真理,他的理解力是人类理解力的极限。因此,可以用亚里士多德的哲学去解释客观世界的一切现象。

阿拉伯哲学体现了中古时代阿拉伯人的意识形态和科学知识水平,

---

① 伊本·西那:《论哲学和自然学的九篇论文》,第105页。
② 加扎利:《圣学复兴》,第1卷,第35页、第114页、第117—118页。
③ 奥·符·特拉赫坦贝尔:《西欧中世纪哲学史纲》,于汤山译,中国对外翻译出版公司1985年版,第56页。
④ 伊本·鲁世德:《哲学言论集》,第12页。

是一种语言和术语来自古希腊罗马哲学,而又不受其某种体系或倾向限制的哲学形式,这反映了直观的观察和抽象的思维相结合的一种自发的本土化现象。

二、 经院哲学和世俗哲学

阿拉伯哲学可分为经院哲学和世俗哲学两大体系。前者是在伊斯兰神学的基础上发展起来的,可分为正统派、非正统派以及苏菲派等;后者是古希腊罗马的哲学和阿拉伯传统思想相结合的产物,大致上可分为自然哲学、阿拉伯新柏图主义和阿拉伯逍遥学派。

经院哲学的基本任务是用思辨的方法来论证、维护伊斯兰教信仰,并使它系统化。其中心课题是真主与世界,包括真主作为造物主的存在,他的本体和属性,以及他与世界的关系等等。正统的经院哲学家们把接受希腊思想的信徒(他们称之为"哲学家")作为主要敌手,强调与这些哲学家不可调和的敌对性。非正统派主要有什叶派、穆尔太齐赖派等等。对阿拉伯思想界影响最深的是什叶派,他们对逊尼派(正统派)的斗争,实际上是波斯人和部分处于底层的阿拉伯人反对阿拉伯王朝统治、广大劳苦大众反对哈里发政府压迫的斗争,他们通过伊玛目学说,尤其是隐遁的伊玛目学说,否定现实生活,憧憬未来社会。部分山沟里的什叶派已经表现出唯物主义倾向。

穆尔太齐赖派把必然性与合理性的因素引入关于真主的活动的概念,注重真主的公正性和单一性,实际上在给人意志自由的同时,限制了真主的"自由"。他们虽然对传统的信仰提出了挑战,但却坚信自己的宗教信条是绝对不变的,反对亚里士多德关于不变的第一推动者的思想,否认世界的永恒性,认为真主是创造性的、永远活动的、能预知一切的本原。

苏菲派在禁欲主义和直观的自我深化的思想(内心体验)的基础上,否定唯理论的认识方法,促使神人交流甚至神人合一,在神秘主义的神智哲学运动中,获得了独特的理论和实践,丰富了阿拉伯哲学的内涵和外延。他们的万有单一论,近乎哲学上的泛神论,认为真主是唯一存在的绝对永久的浑一体,真主借其本体而自足;世界不过是真主的若干状态中的一种状态,其存在不由其本体、不借其本体、不因其本体、不赖其本体,"除真主的本体、名称、行为外,别无实在"[①]。

艾什阿里(873 或 874—935)以折中众说为己任,用部分唯理论的因素来充实正统派的信仰,主张"真主是全能的,真主是万物的创造者",真主的意志不仅创造了世界,而且不断地支配着一切,坚决反对宇宙永恒论,否认自然界内具有因果关系和规律性,认为"借理性可以认识真主,借经典而使此认识成为义务"[②]。这些看法与经典论述基本一致,因而能为正统派所认可。

他既综合诸说的接近部分,又反对各种极端主义。他一方面拒绝神人同形说,声称凡与人或物有关的属性均不可用以叙述真主,另一方面又认为真主具有一切完美的德性,只不过这种德性的意义超乎受造之物所

[①] 第·博雅:《回教哲学史》,马坚译,商务印书馆 1934 年版,第 75 页。
[②] 沙赫拉斯塔尼:《教派与信条》,第 73 页。

具有的德性的意义,也就是说文字上可能是雷同的,但实质上根本不一。他欲将适于真主者归真主,而又不剥夺人类的权利。真主在人体内所创造的一切行为,人类能表示同意,而认为自己所获得的。他承认灵魂与肉体,各有其应享有的权利。肉体能够复活,人类在来世可见真主。

对于《古兰经》,他认为这是真主的言语,是附于本体的一种意义,从这个角度说,它是无始的、永恒的。可它又是借天神之口而降示的文辞,这是有始的,即被造的、非永恒的。这是一个事物的两个方面,不可混淆。他认为"五官的感觉不会错误,最易发生错误的,是我们所加于感觉的判断"[1]。理性仅是认识的工具,但此种认识的唯一基础则是天启。舍此,人无法获得正确的知识。思维与知识之间并无因果关系,思维之后,未必就能获得知识,盖知识乃思维之后真主所造。艾什阿里的理论经过官方推广,后又经加扎利最后定型,成为正统派经院哲学的权威。

许多阿拉伯学者注重丰富而具体的自然现象,他们的自然哲学是在古代阿拉伯和波斯等朴实的自然研究的基础上,以亚里士多德的逻辑学为工具,采取新毕达哥拉斯派和新柏拉图派的哲学精神以及斯多葛派的主张,对大自然进行广泛的观察和系统的推算,并借鉴欧几里德、托勒密、希波格拉第、格林等人的著作和星占学家和炼金学家的学说,逐渐发展起来的。他们认为,不研究数学、几何、天文、音乐等学科(他们通称为算学),任何人都不能成为哲学家。他们从研究万物的作用,到认识万物的

---

[1] 沙赫拉斯塔尼:《教派与信条》,第67页。

本质,尔后超越自然,上升到灵魂、理性以及作为第一因的造物主。印度的数字及计算方法,使他们的研究有了简便的工具。

阿拉伯自然科学发展迅速,多种学科取得重大成就。他们对于"数"有特别的嗜好,从最基本的数字"一"可以肯定真主是独一的,万物由真主溢出。真主不是数,而是数的创造者。研究算学和自然科学,对宗教产生了异化作用。正确的自然观察,使人得出宇宙永恒的结论,有了物质无始无终的概念,肯定天体运动亘古不息,大自然发生的一切都有其特有的轨迹和规律。诸星常依不变的法则,影响大地上的一切。他们相信,天体是天道的代表,以善恶为其行为的结果。

伊本·拉旺迪(约910年卒)倡导宇宙永恒说和善恶对立说,否定全部超自然的启示和奇迹,认为人的理性足以获取知识、区别善恶。著名哲学家拉齐(925年或932年卒)是位名医,他创立精神治疗法,认为天底下恶多于善,灵魂为肉体的主人,肉体疾病是心(灵魂)的疾病的反映。他提出五大永远并存的本原(物质、空间、时间、灵魂和造物主)说,成为阿拉伯自然哲学的里程碑。

铿迪(约801—873)是第一位进行系统研究和写作的阿拉伯哲学家,他在阿拉伯自然哲学的基础上,将阿拉伯宗教、波斯文化和希腊哲学糅合在一起,使阿拉伯哲学从此进入了一个崭新的时期。他是一位多才的学者,在几何学、天文学、医学、心理学、气象学、地理学、光学以及音乐等方面都卓有建树。他对逻辑学和认识论具有独到的见解,提出科学认识三阶段的理论,认为认识从逻辑学和数学的第一阶段开始,经过自然科学的第二阶段，才能进入研究形而上学问题的第三阶段。他强调数学和自然科学在论证哲学观点时的重要意义。

亚里士多德关于自然哲学方面的论文，经阿弗罗迪西阿的亚历山大（2世纪末3世纪初）的注释，对铿迪产生了重大影响。他提出五个原始实体论来代替亚里士多德的十大范畴，认为物质、形态、运动、空间和时间都是无始无终的；就潜能而言，世界是永恒的。同时他又认为宇宙为真主所创造，真主对于宇宙万物的作用是间接的，两者间有若干媒介。宇宙表面上森罗万象，实际上彼此间皆有因果关系，可由因推出果。万物的原因有四种：质料因、形式因、生效因（或动力因）和目的因。因此我们常常要询问"是不是""是什么""哪一个""怎么样"，从而"确定其存在、种类、特异性和终极因"[①]。唯理性具有完全的实在性，物质仅具有由理性溢出的形式。宇宙灵魂介乎第一理性（真主）与物质世界之间，而为天体世界的源泉。人类的灵魂，自宇宙的灵魂溢出，它是单纯的、不灭的。在物质世界，人类灵魂因被物欲所障，故不能认识高尚的事物。只有专心研究、远离物欲，使灵魂渐渐磨光直至如若明镜，万物才能显现其中。灵魂一旦脱离肉体，又恢复纯精神状态，便能彻底认识万物，这时它与真主相似。

阿拉伯新柏拉图主义的奠基者法拉比和阿拉伯哲学家之王伊本·西那都是波斯人，他们在阿拉伯哲学的发展过程中做出了杰出的贡献。他们所处的时代是阿拉伯伊斯兰历史上取得最辉煌的文化成就的时代，同

---

① 艾布·里达：《铿迪哲学论文集》，第1卷，第101页。

时又是剧烈的政治和社会动荡的时代。昔日从印度河到大西洋政令统一的哈里发帝国，内讧日盛，诸侯四起，巴格达哈里发的权威受到严重挑战。自11世纪末12世纪初，阿拉伯哲学的研究中心转移到日益富有的安达鲁西亚，出现了伊本·巴哲、伊本·图斐勒、伊本·鲁世德等一批杰出的哲学家，尤其是伊本·鲁世德，把阿拉伯亚里士多德哲学推上了历史的顶峰，放射出灿烂的光辉。

三、非阿拉伯人的贡献

阿拉伯哈里发帝国建立伊始，在国家制度、组织机构、行政管理上不得不倚重非阿拉伯人，尤其是波斯人，他们中不少人身居要职。在多民族共同生活的阿拉伯社会里，许多受过良好教育的非阿拉伯学者，很快脱颖而出，在各个学科领域内大显身手，做出了巨大贡献。西伯威希（约793年卒）编纂出第一部系统的阿拉伯语语法著作——《书》。伊本·杰利尔·泰伯里(838—923)写下了《历代先知及帝王史》这部不朽的世界编年通史。雅古特(1179—1229)完成了文笔生动的《地名辞典》。穆罕默德·本·穆萨·花拉子密(780—约850)概括和发展了印度、希腊和阿拉伯的数学成就，创立了代数学这门新的学科，对世界数学史产生了重大影响；他还制定出后来成为印度和西方各种天文表蓝本的花拉子密天文表，绘制了恩泽后世的地形地图。在阿拉伯文学史上和翻译史上享有崇高地位的伊本·穆噶法厄(724—757)，以及众多的非阿拉伯人的文学家、艺术家、科学家、思想家，无一不在阿拉伯文化史上留下了自己光辉的篇章。

尤其值得指出的是,不少哲学家同时又是科学家或医生,在不止一个学科领域取得令人瞩目的成就。例如,著名哲学家艾布·伯克尔·穆罕默德·本·扎克里亚·拉齐(865—925 或 932)被公认为"伊斯兰无比卓越的内科医生"①,他的《医学集成》于 1279 年被译成拉丁文后,在西方医学界广泛流传到 16 世纪。此外,他在炼金术、天文学、神学、逻辑学等领域都曾著书立说,具有不少真知灼见。

生于中亚突厥斯坦的法拉比(870—950)学识渊博、著作等身。他创建了完整的阿拉伯新柏拉图主义哲学体系,以新柏拉图派和苏菲派思想为主,综合柏拉图、亚里士多德等的学说,结合伊斯兰思想,运用逻辑学的方法,从基本原理演绎万物,寻求其本质。他认为,上至真主本体,下到万物微末,无不在哲学的研究范围之内,但不能像自然哲学家那样迷恋于物质,被各种矛盾现象所缠住,而应以矛盾律为最高定律,既深入进去,又超脱出来,从具体的现象导出宇宙万有的概念。

法拉比的哲学包括关于全称问题的三种学说:全称先特称说、全称与特称并存说、全称后特称说。他认为具体的存在,其存在性二者必居其一:或为必然,或为可能。可能的存在,定有其因,而因又有因,如此追溯,无穷无尽,这显然不可能,因此最后必定以某必然的存在为终端,此存在即为"不能想象有什么能比它更伟大的完美的存在"②——宇宙的第一因。万物逐级由第一因溢出,最基础的是物质。我们所见的世界由物质构成,

---

① 伊本·艾比·乌赛比阿:《信息之源泉》,第 1 卷,第 314 页。
② 法拉比:《学科统计》,第 100 页。

运动是物质的特性。实物世界本身就具有运动的可能性。他一方面断言万物无始地从造物主溢出,承认物质是永恒的;另一方面却又主张唯理性论,认为真正的存在,唯理性而已;具体而可感的事物,皆属混乱的表象,由想象力所构成。理性是人类的本质。人类的理性由最低的天体(月球)的理性,即原动的理性或积极的理性溢出。正如物体不被阳光照射就不能被看到一样,人的理性只有借助原动的理性的光照才能认识事物的全称的形式,否则只能停留在感性的阶段,不能达到理性的认识。因此人必须力求和原动的理性相结合,才能获得幸福。

伊本·西那(980—1037)是塔吉克族人,他以拉丁名阿维森纳闻名于西方。这位百科全书式作家一生著述200余部,最重要的是医学百科全书《医典》和哲学百科全书《治疗书》。他在哲学方面受惠于法拉比。据说他读了亚里士多德的《形而上学》40遍,仍不能领会作者的意思,直到偶然获得法拉比所著的《亚里士多德的〈形而上学〉的意向》一书的抄本,才豁然开朗,了解了形而上学的奥秘。他最终完成希腊哲学和伊斯兰思想的调和,使阿拉伯逍遥派学说条理化、系统化和基本定形。唯物主义和无神论的倾向是伊本·西那哲学的基本特点。但他同时又受唯心主义和新柏拉图派的影响,在不少问题上徘徊于唯心主义和唯物主义之间。他的思想在阿拉伯地区和欧洲都有很大影响,被称为"哲学家之王"。

他认为哲学是人类智慧的结晶,由追求真理的理论哲学和追求幸福的实践哲学所组成。理论哲学的主要部分是形而上学、自然学和逻辑学。形而上学研究精神的、非物质的本质,自然学研究物质世界,逻辑学则是认识的手段和工具,是一门思辨艺术。

从宇宙观方面说,他基本上师承法拉比,赞同与托勒密的天体理论相吻合的溢出说,只是否定了法拉比关于物质是由真主溢出的观点,认为物质是永恒的,宇宙万物不是真主创造的,而是自然存在的。他强调世界的溢出并非由真主随心所欲所决定,而是取决于"真主本性的必然性"[①]。他确定了可能(物质)、必然(真主)和现实(世界)这三种最普遍范畴的本质,认为"必然"是因,"可能"是果,因果同时存在,物质与真主共存,作为其体现的"现实"世界就是不生不灭的。伊本·鲁世德指出,伊本·西那的这种观点实质上是把真主和宇宙在泛神论上等同起来。

伊本·西那认为,真主作为抽象的第一原因,或第一致动者,只是生成了第一理性,这是他唯一直接"创造"的,真主不干预具体的个别事物的运动和发展,他宛如"自行"转动的轮子的轮轴,万物抽象地由他致动,而他却不动。宇宙系列由四大要素(四行)、无机物、植物、动物依次上升到人,尔后继续到天体和理性,直到最高的本原。存在自身就包含着运动和静止。

灵魂是精神世界和形体世界间的媒介。人的灵魂是肉体的重要形式。肉体是物质的,灵魂则和精神同类,但在属性上接近肉体。一切物体都是水、气、土、火四行因诸星的作用混合而成,人的肉体也不例外,但"它的配合比是最佳的"[②]。灵魂非因四行混合而生,而是外来的。灵魂是肉

---

① 伊本·西那:《拯救书》,第214页。
② 伊本·西那:《拯救书》,第249页。

体的偶有形式,每个肉体,从形式的赋予者(原动的理性)处接受其特有的、只适合于他的灵魂。理性是灵魂的最高智力。理性的灵魂,才是实在的人。他与法拉比不同,认为死亡是肉体的永远毁灭,但理性的灵魂乃单纯的本质,永远存在。肉体不会复活。不灭的个体灵魂与理性世界具有或强或弱的联系。善良而有认识的灵魂,永远幸福;恶劣的灵魂必受惩罚,因而生前应给以理性的治疗。

根据他对于真主与世界、物质与形式、肉体与灵魂的观点,伊本·西那提出了共相的三种存在方式:一是在物之前,即真主造物的智慧;二是在物之中,即存在于个别事物之中的普遍本质;三是在物之后,即理性从个别事物中抽象出来的概念。这个结构建立在两个前提之上:真主的理性先于物,人的理性则后于物;物质是个性的原则,理性则是共性的原则。关于共相三种形式的观点,欧洲中世纪的唯名论者和实在论者都曾加以改造和运用。

在认识论方面,伊本·西那认为对存在于认识主体之外的、不以认识主体为转移的客观事物的感性知觉,是认识的基础,没有它,认识是不可能的。人的认识以经验为媒介,通过感官获得对客观事物的感觉,通过头脑的作用,使认识得以深化。显然,这是唯物主义的。可他又认为这种深化是由原动的理性所赋予的理性的灵魂所完成的,没有原动理性的照耀,正确的认识是不可能的。他一再强调逻辑思维和经验相统一,理性和实践相统一的原则,认为只有理论和实践相结合的科学才是真正的科学。

伊本·西那坚持双重真理论,认为宗教和以理性与经验的成就为基础的哲学,是可以各自独立存在的。他甚至断言,有助于发现真理和获得幸福的哲学,归根到底是高于宗教的。他的这种观点,尤其是他哲学中的唯物主义因素,破坏了伊斯兰神学体系的完整性,因而遭到许多人的攻击。甚至在他患绞肠痛而死后,仍有人作诗嘲笑他:"伊本·西那,以众为敌;绞肠而死,惨痛至极。虽著《治疗》,未愈其疾;又作《拯救》,难免灭寂。"[1]阿拔斯王朝哈里发曾于1150年下令焚毁伊本·西那的著作,杜绝流传,但仍未阻止其思想的传播。他的哲学著作译成拉丁文后,在西方的哲学思想界引起了强烈的震动和巨大的热潮。

波斯学者艾布·雷依罕·比鲁尼(973—1050)是一位敏锐的观察家和富于创造性的著述家,他精通阿拉伯文、波斯文、梵文、希伯来文、古叙利亚文、突厥语等多种语言文字,在数学、天文学、地理学、人种学和哲学诸领域都有独到的见解。他侨居印度40年,研究其语言与文化,著有《印度考察》一书,用委婉曲折的文笔,表达了印度精微的思想,是研究印度学术文化及其对阿拉伯影响的不可多得的参考书。他的《历代遗迹》是本历史名著。他将地理学和天文学密切结合起来,提高了地理测绘的精度。在印期间,他曾和伊本·西那书信来往,研究和探讨印度人、基督教徒、穆斯林的各种哲学派别和苏菲派的理论,他认为毕达哥拉斯和柏拉图的哲学与印度哲理及各种苏菲派的学说之间在许多方面是一致的。他赞赏希腊哲学,强调哲学是一种文化现象。他认为真正的知识通过不同的感觉

---

[1] 伊本·艾比·乌赛比阿:《信息之源泉》,第2卷,第9页。

器官去获得,但感性知识还得由理性进行逻辑加工,使零碎的感性知识组合成合乎逻辑的理性知识。他欣赏阿尔哲卜哈德的弟子的名言:"认识日光所照者足矣,日光所不及者,其范围虽无量广阔,亦无须认识之。盖日光所不及者,感觉也不能及;感觉所不能及者,不可知也。"[1]他认为生活使人们需要实践哲学,以区别敌友、判断是非。他承认自己借助哲学的思维解决了许多难题。

伯赫敏雅尔·本·迈尔扎巴格(生卒年不详)是伊本·西那的门生。他认为真主是单纯的、无因的、必然的存在,而不称他为永恒的造物主。他承认真主是宇宙从中溢出的因,宇宙为果,但强调这种因与果是同时存在的,即无始无终的。仅就本质而论,我们说真主是宇宙存在之因。但在时间方面,两者没有先后,否则就存在"变更";凡有变更者,就是不完全的,真主不能这样,故宇宙与他同在。可以从三方面叙述真主:他在本体上是万物的元始,他是自立的,他是必然的存在。万物皆是可能的存在,既为可能,必因必然的存在而存在,必靠必然的存在而存在,必从必然的存在导源出自己的存在。凡现实存在的,不管是天体的理性、人类的灵魂,还是具体的物质,都是永恒的。既然存在,就不可能毁灭,否则就从可能的存在转变成不存在,追其原因,实不存在,因而不可能有此转变。下界物体的变化,仅是形式而已,物质不生不灭。理性的存在,其本质可以认知,认知的结果即是意志的体现。人类的灵魂,其幸福与否,全在于这

---

[1] 比鲁尼:《印度考察》,第110—111页。

种认知。故人应提高自己的认知能力。

四、哲学文化的传播

10世纪，阿拉伯文化取得举世瞩目的成就，达到了高峰。阿拉伯哲学也不例外。经院哲学已经无法排除外来哲学思想的影响，不少经院哲学家已经能够比较熟练地运用逻辑学来作为他们论证方法的补充手段，并引用希腊哲学中的某些唯心主义的论点来为他们捍卫一神教观念。

世俗哲学也开始分流，自然哲学派和形而上学派各自发展。自然哲学派以观察为基础，注重自然现象，透过丰富多彩的现象研究宇宙的内在关系，从自然到超自然，从物质到精神，从最基本的四行到最高的造物主，分析造物主与万物的关系，证明其智慧与恩泽，昭昭于万物。值得指出的是，阿拉伯自然哲学家所述的造物主虽然也是存在的第一因，自然哲学家有时也使用真主（安拉）一词，但从实际内涵看，这个造物主显然与宗教意义上的造物主不同。在某些自然哲学家那里，造物主实际上就是无处不在、无所不能的自然力量。

形而上学派着重点在全称问题上，他们认为特称事物是次要的，全称包含特称，所以他们自原理演绎万物，从必然的存在到可能的存在，逐级探讨，寻求万物的本质。他们认为哲学就是研究万有的科学，往往讽刺自然哲学家，指责他们热衷于万物的作用而不能超脱各种矛盾现象，因而得不出关于宇宙万有的完整概念。他们研究的问题大致可分为两类：一类是关于观念和界说方面的问题，建立在设想之上，可领悟而不可证明，称之为自明之理；另一类是建立在推论上的各种论证和判断，他们往往借助逻辑学原理来达到目的，因此有人又称这一派为逻辑学派。拉齐是自然哲学的代表，法拉比则是铿迪所开创的形而上学派的代表。

在伊斯兰思想占统治地位的阿拉伯世界，承认最高的神——造物主，是最起码的。谁做不到这一点谁就难以生存，更不要说有著作流传下来。即使做到这一点，谁在宗教的基本信条上采取怀疑主义的立场，那他们"异端"的学说也难以流传。因此在阿拉伯哲学史上常有只知其名、不见其著作的哲学家，例如艾哈迈德·本·泰伊卜·塞拉赫西（899年卒）、伊本·拉旺迪（约910年卒）等等，我们只能从后代的学者东鳞西爪的叙述中略知一二他们的情况而又无法考证。显然，这就是阿拉伯哲学史常给人一种"断裂"感觉的原因。在我们考察阿拉伯哲学文化的传播的过程中，也不时出现难以说清来龙去脉的情况。

精诚兄弟社采用书信的形式，将各种流行的哲学观点汇编在一起，客观上起到传播哲学知识的作用。他们认为真主是寓于万物而与万物俱在的绝对本体，由真主依次溢出的是：原动的理性、受动的理性（万有的灵魂）、第一物质、能动的自然、绝对的物体（第二物质）、天体世界、世界的元素、由各元素构成的诸物（无机物、植物、动物）。这八种本体，与真主组成本体系列。万物不同，在于形态，而物质是同一的。人类所有个体的灵魂，合成一大实体，可称为绝对的人，或人类的灵魂。人类的灵魂，来自万有的灵魂，它沉浸在物质的海洋中，须借助自身的能力，尤其是思维的能力，去获得认识，超脱物质，变成理性。他们推崇理性，主张在各宗教之上有一种唯理数,故他们认为在真主及其最初溢出物原动的理性之间有一"天道"。天道不是溢出物,仅是造物主主宰世界的智慧,体现在宇宙万有的微妙里。

万物以自然为本,自然即天性。天性是最佳的,宇宙凭天性而行,和谐美妙;人凭天性而行,才是善人。拂逆天性即为恶。人因受物质干扰,故三思而行,才能顺应天性,行为才优美。最高美德是"爱"。怀有爱,人就泛爱众生、与世无忤。爱的最终目的,是与最应被爱者(即造物主)合一。他们声称"理想中最完善的人,是波斯人的血统、阿拉伯人的宗教、伊拉克(巴比伦)人的教育、犹太人的诡谲、基督的品行、叙利亚僧侣的虔诚、希腊人的科学、印度人的精明、苏菲派的生活、天神的性格、造物主的意志与知识"①。他们综合各派为一说的特殊学说,虽秘密流传,但颇受欢迎。1150年,有人将精诚兄弟社的《书信集》与伊本·西那的著作在巴格达公开焚毁。但这本《书信集》早已流传各地,岂能用一把火解决问题。一些阿拉伯哲学史研究家认为,希腊的哲学,借精诚兄弟社而移植于阿拉伯世界的东部,已告成功。

基督教雅各派学者叶海雅·本·阿迪(974年卒)在扩大阿拉伯哲学的影响方面功不可没。他不仅是著名的翻译家、哲学家,而且是继他的老师法拉比和艾布·比什尔之后最著名的阿拉伯逻辑学家。这位博大精深的学者翻译了大量的亚里士多德和柏拉图的著作,撰写了《道德修养》《逻

---

① 《精诚兄弟社书信集》,第2卷,第316页。

辑学的功绩》《亚里士多德的〈形而上学〉简释》《亚里士多德的〈正位篇〉注释》等书。此外,他还写出了一系列有独到见解的哲学论文。他在巴黎和梵蒂冈保存至今的大量手稿已被整理出一本论文集出版。

《道德修养》是少数流传至今的阿拉伯语伦理学专著之一。叶海雅·本·阿迪认为,道德品质的差异由灵魂的三大潜能——欲望的、情感的、理性的潜能相互之间的协调程度而定。人被欲望的潜能控制时,其行为如同野兽;被情感的潜能所左右时,就会肆无忌惮不顾后果;只有理性占上风时,人才具有美德。但"人的自然本性中有无理性的倾向,得依靠教育与修养制止这种倾向,必要时采取强有力的措施,不让邪恶的行为发生"[1]。基本的美德包括节欲、适中、端庄、忍耐、正直、友谊、仁慈、忠诚、谦逊、慷慨;其对立面是恶习,即纵欲、偏颇、轻浮、冲动、奸诈、交恶、残酷、背叛、傲慢、吝啬。美德与恶习人皆有之,无人能完全摆脱恶习,道德修养的首要目的是通过学习、思考、与善者交往而培养理性的力量,养成良好的道德。灵魂一旦真正服从理性,就能判断是非、辨别好歹,从而理性地生活。

在对铿迪的《对三位一体的批评》一文的反驳中,叶海雅强调上帝是单一的,三"位"实际上是三个独特的特性和属性。上帝的单一本质被确定为"仁慈的、智慧的和强有力的"[2],仁慈被称为圣父,智慧为圣子,力量为圣灵。这三位并非各别的神。在《基督教徒信仰的正确性》这篇论文

---

[1] 叶海雅·本·阿迪:《道德修养》,第15页。
[2] 《东方选集摘要》,第22卷,第10页。

中,他重申造物主应被理解为一个具有三个不同属性的单一本体,圣父是圣子和圣灵的原因,就像两面并列的镜子里的映象那样。就本体及诸如永恒的自我存在等本体特性而言,他们是同一的,但他们在各自专有的性质方面是有所不同的。"本质上,就他是被修饰的主体而言,他是一",但"从相互关联上,即就他具有仁慈、智慧、力量这三种属性而言,他是三"。[1]他认为,上帝通过绝对的创造性的命令,从虚无中创造出整个宇宙。上帝是最高存在,他是完全自由的,没有任何力量能影响上帝的行为。上帝是永恒的、不可改变的,天地万物展示出上帝的智慧和力量,烘托出造物主。

叶海雅·本·阿迪有个学生,叫艾布·素莱曼·西吉斯塔尼(1000年卒),他在10世纪后半期,经常举办学术聚会,发表学术演讲,讨论与研究哲学和哲学史方面的各种问题,出席者不问种族、信仰和社会地位,对阿拉伯哲学的传播起了积极的作用。艾布·哈扬·陶希迪(约1023年卒)就是西吉斯塔尼的高足。这位生于内沙布尔或西拉兹,在巴格达长大的博学的文学家和哲学家文思敏捷,但言行不慎,最终遭人暗算,被控伪信罪而遭通缉,不得不隐姓埋名,客死他乡。他一生80余年,历尽坎坷,备尝艰辛,壮年专心著述,写下大量著作,尽管晚年愤而焚毁自己的作品,仍留下《求知集》《夜谈录》《万千集》等皇皇巨著。这些书籍记载了他那个时代文人间的交往和论争,几乎涉及每个文学和哲学题目。

《夜谈录》的第 8 夜中记录了逻辑学家、景教徒艾布·比什尔·马塔

---

[1] 佩里埃:《叶海雅·本·阿迪护教论的几篇论文》,第 67 页。

和语法学家、法律学家艾布·赛义德·西拉费之间,于932年在伊本·富拉特首相面前进行的一场辩论。马塔认为逻辑学是区别正确的和不正确的用法的工具,西拉费立即指出这种区别是语法学的特权。他用一系列语法问题纠缠马塔,攻击对方及其逻辑学同仁们通过引入与阿拉伯语格格不入的词语和表达方式,把阿拉伯语搞得支离破碎,从而败坏了《古兰经》的语言。结果不言自明,由此可见当时社会上反哲学的偏见是何等之深。哲学和逻辑学被保守人士视为洪水猛兽。在第17夜所记录的对于哲学与伊斯兰教教义的关系这个问题的论战中,陶希迪已经看出试图将希腊哲学和伊斯兰教教义相结合,是注定要失败的。

米斯卡威赫(1030年卒),全名艾布·阿里·艾哈迈德·本·穆罕默德·本·叶厄古卜,曾任布韦希素丹阿杜德·道莱的司库。他是医生、历史学家、伦理学家、哲学家,著有《各族之经历》《箴言拾零》《道德修养》《幸福之书》《最小的胜利》等20余部。

少年时倜傥风流、纵欲无度的米斯卡威赫,至年长习深,始折节读书、修心养性。他愿现身说法,示世人自救之道,免蹈其覆辙,故采取心理分析法,写出《道德修养》一书。此书虽比叶海雅的同名著作大约晚50年,但比那本书系统和生动。他认为哲学之路不是从逻辑学开始而是从伦理学开始的,道德是哲学的基础。高尚的行为是在那些由造物主所注定的事情中,人的意志和主动性所产生的行动,邪恶的行为则是那些自发地承担,但妨碍他达到那值得想望的结果的行为。人的天性,即理性的灵魂。人有天性本善者和天性本恶者,他们永生不变,但多数人生而不属于以上两者,他们常因教育或习染而具善或恶,人须求其理性的灵魂之美德。人品之高下,即以此美德为标准。人的幸福就在于达到人的完全,三思而行,行则必善,从私事开始,直至与人交往,以博爱立身,谋求"共同幸福"。人必须自我教育,才能克服自我,具有智慧、节制、勇敢、公正四大基本美德,杜绝愚昧、放纵、懦弱、不义四大恶习。恶习可改,美德可获,但须经过磨炼。儿童如白纸,可塑性强,易获习性,应以德行训导之,不让他与恶人为伍。孩子有错,只要不是恶习,不必责之,更不应罚之,而应循循善诱,促使其认识;一旦做对,应立即表扬鼓励,让其养成习惯。

他在《最小的胜利》一书中简洁地叙述了新柏拉图主义,认为哲学包括数学、逻辑学、物理学和形而上学,声称造物主的存在及其单一性、无始性为古人所公认。他以亚里士多德的运动论来证明造物主的存在。万物既然各自有其因特性而发生的特殊运动,那么必有一原动者。这位原动者是永远不变的,他并非实体,除了消极的言辞外,不能以任何积极的措辞对他进行理性的描述。万物所具的存在,皆属偶性;唯造物主的存在,才是本质。造物主是单一的、无始的、必然的;万物的存在,都起源于他。他采取形质转化说,认为万物的存在是一个溢出过程;造物主若截止存在之溢出,宇宙顷刻毁灭。他与法拉比和伊本·西那不同,认为由原始实在直接溢出的第一实在,是被称为原动的理性的第一理性。第二个溢出的是灵魂,以原动的理性为中介。第三个是天,以灵魂为中介。与此同时,他又主张造物主无中生有地创造万物,若非如此,"创造"一词,毫无意义。如有物质无始存在,从物质引出万物,这并非创造,而是转化。他是同时赞同溢出说和创世说这两个不能共存的学说的少数阿拉伯哲学家之一。

灵魂是单纯的、非五官所能感觉的本质。它能感觉其自身的存在,既是知觉,又是行为。灵魂能同时接受各种相反之物,例如黑与白的概念,由此可见它是非物质的。凡物质,只能接受其中之一,相反之特性不能在一物内共存。灵魂可认识所有近的或远的,实在的或抽象的事物。肉体只能感觉可感的世界,灵魂则能了解理性的世界,并凭理性的知识,判断感官所得印象的真伪。灵魂具有理性的、欲望的、情感的三大官能,分别寄居在头脑、肝脏和心内。尽管官能具有多样性,但它是统一的精神性本质,既是思悟者,又是被思悟者,同时还是思悟本身,即能思、所思、思悟三者合一。人的知识来自感官和理性。感官的认识,人类与禽兽相同;唯理性的认识,为人类所独有,故人类优于动物。人的理性并非一成不变,可通过反复使用而强化。最折磨灵魂的是畏惧,尤其是怕死。死亡只不过是灵魂离开在它的世俗生涯期间作为它的工具的肉体,进入另一个较高的纯洁和幸福的阶段。灵魂不灭,仅能转化。

艾布·阿里·穆罕默德·本·哈桑·本·海赛姆(965—1038)将阿拉伯哲学的研究成果带到了非洲。他原是故乡巴士拉的一名官员,因自称能节制尼罗河河水泛滥而受哈里发派遣。到埃及后发现事与愿违,便佯狂退隐,潜心研究科学、医学与哲学。埃及法蒂玛朝哈基姆哈里发(996—1021年在位)爱惜其才能,委以重任。这位著名的学者留下200余种著作,其中《光学书》《夕照论》《物影论》《火镜论》《测量原理》等均被译成西方文字,在欧洲颇有影响。他认为真理只有一个,欲达真理"必须以感官知觉为质,以慎思明辨为形,而构成逻辑的概念"①,舍此别无他途。哲学以探索真理为宗旨,世俗事与宗教事皆哲学之结果。他说他只是在亚里士多德的著作中发现真正的哲学,因为亚里士多德采取了统一感官知觉,构成理性知识的正确认识道路。

他认为,既然全部为各部分之和,那么万物的本体,必然包含其一切本质的属性。在《光学书》中,他将知觉的过程分为三个阶段:感觉;将此感觉与在记忆中由以前的若干感觉构成的意象进行比较;在上述比较的基础上,进行判断。第一阶段是感官接受外界的刺激而"感受",第二、三阶段的比较与判断并非感官的作用,而是理性的作用,但它是第一阶段的继续与深化,是以第一阶段为基础的。他强调,知觉的过程极为迅速,常常在无意识或半意识之中一闪而过,不细加分辨难以划分阶段。习惯即重复积累而成,知觉重复越多,印象越深,相似的过程也就反应越快。灵魂中旧有的印象可以协助新的知觉迅速建立,所以经验越丰富,比较与判断能力越强。比较与判断,实为两大心理要素,受人们心理的影响。他声称,实际上每一种感觉都伴随着痛苦,平时人们因习惯了而体会不出来,一旦改变便会立即体会到,如强烈光线使人眼睛产生不快,超常声音使耳朵难受。只有在能实现完全知觉的情况下才能引起快感,这时感觉的材料通过理性的加工能达到合理的意象。

伊本·海赛姆的观点被同时代人视为异端邪说,他的作品被焚毁,以

---

① 伊本·艾比·乌赛比阿:《信息之源泉》,第 2 卷,第 91—92 页。

至于我们难以全面了解他的哲学主张。但无论如何，他在阿拉伯哲学西传的过程中所起的作用，不应被人们所忽视。

五、反对阿拉伯哲学希腊化的斗争

希腊哲学思想的传播，在阿拉伯思想界内引起了巨大的震动。经院哲学家为了捍卫伊斯兰教基本信仰，免受异端邪说的纷扰，纷纷著书立说，攻击受希腊哲学思想影响的阿拉伯哲学家。即使是最早引进希腊、罗马的逻辑推理和哲学论证方法的穆尔太齐赖派，对希腊哲学中的唯物主义成分也进行过无情的批判。例如易卜拉欣·奈扎姆(845年卒)，就曾驳斥恩培多克勒的四根说，坚决反对把水、气、火、土四种元素看作万物形成的根源，拒绝与四根说如出一辙的气质说及其他形形色色的物质本原学说。他指责亚里士多德的实体说和宇宙论，认为那种主张诸星运动为无始的人背叛了伊斯兰教。穆罕默德·本·塔依卜·巴基拉尼(950—1013)著《导言》一书，在批驳拉斐德派、哈瓦利吉派、穆尔太齐赖派的同时，以大量篇幅驳斥婆罗门教、基督教的信仰和唯物论者的观点，强调真主以无始的意志创造了宇宙万物。在阿拉伯思想史上，直接或间接地批判受希腊哲学思想影响的阿拉伯哲学家的神学著作和经院哲学著作多得难以计数。但加扎利(1058—1110)认为这些人的著作因未尝深究哲学，仅有"晦涩支离、自相矛盾的几句话，不足以欺昏庸的凡夫，怎能对付自称渊博的学者呢？"①他认为只有彻底研究哲学，才能有的放矢地指出其悖谬，判断理性的无能为力，捍卫正统的伊斯兰教义，引导人们修心养性，走上同永恒的真主融合的道路。

加扎利最重要的著作有三部：《哲学家的目的》《哲学家的毁灭》和《圣学复兴》。在第一部著作中，他全面阐述了阿拉伯逍遥学派的哲学体系。接着在第二部著作中，他批驳了这一体系，把矛头直接指向法拉比和伊本·西那，间接地攻击他们的老师亚里士多德，尤其着重驳斥他们所提倡的宇宙永恒论、真主的知识限于全称论和反对肉体复活的灵魂不灭论，声称"古代人和现代人之中每一个值得提到的人"都赞同宗教信仰的两个基本原则，即"造物主的存在和审判日的现实性"②。第三部著作分宗教礼仪、社会习俗、毁灭的恶行、得救的德行四卷，每卷十章，意图在"宗教衰微、道德堕落的时代"③，全面指导虔诚穆斯林外在的行为和内心的修炼，使他们在来世能获得最终解脱。关于这部神秘主义宗教学说的著作，当代人曾说，即使是整个伊斯兰教都消亡了，根据这部著作也可以使它复兴。

他对法拉比和伊本·西那哲学观点批驳的具体内容，笔者将在第二章第五节中详细介绍。这里只想指出，加扎利在批驳阿拉伯逍遥学派的同时，自己也受到了希腊哲学的影响。例如，他对于真主之本体和属性，

---

① 加扎利：《摆脱谬误》，第7页。
② 加扎利：《哲学家的毁灭》，第6页。
③ 加扎利：《摆脱谬误》，第27页。

以及人类灵魂的见解,都不是原始的伊斯兰教所有的观点。正因为如此,在很长时间内,不少穆斯林认为加扎利的学说本身也是一种异端。只是由于实权人物的支持和推广,他利用希腊辩证法建立起来的伊斯兰实用主义哲学,才成为登峰造极的正统派理论。他的学说不仅在伊斯兰世界获得统治地位,而且对犹太教和基督教的经院哲学也产生深远的影响。欧洲一些经院哲学家就是通过《哲学家的目的》的拉丁文译本,开始熟悉亚里士多德的哲学。托马斯·阿奎那(1225—1274)和帕斯卡(1623—1662)都间接地接受过加扎利的观念。

在阿拉伯世界的东部,加扎利的学说给受希腊哲学影响的阿拉伯哲学以沉重的打击,使许多人认为这种哲学有害于宗教和国家。哲学家在许多地方遭受迫害,他们已不能自由地研究哲学。尽管在加扎利的时代后,"哲学的教授者和学习者,有数百人,乃至数千人"[①],但已不能恢复昔日的风采,许多人只是以选编或注疏前人的遗书度日,很难做出成就。

这里我们着重介绍一下艾布·巴拉卡特·巴格达迪(1152年或1166年卒),他被认为是伊本·西那和舒赫拉瓦尔迪之间的中转人物。此人早年信奉犹太教,后皈依伊斯兰教。他写下《哲理集粹》一书,分逻辑学、自然学、形而上学三大部分,以批判的目光,全面评论伊本·西那的哲学。

按照伊本·西那的说法,太一处于存在之顶,他是凭本性的造物主。艾布·巴拉卡特认为真主是凭本体的造物主,他按照自己的知识和意志

---

① 第·博雅:《回教哲学史》,马坚译,第243—244页。

而行,其行为目的是慷慨,"万物皆来自他的慷慨"①。伊本·西那否认真主有特称的知识,这种看法是贬低真主的能力。人类的灵魂尚且能同时知晓全称和特称,真主却仅能知晓全称,这岂不是说真主不如人类的灵魂完美? 知晓特称并非一定带有物质性,灵魂知晓特称,它就不具物质性。"我们的灵魂一旦达到抽象的阶段,定能意识精神性事物,就像我们用眼睛了解被目睹之物一样,那么就没有什么能不让灵魂知晓的。造物主和天神为什么不能像其他存在物一样地知晓,不因一方面而妨碍对另一方面的知晓? 真主既然有能力创造万物,他的能力怎么会不足以意识万物?"②真主知晓万物并不一定采取被意识物落在能意识物的意识范围之内的形式,或采取具有形体的形式,他可以直接地意识。真主是万光之光,任何光的存在皆来源于他,不管是明显的光还是隐蔽的光、作为原因的光还是作为结果的光。他是众原则之原则,肉眼不可能看见他,但他最应被看见,因为他在存在中是最明显的。隐蔽之光是理性之光,包括一切精神性的发光本体,明显之光是感性之光,我们可以目睹。在这两种光之下是物质,它是十分黑暗的。

他对伊本·西那的溢出主义宇宙观提出质疑:原动的理性到底是第几个理性? 为何不多不少正好是这几个理性? 天体的理性难道真有具体数目? 再说这原动的理性是月球天体的同时又专属于人类的理性,还是来自月球天体的理性,只有它是专属于人类的? 他尤其对"从一溢出的只

---

① 艾布·巴拉卡特·巴格达迪:《穆阿塔白尔》,第3卷,第69页。
② 艾布·巴拉卡特·巴格达迪:《穆阿塔白尔》,第3卷,第88页。

能是一"这个首要原则表示怀疑,认为它没有逻辑根据。既然从一溢出的只能是一,那从太一溢出的第一理性也就是一,怎么却成了三个溢出物的源泉呢?这岂不自相矛盾?

即使这个原则不错,溢出主义宇宙观的表述也有误。"他们说第二由于思悟第一,便从它溢出一个理性;由于它思悟自己的本体,便从它溢出天体和灵魂。如果换个说法,第一原则由于首先思悟其独一性和本性(照他们所说),从他处溢出一存在物,它是第一个被造物。他创造了它,便知晓它,思悟它是存在中与他一起的存在物,由于这一思悟从他处溢出另一物。就这样思悟后创造、创造后再思悟,被造物逐一出现,第二为第一而存在,第三为第二而存在,就像创世纪所说,他首先造了亚当,后又为亚当,用亚当的一部分造了夏娃,再为了他俩,用夏娃的一部分造了个儿子。我并不是说自己具有这种观点,但是这样交代并非时间上的前因后果,就不至于与他们自己的说法自相矛盾了。"①

他声称这样的溢出法不近情理,认为真主是出于慷慨,"一下子创造了可能存在的万物,尔后使它们有先有后陆陆续续地进入存在","万物因各种各样必不可少的原因而产生于一"②,真主按其智慧所必然,无需中介,他创造了不可尽数的万物,他与万物之间的联系是直接的。万物相互间的联系,仅仅是次要的、有次序的关系,不存在必然的联系。真主是唯一绝对的原因,我们平时所说的原因只是一时性的。大自然里不存在因

---
① 艾布·巴拉卡特·巴格达迪:《穆阿塔白尔》,第3卷,第156页。
② 艾布·巴拉卡特·巴格达迪:《穆阿塔白尔》,第3卷,第161页。

果关系必然性。创造的过程全归于真主的能力。伊本·西那的溢出主义论建立在因果关系的基础上,显示不出真主的无所不能。

理性的灵魂是统一的,不能分割。说什么"理性一旦思悟某物,被理性思悟的事物就是从物质中抽象出来的形式,理性思悟它,两者就变成同一,这样,理性、具理性者、被理性思悟的事物是一码事,这真奇怪!"[1]因为一个人即使思悟了众多的事物,他依然故我,根本就不是他所思悟的事物中的任何事物。"他在思悟之前和思悟之后有何区别呢?如果此理性是所在,那它是物质的,被理性思悟的事物就是形式;如果被理性思悟的事物是所在,那这个被思悟的事物在理性之前,情况不是在所在之前。再说所在是先于存在的一,以接受某物的落在,众多事物共同落在它处,它就成为这些事物的共同所在。理性对被理性思悟的事物,就是物质对被理性思悟的事物,就像灵魂对种种形式,它了解它们、知晓它们。把一个叫作物质的理性,另一个叫绝对的理性,到底有何区别呢?"[2]思悟过程中的基础不是什么原动的理性,而是与柏拉图的"理念"相近的被理性思悟的理想模型。

人类灵魂的原因是众多的,这些原因可被称为精神指导者,每个指导者负责一种功能。这就把统一的原动的理性分化了,使纵向的关系变成了横向的关系。数个精神体存在于同一水平上。这样,人类灵魂与世界万物具有密切的关系。各个灵魂的不同和在完美性方面的优劣,取决于

---

[1] 艾布·巴拉卡特·巴格达迪:《穆阿塔白尔》,第3卷,第142页。
[2] 艾布·巴拉卡特·巴格达迪:《穆阿塔白尔》,第3卷,第143页。

它们的"原因的高尚度及这些原因在上界的地位"①。人类灵魂由于臆测或照耀,能意识上界之光。完全的灵魂也许可意识最高等级的存在,目睹万光之光。

灵魂与肉体有关,灵魂的潜能中有的非通过肉体不能变成现实;但灵魂由于其本质,在达到最高等级的完美时可离开肉体,"到上界去过美好的生活,在天神和精神的诸个体身边,可目睹真主,了解神性事物"②。灵魂离开肉体后就不再与肉体有关,它是能意识、能知晓的分离的本质。但是,人的分离的灵魂在精神程度上不能上升到它的诸原因水平之上,甚至不能达到它们的水平。"它最大不过是接近它们,它的美德与它们的美德相似。"③这样,灵魂绝不会与它的诸原因相统一,也绝不会在精神性和崇高性方面与它们相等同。但这些原因因为其诸原因的崇高性不同而在神性世界内有所排列,最高贵、最高尚的灵魂是"其习惯和所获得的理论的和实践的才能最近似天神和天上诸个体的才能"④。灵魂本身具有各种可能性,允许它趋向神性的世界、纯理性的世界。灵魂原先就是从这个最高的世界出来的,最后被神圣之光所催促,仍将回到它那儿去。

"天神"(天使)一词,艾布·巴拉卡特用其指长久在最高固定处生活的被理性思悟的存在物,它是构成神圣世界的分离的精神的本质,是神光

---

① 艾布·巴拉卡特·巴格达迪:《穆阿塔白尔》,第3卷,第213页。
② 艾布·巴拉卡特·巴格达迪:《穆阿塔白尔》,第3卷,第215页。
③ 艾布·巴拉卡特·巴格达迪:《穆阿塔白尔》,第3卷,第214页。
④ 艾布·巴拉卡特·巴格达迪:《穆阿塔白尔》,第3卷,第216页。

照耀的结果。这些具有理性的本质在种类上没有等级,但相互之间由于精神性的松紧和完美而有优劣。灵魂也是具有理性的精神的本质,天神与灵魂的不同就在于天神是纯粹分离的,它从来不在物质内,人类灵魂则不然。不管称其为理性、天神还是精神,重要的是了解"它的性质是不可感觉的,不能落于肉体或任何可感觉形式内的实质"。它虽然与被感觉的事物无关,但它"能安排并理解被感觉的事物"①。

艾布·巴拉卡特提到,柏拉图使感性世界内的每一个存在物都是灵魂世界的痕迹。也就是说,感性世界的存在物是理性世界存在物的影子,理性世界或神性世界内存在的诸形式是理念或模型,它就是制作者为获取被制作物所采用的模具,被制作物具有模具的形式,是它的复制品。"柏拉图用理念一词,怎么不是,它是真正的理念,存在物与它相似,是它的复制品"②。

在理念的世界内,我们可发现火并不烧毁他物,对立物不相互毁坏,这些形式和理念就是万物的原因和模型,万物与它们相符合。但这些理念不具有独立于真主本体的存在,它们是在神性本体内的种种形式,这是从造物主知晓它们、创造它们方面而言的。同样,人类灵魂也有实在存在物的形式,这些概念的形式包括它对实在存在物的关系,"实在存在物即它的形式"③。也就是说,头脑中所存在的理念包括它与符合它的那存在

---

① 艾布·巴拉卡特·巴格达迪:《穆阿塔白尔》,第3卷,第165—166页。
② 艾布·巴拉卡特·巴格达迪:《穆阿塔白尔》,第3卷,第92页。
③ 艾布·巴拉卡特·巴格达迪:《穆阿塔白尔》,第3卷,第144页。

物共有的关系。

理念是真主本体中的种种形式,它们不是"天神"。天神是分离的精神的本体,具有专属于它们的存在本质,以及相当大程度上与宗教教义相一致的那些功能。存在中每一有始者的原因都是天神,因此存在相当多的天神,其数目与可见的不可见的行星、他们知晓的不知晓的天体的数目相等,甚至可能超过这些天上存在物的数目,从而使其数目"与种种可感的存在物的数目相等"①。因为每一种可感之物不管是天体的还是尘世的,都有一天神保持它在物质内的形式,以单个的存在使整个种类继续存在。这天神可称为"形式的保持者",它按照大自然的种种规律,安排与指导该种类的形形色色的事务。

"天神"的作用仅仅是保持万物的形式,而不参与创造。创造是真主独有的行为。这与伊本·西那等人称原动的理性为"形式的赐予者"完全不同,"赐予"一词意味着它使可感的存在物带上形式,实际上使它进入存在,这就起了"构成"的作用,在某种程度上参与了创造。此外,"形式的赐予者"仅限于月球天体的理性,即原动的理性,而艾布·巴拉卡特则将保持各可感种类的功能分散给无数的天神。这样,他就排除了中介者的思想,将创造的能力全归于真主。

六、照明主义哲学

艾布·巴拉卡特·巴格达迪批判了受柏拉图主义影响的阿拉伯逍遥

---

① 艾布·巴拉卡特·巴格达迪:《穆阿塔白尔》,第3卷,第197页。

学派的溢出主义宇宙观和十大理性论，提出作为柏拉图理念论翻版的天神（天使）形式论，认为这种"形式"是万物的真实本质，万物不过是形式的体现。形式才是真实的存在，它永恒不灭，构成理性世界（可知世界）。我们周围千变万化生灭无常的世界则是感性世界（可感世界），这个世界不过是表象而已。但理性世界内的形式和感性世界内的万物之间具有怎样的关系？是逐一相对的关系还是单一与殊多的关系？如是前者，那感性世界上有多少物，理性世界内就有多少形式，这就产生了一个问题：这么多形式之间是什么关系？如是单一与殊多的关系，那么就要否定溢出论，因为显然等级森严的溢出论难以说明宇宙万物之间的渐进关系。但有何种理论既能说明单一与殊多的关系，又能体现宇宙万物之间的错综复杂的关系，从而摆脱溢出论的局限性呢？

阿拉伯哲学家的宇宙理性论有两个来源：一个是普罗提诺的说法，认为第一理性自太一溢出，它具有太一的全部属性，实际上就是神的理性，它包含全称，即万物的理念，尔后从第一理性逐级溢出其他理性。他受亚历山大学派天文学家的影响，将理性与天体联系了起来。但普罗提诺并未确定宇宙理性的具体数目，所以法拉比的著作中一会儿认为宇宙理性是八个，一会儿又认为是九个。另一个来源是亚里士多德的著作。通过他的著作了解到柏拉图把作为万物之根的分离性精神（即理念）定为十个，阿拉伯哲学家遂认为宇宙理性有十个。但十大理性逐一溢出只能说明它们之间具有纵向关系，并不具有横向关系。

伊本·西那在晚年的著作中已经含糊地提出了照明的概念，他在《哈伊·本·雅格赞》里，把东方描绘成光明之家，把西方说成是黑暗之家，这个象征主义的说法使人自然联想起波斯琐罗亚斯德教（袄教、拜火教）以光明和黑暗为标志的善恶二元论。阿勒颇的希哈卜丁·叶海雅·舒赫拉瓦尔迪(1153—1191)正是在伊斯兰文化的氛围下，将苏菲派思想、琐罗亚斯德教的二元论和新柏拉图主义的溢出论结合起来，用照明主义学说解决了艾布·巴拉卡特·巴格达迪因批驳溢出主义宇宙观和十大理性论而引起的未曾解决的问题。

舒赫拉瓦尔迪全名艾布·富杜哈·叶海雅·本·哈卜施·本·艾米兰凯，因生于山地小镇舒赫拉瓦尔德而被称为舒赫拉瓦尔迪。他早年就读于阿拉伯逍遥学派哲学家、阿塞拜疆人迈季德丁·吉利处，稍长便游学伊斯法罕、巴格达、阿勒颇等地，从各方面汲取知识，终成著名学者，著有《照明的哲理》《反驳集》《答辩录》《傍注集》等，不少于49种。因提倡"光的科学"而被视为异端，遭到残杀，因此获得两个诨名：同情者称他为夏希德(殉难者)，反对者称他为马格杜勒(被杀者)。

他认为光是存在的唯一原则，光不足即暗，黑暗并不是与光明势均力敌的原则。光是既能在自身中显露，又能显示其他事物的实体，它分两种：理性之光和感性之光。前者是原则，后者是此原则的痕迹。光又可分为自我存在的本质之光(纯粹之光)和靠他体存在的非本质之光。光具有漫射的性质。光与暗在照明学说里具有特定的含义：光即存在，暗指不存在。光的强弱程度就是存在的完美程度。真主是"万光之光"，他是"必然的存在""万光的本原"①。凡物均是可能的存在,其存在必有原因,不可能推至无穷无尽,它们必然以必然的存在为终端。"物质和形式均非必然存在,它们的存在各自需要对方,是一种可能的存在"②。他反对伊本·西那的本体论思想,认为存在和本质是同一的,而说本质可以在存在之前、同时、之后存在是荒谬的。

照明主义哲学有五大原则:越高尚越在先、照明与见证、制服与热爱、行为与创造、单纯与复合。第一个原则指出有枝必有根,低级的存在说明有比它高级的存在。从这一原则出发,从真正的一产生的只能是一,由我们灵魂的存在可以导出理性的存在,光的世界必然比暗的世界体系完全,最后可以证明各种抽象光的存在。

照明和见证是性质不同但又互补的两个过程,这是第二个原则。照明的条件是照明者与接受照明者之间没有障碍,并且后者有接受照明的准备。见证也必须以具有没有障碍和做好准备为条件。照明犹如阳光照耀大地,见证宛若目睹可见物。一个自上而下,一个自下而上。目睹并非像逍遥学派所声称的那样,是所谓可见物的形象反映在视网膜上,更不是目光之光所为,而是"健全的眼睛遇到被照明之物而发生的,这时灵魂凭眼睛而具有对被照明之物的即刻照明,从而看到它"③,照明是一个抽象的光的发光的射线漫溢到另一个抽象的光上,使后者的光度增加。最近之

---

① 舒赫拉瓦尔迪:《照明的哲理》,第121页。
② 舒赫拉瓦尔迪:《傍注集》,第22—24页。
③ 舒赫拉瓦尔迪:《照明的哲理》,第150页。

光通过照明或漫溢而来自万光之光,其他各抽象之光则通过照明逐一溢出,从光度强的产生光度弱的。见证则相反,这是一个抽象之光朝向比它更高级的光,"见证比照明更高尚"①。

第三个原则是照明和见证的属性的另一种表达。制服即包围、控制、创造,它就是照明的意义。热爱则是顺从更完美的,通过见证来实现。这两者构成溢出系统的基本原则。万光之光的作用并不是仅限于溢出最近之光,并通过最近之光溢出它之下的诸光,而是除此以外,万光之光还直接影响诸光,因此"每一个低级之光的自我热爱,都被制服于它对高级之光的热爱中"②。

行为与创造的区分,是第四个原则。行为并不以"无"为前提,它只是行为者对接受此行为者所施加影响的过程,体现了对果的关心和卫护。创造则是按照创造者的意志,并非按照先有的形式或理念,而产生事物的过程。创造与因果关系无关,而行为则受因果关系的制约。

最后一个原则阐明单纯与复合的关系。亚里士多德哲学认为单纯的不能从复合物之中溢出,因为单纯的本质是更基本的,不能由其性质是各种要素通过混合或融合而成的某物中产生。舒赫拉瓦尔迪则认为单纯的可以不是真正地而是一时地,从各种事物中产生。高级之光的射线可以照到某制服之光上,这两者光线的结合,就成为创造单纯新果之因。这样,从复合的原则中产生了单纯之果。"从数物的集合中,可以产生不同

---

① 舒赫拉瓦尔迪:《照明的哲理》,第194页。
② 舒赫拉瓦尔迪:《照明的哲理》,第272页。

于从它们的个体中所产生之物,简单的可以从复数事物中产生。"①

真正的一,就是从各方面来说都是一,在本体和属性方面都是一。从真正的一中只能产生一。这第一个生成物是第一光,它是万光之光和存在物之间的中介,它从根本上说不带殊多性,因而与物质毫无关系。"它是一个意识自我,意识其造物主的光,是第一被造之光,它是可能存在的终点,不可能有比它更高尚的可能存在"②。从万光之光中溢出光线,"并非是某物与万光之光相分离,因为分离与相连是物体的特性,万光之光超越这一点"③。光不是体,它的溢出不采取部分与整体相分离的方式。这种溢出是理性的,与空间和时间无关。

最早溢出的第一光又称为最近之光,它具有双重性质:它本身的赤贫性和通过万光之光的丰富性。赤贫性即黑暗,丰富性才是光明。当第一光思悟自己的赤贫性时,就产生最高的地峡,当它思悟自己的丰富性时产生第二光。同样,第二光又生成一个地峡和一个次一等的光。每一个地峡都是一个天的范围。这个过程持续下去,直到我们所在的尘世世界。

照明是一个理性的动态的过程,由无数的几何线条交织成一个严密的结构。存在的各个单位错综交错,按其等级相互发出丰富的精神性光芒,这种光的联系使这些单位联成一个精细的几何体系,过着共同的精神生活。这些光的单位是纯粹之光,分为两类:一种是高级的制服诸光,构

---

① 舒赫拉瓦尔迪:《照明的哲理》,第381页。
② 舒赫拉瓦尔迪:《光的结构》第四种结构第三章,转引自穆罕默德·阿里·艾布·拉扬:《希哈卜丁·舒赫拉瓦尔迪的照明主义哲学的来源》,第170页。
③ 舒赫拉瓦尔迪:《照明的哲理》,第167页。

成自上而下的纵向等级,因为它们过度明亮,黑暗太少,所以对物体没有影响;另一种是低级的(即形式的)制服诸光,它们构成势均力敌的横向等级。这也就是说存在的结构具有纵向和横向两个方向。在纵向中,高级的照明低级的,低级的见证高级的,通过照明和见证实现溢出。在横向中,虽然通过见证和照明也有溢出,但这些光是上述诸光之余光,远不如它们强烈,而是疲软的。在横向等级中包括原素和合成物。"物质世界里的每一种本质和偶因,都是理性的光的诸种类和形态的行迹和阴影。"[1]

原素有三种:水、土、气。火只是热的气。原素可以转化,气凝聚成水,水可化为土,土可变为气,反之亦然。原素通过宇宙光的作用进行聚合,产生无机物、植物和动物,最后出现人。人通过天神(天使)吉卜利勒(伽百利)的媒介,"从万光之光中获得自己的完美"[2]。人具有肉体和灵魂,它们同时存在,紧密相连。灵魂是光的,肉体则是物质的。肉体因其稠密而蒙蔽灵魂,故灵魂得净化自己冲破樊篱,通向高级之光。肉体是黑暗的,是灵魂实现自己目标的障碍,因而得通过爱来维系灵魂和肉体,爱不是本质的关系,更不是因果关系,但通过它可实现灵魂对肉体的安排。一旦肉体崩解,被围于肉体的光就能完全摆脱肉体,加入纯粹之光的世界。即使逗留在尘世上,高度净化的灵魂还是能受高级之光的照耀,"分享某种超自然的力量"[3],可以预言甚至支配未来的事件。

---

[1] 舒赫拉瓦尔迪:《照明的哲理》,第 195 页。
[2] 舒赫拉瓦尔迪:《照明的哲理》,第 201 页。
[3] 舒赫拉瓦尔迪:《照明的哲理》,第 252 页。

希哈卜丁·叶海雅·舒赫拉瓦尔迪的照明主义很快成为阿拉伯哲学的主流。被称为伊斯兰最后一批百科全书式作家之一的法赫尔丁·拉齐(1149—1209)在叙述认识的过程中，就运用了照明主义的原理。甚至阿拉伯逍遥学派的某些哲学家，例如纳西尔丁·图西(1201—1274)，在注释逍遥学派的某些经典著作时，也常常自觉不自觉地采取照明主义学说。当然，在随之而来的思想僵化的时期，照明主义也没有逃脱厄运。不过这种学说在波斯深深扎下了根。萨德尔丁·希拉齐(1572—1641)就是杰出的代表。他在《超常哲理书》(又被称为《四旅行书》)中描写灵魂从创造到最高实在，再通过一种实在到另一种实在，然后从实在回到创造，最后到达作为创造中所表现的实在的"四旅行"。他认为必然的存在通过与光的辐照相似的照明过程，把它所具有的存在传递给每一个被造的实体。作为万光之光的真主，通过"流射"而向被造的实体溢出发光的性质，这些实体就靠此而与真主相似。表象多样化的宇宙构成了一个具有不同发光度的许多层次，上一层次比下一层次发光度强，更为完全。层层漫射，光度越来越小，暗度越来越大。他的学生一代接一代将他的学说继承下去，在波斯产生了持久的影响。

第三节　阿拉伯哲学从兴旺到衰落

一、安达鲁西亚的哲学研究

8世纪初，阿拉伯人占领了伊比利亚半岛的大部分，把它称为安达鲁西亚。阿拔斯朝建立后，倭马亚朝第十任哈里发希沙姆（724—743 年在位）的孙子阿卜杜·拉赫曼·本·穆阿威叶逃脱大屠杀，到达北非，受到母族柏柏尔人的保护，并在旧部属的帮助下，于 756 年在西班牙建立了后倭马亚朝。全境初定，阿卜杜·拉赫曼（756—788 年在位）一方面着手发展经济，另一方面大力推广阿拉伯-伊斯兰文化。到此王朝处于极盛时期的阿卜杜·拉赫曼三世（912—961 年在位）和哈凯姆三世（961—976 年在位）时代，许多学者负笈远游，到阿拉伯世界的东部去朝觐和学习，科学和哲学著作源源不绝地从那儿输入安达鲁西亚，迅速形成巨匠云集、学术昌明的局面。科尔多瓦成为与巴格达并驾齐驱的阿拉伯文化中心，堪称"世界的宝石"而熠熠生辉。

希沙姆二世（976—1013 年在位）时大权旁落，侍从长兼大臣曼苏尔·本·艾比·阿密尔（977—1002 年在职）为安抚神学家和保守势力，大肆迫害科学家和哲学家，致使大批学术著作被焚，学术研究受到严重摧残。但这种焚书坑儒的做法并没有阻止哲学研究的继续和发展。诸侯割据，政局动荡，大量宫藏书籍流散民间。各自独立的小国为争夺权力，纷纷采取礼贤下士、延聘人才的政策，营造各种观点自由发表的机会。到 11 世纪中叶，安达鲁西亚再度繁荣，文学艺术硕果累累，科学思想日益普及，哲学研究逐步展开，终于在 12 世纪出现了一批彪炳史册的哲学家。

伊本·迈萨莱（883—931）被称为安达鲁西亚的第一位阿拉伯思想家。他全名穆罕默德·本·阿卜杜拉·本·迈萨莱，早年在父亲指导下接受了穆尔太齐赖派思想，不到 17 岁便声名鹊起，向学生宣传"人是他所发生的一切行为的真正行为者""火狱的惩罚不是真正的惩罚"①等观点。后深受恩培多克勒(约公元前 490—公元前 430 年)和诺斯士主义的影响,提出原素(被理性思悟的第一物质)、理性、灵魂、自然、物质(第二物质)五大无始本质论。他信奉真主,把他作为第一本原,又认为原素为万物之本,却从未指明这第一本原和原素之间的关系。理性来自第一本原。灵魂由于错误而从神性世界降下,它努力通过净化,摆脱物质的羁绊而复归上界。这种净化无精神性指导者不能完成。自然是指亲近和排斥这两大基本力量,由此化成各种自然力。物质是存在的基础。最基本的物质为火、气、水、土,它们各有其独特的性质:热属火,冷属气,湿属水,干属土。这些性质相互不能转化,但可以由亲近和排斥这两大力量使这些基本物质产生聚合和分离,通过自我运动而自我生成万物。

他的这种观点被指责为叛教,书籍被查抄焚毁。他带领几个学生躲进迈里亚深山,继续研究与讲学,提倡万有单一论,具有苏菲派倾向,认为可以用品味的方式意识启示的真理,通过内修实现幸福。他的著作全部失传,我们只知其中的两部书名:《启发书》和《字母书》。西班牙东方学家亚辛·帕拉西翁将散见各处的伊本·迈萨莱的观点集中起来进行归纳整理,得出的结论是,他的观点基本上是恩培多克勒的,但受到了新柏拉图主义的影响。伊本·迈萨莱死后,迈里亚成为安达鲁西亚苏菲派的中心,万有单一论的思想一代代传下,最后被著名的神秘主义思想家伊本·阿

---

① 安希尔·贡扎莱兹·帕兰西雅:《安达鲁西亚思想史》,第 327 页。

拉比(1165—1240)所采用,并在去麦加朝觐的途中,大力宣传,使这一理论广为流传,甚至一些犹太思想家和基督教思想家都受到万有单一论的影响。

科尔多瓦著名的文学家和思想家艾布·穆罕默德·阿里·本·艾哈迈德·本·哈兹姆(994—1064)生于名门,长于乱世,在政治旋涡中浮沉,1023年施主被暗杀后退隐,专事著述。他25岁时就写出名著《鸽子的项圈》,此书已被译成多种语言。他认为灵魂具有神性的来源,它在存在中先于肉体,"每个灵魂遇到另一个与它相似的灵魂时,就相互吸引,发生共鸣,从而在它们之间产生精神联结——爱"①。灵魂是美好的,它倾向于各种美好之物,如遇见这种事物,发现其内在的美好本质,便迷恋上它,产生爱。

在《废除书》这本小册子中,他猛烈抨击使用类比,要求废除独立判断、偏爱、模仿、因果关系的解释等,呼吁坚持严守《古兰经》字面意义的方法。他反对自由探讨真主的本质、物质的特性、道德责任的性质等,声称通过争论求得这些问题的解决是不可能的。他认为人的认识客体仅仅是落入感官所及范围之内的或理智可直接思悟的客体,除此以外,人们无法认识。值得注意的是,他在阿拉伯思想界首先采用两分法的概念,认为凡物都可一分为二。他把人分为两大类:有神论者和无神论者。每一类分为两种,每一种分为两支,每一支分为两组……如此还可继续分下去。这

---

① 伊本·哈兹姆:《鸽子的项圈》,第35页。

种做法似乎过分机械,但毕竟将一分为二的方法引进了阿拉伯世界。

穆罕默德·本·萨伊德(1052—1127)的《花园书》用浅显的文字介绍了阿拉伯逍遥学派的哲学原理,实际上在普及阿拉伯哲学的知识。书中他极力调和希腊哲学思想和伊斯兰教理之间的冲突,给人们留下深刻的印象。艾布·萨莱特·倭马亚·本·阿卜杜·阿齐兹·达尼(1067—1134)的《端正思想》一书,全面介绍了亚里士多德的逻辑学。当时,《精诚兄弟社书信集》、自然哲学、阿拉伯新柏拉图主义和逍遥学派的著作在安达鲁西亚都受到欢迎,只是并未出现阿拔斯朝兴盛期间那样的比较大规模的学术集会或教学活动。大多数人的研究还是在孤独地进行。《花园书》和《端正思想》[①]这两部书为阿拉伯逍遥学派在安达鲁西亚的传播起了不容忽视的作用。

伊本·巴哲(1138年卒)花了相当大的精力注释亚里士多德的作品和法拉比等阿拉伯哲学家的著作。他自己有创见性的著作流传下来的很少,仅有《索居指南》《告别论》《理性与人的结合》等。他承认外部世界的物质存在,但认为物质不可离开形式而存在,形式却可以离开物质而独立。物体的变化,皆因物质形式的变化而产生。他承认物质的运动,但又否认运动是物质的属性。他认为运动的物质是有穷尽的,而运动是无始的,运动的原因是实体受无始的实在,即理性所推动。灵魂介乎实体和理性之间,故能自己运动。

[①] 这两部书均被译成了西班牙文,分别于1940年和1910年在马德里出版。

受法拉比的影响,伊本·巴哲在《索居指南》里描绘了人们相亲相爱、自然生活,不需要医生和法官的理想社会,勾勒出一幅灵魂逐渐上升的图画,认为灵魂摆脱了下意识的和感情的因素就能达到认识理性世界的最高阶段,提倡通过自身精神修炼和借助科学知识来实现灵魂的纯化,强调哲学能指导人依靠原动的理性的照明,将感性的、局部的认识上升为理性的、整体的知识,获得最大的幸福。理性在这一上升过程中加深认识,从最低的物质的形式、灵魂的表象、人类的理性,到原动的理性、各天体的理性,直至最高的理性,人类在认识中进化,从特称到全称,从表象到本质,从可感的世界到可知的世界,直至最高的真理。

《告别论》认为人类的第一原动力即思想之根,人生与知识的真正目的,在乎亲近真主,而与原动的理性相接。哲学思维是认识的基础,舍此不能认识自然界,不能认识自身,不能与原动的理性相接。他斥责加扎利说什么幽居独处者,理性的世界会为他显现,让他见到形而上的事理。他认为这种说法是在自欺欺人。他在此书中所倡导的灵魂统一观被伊本·鲁世德所采纳,灵魂统一观对基督教经院哲学影响颇大,故大阿尔伯特(阿尔伯特·冯·博尔什帖特,1193—1280)与托马斯·阿奎那(1225—1274年)曾著专书驳斥之。

如果说伊本·巴哲幻想以一个哲人小团体来组织"国中之国",形成全社会的摹本,实现柏拉图式的理想世界,那么伊本·图斐勒(1110—1185)则注重社会之元,即个人的大彻大悟。在《哈伊·本·雅格赞》这个神秘主义故事里,他肯定了个人在观察和思考的基础上,借助于内在的理性,能够认识自然,认识诸天,认识自身,认识真主,在纷纭错杂的万象中,找出其真理。他的这本书虽与伊本·西那的同名书有着姻亲关系,但他的"哈伊"比伊本·西那的"哈伊"更近于自然人,他不用借助造物主的启示,仅通过自我深化就达到了认识的顶点。

伊本·图斐勒认为哲学和宗教,是达到真理的两条平行的道路。宗教用唯一为群众所了解的象征性形式提出了真主的真理。高度发展的理性哲学对于那些需要受传统信仰教育的"众生"来说是不可理解的,因此主人公哈伊企图教会邻岛居民像他那样了解宗教是完全行不通的。在伊本·图斐勒的关于自然宗教的这个学说中,的确可以看到自然神论的萌芽。故事中关于生物来源于非生物,空间与时间是永恒的叙述,体现了作者的唯物主义倾向。

阿拉伯逍遥学派中最典型、最彻底的,当推伊本·鲁世德(1126—1198)。他视亚里士多德为圣人、完人,认为亚里士多德的学说已经达到人类认识的顶峰,堪称"天师",他的哲学是"任何哲学的本原",他的逻辑学则使我们的知识由可感的个体上升到纯粹的理性的真理,这是一条"幸福之路"。因此他力图保护亚里士多德的学说不受任何歪曲。他一方面著书立说,提出宇宙发展论、统一理性论和双重真理论,另一方面大力注释亚里士多德的著作,全面阐述亚里士多德的思想。

伊本·鲁世德认为,物质世界在时间上是无始无终的,但在空间上却是有限的。整个世界是单一的,不可不存在,也不可有别的形式存在。从无中创造万物是最荒谬的臆想。物质是永恒的,过去、现在、将来都是如此,既不可创造,也不可消灭。在永恒的自然界,既无绝对的产生,也无绝对的毁灭,有的仅仅是在永恒因素重新结合的基础上的改变。

物质与形式是统一的、不可分的,其可分性,仅在我们的思想中。形式不是外在于物质的,而是物质所固有的,就像胚胎或萌芽那样含藏于物质,可像自然力那样继续产生。所谓"创造",不过是一种运动,其基质是原初物质(第一物质),它是运动的"主体"。这种原初的不定的物质含有胚胎或萌芽状的潜在形式,"第一推动者"的任务不过是将潜在的形式变为现实的形式,引出并发展存在于物质中的胚胎。

运动的原则是热。运动是永恒的、不间断的,任何运动都是以前运动的结果。宇宙不是"创造"出来的,而是"发展"起来的。发展即原初物质的运动,它使所包含的形式萌芽从可能性变成现实。任何产生、变化和消灭都作为"可能性"而存在于物质中,物质本身是无所不包的、最普通的"存在之可能性","作用力只是使可能性变为现实"[①]。可能性与现实性是相对而言的,就永恒性而言,这两者其实是一码事。运动是"发展"的前提,没有运动,就没有"发展"。整个宇宙是"永恒延续"的体系,一切都在运动着,按照自然界的规律而存在着、变化着,由严格的必然性所统治。

在认识上,他认为人类有统一的、普遍的和客观的理性。人类的理性不是灵魂的组成部分,它从外部移入,在进行认识活动时就同灵魂结合起来。个体的灵魂是会毁灭的,但理性是永恒的、超个体的、无个体的,对过

---

① 伊本·鲁世德:《毁灭的毁灭》,第 42—45 页。

去的、现在的和未来的人们来说只有一个。物质在形而下的世界中有独立的存在,理性在形而上的世界中也有独立的存在。认识起于对个别事物的感性知觉,理性在此基础上从事物的共性方面对局部事物进行认识,抽象出理性的知识。因而人们在获取知识方面的千差万别,就在于灵魂中潜在的感性材料这个条件,只有掌握了一定的材料,理性才能发挥作用。

他提出双重真理论,认为宗教和哲学归根到底应殊途同归,导向同一的真理。哲学是沿着为少数人所能理解的纯粹思辨的道路前进的,而在习惯影响下形成自己观点的"众生"则是奠基在启示的威望之上的,并且使其信仰具有象征的形式。群众应保留他们的信仰,因为信仰"用绳索套住一些人,防止他们互相摧残和争吵"①。

伊本·鲁世德的哲学对欧洲思想界产生了巨大的影响。到13世纪末,他的声望压倒了所有其他的阿拉伯哲学家。进步的思想家把他认作唯物主义和无神论的鼻祖和首脑,辩证法家的榜样,伟大的亚里士多德注释家,反对者则称他为"一只对基督教和天主教信仰不断吠叫的疯狗"②。

13世纪,西班牙人以恢复失地为目标的"列康吉斯达"(意为"再征服")运动取得了决定性胜利。至1492年,阿拉伯人终于退出了西班牙。基督教征服者对滞留的穆斯林进行残酷的迫害,为消除阿拉伯文化的影

---

① 奥·符·特拉赫坦贝尔:《西欧中世纪哲学史纲》,于汤山译,中国对外翻译出版公司1985年版,第63页。
② 奥·符·特拉赫坦贝尔:《西欧中世纪哲学史纲》,于汤山译,中国对外翻译出版公司1985年版,第64页。

响而大肆摧残阿拉伯文化,仅在占领格拉纳达后,就在广场上焚毁八万多册书,许多哲学和科学著作的手稿从此化为乌有。

二、犹太哲学家

在阿拉伯文化发展的潮流中,一些犹太思想家用阿拉伯文写作,为阿拉伯哲学的繁荣做出了自己的贡献。所罗门·本·嘉比罗勒(约 1021—1070)、约翰·本·法古达(生活在 11 世纪)、犹大·哈列维(1075—1141)和摩西·本·迈蒙(1135—1204)就是其中的杰出代表。

所罗门·本·嘉比罗勒在中世纪欧洲以阿维森勃隆(Avicebron)之名闻名,被误认为阿拉伯人。他不仅是中世纪首屈一指的犹太诗人,而且是安达鲁西亚著名的新柏拉图主义者。在至今尚存的《生命的源泉》一书中,他受伊本·迈萨莱的万有单一论的影响,力图把神从"无"中创造世界的原则和实际上是泛神论观念的溢出主义宇宙观结合起来,声称神和第一实体凭着自己无所不能的意志从虚无中创造了存在,这种创造是一次性的,被创造的是包括普遍物质和普遍形态在内的宇宙理性,整个世界按照新柏拉图主义的图式从宇宙理性中溢出。他承认存在着统一的普遍物质,它是有形实体和精神实体的基础,有形物质和精神物质实际上是统一的,因为作为有形物质和精神物质存在基础的"普遍物质"是分别由"物体形式"和"精神形式"所决定的。① 能摆脱物质的只有神,他超脱于物质和

---

① 参见奥·符·特拉赫坦贝尔:《西欧中世纪哲学史纲》,于汤山译,中国对外翻译出版公司 1985 年版,第 75—76 页。

形式之外。这本用阿拉伯文写成的书由多米尼克斯·公迪萨利奈斯（1180年卒）译成拉丁文，直至16世纪在欧洲哲学界仍有影响。此外，他还著有《道德矫治》、《真珠选》（希腊和阿拉伯哲学家箴言集）等。

约翰·本·约瑟夫·本·法古达是所罗门·本·嘉比罗勒的同时代人，被称为"犹太的托马斯·迪·开姆庇斯"。他深受加扎利的伦理学和苏菲派实践的影响，用阿拉伯文写了《心灵礼仪指导》，把坚信神的独一性、尊重被造物、服从神、依赖神、忠诚工作、谦虚谨慎、适时忏悔、心灵清算、尘世禁欲、热爱神列为十大礼仪原则，其基础是神的独一性。他认为造物主"是真正的一，没有本质和属性"①，我们的思想无法意识既无本质又无属性的存在，只能从被造物身上去理解，去体会，因而必须尊重被造物。真正的一是主，万物为仆，故人们应服从神。一切皆由神安排，祸福全在他手中，未得他的允许，任何人或物均无能力可言，所以必须依赖神。神的本体是独有的，无物与他共有或相似，于是一切服从、崇拜、忠诚都是对他而言，人们应为神而忠诚工作。在神的伟大面前，人是何等渺小，怎能不谦虚谨慎？人常有疏忽、失误，补救的办法就是忏悔和自新。既然要做到自恃自洁，内外一致，便不得不对自己的心灵进行清算，涤荡污垢，保持清净。人不能迷恋尘世享受，沉湎酒色，放纵肉欲，而应约束自己，排空俗气，以禁欲自守，求得心灵完全纯洁，单一善思。只有这样，才能以坚信独一起始，合于单一结束，以热爱神、惧其怒为求得幸福之路。

---

① 安希尔·贡扎莱兹·帕兰西雅：《安达鲁西亚思想史》，第495页。

犹太·哈列维是托莱多的一位才华出众的诗人和哲学家。他在哲学著作《库萨里》(副标题《为保护这个受歧视的宗教所作的辩护》)中认为，虽然只有哲学或者理性可以为神的存在提供证据，但它们却不能向人们阐明神与人之间所存在的密切联系，不能引导人们走向纯粹的宗教真理。这种就其本质来说属于个人体验的神人联系，只能通过个人的切身体验，从内心的省悟和实质性启示中建立起来。他把西奈启示看作宗教的所有信条的不可触犯的基础。此书的阿拉伯文原本残篇手稿保存在牛津大学图书馆。希伯来文本由犹大·本·梯崩译出。1660年约翰·布克斯朵夫将它从希伯来文译成拉丁文，3年后又转译成西班牙文。1886—1887年，阿拉伯文全文在莱比锡出版，并附希伯来文译文。

摩西·本·迈蒙在西方被称为迈蒙尼德(Maimonides)。这位杰出的、具有特色的思想家生于科尔多瓦，因受宗教迫害而迁居摩洛哥，后到巴勒斯坦，最终(1165年起)在埃及定居。他学识渊博，精通医学、天文学、数学和物理学，曾任艾尤卜朝开国哈里发萨拉丁(1169—1193年在位)的御医。摩西·本·迈蒙的主要哲学著作是1190年在埃及用阿拉伯文出版的《迷途指津》。此书为以后的犹太哲学奠定了基础。它被译成许多种欧洲文字，对中世纪的欧洲哲学产生过相当大的影响。

他非常钦佩亚里士多德。只要不违背《圣经》中最本质的、不可改变的信条，他就以理性作为自己言行的指南。他在《迷途指津》和其他一些著作中，深刻而系统地阐明了亚里士多德的哲学思想，并运用这些思想对犹太教的神学教义进行了任何一个思想家都未曾做过的最广泛的和最系统的研究,力图将这种神学同古希腊罗马哲学结合起来,体现唯理论精神,把宗教真理论证为纯粹的思辨,坚信宗教与理性不会有矛盾,理性认识具有决定性的意义。他的这些观点和主张受到正统派神学家的反对,有的甚至要求动用宗教裁判所来对付他。围绕摩西·本·迈蒙的学说一度展开过激烈的争论,使他的学说广为传播,声誉日隆。

值得指出的是,摩西·本·迈蒙的学说虽然总体上接近伊本·鲁世德的思想,但在涉及基本信条上,他仍坚持宗教信仰,认为世界是从"无"中创造出来的,承认肉体复活和天意等。这些历史的局限是由他的地位所决定的。地中海地区的犹太社团经常向他请教有关法律、伦理和宗教等方面的问题,他自然得坚信这些宗教信条。他为教友们编纂了一部律法书,主张"符合宗教礼仪的律法是为人而存在的,不是人为它而存在的"①。因而,他认为有理由使每条戒律都符合实际情况。他还在亚历山大创办了一所讲授哲学和法律的学校,培养人才。这一切都使他享有极高的威信,他死后,人们这样称赞他:"从摩西到摩西,谁也比不上这个摩西。"②

在摩西·本·迈蒙之后,犹太学者主要致力于翻译,将阿拉伯文化介绍到西方,很少出现有创见的著作。

---

① 阿巴·埃班:《犹太史》,阎瑞松译,中国社会科学出版社1986年版,第156页。
② 阿巴·埃班:《犹太史》,阎瑞松译,中国社会科学出版社1986年版,第153页。第一个摩西指犹太人的先知,后一个摩西指摩西·本·迈蒙。

三、阿拉伯哲学的衰落

11世纪,突厥人和波斯人角逐争霸,阿拔斯朝名存实亡。疆土分裂、派系争斗、社会混乱、世风日下,促使保守的宗教势力进一步凝聚,要求恢复纯正的伊斯兰教信仰和简朴的伊斯兰生活方式。十字军东侵,给阿拉伯地区的各族人民带来巨大的灾难,但也促进了东西方文化的交流。1258年,阿拔斯朝灭亡,标志着阿拉伯文明的鼎盛时期已经结束。

在阿拉伯思想界内,复古与反复古的斗争越来越尖锐。保守的神学家和经院哲学家为纯化伊斯兰信仰,大力批驳受希腊哲学影响的阿拉伯哲学家,尤其把矛头对准具有唯物主义倾向的伊本·西那。法赫尔丁·拉齐(1149—1209)和艾哈迈德·本·泰米叶(1262—1327)就是这方面的代表人物。而以纳斯尔丁·图西(1201—1274)为代表的哲学家则纷起应答,捍卫伊本·西那等人的学说。两者之间进行了新的一轮论争。

法赫尔丁·拉齐全名法赫尔丁·艾布·阿卜杜拉·穆罕默德·本·欧麦尔·本·侯赛因·拉齐,生于伊朗拉伊镇一个穆斯林神职人员家庭。他早年学习神学和哲学,在伊朗各地和土耳其斯坦游历,后定居赫拉特(今阿富汗境内)。他声名卓著,门生甚多,是伊斯兰最后一批百科全书式作家之一,著书约百种,涉及哲学、神学、医学、天文学、几何学、法律等领域。他的主要哲学著作是《东方学术论文集》、《集成》(一译《古今思想集》),和对伊本·西那的《训导书》和《哲理的源泉》的批判性注释作品。他还著有被列为权威性的神学经典著作的《幽冥之钥匙》(《古兰经》详注以及《教义学探索》等。他著书立说的主要目的,是充分利用哲学家的方法,驳斥与教义相冲突的那些主张。他在注释伊本·西那的著作中,如实地陈述了这位哲学家的观点,同时抓住一切机会无情地批判他。法赫尔丁·拉齐博学多才、能言善辩,在阿拉伯哲学史上占有一个特殊的地位。但他过于偏激,常借当局之力把对手置于死地,故树敌甚多,据说最后被凯拉米叶派毒害,死于赫拉特。

《东方学术论文集》详尽讨论了阿拉伯哲学的主要课题,诸如本质与存在、真主与世界、单一性与殊多性、必然性与可能性、因与果、理性与灵魂等等。他认为有两类哲学家,一类全盘接受希腊哲学家的思想,另一类全盘否定希腊哲学思想,"这两类哲学家都是错误的。我们应深入钻研各种哲学家的著作,肯定其真理,反对其错误。我们应给哲学增添某些原则,提出新的思想"[①]。实际上,他的所谓新思想,绝大多数是反对亚里士多德主义的最基本的内容,部分是针对柏拉图主义的。

他认为存在只能意识,难以确切表达。人们对存在的意识,尤其是对自身存在的意识,先于任何其他认识。存在是首要的意识,"存在"的存在是"最基本的原则",不能被归于某个"更基本的或限定性的观念"。[②] 存在与本质是两码事,既不具同一性,又不存在限定性。本质的概念并非必然包括它的存在的概念,前者的特性或属性的论断并非必然适用于后者,断言存在是一种特定的本质说明不了任何问题,因为本质在它能够成为本

---

① 法赫尔丁·拉齐:《东方学术论文集》,第1卷,第4页。
② 法赫尔丁·拉齐:《东方学术论文集》,第1卷,第11页。

质之前，首先需要一种"外来的证明来确定本质的存在"①。其实存在与本质都是不言而喻的，无须也不能用一个说明另一个。

关于宇宙的起源，他反对伊本·西那的溢出主义宇宙观，尤其谴责从"一"里只能导出一个实体的说法，而认为恰恰相反，由单一可以产生殊多，"单一是源，殊多来自单一"②，整个宇宙来自万光之光的照明溢出。万光之光是单一的、自我存在的、必然存在的。它因充盈而必然溢出。所溢出的离万光之光越远，光度越小，直至黑暗。

灵魂是在时间内被造的，它不可能先于肉体，因此不可能存在所谓理念。他以此猛烈抨击柏拉图关于认识即回忆的观点。灵魂接受照明才能获得知识，感觉仅仅是灵魂接受知识的准备。至于领悟那种"无需任何媒介便可以直观地被知晓的、作为一切知识基础"的基本原则或公理，则完全是照明的结果。③ 每个灵魂接受照明的能力的大小由真主前定，因而每个人获取知识的能力不一，理性就是这种能力的反映，它既不是知识的原因，也不是知晓的过程。在知识形成的过程及其结果之间具有一个仅能用智力了解的连续性。真主创造了论据，施加了照明，知识必然产生。

真主既具有全称的知识，又具有特称的知识。真主是非物质的，因而能认识他自身。宇宙万物均是他的创造性行为的结果。他是这个结果的原因，因而能通过自我认识的同样行为而认识整个被造物的系列。他斥

---

① 法赫尔丁·拉齐：《东方学术论文集》，第1卷，第25—26页。
② 法赫尔丁·拉齐：《东方学术论文集》，第1卷，第84页。
③ 法赫尔丁·拉齐：《东方学术论文集》，第1卷，第245页。

责伊本·西那等人主张的所谓真主如具有关于个别事物的知识,就必然包括多元性、变化性或对其客体的依赖性,这实际上是否定真主的卓越性。阿拉伯新柏拉图主义者宣称认识的过程是吸收可知物形式的行为,实际上并非如此。知识是认识主体与客体之间的一种特殊关系的体现。因此,认识个别事物的过程中所变化的,只是他与该客体的关系,真主的本体没有任何变化,当然不会引起多元性。真主的知晓能力是无限的,无所不包的。

经院哲学是传统思想和理性主义的结合,分为四大方面:经院哲学的基础,存在及其分类,理性主义神学观,传统的诸问题。第一方面包括逻辑原则、真主存在的证明及穆斯林信仰真主存在的义务。第二方面包括存在与不存在,存在的属性,单一与殊多,因与果,等等。第三方面包括《古兰经》论述必然存在、造物主的名称、属性与行为。第四方面包括先知、伊玛目、末世学、信仰及其有关的问题。他声称自己阅遍神学著作和哲学著作,所得益的"远不如从阅读崇高的《古兰经》所取得的收获"[1]。

《教义学探索》强调"我们相信真主既不具肉体,又不是实体,他并非在空间内。但我们相信能目睹真主",因为"《古兰经》经文就是这样说的,根本无需再说什么理由能目睹"[2]。艾什阿里派提出可能目睹真主的一条理由,我们可拿出一打理由反对。理由都是人为的,不能适用于造物主。他认为,只有不信造物主的人才入火狱,偶然犯罪的穆斯林不会进火狱。

---

[1] 伊本·艾比·乌赛比阿:《信息之源泉》,第2卷,第27页。
[2] 法赫尔丁·拉齐:《教义学探索》,第190页。

他强调宿命论,人的命运全由真主意志而定,但人应对自己的行为负责。他不仅反对自由意志论,而且反对艾什阿里派所谓行为由真主创造、被人获得的论断。在《幽冥之钥匙》中,他甚至认为善行和恶德都是真主所创造,都根据真主的意志而定。既然真主是宇宙的创造者和统治者,那么他的意志和行为都是再恰当不过的,不容人去责备。

纳斯尔丁·图西全名纳斯尔丁·艾布·贾厄法尔·穆罕默德·本·穆罕默德·本·哈桑,生于波斯图斯城,先在父亲指导下学习,后游学巴格达等地,拜名师,钻研教法学、教义学、哲学、医学、天文学、星占学和数学,终成著名学者。阿拉木图第七任胡达旺德(最高统治者)阿拉丁·穆罕默德(1221—1255年在位)掌权期间,他就担任古希斯坦地区长官的星占学家。1259年在阿塞拜疆建立了当时先进的官方天文台及藏书丰富的图书馆,在天文和数学研究中取得重大成就。他著作等身,据说有150部之多,主要的逻辑学和哲学著作有《抽象主义逻辑》《引证的基础》《观念的抽象》《纳斯尔丁伦理学》《必然存在的证明》《论分离的本质》《抽象本质的存在》《论能动的理性》《殊多从单一产生》《论因与果》《设想种种》《形而上学详论》等,在阿拉伯和伊斯兰思想史上占有重要的地位。

他认为形而上学有两大部分:神学和第一哲学。前者是关于造物主、理性和灵魂的知识,后者则研究宇宙和一般概念。单一与殊多、必然与偶然、本质与存在、永恒与暂时等等都属第一哲学的范畴。形而上学是"伊斯兰哲学的本质,它对思想史作出主要贡献的领域"[1]。造物主既然是一切存在的最终原因,他本身就和形式逻辑的基本规律一样,是无须证明的。他是宇宙逻辑的自明的原则,他的存在与其说被证明,还不如说被设想、被假定。证明意味着对被证明之物的完全理解,而有限的人是无法完全理解无限的造物主的,因此也就不可能证明造物主的存在。

宇宙是永恒的(无始的)还是由真主从无中创造的(有始的),这是阿拉伯哲学最棘手的难题之一。纳斯尔丁·图西在早期著作《设想种种》里严厉批评"无中创造"说,认为这种说法意味着在真主创造世界前不是造物主,或者说那时他的创造的力量尚是一种潜能,后来才转变成现实。这明显否定了真主的永恒的创造力,因为真主既然是无始无终的造物主,那必然有被造物(宇宙)与他同在。换句话说,这宇宙是与造物主一样,是永恒的。可他在晚年著作《形而上学详论》中却又认为存在分为必然存在和可能存在,可能存在的存在依赖于必然存在,既然其存在依赖他物而不是自身,那它就不能被设想处于存在,不处于存在就是不存在,由必然存在从"无"中创造出可能性,这样的过程就是创造,这种存在物就是被造的。

法赫尔丁·拉齐在《〈训导书〉注释》中全面批驳了伊本·西那的观点。纳斯尔丁·图西也写了本《〈训导书〉注释》,阐述伊本·西那的宇宙观和灵魂学,驳斥加扎利的论点,反击法赫尔丁·拉齐对伊本·西那的攻击,指责拉齐的著作是"谩骂而不是注释"[2]。他赞赏伊本·西那关于从一

---

[1] 纳斯尔丁·图西:《形而上学详论》,第7页。
[2] 纳斯尔丁·图西:《〈训导书〉注释》,第1卷,第162页。

中只能溢出一的原则,用溢出主义宇宙观解释宇宙生长和演变规律,认为宇宙万物的产生是一个必然的过程,是被设想的造物主本质的溢出。

伦理学的中心是幸福和至善问题。最大幸福即至善,是人们所追求的最终目的。这是人在宇宙演变中的地位所决定的。实现幸福必须具有智慧、勇敢、节制、公正等德行。灵魂具有理论的理性和实践的理性。中庸是德行的基本原则。"超过与不及,以及堕落都是恶行。"①理性灵魂的疾病有困惑、简单的无知、复合的无知。灵魂因分不清真理与谬误而困惑。缺乏某种知识但并不自以为是,称为简单的无知。既缺乏知识又自以为是,那就是复合的无知,这是无可救药的,但通过献身数学可使它减轻为简单的无知。通过学习使无知变有知,掌握正确方法就可不再困惑。社会是道德生活的场所。人从本性上说是社会的存在,他的完善显示在他与其他人的关系上。爱与友谊是社会道德的原则,通过自我修养而与整个社会相协调。

世界上存在善与恶,善来自真主,恶是偶性。善好比麦种撒在灵魂里,经灌溉发芽成长,成熟后被收获。恶好比水面上的泡沫,泡沫显然与水有关,但又不是来自水。因此,世界上根本没有恶的原则,但它作为偶性,是必然会产生的,或者说是物质的副产品。在尘世,恶可能由于无知、判断错误或滥用自由意志而产生。关于恶的概念是相对而言的,有时只是一种隐喻的说法,例如火烧毁了穷人的茅屋,水冲走了村庄,都被当作

---

① 纳斯尔丁·图西:《纳斯尔丁伦理学》,第67页。

恶,而火与水本身根本无善恶之分。缺乏光亮便是黑暗,缺乏善便是恶。因而从本质而言,恶是"消极的,而不是积极的某种事物的不存在"①。

逻辑既是科学又是科学的工具,他同伊本·西那一样,从认识论角度去解释逻辑学。所有的知识既是概念又是判断,前者通过下定义获得,后者借助推理完成,下定义和推理都是获得知识的工具。他步亚里士多德的后尘,把判断分为全称判断和特称判断、肯定判断与否定判断、必然判断和或然判断。他承认推理的三段论,认为从大小前提可以得出结论,即把两个判断联结起来从而得出一个新的判断,但认为通过除外的方法,同样也可以导致新的判断。

艾哈迈德·本·泰米叶生于哈兰,死于大马士革,是叙利亚著名的法理学家和宗教"改革家"。他激烈反对哲学论争,提倡回到先人的正统道路上去,恢复原始的宗教真理。他认为真理的源泉,是《古兰经》和圣训。先知穆罕默德以及他的门弟子和再传弟子,已经解决了所有的宗教问题,随后出现的任何观点或实践都是异端邪说。他斥责神学家、哲学家和语言学家败坏了空气,竟然采用与先人的唯一权威性的解释相抵触的方法,擅自解释《古兰经》。他声称自己考察了所有神学的和哲学的方法,发现它们"不能治疗任何疾病或缓解任何干渴。对于我来说,最好的方法是《古兰经》的方法"②。

在《驳斥逻辑学家》中,他猛烈攻击亚里士多德派逻辑学家,挖苦他们

---

① 纳斯尔丁·图西:《设想种种》,第44页。
② 详见伊本·泰米叶:《论文汇集》,第1部,第190—191页。

热衷于下定义,陷于"限定的种类"和"本质的特异性"而不能自拔,可他们所下的定义,并不能给我们的知识"增加任何新的内容"。他们的演绎推理并不见得那么可靠,首先确定判断所依据的前提就十分困难,并非"不言而喻"的。他系统评述伊本·鲁世德的《证明法指津》,一针见血地指出,即使是被阿拉伯亚里士多德派奉为证明的最高形式的论证法,也是空洞无物的,不具有任何实际意义。他强调五种本体(形式、物质、物体、灵魂和理性)和十大范畴(本体及其数量、性质、关系、地点、时间、姿态、状态、活动、遭受)更是于认识最高的真理无补,它们根本不能适用于真主这个最高实体。总而言之,逻辑学在阐述真理方面是无力的,甚至是无效的。穆斯林有责任坚持《古兰经》和圣训所规定的一切,摒弃任何其他的方法。

两百年间,加扎利、艾布·巴拉卡特·巴格达迪、法赫尔丁·拉齐、艾哈迈德·本·泰米叶等人接二连三地对阿拉伯新柏拉图主义和亚里士多德主义哲学家发动的批判和攻击,使阿拉伯世界内迅速蔓延一种厌恶议论的风气,严守《古兰经》字面意义的倾向重新抬头,反对希腊化的阿拉伯哲学的势力日益强大。阿拉伯哲学从13世纪开始终于衰落,继有创见的写作和论战时代之后是一个注释和反馈的时期,阿拉伯哲学在照明主义的理论和苏菲主义的实践中徘徊,逐渐丧失自己原来就很脆弱的独立性,与伊斯兰神学复归合一。

13—15世纪值得提及的思想家有:哈菲兹丁·奈萨菲(1232—1310),著有《揭示秘密》《教义学基础》《降示的知识和解释的真理》等;阿杜德丁·伊吉(1281—1355),他的主要著作《立场》曾有数种注释,被逊尼派视作主要参考书;迈斯欧德·塔夫塔扎尼(1322—1390),著有《夏姆西叶逻辑学原理注释》等十余种注释性作品,他因对奈季姆丁·奈萨菲(1142年卒)的《教义》这部一直作为神学的主要教科书的注释而闻名;赛伊德·谢里夫·朱尔贾尼(1413年卒),他的《定义书》(哲学术语汇编集)和对伊吉《立场》一书的注释给他带来很大名声。到这个时代,注释和汇编盛行,阿拉伯哲学已经丧失了其活力。除了伊本·赫勒敦等个例外,食古不化成了学者们的通病。直到19世纪伊斯兰现代主义出现,这种僵化情况才逐渐被打破。

四、伊本·赫勒敦及其《绪论》

著名的历史学家、社会学家和哲学家阿卜杜·拉赫曼·伊本·赫勒敦,1332年出身于突尼斯的一个书香门第,从小聪慧好学,涉猎面广。他在从安达鲁西亚流亡而来的一些著名学者指导下,学习了数学、逻辑学、哲学和伊斯兰各学科。17岁时因双亲死于瘟疫,不得不开始走上自食其力的道路。他生逢战乱时代,历尽宦途坎坷,既当过高官,也入过囹圄。经过一番颠沛流离的周折,终于弃政从文,1375年隐居于瓦赫兰地区,着手撰写历史巨著《阿拉伯人、波斯人、柏柏尔人及其同时代具有最大权势的人的历史纪实和殷鉴之书》(简称《殷鉴之书》)。他只用了5个月时间就写出了《绪论》初稿,1377年11月完成《绪论》的定稿工作。1382年去麦加朝觐,行至开罗,应邀到爱资哈尔大学讲学,后被任命为开罗马立克派的最高法官。1406年离开人世,享年74岁。

伊本·赫勒敦是个博大精深的学者,他的《殷鉴之书》是一部包罗宏富的巨著,包括前言(论历史学的特点及其各学派之研究)和三部分(分别为:论文明;世界之初到伊历8世纪阿拉伯人编年史;波斯人、柏柏尔人及其他人的编年史),并附有作者自传。前言和第一部分合并成一卷,这就是使他誉满天下的《绪论》。

17世纪初,奥斯曼帝国的思想家们发现了《绪论》的价值,竞相撰文介绍,运用《绪论》的观点解释社会和历史问题。1852—1856年间,《绪论》正式印行。1862—1868年出版了法译本,顿时轰动了欧洲思想界,掀起了翻译、出版、研究、评论《绪论》的热潮。伊本·赫勒敦因此书而被认定为"现代社会学的先驱、历史哲学的奠基者"[1]。

他破天荒第一次明确提出历史哲学的概念,认为"从外表来看,历史无非是过去时代的国家和民族的情况的记载,由此产生了许多议论、典故,成为人们谈兴的资料,告诉我们环境如何变革着人类的一切事物"。"但深入内部来看,历史则包含着对万物及其起因的观念、考证和中肯的诠释,以及对事件前因后果的深刻理解。因此,历史深深扎根于哲学,值得称为哲学的一个分支。"[2]他自豪地宣布自己"采取了新型的编排和分章法,在历史学界里创立了一种与众不同的学说、创新的方法和风格"[3]。他

---

[1] R. 弗林特:《历史哲学》,第86页。
[2] 伊本·赫勒敦:《绪论》,第3—4页。
[3] 伊本·赫勒敦:《绪论》,第6页。

指出，变幻莫测的人类社会的历史是有规律可循的，各个历史事件是由因果关系相互联系着的，各种社会现象都是历史规律的反映，是受制于历史规律的。但历史规律并不像自然规律那样刻板，不像它那样丝毫不差。历史规律有它自己的特性。他从社会、经济、政治、文化和风俗习惯等方面来分析历史，用逻辑思维的方法来剖析社会历史发展的动因。他认为，"如果仅仅依赖于历史记载，而对普遍的规律、政治的法则、文明的性质、人类社会的特征没有掌握，不会用亲眼看见的事件来推测无法亲眼看到的事件，不会用过去发生的事件来预测目前正在进行的事件，那就难以保证不摔跟头，难以保证不从真理的大道走向歧路"[1]。

题为《论文明》的第一部书，实际上是世界上第一部社会学或社会哲学专著。在这部书中，他分六章来论述文明：一、总论人类文明。概述了人类社会的起源、文明的产生和发展，以及影响人类文明的各种因素。二、论游牧文明、野蛮民族和部落及其各种情况。下分29节。伊本·赫勒敦认为游牧文明先于定居文明，他详细论述了游牧文明产生的原因、存在的基础、部落的情况、政权的建立以及这种文明的各种特性。三、论国家、国王、哈里发及君权之等级。下分53节。伊本·赫勒敦在本章中论述了国家的产生与发展。他认为集团主义和宗教信仰是维持国家存在的两大力量，每个国家都有其自然的年龄。他详细论述了影响国家强盛、版图大小、存在时间长短的各种因素。他还论述了集权统治的建立，国家的

---

[1] 伊本·赫勒敦：《绪论》，第9页。

管理，各种机构的职能，国王与哈里发的本质及其种类，从国王到各地长官的君权等级，以及国家衰微的特征，国家政权的更迭，等等。四、论城镇文明。下分22节。论述了城镇生活是文明发展的结果，详细介绍了城镇文明的各种情况。五、论生活资料。下分33节。详细论述了生活资料的种类、生产、流通和消费。伊本·赫勒敦认为人类劳动首先是为了取得生活之计，生活资料的充沛是社会稳定的一大因素。六、论科学及其种类，教育及其各种方法。下分50节。他认为科学与教育的产生是人类文明发展的自然结果，文明越先进，科学就越发达。

人的活动，离不开社会。《论文明》第一章开宗明义地指出"首先，人类社会是必需的"[1]。一个人的能力有限，无法为自己提供一切生活所需之物品，必须与他人合作才行。孤独一人的力量往往不如一头野兽，必须集合起来，才能抵御猛兽的侵害和外界的袭击，这就产生了"集团主义"，正是这种把人们聚集起来的"集团主义"构成了社会存在的最初形式之基础。社会在"集团主义"和为共同利益而共同劳动之中发展和富裕，达到一定程度就会分化成统治者和被统治者。社会的发展就是文明的发展，"这就是我们把它作为这门科学命题的文明一词的意义"[2]。

社会循着一定的规律向前发展，从原始阶段发展到游牧阶段，再发展到定居阶段，产生农业和工业，向更高层的阶段发展。人类社会文明的发展受各种因素的影响。气候、地理、土壤、矿产等客观条件，无不影响着人

---

[1] 伊本·赫勒敦：《绪论》，第41页。
[2] 伊本·赫勒敦：《绪论》，第44页。

类文明,而文明又影响着人体的发育和伦理道德的形成。随着社会的发展,人类的经济活动越来越复杂,越来越相互渗透,它又促使有组织的社会向前发展。只要个人的活动主动顺合经济的潮流,国家的经济就会健康地发展,国家就会越来越繁荣。

"国家和人一样,有它自然的寿命。"①小的酋长国的寿命往往不超过三代:第一代为创业代,生活艰苦朴素,保持着游牧生活的粗犷品性,强烈的部落集团主义使部落成员抱成一团,休戚与共,部落的荣誉由全族人集体创造和享有。第二代则从游牧变成定居,生活逐渐富裕,部落集团主义的观念逐渐淡薄,从集体共同享有荣誉变成个人专有,腐败之风始起。第二代中仍有一部分人盼望恢复第一代的情况。至于第三代,则完全不记得了创业的时代,部落集团主义的观念消失殆尽,两极分化严重,不劳而获的一部分人生活奢侈到极点,国力渐衰,直至灭亡。至于大的国家,它的规迹也是这么三个阶段,他特别指出国衰时"弄臣权大""多行不义""奢靡成风","百事难兴"②,强调"一国之影响从根本上说全在于国家的强盛程度"③。

在分析各民族的文明时,伊本·赫勒敦认为"各个民族的情况根据生活环境的不同而各异"④。他指出"多部落而且部落宗派主义严重的地方

---

① 伊本·赫勒敦:《绪论》,第170页。
② 伊本·赫勒敦:《绪论》,第290—298页。
③ 伊本·赫勒敦:《绪论》,第177页。
④ 伊本·赫勒敦:《绪论》,第120页。

难以建立巩固的国家政权"①。他以各种经济活动的因素来解释社会事件的发生,认为世界和各部落的情况都不是固定不变的一个模式,它在各个不同时期会有所不同,会从一种情况转变成另一种情况。国家的诞生、政权的更迭、事件的发生、情况的出现、历史的形成,都是有缘由的。他用辩证的思维方法解释风俗习惯的形成和演变过程。他认为一个君主掌权后,会借助于前人遗留下来的风俗习惯,汲取其大部分内容,掺入些新的因素,上行下效,逐渐推广。如这个政权被推翻,新的政权又给掺进一些新的成分。而长期形成的风俗习惯是一股强大的精神力量,它关系到国家民族的兴亡。

伊本·赫勒敦在《绪论》中对伊斯兰学问的整个系列作了富有洞察力的简洁叙述,他的哲学观点是传统的伊斯兰观点。他认为"世界之大,非人类所能周知;万物之众,非人类所能穷究"②。实际的情况远比目光短浅的哲学家们所臆想的要斑驳、复杂得多。逻辑推理,往往以经验为根据,而个人的经验具有偶然性,基于这种经验上的推论结果并非正确,以为通过个人的推理就能达到真理,那简直是幻想。我们所依靠的,应是人类积累下来的全部经验。逻辑推理的作用在于"磨炼我们的理智"③,它虽不能产生知识,却指示我们如何获得知识。灵魂本无知识,它只是对于感觉所接触的内容进行本能的思考,去粗取精、由表及里地进行加工,从而获得

---

① 伊本·赫勒敦:《绪论》,第 164 页。
② 伊本·赫勒敦:《绪论》,第 503—504 页。
③ 伊本·赫勒敦:《绪论》,第 313 页。

知识。人由肉体和精神所构成,精神是认识的主体,它有时领悟精神的客体,有时领悟物质的客体。前者是直接领悟的,后者是通过大脑的感官为媒介而进行的。因此,"精神的灵魂"的乐趣不在于借助于感觉、推理和思想去领悟外界事物,而在于通过直接的神秘的体验而完全"超越感觉和推理",甚至理性的能力也可被超越,因为它也依靠"大脑的想象、反映和记忆的活动"①。于是,他断定形而上学不能解决任何影响人的最终命运或灵魂的拯救的那些关键性问题。

五、阿拉伯哲学的西传和对欧洲思想界的影响

早在10世纪,阿拉伯文化就已经零星地渗入西欧。出身贫困,后来成为教皇的格伯特(1003年卒),曾在阿拉伯学者的指导下学习文化知识,他把阿拉伯人加工过的古代的,尤其是古印度的数学、天文学的某些原理以及阿拉伯独特的某些科学成就介绍给西欧。11世纪开始,欧洲基督教会先后派出一些学者到穆斯林统治下的西班牙的托莱多和意大利的西西里岛,学习当时领先于欧洲的阿拉伯数学、天文学、医学、占星术和炼金术。不少贵族子弟也附庸风雅地来到这两地镀金。这些人便成为宣传阿拉伯文化的先驱,使"阿拉伯学问"在欧洲声誉日隆,吸引更多的人前往领略伊斯兰文化的独特风采。先进的阿拉伯文化,为黑暗的欧洲带来了东方文明之光,促进了欧洲文明的复苏,因而这两个地方被誉为欧洲文明

---

① 伊本·赫勒敦:《绪论》,第517页。

的摇篮。

1085年,西班牙人收复托莱多。这里迅速成为文化交流的中心。穆斯林、基督教徒、犹太人这三大势力在西班牙共存,犹太人无论在商业方面,还是在传播学术方面,都起了中间人的作用。托莱多大主教莱蒙多(1126—1152年在位)鼓励将阿拉伯文书籍通过希伯来文等转译成拉丁文,因而成立了"翻译家学园",掀起了延续一个多世纪的翻译运动。译者们首先关心的是阿拉伯人所掌握的科学知识,后来才把注意力转移到在欧洲几乎失传的古希腊罗马哲学著作和科学著作上。与此同时,他们逐渐加强了对阿拉伯哲学的认识,把它也作为翻译的重点。

多米尼克斯·冈迪萨利奈斯(1180年卒)被认为是中世纪最早从阿拉伯文,通过西班牙文转译成拉丁文的翻译家之一。他聘请了一位犹太人将阿拉伯文原文口译成西班牙语,由他正式译成拉丁文。他用这样的方法,将法拉比、伊本·西那、加扎利、伊本·嘉比罗勒的一些作品译成了拉丁文,还与赫瓦·本·大卫合作,译出了伊本·西那的《论灵魂》等。后者常被混作西班牙人约翰。约翰注重翻译数学、天文学、占星术等方面的著作,尤其是花拉子密的作品。欧洲人从花拉子密的学术论文中知道了印度数学、十进位制,以及数学计算过程。他们把这套数字称为阿拉伯数字,后演变成现代各国通行的数字。阿拉伯语里"零"(西夫尔)一词译自印度语Sunya(即"空""无")。拉丁语则采取阿拉伯语音译cifra。此词后来在一些欧洲语言中成为"数字"的总称,最后转成密码的代号。

文化交流的第二个中心是西西里岛。1091年,诺曼人罗吉尔一世

(1101年卒)征服了阿拉伯人统治的西西里岛。诺曼诸王虽为基督教徒，但为摆脱文化落后状态，巩固政权，他们十分重视阿拉伯文化。他们创建科学院，重用学者，将阿拉伯文典籍译成拉丁文。西班牙著名的翻译家苏格兰人迈克尔·斯科特，在西西里岛工作的十几年内遵腓特烈二世(1194—1250)之嘱，将亚里士多德的《动物学》等著作摘要译成拉丁文，并附有伊本·西那的注释。腓特烈还下令将伊本·鲁世德的著作译成拉丁文，作为他在1224年创立的欧洲第一所国立大学——那不勒斯大学的教材。与此同时，《卡里莱和迪姆乃》《医学集成》《光学书》等文学、医学、科学著作纷纷被译成拉丁文，促进了意大利甚至西欧的文明发展。

阿拉伯哲学对欧洲思想界的影响是双重的。欧洲人在12—13世纪通过阿拉伯人了解到亚里士多德、柏拉图和其他一些哲学家的著作，把其中的大多数译成了拉丁文。此外，许多阿拉伯哲学家的作品，例如铿迪的《论五大本质》《论逻辑论证》《论理智》《论睡眠和梦幻》，法拉比的《论理性》《学科分类》《幸福的取得》，伊本·西那《治疗书》中的自然学、灵魂学和神学部分，以及伊本·鲁世德的主要著作，均被介绍了过去，在欧洲广为传播，对经院哲学中的正统派和反正统派两方面都有深远的影响。

紧与松的问题，是穆斯林苏菲派十分注重的问题。朱奈德说："害怕使我紧，希望使我松，真理使我聚，权利使我散。他①用害怕使我紧，他便使我离我而毁；他用希望使我松，他便使我复我而回；他用真理使我聚，他

---

① 指造物主。

便使我显我而出；他用权利使我散，他便使我隐我而入，而让旁人证我之存在。这样，他便使我运动而不让我安静，使我寂寞而不让我慰藉，于是让我来尝试自己存在之味，但愿他使我离我而毁以让我享受，或使我隐我而入以让我开脱。"①后来有人将紧与松比喻为黑夜与白昼。诺斯替教徒怕紧更怕松，因为松能勾起欲望，使人失足；紧则接近安全，它才是人之本，因为人在上帝的紧握之中。萨利斯贝里的约翰（1115—1180）接受苏菲派关于紧（黑夜）与松（白昼）的观点，提出精神黑夜论，认为有感性之夜和精神之夜。感性之夜对感官来说是可怕的痛苦的，而精神之夜则是高尚的，它只属于出类拔萃的完人。在感性之夜中，灵魂力图摆脱欲望，但它在黑暗的路上行走，不知走向何方，不能进行修炼和遐想，直到上帝将一缕光线照入意愿者心中，让他进入精神之夜，摆脱愚昧与缺点，使灵魂知道神之爱，消除感官之污垢，准备接受从上帝本体处发出的神光的溢出。在《约翰全集》②卷一第89页中，他对修炼者所经历的诸阶段的描绘，与阿拉伯苏菲派的叙述毫无二致。

阿拉伯思想的传入，大大拓展了欧洲哲学界研究的范围。一些新的命题，例如关于哲学的范畴、形而上学的原则、宇宙的来源、存在与本质、灵魂与理性、共相问题等，成为欧洲思想界的热门探讨内容。这些问题在欧洲哲学史上遂被统称为"中世纪西西里岛哲学难题"。例如，巴黎主教、奥弗涅的威廉（约1180—1249）就曾公开指责阿拉伯哲学中的统一理性

---

① 阿卜杜·拉赫曼·巴达维：《阿拉伯人在欧洲思想构成中的作用》，第32页。
② 托莱多1912年出版。

论、宇宙永恒论和溢出主义宇宙观。大阿尔伯特(1206—1280)详尽研究了译成拉丁语的阿拉伯哲学家的著作，他的主要观点几乎都可以在这些著作中找到。

基督教经院哲学的集大成者托马斯·阿奎那(1225—1274)深受阿拉伯哲学的影响。他的哲学体系的基础是关于上帝存在的学说。他通过第一推动者、动力因的性质、自身必然性、事物真实性的等级、目的因这五个证明，论证上帝的存在。这种论证的方法和内容，都是阿拉伯的。从方法论上说，首先肯定上帝的存在，然后再从哲学上论证。前三个证明，其核心是把存在分为必然的存在和可能的存在。可能的存在不可能连续地推到无限，一定有必然的存在，它就是上帝。后两个证明，是以假定完美的东西只能由更完美的东西创造出来作为前提。这一切在法拉比的《道德城居民意见书》和伊本·西那的《治疗书》(神学)中都有叙述，托马斯·阿奎那至少看过法拉比和伊本·西那的著作，有的叙述从语言上说也是相似的。

在共相问题上，托马斯·阿奎那更是直接采取了伊本·西那关于共相具有三种存在方式的理论，认为：第一，共相作为单一物的理念原型而存在于上帝的理性中。"存在于物质中的形式是从无物质的形式中产生的。"第二，共相存在于物的世界中，因为一般是客观的，既然是这样，所以一般也为个体所固有。第三，共相存在于人的理性中，在这里它通过对个别物体的抽象而形成概念。即使是他所提出的灵魂实体说，也没有摆脱伊本·西那灵魂学的影响。他认为灵魂是"有机物的内在生命原则"。灵魂是不死的。物能消灭，但作为"纯形式"的灵魂则不会消灭，因为消灭是形式和物质的分离,而灵魂是没有物质的,既不能死亡,也不能产生。它在人出生时就和肉体结合,它是与肉体有区别的本质。①

加扎利对著名的法国数学家和思想家帕斯卡(1623—1662)的影响是明显的。帕斯卡证明来世的存在时采用了一个著名的论据,被称为"帕氏之赌"。他对承认存在来世的人说:"你们若赢就赢得一切,你们若输什么也没输掉。也就是说,如果有来世,你们赢了,就赢得一切;如果没有天堂,你们决不会损失什么。因此人们最好把赌注押在无论如何保证有所获的方面。"②这种说法,与加扎利在《圣学复兴》第3卷第365页等处的说法一模一样。加扎利在《工作之衡器》一书中把这种说法归于第四任哈里发阿里,他对否认有来世的人说:"如果情况如你所说,那我们大家都解脱了;如果情况如我所说,那你就毁灭了,我就得救了。"③

在阿拉伯哲学中,对欧洲影响最大的是以伊本·西那和伊本·鲁世德为代表的阿拉伯逍遥学派。伊本·西那的《治疗书》被译成拉丁文后成为当时欧洲最具权威的哲学著作之一,欧洲学术界对他的崇拜程度到了几乎无以复加的地步。他认为物质世界是永恒的,真主不是从"无"中创造万物,只是把形式赐予物质,使它获得具体形式的这一思想。他对于真主与世界、物质与形式、肉体与灵魂、感性与理性等的观点,都在西欧哲学界获得广泛流传。尤其是他那关于共相的三种形式的看法,欧洲中世纪的唯

---

① 参见奥·符·特拉赫坦贝尔:《西欧中世纪哲学史纲》,于汤山译,中国对外翻译出版公司1985年版,第94页。
② 阿卜杜·拉赫曼·巴达维:《阿拉伯人在欧洲思想构成中的作用》,第35页。
③ 阿卜杜·拉赫曼·巴达维:《阿拉伯人在欧洲思想构成中的作用》,第36页。

名论者和实在论者都从各自的角度加以改造和运用。安瑟尔谟(1033—1109)主张极端实在论,认为共相是离开个别事物并先于个别事物的真实的客观实在,感性所认识的具体的个别事物,则是没有真实性的。罗瑟林(约1050—1112)针锋相对,提出极端的唯名论,认为只有单个的事物才是真实存在的;共相只是空的名称,仅存在于语言之中。阿伯拉尔(1079—1142)否认共相具有客观实在性,认为共相既不是实物之外的存在,也不是存在于实物之中的部分,而是实物的状态或属性,或者说是人们心中的概念。这种温和的唯名论又被称为"概念论"。唯名论反对实在论的斗争,冲击了正统教会的思想统治,促进了经院哲学的发展。

伊本·鲁世德的学说更加唯物主义。他认为凡物的产生以物质为基础,物质不生不灭,永恒存在;形式为物质本身所固有,也是永恒的,真主仅仅使物质本身的潜在形式变成现实形式,物质通过形式相区别。在认识论上,他认为感性材料是认识的必要条件,但只有提高到理牲认识才能算科学的认识。人类的普遍理性是独立存在的,每个人的受感理性可以接纳它,使其和个体结合成个体的认识。他的这些思想和双重真理论,对欧洲中世纪哲学的发展产生了重大的影响。

米哈依勒·伊斯库特在1228—1235年间致力于翻译伊本·鲁世德对亚里士多德著作的注释本。1250年,相当完整的拉丁文阿威罗伊全集出版,在欧洲迅速形成阿威罗伊运动。其杰出代表是巴黎大学艺术系教授、荷兰人布拉班特的西格尔(约1240—1281)。他认为伊本·鲁世德的理论就是真理,不过他有时对这种理论进行独特的解释。他首先接受的是伊本·鲁世德关于存在两个真理的说法:一个是通过理性和逻辑的证明而达到的哲学的真理,另一个是从启示和信仰中获得的宗教的真理。当这两种真理相互矛盾时,必须对从信仰获得的真理进行解释,以使其与从理性获得的真理相一致。西格尔认为宗教的真理和哲学的真理有时虽然对立,但同时都是真理。他甚至公开宣称,神学认为是错误的东西,可能就是哲学的真理,所以他反对科学服从信仰、哲学服从神学。在当时神学独专的情况下,双重真理论表面上缓和理性与信仰、科学与宗教的冲突,实质上肯定了科学和哲学的真理地位,促使人们从神学统治的精神束缚中解放出来,因而具有进步的意义。

西格尔接受伊本·鲁世德的宇宙无始无终论,认为物质、时间和运动都是永恒的。真正存在的就是物质,形式与物质相结合,它们在现实中不可分,只是在概念中才有区别。他提出永远回归论,认为天然物种包括人类,都是永恒的,是自身存在,既无最先的,也无最后的,有的只是无限回归。他接受伊本·鲁世德的自然神论,认为凡物均受因果必然性的制约,有因必有果,没有什么天意和奇迹,有的只是可根据事物和自然理性的规律来证实的东西,这实际上是排除了上帝的存在,否定了神的意志支配世界的正统教义。他还特别重视伊本·鲁世德的灵魂学说,将作为个体的人的灵魂和人类的理性灵魂区别开来,认为前者的实体是物质的,与肉体的活动不可分;后者是精神的,对所有的人都是唯一的、统一的,它是外来的,暂时与肉体结合以便完成意识的行为。个体的灵魂使人的肉体获得生命,与肉体一起衰老与死亡,并非不朽的。人类的理性灵魂则是不朽的，个体的理性来自这种普遍的理性。个体的灵魂灭亡了，人类理性依然存在，所以人类的精神是不朽的。这种观点虽然本质是客观唯心主义的，但它将人类也作为认识主体，认为个人的认识成果在人类认识中保存并积累起来，后人在前人认识的基础上继续发展，否定了天启的思想，对神学思想的统治是一个沉重的打击。

由于西格尔等人的积极引介，伊本·鲁世德的哲学思想在欧洲迅速传播，成为进步思想家与以托马斯·阿奎那为代表的正统经院哲学进行不可调和斗争的强大武器，直接影响了唯名论。虽然拉丁阿威罗伊运动在13世纪末遭到宗教当局的攻击与迫害，但仍不能阻止这一运动的发展。从13世纪起，伊本·鲁世德的著作被巴黎大学等著名的欧洲大学用作教材，他的名字总是和亚里士多德的名字联系在一起。甚至托马斯·阿奎那也经常采用伊本·鲁世德的论证方法。14世纪，拉丁阿威罗伊运动迅猛发展。马尔西莱·巴杜奥(1336—1343年间卒)将双重真理论用于政治上，认为有两个互为分离有时甚至相互矛盾的真理，即宗教的真理和哲学的真理。理性与启示的分离应该导致国家与宗教相分离，这反映了新兴市民阶层的利益与要求。在14—16世纪的文艺复兴时期，欧洲的人文主义、自然科学和自然哲学三大思潮，都在不同程度上受到了伊本·鲁世德无神论和唯物主义思想的影响，促进了欧洲近代哲学的产生和自然科学的发展。

第二章 经院哲学和神秘主义哲学

第一节 伊斯兰教教派和早期的经院哲学

一、教派的形成和凯拉姆学的诞生

632年穆罕默德病逝后,他的几个大弟子为争夺当继位人(哈里发)而展开激烈的斗争。迁士派和辅士派组成"圣门弟子团",推举艾卜·伯克尔为第一任哈里发。另一些人坚持君权神授的原则,反对用推举的办法来产生穆斯林社团的首领。他们宣称只有穆罕默德的堂弟和女婿阿里才有资格担任哈里发,这些人被称为"合法主义者"。斗争结果为圣门弟子团获胜。艾卜·伯克尔当了两年哈里发(632—634年在位),他逝世后,哈里发职位相继由欧麦尔(634—644年在位)、奥斯曼(644—656年在位)担任。阿里于656年出任第四任哈里发,661年遇刺身亡。倭马亚家族出身的穆阿威叶手握兵权,在耶路撒冷宣布自己为哈里发,定都大马士革,建立了倭马亚朝。

在争夺哈里发政权的斗争中，阿里长期失势，他的追随者们被称为"什叶·阿里"。"什叶"系阿拉伯语音译，意为"派别、同党"，这就是伊斯兰教什叶派的起源。什叶派分离出去后，大部分信徒仍留在公社社团内，后被称为"逊奈和大众派"，简称"逊尼派"，即圣行遵守者派。此派人数众多，又得到历代统治者的支持，故有"正统派"之称。

阿里与穆阿威叶为争夺哈里发之位兵戎相见，657年在绥芬进行了一场决战。当阿里胜利在望时，穆阿威叶令将士枪挑《古兰经》，高呼"让安拉裁决"。阿里采纳主和派的意见，同意用和平方式解决问题。这一做法，引起部分主战派对阿里索取哈里发之位的合法性产生怀疑，他们离开了阿里，被称为哈瓦利吉派（意为"出走者"派）。这一派在伊斯兰史上第一次提出了政治权力的基础和范围的问题，认为所有的穆斯林都是平等的，哈里发或伊玛目应由选举产生，任何笃信伊斯兰教并熟知其教理的穆斯林，即使是黑人或奴隶，都有资格当选。他们承认第一任和第二任哈里发，认为第三任哈里发奥斯曼有背叛安拉的行为，不予承认。他们主张恢复早年的伊斯兰教，认为真正的穆斯林不仅要有信仰的表白，而且一定要有真诚的实践，必须恪守伊斯兰教法典，履行礼拜、斋戒等功课，反对一切形式的奢华生活，禁止娱乐、赌博和烟酒。他们提出，伊斯兰教的信徒不遵天命而犯大罪者，不管是政治性的还是其他方面的，都不能算作信士（穆斯林），只能算作叛徒即渎神者，来世永入火狱。如果他是哈里发，可以把他合法地废黜或处死。他们断定穆阿威叶犯了大罪，因而拒不承认

第二章 经院哲学和神秘主义哲学

倭马亚朝,阿里同穆阿威叶讲和也背叛了安拉。这一派中的极端派(狂信派)甚至认为杀死政敌和教敌,是安拉喜悦的事情,他们把派外的人全视为叛徒。哈瓦利吉派宣称《古兰经》是被造的,否认《古兰经》中有关于恋爱故事内容的优素福章。他们反对前定论,主张自由意志论,认为人的行为取决于人的意志。

有一派在什叶派和哈瓦利吉派之间持中间立场,主张将穆斯林所争执的问题推延到来世,听候安拉的裁判,因而被称为穆尔吉亚派(意为"主张延缓的人们")。该派不愿卷入教派纷争的旋涡,不判断谁是谁非,认为信仰就是认识真主、服从真主、热爱真主。重要的是信仰本身,只要内心虔诚,即使有些违教行为,依然是信士,最终的裁决将由安拉做出。信仰安拉单一性是拯救灵魂的唯一先决条件,即使犯大罪也不危及其信仰,依然是穆斯林。

阿拉伯人统一阿拉伯半岛,征服波斯和埃及后,富裕的物质生活使得一部分穆斯林有可能从事专职的神学研究。政治斗争和教派斗争的需要又促使这一研究朝纵深发展,逐渐形成了凯拉姆学(伊斯兰经院神学)。随着疆域的扩大,伊斯兰教面临着基督教及其他异教在意识形态方面的挑战,逼得早期的穆斯林学者不得不针对异教徒的发难进行反驳。他们尤其觉得光阴派和摩尼教对伊斯兰意识形态的威胁甚大。光阴派于公元前6世纪至公元4世纪在波斯盛行,后传入阿拉伯半岛,颇有影响。光阴派否认造物主的存在,认为世间的一切均是无限光阴的各种表现的场所,除了物质外,没有任何实在的东西,被穆斯林称为唯物主义派。摩尼教是波斯古代宗教之一，3世纪时由摩尼创立。它在拜火教二元论的基础上，吸收了基督教、佛教等思想材料而形成自己的独特信仰，3—15世纪在亚、非、欧许多地区流行。不根除这两种意识形态的影响，伊斯兰教教义难以进一步普及。基督教和伊斯兰教一样，都是一神教，这两者的争论主要围绕神（安拉）的实质、属性和物质的本质。这种论争促进了伊斯兰哲理思想和逻辑学的发展。经院哲学便作为一种通过合乎逻辑的答辩和哲学论证来抵御异教的攻击，巩固伊斯兰教教义的手段应运而生。这种经院哲学采取凯拉姆学的形式，并且使它具有哲学的内涵和思辨的方式，从而成为一种独特的伊斯兰哲学。

二、逊尼派内意见派和经典派之争

倭马亚朝时期，逊尼派神学家中出现了意见派和经典派之争。在激烈的论争过程中，出现了许多派别。到阿拔斯朝，最终确定了哈奈斐派、马立克派、沙斐仪派、罕伯里派这四大教法学派。

意见派以哈奈斐派的创始人艾布·哈尼法（699—767）为代表人物。此派强调比论，坚持个人意见和独立判断的必要性。他们以伊拉克为中心，又称为伊拉克"自由派"。艾布·哈尼法是伊斯兰教的第一位而且影响最大的教法学家，生于库法，祖籍波斯，早年从事商业活动，后弃商从文，拜著名学者为师，遂成为伊拉克自由派的权威。他的法学观点论据有力、推理精密、归纳细致，主要以《古兰经》为依据，审慎引用"圣训"，注重比论和会议，尤其强调个人意见。他主要通过教学活动传播自己的理论，著有《大法学》《艾布·哈尼法之法证》等。他在宗教礼仪上比较宽容通融,注意照顾穷人和弱者的利益,突出伊玛目的地位,认为伊玛目是伊斯兰法律审判官,有权处理穆斯林之间的民事纠纷。这些比较开明的观点广为穆斯林拥护,从而使哈奈斐派成为最大的一个教派,全世界逊尼派穆斯林中约有一半属此派。

在伊斯兰经院神学方面,艾布·哈尼法认为"安拉是一,但不是数字角度上的一,而是指没有他的同伙",因为一可能是二的一半,也可指在本性和属性上没有与他对等的或相似的,他是"独一"。"安拉是实质","万物中没有可与他相比拟的"。他第一个提出"安拉是物,但不是万物那样的物"的概念,并以《古兰经》所说"'何物为最大之见证?'你说:'真主是我与你们之间的见证。'"①作为证据。但"任何物不似像他"②,他认为"这个物的意思是无体、无本质、无偶因,对于他没有限制、没有对立物、没有匹敌者、没有类似者的证实",是人们头脑所无法理解的。③

真主的"本体属性"有七个——"生命、能力、知识、语言、听觉、视觉和意志",他的"行为属性"是"不可数的",这些属性"既无始又无终"。他坚决反对物质无始论,认为真主从"无物"中"创造万物",世上万物均"凭真主意愿而被创造或消灭",真主对万物的知识是无始的,在创造之前就知晓。真主知晓"无",知道如何"变无为有"和"变有为无"。他提出"后天信

---

① 《古兰经》6:19。
② 《古兰经》42:11。
③ 参见萨拉·阿里·加利:《〈大法学〉注释》,第51—53页。

仰论",认为人的信仰不是生而有之,而是在尘世上获得的,"真主并未强制某人信仰或不信仰","人的一切行为"都是"后天获得的",但都是"真主创造的",是"凭真主的意愿",即"行为由真主创造,被人获得"。他故弄玄虚地说:"这个问题人们难以理解。此问题被锁了起来,它的钥匙遗失了,如果找到此钥匙,一切便了然了。只有来自真主的报道者带来真主的知识和证据才能解开它。"①

他将"天命"和"命运"区别开来。天命有两种,一种是"创造",另一种是"责成"人应如何行事,"宇宙间的事情根据创世的天命,来世的奖惩则在责成的基础上实行"。命运即人间遭遇,真主对此是知晓的,但是"人的行为无一不是凭他自己的意志,人服从还是不服从(真主),都在于人自己,他在这方面有选择和意志,他将凭此而受询问和清算,好好坏坏都不会有一星半点的不公"。②

经典派又名"圣训派""麦地那派",主张以《古兰经》和"圣训"为立法依据,对"圣训"坚信不疑,不容许发挥个人意见或运用推理进行新的解释。马立克派的领袖马立克·本·艾奈斯(715—795)是这派的代表。他是麦地那的教长、圣训学的泰斗,认为麦地那人因受穆罕默德的直接教化,对伊斯兰教教义理解较深。他将《古兰经》和"圣训"作为教法的依据,必要时可借助金议,以麦地那学术权威们的一致意见为准,实际上掺进了麦地那习惯法的内容。他的《穆瓦泰厄圣训易读》,是从逊尼派立场出发

---

① 萨拉·阿里·加利:《〈大法学〉注释》,第54—57页。
② 穆罕默德·艾布·扎赫莱:《艾布·哈尼法》,第177—179页。

编纂法典的最早尝试,里面记载了1700条麦地那地方的审判惯例,这成为马立克学派的基础。他反对谈论真主的属性,认为对真主的信仰是一种"责任",议论真主则是"异端邪说"。①

介乎上述两派之间,有一个中间派,他们自称找到了中庸之道,既接受比论,又有所保留,这就是沙斐仪派,又被称为折中派。其创始人穆罕默德·本·伊德里斯·沙斐仪(767—820)生于沙加,属古莱氏族,早年受业于马立克教长及希贾兹圣训派学者,后又到伊拉克,师从意见派大师。他一生主要在巴格达和弗斯塔特从事教学工作和教法研究。他在《里萨拉》《书函集》和《乌姆》《法学大全》等著作中全面而系统地阐述了自己的学派观点,认为《古兰经》是立法的首要依据;"圣训"阐述《古兰经》的内容,也是立法的一大依据。如在这两方面都找不到解决问题的依据时,则主张佥议,并把学术权威们的一致意见上升为必须遵守的原则。如还解决不了问题,则采取比论的原则。他认为"真主的属性"即"真主的本体","《古兰经》是非造的","信仰即相信并付诸行动"。② 他的这些看法对后来的艾什阿里派影响甚大。

伊斯兰教逊尼派第四个教法学派的创始人艾哈迈德·伊本·罕伯勒(780—855)生于巴格达,是沙斐仪的学生。他严守《古兰经》的字面意思,固守旧传统,对"圣训"深信不疑,他所编纂的《穆斯奈德圣训集》包括40000多条圣训。他认为法律的源泉只应是《古兰经》和"圣训",反对一切

---

① 参见巴格达迪:《诸派分歧》,第126页。
② 参见阿里·萨米·纳夏尔:《伊斯兰哲学思想的产生》,第1卷,第246页。

异端,只有在十分必要时才可采用比论和佥议。他认为担任穆夫蒂(伊斯兰教法典最高说明官)必须具备下列条件:心地纯洁,知识渊博,通晓社会情况,精通《古兰经》、"圣训"和各种法律惯例,坚持真理。他自己就是这样的典型人物,虽然在麦蒙、穆阿泰绥姆时代因反对穆尔太齐赖派的学说而备受迫害,但他坚信自己的观点,至死不渝,因此被人尊为"圣徒"。他认为"真主就是真主,并非是物","真主知晓一切,是万能的,对此既不能问是什么时候,又不能问怎么回事"。他认为天园和火狱都是"永恒的",《古兰经》是非造的",它是"真主的语言和启示"。"人在行为之前没有行为的能力","人的行为和能力都是凭真主的意志",也就是说"只有真主的行为和能力",真主"创造了人及其行为"。对真主的信仰就是"服从真主的一切安排"。[①]

三、 什叶派的伊玛目学说等神学和哲学观点

与逊尼派一样,什叶派也遵奉《古兰经》为唯一的经典,但他们补充了"二星宿"一章,二星宿即穆罕默德和阿里。他们宣称穆罕默德早就言明穆斯林中"最能判断是非的是阿里","阿里能以其灵魂而不是以其财产向我效忠,因此他是我以后的继承人"。[②] 他们不仅认为阿里是穆罕默德唯一合法的继承人,而且阿里的职位只能传给其后裔。他们针对逊尼派从

[①] 参见阿里·萨米·纳夏尔等:《伊本·罕伯勒、布哈里、伊本·古太依白等伊玛目先人的学说》,第78—95页。
[②] 参见沙赫拉斯塔尼:《宗教与教派》,第1卷,第200—201页。

理论上论证哈里发存在的必要性从而提出的哈里发学说，针锋相对地提出设置伊玛目职位的必要性，到8世纪中叶，形成了系统的伊玛目学说。伊玛目学说是什叶派经院神学的理论核心，也是什叶派和逊尼派的最大区别。

什叶派采取神质延续学说，认为真主首先将神质赋予穆罕默德，这种神质又传给其后裔，神质和使命永不间断，神质和谁结合，谁就是伊玛目。伊玛目具有不谬性和释秘性。他们永远不会犯错误，其他人当哈里发都是篡权者。伊玛目还具有解释《古兰经》奥秘意义的能力。《古兰经》具有明意和隐意。明意是字面意义，而真正精神在于隐意，明意是表象，隐意才是内涵。只有伊玛目才能解释这种奥秘的隐意，他是引导人们获得认主独一知识的向导，人们通过这种知识认识自己，使自己完美，进而使万物完美。

他们认为宗教的第一原则是安拉的独一性，相信和服从伊玛目则是第二个原则。最后一位伊玛目隐遁了，他将在世界末日前再临人世，成为马赫迪（救世主），为世人伸张正义，恢复真正的伊斯兰教。在隐遁的伊玛目再临人世之前，由什叶派教义学权威代替伊玛目阐释教义。什叶派在发展过程中深受犹太教、基督教和火祆教的影响。其主流派承认有12个伊玛目，被称为"十二伊玛目派"。阿里是第一任伊玛目，他的长子哈桑为第二任伊玛目，次子侯赛因是第三任伊玛目，此后的九任伊玛目都是侯赛因的后裔。最后一个伊玛目穆罕默德·蒙塔宰尔于878年在萨马腊清真寺的山洞中失踪。他没有后代，什叶派思想家断言，他没有死，只是隐遁了。

第四任伊玛目阿里·本·侯赛因（约712年卒）有两个儿子，大部分人接受穆罕默德·巴基尔（731年卒）为第五任伊玛目，少数什叶派拥戴宰德（740年卒）为伊玛目，并认为伊玛目至此为止了，故被称为五伊玛目派和宰德派。这一派与逊尼派接近，不相信"隐遁伊玛目"之说，反对神化宗教领袖。宰德曾是穆尔太齐赖派领袖瓦西勒·本·阿塔的学生，颇受自由意志论和《古兰经》被造说的影响。

8世纪中叶，第六任伊玛目贾厄法尔·沙迪克（765年卒）剥夺长子伊斯玛仪勒（762年卒）的继承权，立次子穆萨（799年卒）为未来的伊玛目。这引起了争议，部分人认为伊斯玛仪勒是第七任，也是最后一任伊玛目，他"隐遁"了，遂形成伊斯玛仪派，又称七伊玛目派。该派的思想和组织到9世纪末才完全形成，受新柏拉图主义和佛教的影响，建立了一套相当复杂的伊斯兰哲学体系。他们反对把安拉人格化，否认安拉具有任何具体的形象和属性，提出《古兰经》隐意说、宇宙溢出说和历史周期说，神化数字"七"：他们信奉七位伊玛目，宇宙溢出分七个步骤，人类历史有七个时期，世界上有七位先知，等等，在这一教派内，成员也要分七个等级。

他们认为《古兰经》有表义和隐义的区别。表义，即对经文公认的解释及经文所规定的教法；隐义，即藏在经文和教法中的真理，这真理需要用神秘主义的方法——数字的秘密含意去阐释，才能揭示出来。他们认为物质是从精神派生出来的。宇宙是从真主溢出的，分七个步骤：真主、宇宙理性、宇宙灵魂、原始物质、空间、时间、大地和人的世界。反过来，即由人变神必须经过七个阶梯。物质世界分为七个历史周期，到第七周期结束,人类历史遂告结束。每个历史周期有一位纳提格(原意为代言者,指立法的先知),他带来一本启示经文。纳提格是宇宙理性的体现。每个纳提格都有一位解释经文隐义的助手和七位伊玛目。纳提格死了,其灵魂依然存在,直到它转到新的纳提格身上,即该周期的第七位伊玛目身上。每个历史周期的第七位伊玛目的品位逐步提高,而成为下一个历史周期的代言者(先知)。每一历史周期的先知废除前一周期先知所立的教法而带来一套新法。以前六个历史周期的纳提格(先知)分别是:阿丹(亚当)、努哈(诺亚)、易卜拉欣(亚伯拉罕)、穆萨(摩西)、尔撒(耶稣)、穆罕默德。在穆罕默德历史周期内,阿里是助手,而伊斯玛仪勒之子穆罕默德·本·伊斯玛仪勒是第七伊玛目①。他的品位将升高,不久即将重现而成为第七位先知。他将废除伊斯兰教法,并全面揭示《古兰经》的隐义真理。伊斯玛仪派的思想对中世纪阿拉伯大诗人穆特奈比(915—965)和阿拉伯大诗哲麦阿里(973—1057)颇有影响。10世纪时,精诚兄弟社所编的《书信集》,明显地具有伊斯玛仪派的思想倾向。

伊斯玛仪派的传教师由于秘密宣传这种隐秘的"巴梯尼"(内在的)教义,故又被称为"内学派"。

四、 象征主义、前定论和自由意志论

8世纪末9世纪初,伊斯兰经院哲学内出现象征主义派别,主张神人

---

① 伊斯玛仪派开始时认伊斯玛仪勒为第七任伊玛目,后将第一任伊玛目阿里升为先知的助手,后面的伊玛目依次递进,遂将穆罕默德·本·伊斯玛仪勒作为第七伊玛目。

同形说，有人甚至认为真主具有肉身。最早提出拟人派观点的是卡赫姆斯·本·哈桑(776年卒)，他认为真主按自己的形象造人，因此真主也具有人的形象，有类似人的肢体和器官。希沙姆·本·哈卡姆(814年卒)更是具体地提出真主是个有长、宽、高的体，他有肤色和气味，有类似人的肢体和器官，能运动和静止，但他与一般的体不同，他处于宝座之上，各方面都发出光芒，光线从他所视之处落下。

穆格梯勒·本·素莱曼(777年卒)可以说是肉身派的创始人，他认为"真主是个体，有肉身，具有人的形象，有肉、血、发、骨，有手、脚、头、眼等肢体和器官"，"他能接触与拥抱虔诚的信奉者"，"尽管这样，任何人不与他相像"①。艾布·赫勒曼·迪迈士基甚至认为真主就在善良的人内，真主创造阿丹(即《圣经》中的亚当)，后命天神们朝阿丹跪拜②，就因为真主存在于阿丹之内，真主"确已把人造成具有最美的形态"③，所以人用肉眼可以见到真主。穆罕默德·本·哈姆德·本·萨利姆(909年卒)主张不断创造论，认为"真主随时随刻都在创造，制造每个运动和静止，他的无始的行为使他体现在每个地方"，"真主体现在人的形态内，被造物可以目睹他"。④

阿卜杜拉·本·赛义德·本·基拉比(约846年卒)提出了比较完整的理论，被认为是逊尼派的第一位经院哲学家。他认为真主是无始无终、

---

① 穆格迪西：《创世与历史》，第5卷，第141页。
② 参见《古兰经》2:34。
③ 《古兰经》95:4。
④ 参见巴格达迪：《诸派分歧》，第158页。

永远的存在，凌驾于时间和空间之上，高于万物，他并非是体。他的美名和属性就是他的本体。他的脸、手、眼等，指的也就是他的本体，并非一般意义的具体的脸、手、眼等，他不是凭存在而存在的存在物，并非通常所指物的某种物。真主的言语也是真主的属性之一，它是"无始的，凭真主的本性而存在，那就是命令、禁戒和陈述。用阿拉伯语表达这种言语，就是《古兰经》；用希伯来语来表达，就是《摩西五经》"①。言语不是指字母和发音，它是不可分割的、不可更换的，它是凭真主而存在的一种意义。言语与能力和意志无关。同样，知识、能力均因真主的存在而存在。真主的实体是一种特殊的存在，存在来自他的本体。他是物，但这种物性不是谁授予他的，而是来自他的本体。他的本体的存在，或者说本体的物性的存在，不是依赖于属性或属性的附属物。真主存在的原因就是他的本体，并不是由于外来的原因，也不是由于他本身固有的原因。属性因本性的存在而存在，属性只是他的附属物。属性并不因属性本身而成立，而是因真主而存在。因此，真主并非某种属性。他否认万物具有体，而且体是由物质和形式所构成，或由不可分割的原子所构成的这种说法。

穆罕默德·本·卡拉姆(约877年卒)在他的著作《坟墓中的磨难》一书里，认为"真主是本体独一的、本质独一的"，"真主本体性和本质性是同一的，即体，但它不是像通常所指的体的那种体"，"除了真主，凡物绝对不能是体。体即存在物，它是凭自身或本体存在的"。② 他和他的门生后来

---

① 伊本·泰米叶:《逊尼派纲要》，第3卷，第321页。
② 巴格达迪:《诸派分歧》，第131页。

直接提出：存在是一个体，即真主，除此以外，不过是行为或偶性。这实际上是自然主义的万有单一论的萌芽，他们认为真主在各个方向都是无限的体。这一观点将真主融合在大自然之中，犯了大忌，受到众多的指责。所以后来的卡拉米叶派经院哲学家，例如穆罕默德·本·海依萨姆，极力否认这是将真主等同于大自然，认为"真主是与万物不同的独特的存在的本体。这个本体丝毫没有偶性，丝毫没有体的混合，与被造物是相异的"①。对于这个本体的限度问题，该派内部有分歧，有的认为它从上、下、左、右、前、后六个方向都是有限的，有的认为只是在"下"这个方向是有限的，真主坐在"宝座"上，"下"就以宝座为界，其他方向是无限的。

这一派大部分人认为，真主的言语、意志、视觉与听觉等都是有始的偶性。认为真主的言语和意志使万物从无到有或从有到无。例如真主说句"有"，就有了被造物，这就是言语和意志。他们不同意将属于真主的有始的偶性描述为被造的、被动的或被生的。他们认为只是在真主本体内的众多偶性产生之后，宇宙里才有体或偶性。"每个存在物都有存在，每个非存在物都有无。"他们认为真主是"第一物质"。存在物在真主的神性本体内都有形象，真主根据这个形象创造了它。宇宙永远存在，宇宙的诸体不灭。他们声称命运不管好好坏坏，都来自真主的旨意，真主对万物都意愿其一切，不管是好的，还是坏的。万物由真主创造，不管是美的还是丑的。真主首先创造的是人这个活生生的体，人具有理性，可凭理性认识

---

① 阿里·沙米·纳夏尔：《伊斯兰哲学思想的产生》，第1卷，第300页。

真主。

在叙利亚的基督教徒早在5世纪就开展过自由意志论和宿命论的论争,持续了相当长的时间。这次论争波及面广,很可能对穆斯林会有所影响。在后来大量皈依伊斯兰教的原基督教徒中,不会没有参加过这一论争的人士。而在当时穆斯林之间发生自由意志论和前定论之争,实际上反映了倭马亚朝期间社会、政治矛盾的激化。倭马亚人原先就是麦加贵族,在穆罕默德掀起的伊斯兰教运动的冲击中丢失了领导权,以穆阿威叶为首的新一代倭马亚人通过种种政治的、军事的手段,从第四任哈里发阿里手中夺取了政权,建立了倭马亚朝。他们为维护自己的统治,宣扬绝对神定论,认为他们掌权是真主的旨意,谁也无法改变。阿拉伯民族内部各氏族部落之间原有的矛盾、裂痕和宿怨,促使这一民族分裂成具有各种政治倾向和神学特点的派别。自由意志论的提出,直接否定了当朝哈里发系天命所定,使得权贵者应对自己的不义行为负责任,这显然构成了对倭马亚朝哈里发权力的挑战和政治秩序稳定性的威胁。因此,最初提出这一论点的几个学者都先后被处以极刑。

首先提出自由意志论的是迈厄拜德·米哈尼(699年卒)。他出生在麦地那,在那儿度过了大半辈,是著名学者艾布·扎尔·加法里的学生,晚年移居巴士拉。艾布·扎尔曾当着倭马亚朝哈里发的面指责他们大肆挥霍"穆斯林的钱",过着花天酒地的生活,因而遭流放。迈厄拜德目睹此景,深受刺激,到巴士拉后不久即提出真主公正论和自由意志论。他认为真主是公正的,每个人得对自己的行为负责,真主最终将予以公正的奖惩。不仅如此,他还参加了穆罕默德·本·艾施阿斯领导的反对倭马亚人的起义,失败后被捕遇害。他的死反而使他的观点广为流传,形成了盖德里叶派(自由意志论派),在巴士拉、叙利亚、麦地那等地掀起了一场思想运动。

第二位是阿姆鲁·迈格苏斯,此人生平不详,据说他的思想对倭马亚朝第三任哈里发穆阿威叶二世(683—684年在位)的影响颇深,使他相信了自由意志论。这位哈里发一死,阿姆鲁即被活埋,成为自由意志论的第二位牺牲者。

接下来是盖伦·本·穆斯林·迪马士基(743年前卒),此人颇有口才,极具煽动性。他高举一神论旗帜,以真主公正和自由意志为武器,在前定论的大本营大马士革,与许多人公开论争,甚至与倭马亚朝第八任哈里发欧麦尔二世(717—720年在位)展开辩论,双方引经据典,各抒己见。欧麦尔二世虽然深信前定论,但对这位"全身每个器官都显露出哲理智慧"的学者十分欣赏。到希夏姆哈里发(724—743年在位)时代,他与萨利哈等人以神性真理的名义,公开揭露倭马亚人的不义与残暴,被官兵追获,受凌迟而死。盖伦还提出"能动"的概念,认为它就是"行为的能力",为实现这种能力,人必须身心健全,排除邪念。对真主的第一认识,是真主在人身上注入的必要性,并不是信仰。信仰是对真主的后天的认识,包括爱真主、服从真主、承认使者来自真主的使命。信仰多一分不行,少一点也不行,人们无法比较。

嘉阿德·本·迪尔罕姆(736年卒)是阿拉伯史上首先提倡用理性解

释一切的思想家。此人生平不详，据说是霍腊散人，后居住在大马士革，生活在犹太人中间。他是最早的反对属性论者，否认依靠本体存在的无始的属性，甚至否认真主的言语是无始的，认为《古兰经》是被造的。真主与穆萨（摩西）说话，将易卜拉欣（亚伯拉罕）视作朋友，这些都是"事件"，是在一定的时间内发生的，那么包含这些内容的《古兰经》怎么可能是无始的呢？

前定论的提出者是贾赫姆·本·萨夫旺（745年卒）。他在一篇驳斥采用比喻的方法解释真主的属性的神学家观点的论文中，认为人的行为是"被强制的"，人"既无能力，又无选择"，就像"空气中飘浮着的羽毛"，"空气动它便动"，"空气静止不动它也静止不动"，"真主才是命定人们行为的"。① 他主张行为和创造仅仅属于真主，否认真主的其他属性，反对用被造物的行为去比喻真主的属性，断然拒绝承认真主有言语和视觉的属性。他的门生和跟随者后来构成贾赫姆派。

贾赫姆派认为人的行为是不得不进行的，没有其他可能，人的行为只是在隐喻的意义上属于人。永恒的只有真主，凡物均有结束，天园和火狱莫不如此。信仰便是仅仅认识真主，万恶以不识主为首。真主仅是本体，不是物。他"不能被说成是物，因为物是有相似者的被造物"，"真主非物，既不是物的一部分，也不在物内"。② 真主的本体绝无任何变化。反对把真主描述为有活力（生命）的、知晓的、有意志的等。真主就是真主，人的

---

① 伊本·穆尔泰达：《天命论》，第15—17页。
② 艾什阿里：《伊斯兰学派言论集》，第1卷，第181页。

属性不能加在真主身上。他们认为《古兰经》是体,是真主的行为。在他们眼里,体即存在物。无体仅仅是真主或仅仅是神性本体,他是独一无二的,无物在他身边。《古兰经》是一种存在,因而是体。这和卡拉米叶派恰恰相反,卡拉米叶派认为存在物是体与偶性,只有真主才是体。至于末日能否见到真主这个问题,贾赫姆认为"凡能存在的,都可以被看到",但"真主并非一种被存在物,他的存在是不固定的,因此无法见到"。[1]

这一派所倡导的真主拥有无限权力,因而人的所有行为均完全由真主决定的观点,后来发展成正统派的信仰之一。持这种观点的人,被称为哲卜里叶派(前定论派)。与之对立的反前定论者则被叫作盖德里叶派,即自由意志派。这两派之间的论战,导致了穆尔太齐赖派的产生。

第二节 穆尔太齐赖派

一、穆尔太齐赖派概述

倭马亚朝后期,阶级矛盾激化,政治、经济和社会问题日益复杂,东、西方各种宗教思想对伊斯兰教的渗透和冲击愈加强烈,使伊斯兰教在意识形态方面面临着严重的挑战,迫使神学家们对伊斯兰神学中的一些基本原则进行深入的研究,出现了百家争鸣的局面。在争鸣和论争中,主张

---

[1] 艾什阿里:《伊斯兰学派言论集》,第2卷,第589页。

第二章 经院哲学和神秘主义哲学

自由意志论的部分学者开始运用通过翻译运动所引进的希腊、罗马的逻辑推理和哲学论证方法,把它作为辩论的工具,使神学研究走上了哲理化的道路,这就是从8世纪起登上经院哲学舞台的穆尔太齐赖派。

这一派的奠基者瓦西勒·本·阿塔(748年卒)早年生活在麦地那,后赴巴士拉就学,投入哈桑·巴士里(728年卒)门下。但他在如何看待犯大罪者这个问题上与自己的老师看法相左,便与阿姆鲁·本·欧贝德(761年卒)等人自立门派讲学,宣传自己的主张,被称为穆尔太齐赖(分离者)。这些人运用理性去观察事物、判断是非,弥补了正统派教义的不足,吸引了广大穆斯林,声势渐壮。接着,瓦西勒·本·阿塔又派人赴各地去宣传穆尔太齐赖派的学说,形成了穆尔太齐赖派经院哲学运动。

瓦西勒·本·阿塔著有《回答摩尼教一千问》《论介于两地位之间的地位》《公正、一神问题演说集》《认识真理之路》《〈古兰经〉的意义》等,均已失传。他认为犯大罪的穆斯林既不能称为信士,又不可叫作叛教徒,而是介乎这两者之间的第三种人,可称之为"不虔诚的人"或"迷路人",他们应受火狱的惩罚,但不必杀害他们。他反对正统派的神人同形说,认为真主无形无影、无始无终,除本体外,没有任何属性。声称本体、属性共存论破坏了真主独一性,陷入了多神论的泥坑,是摩尼教二元论的流毒。他声称《古兰经》是有始的,因而是"被造之作",非永恒。他信奉自由意志论,反对宿命论的前定学说,认为真主只是创造了人行善作恶的能力,并未前定人的善或恶的行为,人们行善还是作恶均凭自己意志自由决定,他们得对自己的行为负责。人可以根据真主所赋予的能力,凭理智来判断人的行为的好坏。相信真主是赏罚分明的、公正的。犯有过失的人只有忏悔后才能得到真主的饶恕。他首先提出真理来自四个方面:《古兰经》、"圣训"、理智的意见、民族的公议。这种主张与后来作为伊斯兰教教义学的四大原则不谋而合。

穆尔太齐赖派在9世纪上半叶进入鼎盛时期,他们自称是"认主独一和认主公正的人",并在"真主独一"和"真主公正"这两个基本思想的基础上,提出了五大原则,形成了严谨的纲领。这一代(第二代)的穆尔太齐赖派大体上分为巴士拉派和巴格达派这两大派,每一派内又可分为若干支派。巴士拉派的代表人物是艾布·荷宰依勒·阿拉夫和易卜拉欣·奈扎姆;巴格达派的代表人物是比什尔·本·穆阿泰米尔。

艾布·荷宰依勒·阿拉夫在总结的基础上提出了完整的穆尔太齐赖派的纲领,倡导本体单一论、单质论(即原子论)、偶因论、两种意愿论等,对阿拉伯哲学的发展影响甚大。奈扎姆则否定原子论,认为物体可以无穷无尽地分割、本质即体即精神,具有朴素的自然主义哲学观。他主张纯粹本体论,认为真主不能行不义,真主在来世的行为只能按其本性,不能任意而行。比什尔·本·穆阿泰米尔开创了"起源"的学说,认为"凡由我们的实迹所'起源'的,均是我们所为的"[①],首先揭示人的行为与结果之间的因果关系。

当然,他们在穆尔太齐赖派的一些基本理论方面的观点是大致相同

---

① 艾什阿里:《伊斯兰学派言论集》,第1卷,第401页。

的。例如，穆尔太齐赖派否认附加在本体上的神的属性，认为真主的属性即真主的本体，但在真主言语这个属性上他们却离开了属性即本体的原则，不认为言语即本体，以免将《古兰经》(即真主的言语)在存在上与真主的本体相等同，否则就有两个无始的——真主的本体和真主的言语(即《古兰经》)，从而导至多神论。《古兰经》中有许多故事和时间、场合，这些显然是有始的、可变化的，那么《古兰经》作为真主的言语是有始的、被造的。有的穆尔太齐赖派人士认为真主的言语是体，有的则认为是偶性。体与偶性均是有始的，因而它是有始的言语。《古兰经》是真主的言语，所以是被造的，是真主在某处所使它成为有始的。一方面，这个有始之物不能在真主本体内，因为真主的本体没有有始事件的处所；另一方面，真主又不能在非处所内使言语存在，因为体或偶性需要处所。总之，真主是说话者，这种话(言语)是有始的，在需要说话时才说。《古兰经》被造说成为穆尔太齐赖派的基本理论之一。

穆尔太齐赖派运动刚兴起时，被正统的神学家们视为"异端"。阿拔斯朝哈里发们支持正统派的观点，把穆尔太齐赖派的观点视为洪水猛兽，对他们加以迫害。阿拔斯朝第五任哈里发拉西德(786—809年在位)当政时，唯以圣训派的教义为准，禁止议论。他把穆尔太齐赖派人士投入监狱，但并没有扑灭用逻辑学和哲学武装起来的经院哲学运动。拉西德目睹这一情况，便接受大臣的建议，放出被囚的经院哲学家。阿拔斯朝第七任哈里发麦蒙(813—833年在位)第一个清醒地看到穆尔太齐赖派对巩固哈里发政权的积极作用，他于827年到833年间把穆尔太齐赖派的理论定为官方教义，宣布凡反对《古兰经》被造说的人，不得担任官职，对其他派别进行迫害。著名的教法学家艾哈迈德·本·罕伯勒就是当时宗教裁判所的牺牲者。这种情况延续了不到20年，第十任哈里发穆泰瓦基勒（847—861年在位）就把它翻了过来。正统派立即转入反攻，艾哈迈德·本·罕伯勒成为英雄，穆尔太齐赖派被赶出政府机关，他们的著作被没收和焚毁，该派再一次成为被迫害者，从此一蹶不振，进入萎缩阶段。

第三代穆尔太齐赖派主要代表人物是巴士拉派的艾布·阿里·朱巴伊（915年卒）和巴格达派的加迪·阿卜杜·哲巴尔（1025年卒）。朱巴伊认为本体性属性只是名字而已，不表达任何思想，它既不是性质，又不是固定的情况，它是与本体合二而一，不可分开的。他的儿子艾布·哈希姆（933年卒）则认为真主的属性是本体的各种状况，是不能与本体分离的，本体只有凭属性才能被认识。这种种状况既不是存在，又不是不存在，只有通过它们所附属的实体才是可知的。生命、知识、能力与意志，都是与生命相伴随的条件或结果。朱巴伊父子之间的分歧促使穆尔太齐赖派对本体和属性之间的关系做进一步的探究。巴格达派注重于研究物的性质。阿卜杜·哲巴尔的《五大原则解释》一书，包括了到他那个时代为止的穆尔太齐赖派运动的简史。他和他的弟子成了没落时期穆尔太齐赖派的代表人物。

到10世纪中叶，穆尔太齐赖派基本上消失了。但穆尔太齐赖派所推崇的理性原则，以及他们提倡的从怀疑出发，经过理性思考，到达正确认识的方法，打破了正统派的死板的、静止的论证方法，冲破了盲目信仰的樊篱。他们的学术研究,已经突破了神学的范畴,涉及纯哲学的领域,为阿拉伯哲学的繁荣奠定了基础,他们研究的一些命题,成为日后阿拉伯哲学研究的主要命题的一部分。

二、五大原则

著名的穆尔太齐赖派思想家哈亚特(902年卒)在《胜利之书》中认为:"只有同时主张真主独一,真主公正,许诺与威胁,中间地位,令善禁恶这五大原则的人,才有资格称为穆尔太齐赖。"①这五大原则是由瓦西勒·本·阿塔门生的门生比什尔·本·穆阿泰米尔(825年卒)首先总结出来,最后由艾布·荷宰依勒·阿拉夫(841年卒)完善,定为穆尔太齐赖派的标志。他为此曾专门写了一本名为《五大原则》的书,详细阐述穆尔太齐赖派观点。

阿拉伯语"乌苏尔"(原则)一词的原意是"根"。当时经院哲学认为宗教分为认识和服从两方面,认识是根,服从是枝。凡研究认识真主的学问的人是"乌苏里尤"(原则论者),研究服从真主,即伊斯兰教教法的人则被称为"夫罗伊尤"(局部论者)。"根"学的具体内容正在不断拓展:真主独一、真主公正、真主的许诺与威胁算数、信仰的真理、伊斯兰教的本质等,都逐渐进入被研究的领域。学者们各抒己见、相互攻讦,称对方为"叛教徒",形成神人同形说、属性论、前定论、自由意志论等。穆尔太齐赖派的

---

① 哈亚特:《胜利之书》,第134页。

五大原则的形成经历了一个思想发展的过程,实际上是对当时广泛开展辩论的几个重大问题表明自己的观点。他们内部在一些具体的问题上也有分歧,存在数十个支派,但在整体上又是一致的。

穆尔太齐赖派诞生前,神人同形说和属性论十分流行,甚至有的认为真主具有肉身,与人一样有血有肉,有脏腑、器官与肢体,但又认为"他的身体不是通常所说的那种身体,他的血和肉也不是一般的血和肉"[1]。而科学审视派主张只能依据《古兰经》、正确的"圣训"和理性证明,认为真主本体上是一,是同一,是物(物质存在),但不是一般的物,绝非是体、幽灵或形式,他无肉无血。穆尔太齐赖派则主张真主独一论,认为真主是独一的,他不是物质的存在,不是动物性的体;真主不是由原子组成,既不是本质又不是偶因,也不是要素,他没有冷、热、湿、干,没有长度、宽度和高度,既不集合又不分离,既不运动又不静止,他没有任何肢体或器官,不具备量度。真主没有方位,无所谓前后左右上下,他既不被空间所包围,也不经历时间,空间和时间对他不起作用。他无始无终,没有限度,既不与物接触,又不与物分离,既不固定在宝座上,又不固定在非宝座上,更不处于存在之中。他没有任何属性,没有任何同伙,既不生又不被生。真主的本体是无始的第一。"他一直是第一,先于任何有始之物,在万物之前存在。""只有他是无始的,只有他是神,在他的国权内没有合伙者,在他的统治中没有瓦齐尔(大臣),对他既无所谓利益,也不会有损害。""他创造万

---

[1] 伊本·哈兹姆:《教义倾向和教派详论》,第1卷,第148—149页。

物,唯他是无始的,除他以外,万物皆为有始的。"①任何感官都不能认识真主,他不能以人来比拟,无论如何不能比作任何被造物。眼睛看不见他,耳朵听不见他,想象无法了解他。他们针对犹太教认为神与天神(天使)都会生病的论点,提出真主决不会生病,也不会有缺陷,得病和有缺陷皆人之特性,不能用以形容真主。"凡能想象到的绝不是他。"②

真主为何创造世界?他造世的行为既不是为了享受与娱乐,又不给他带来利益和损害,既不使他高兴和得意,又不令他伤心和难过。真主是无目的的。因为目的是有限的,具有有限目的者其本身也是有限的。真主如何创造世界?他们的回答是真主就是已经创造世界那样地创造了世界,他并不是根据先前的意念创造世界,他不能为创造一物而先创造另一物,更不会为造一物而先创造另一更难的一物。

他们否认有什么无始的属性,认为真主不是因知识、能力或生命而成为有知识者、有能力者、有活力(生命)者,而是就他本性而言就是有知识者、有能力者、有活力(生命)者。属性若与他共有无始,那就与他共有神性。意志、听觉与视觉并不具有凭他本体而存在的意义,否则那就一方面使真主具有偶因,另一方面使他具有器官。有意志者必有运动,运动是一种偶因。听觉与视觉就使真主具有听觉与视觉的器官。但《古兰经》斩钉截铁地认为真主是有意志的、能听到的和能看见的,穆尔太齐赖派自然不敢否认这一点,他们采取理性解释法,把这些归之于他的本体,而不认为

---

① 迈斯欧迪:《黄金草原》,第 3 卷,第 351—353 页。
② 艾布·加西姆·卡阿比:《伊斯兰论文集》,第 63 页。

它们是无始的属性。他们还否认人们在末世可以目睹真主,认为无论今世或来世,任何感觉器官都不能了解真主,但承认可以心视。他们断然拒绝可以从任何方面——方位、空间、形式、物体、转化、改变、消失、影响等方面进行比喻。

对于"无",他们认为也是一物。甚至认为本质在存在之前就是本质,偶性就是偶性。黑是黑,白是白,所有这些属性在存在之前都具有,一旦存在,其属性上不能增加任何物。本质和偶性在存在的情况下,就是根据在"无"的情况下所具有的真实。有人认为,这种"无"的物性论实际上承认了世界无始论。他们将物分为"有"与"无",凡物"有"之前均为"无",其存在来自真主,世界从"无"物质中创造,真主是存在的施予者。他们将物分为"有"与"无",是为了绝对免于将真主的本质比拟为世界的本质。真主的行为仅仅只能授予"无"以存在,使它成为"有"。这里产生一个问题:"无"是不是一个无始存在的物质?穆尔太齐赖派回避了这个问题,他们只是认为"无"是物,有某种本质,但真主没让它显示这种本质,一旦真主显示出"无"的本质,世界就从"无"中产生了。从这里可以明显地看出穆尔太齐赖派受希腊哲学的影响。

瓦西勒·本·阿塔等人否定真主具有属性,是基于不能存在两位无始无终的神这一原则之上的。如认为属性也是无始的,那无异乎承认两个神并存。后来的穆尔太齐赖派借助于希腊哲学,深入地研究了这一问题,提出了比较系统的看法。比什尔·本·穆阿泰米尔甚至倡导宇宙生成论,向自然主义哲学靠近了一步。但大多数穆尔太齐赖派只是为了严格区分真主的本质和世界的本质，才提出是真主授予"无"以存在，使之成为"有"的。"存在"是真主和世界所共有的，但它们的性质不同，真主的存在是自身的，物质世界的存在则来自于真主的授予，换句话说，真主从"无"中创造了万物。他们中的大多数人认为，只有真主是无始的，"无"并非是无始的，但"无"的物性论，难以与"非无始的"自圆其说。在这点上，穆尔太齐赖派受到了众多经院哲学家的非难与攻击。但不管怎样，穆尔太齐赖派的第一条原则"真主独一"论后来被奉为伊斯兰经院哲学的基础之一。

第二条原则"真主公正"论是在前定论和自由意志论的争辩中提出来的。早期的自由意志论者将人的一切行为均归于人，认为真主不会前定人的一生行为，尔后又根据这些行为对人进行清算。而前定论者主张人的一生是由真主前定的，否则就难以显示真主的无所不能。他们认为只有真主才是真正的行为者，宇宙间的一切均来自真主，真主根据自己的意志和知识行事，真主的意志和知识是无始的，这里绝无不义可言。穆尔太齐赖派提出真主公正论，认为来源于真主的行为只有一类，那就是好的、正确的、有益的。真主不喜欢恶行，不会创造人的这一类行为。人的恶行是人自己干的。他们甚至认为真主不创造人的行为，只是命令他们干好事，做真主所意愿的事；禁戒他们滥用自己的能力，做真主讨厌的事。与此同时，真主决不责成人们做他们干不了的事、忍受他们无法忍受的事。真主对万物的公正是明哲的，这种明哲使真主与恶行、腐败没有关系。"人有能力创造自己的行为，不论是好的还是坏的，他们理应为自己的行为负责,在来世时,因善行而受奖,因恶行而受罚。"①"因为真主如创造了不义,那么他就是不义者;他只创造正义,所以是正义者","明哲者只做善的、有益的,他会照顾人的利益。"②"真主只创造了人的能力,此能力制造了人的行为,或者称之为潜能","人的能力或潜能才是付诸行为的,这是一般的能力。至于真主的能力则是一种特殊的能力,它对丑事、恶事没有影响","人的行为在他自身,无论是运动和静止、服从或执拗,这一切都属于人的行为,真主与此没有关系"。③

有的穆尔太齐赖派人士甚至提出相抗原理,宣布真主的能力和意志影响不了人的能力和意志,因为对同一行为不能共存两个影响者。如果人的意志是真主意志的一部分,或者就是真主的意志,那问题不大。但如果真主意愿某事,而人却不意愿此事,人因种种原因干了其他的事或与之相反的事,那只能是人的意志。因为真主的意志与人的意志在这里是相抗的,两者只能取其一。他们推崇人的能力,把人置于最高品位,认为人是有能力的、有选择的,善行恶为、真理谬误皆由人。有生命的存在物的一生朝着某个目标,即使障碍重重,此目标仍会实现,人的行为也是如此。这种说法遭到绝大多数经院哲学家的攻击,认为它贬低了真主的能力。他们嘲讽穆尔太齐赖派这种理论使"每个人,甚至每个动物,如蚊子、蜜蜂、小虫等,都是造物主,他(它)们创造了自己的行为,而不是真主创造他

---

① 加迪·阿卜杜·哲巴尔:《五大原则解释》,第3卷,第301—302页。
② 迈斯欧迪:《黄金草原》,第3卷,第153页。
③ 沙赫拉斯塔尼:《教派与信条》,第1卷,第9—11页。

(它)们的行为,真主对他(它)们的行为无能为力",认为这一派"肯定了无数的造物主"。① 他们认为如果真的、善的行为来自真主,假的、恶的行为来自人,这就是双重造物主论。正统派经院哲学家后来折中地提出"行为由真主创造、被人获得"的理论,认为所有的行为只有一个创造者,那就是真主,凡事未发生之前他均已估计到了,真主的能力和意志高于一切,人的行为是与真主的能力和意志相联系的,在一定的时间内由人获得并付诸实践。

许诺与威胁是第三条原则。所许诺的,是包括将来对他人有益而无害的善,所威胁的是包括将来有害于他人的事,而不管它们表面上是好事还是坏事。穆尔太齐赖派认为,信赖真主者离开这个世界时是服从的、忏悔的,均可获得奖赏和补偿。如弃世时犯大罪而不忏悔,则永入火狱,但他们所受的惩罚比不信真主者轻。对于犯大罪者,真主只宽恕忏悔的。真主的许诺与威胁均是真诚的,不可替代的。而正统派则认为真主的话是永远有效的,他许诺了他所命令的事,威胁他所禁戒的事。凡事按真主命令去做者将得奖赏,而做真主所禁戒的事者则受惩罚,这里没有什么理性的问题。

这两种说法分歧很大。按正统派观点,人的能力融化在真主的能力之中,人没有独自的能力,只存在真主的能力,由真主决定奖或罚,这里没有丝毫理性的余地,理性无法了解事情的真相。而穆尔太齐赖派则认为

---

① 参见伊斯法拉伊尼:《宗教认悟》,第48页。

人的行为由人的理性决定,人有辨别善恶的能力,"善与恶都应凭理性知道,行善避恶是种责任","知识都是凭理性可领悟的,凭理性的审视是必需的。感谢施恩者在听说[教义]前是一种责任,善与恶是两种自存的属性。"①许诺与威胁这一原则实际上是真主公正论的延伸,两者都强调人的意志自由和理性功能,既然人的理性可以凭自我本性了解善与恶,那么奖赏和惩罚就根据人的能力与人的理性或这两者之一而定,人只是获得自己应得的奖赏或惩罚。真主是公正的。他把宇宙留给了人,他只是在旁观,人独自对自己的行为负责。人的自由意志和理性是穆尔太齐赖派所捍卫的最神圣的东西。

第四条原则是穆尔太齐赖派诞生的起点,所以穆尔太齐赖派又被称为多地位论者、中间地位论者。哈瓦利吉派认为犯大罪者即渎神者。穆尔吉亚派则主张重信仰本身,个人的实际行为是次要的;只要内心虔诚,即使犯大罪,仍不失为信士。穆尔太齐赖派则提出犯大罪者既不是信士,也不是渎神者,而是处于这两者地位中间的一个地位,可被称为迷误者。这种人离开世界前如无忏悔,永入火狱,真主不会宽恕他们。即这种人具有信仰,但没有信士的德行;在行为方面像渎神者,但又与他们的信仰不同。他们介乎信士与渎神者之间,因此他们所受的惩罚要比渎神者轻。这三派的主张,实际上反映了当时社会的政治斗争。在哈瓦利吉派看来,倭马亚朝的哈里发篡夺政权犯了大罪,不能算作穆斯林,应把他们视作多

---

① 沙赫拉斯塔尼:《教派与信条》,第 1 卷,第 50—56 页。[ ]内的词为笔者所补,下同。

神教徒。穆尔吉亚派不愿卷入纷争，认为历代哈里发无论是否犯了罪恶或犯了多大罪恶，依然是信士，不应敌视。而穆尔太齐赖派对此持中间立场，这实际上是对倭马亚朝的一种变相支持。正因为如此，倭马亚朝并不迫害穆尔太齐赖派。叶齐德二世（720—724年在位）和麦尔旺二世（744—750年在位）掌权时甚至推崇这一派。

至于令善禁恶这一原则，则是穆斯林社团的一条公认的政治和行为准则，即凡事应按真主所命令的去做，甚至不惜为此使用刀剑，进行圣战。凡真主所禁戒的，则应力避。

总之，这五大原则中，"真主独一"是根本，"真主公正"建立在"独一"之上，由"公正"派生出另三条原则。

三、艾布·荷宰依勒·阿拉夫

全名艾布·荷宰依勒·穆罕默德·本·艾比·荷宰依勒·阿拉夫（752—841），巴士拉人，早年受教于瓦西勒·本·阿塔的得意门生奥斯曼·本·哈利德·塔维勒。他博学多才，曾钻研过印度哲理、波斯思想和希腊哲学，在此基础上，使穆尔太齐赖派思想理性化，提出了完整的穆尔太齐赖派理论。著有《五大原则》《驳二元论》《物的被造与毁灭》《论偶因与原子》等60余种，均已失传。我们只能根据后人的零星记载了解他的思想。

他主张真主本体独一论，认为本体就是一切，属性在本体之外没有任何独立的意义，属性就是本体，两者是同一的、无始的。可以说属性是本体的各个方面，它是我们用以看待本体的思想表达。如果认为属性与本体相分离、将属性加于本体上,或者本体上具有多种属性,这不是导致本体二元论,就是导致本体多元论。这种本体的属性是既不能用其来形容真主,又不能用其形容真主以外的任何物的那些属性,它与一般属性的概念完全不同,它只是在独特的概念上才被认为是真主的属性,它只是一种行为的属性。知识和能力是最重要的两个本体属性。真主所能的与所知的对象是有限的,但真主的能力和知识是无限的。前者是有始有终的、有限的存在,后者则是无始无终的、无限的存在。前者是组合的,后者是单一的本体。《古兰经》中所说真主无所不能、无所不知,指的是真主对存在的一切全能全知,而这些存在是有始有终的、有限的。无限的只属于真主。

"如果你说真主是有知识者,那你肯定真主具有知识,知识即真主,真主不可能无知识,你在证明曾有的或现有的被知者。如果你说真主是有能力者,那你就否认真主是无能的,你肯定真主的能力,能力就是真主,你在证明能力的体现。如果你说真主是有生命者,你在证明真主是活的,生命即真主,真主不可能死。"[1]这样,真主的属性即真主,他的本体不具备这些属性的对立面,这即是经院哲学意义上的本体属性论。

艾布·荷宰依勒的本体独一论受到了亚里士多德本体论的影响,"因为除了本体而外,没有一个别的范畴能独立存在。所有别的范畴都被认为只是本体的宾词"[2]。亚里士多德还认为创造主是整个知识、整个能力、

---

[1] 阿里·沙米·纳夏尔:《伊斯兰哲学思想的产生》,第1卷,第454页。
[2] 亚里士多德:《物理学》,185a33,转引自阿里·沙米·纳夏尔:《伊斯兰哲学思想的产生》,第1卷,第454页。

整个生命、整个听、整个视,本体属性论显然与这种说法异曲同工。

针对正统派认为真主的能力涉及一切,他无所不能,是真正的行为者,艾布·荷宰依勒提出来自真主的行为只有一个:最佳的行为。因为能力即本体,真主的本体是最终的完美,由此本体发生的行为只可能是最完美的。至于其他行为,他认为真主能行但不为之,他只做最佳的。能行最佳的而行其次,那是不义。真主所行均为最佳,"不能说至高无上的真主所做的,还有比他更佳的。如有,他一定干最佳的,他决不放弃最佳的,因为他最宜做那些最佳的"①。真主能行不义但决不为之,因为"真主决不能那样,那样做是缺德,而真主决不会缺德","真主创造万物并无求于万物,他只是创造他们,因为他创造万物是种智慧,他只意愿对万物有益的。他并不是吝惜者,不会放弃最佳的而做其次"②。他由此肯定人的行为自由,人的自由也体现了真主的能力,真主让人们知道如何行动,但人的生与死非人所定。

他提出尘世自由意志、来世前定论,即真主根据人们在尘世的行为,公正地决定他们进天园或入火狱,一旦进入天园或火狱,人们却无自由意志可言,一切行为全凭真主意志。他们那时"不得不处于他们的运动或静止、起或坐、看或听、取或予、说话或缄默,他们犹如块石头,让他们动就动,不让动他们就静,他们一直如此,直到永远静止的到来,永远静止是真

---

① 艾什阿里:《伊斯兰学派言论集》,第2卷,第483页。
② 艾什阿里:《伊斯兰学派言论集》,第2卷,第484页。

主能力的最后形式"①。他认为:"天园的居民在天园享福。至高无上的真主使他们享有这一幸福,并非他们干出这份幸福。如果说他们在天园可以有健全的理性和肉体,那么他们可以选择行为和做出行为,他们是被命令或禁戒的,一旦那样,他们中有人会做出不服从之事,天园就成了受考验之所,不是奖赏之处,那就与尘世无异。"②

绝对静止的思想,实际上是天园、火狱毁灭论。他认为"天园和火狱的居民的运动将终止,变为永远的静止。一切享受集中于天园居民的这种静止中,一切痛苦集中于火狱居民的那种静止中"③。天园、火狱如果不会静止(毁灭),那就是无终的,即与真主永远共存,这是不可思议的。他甚至认为在真主能力所及的对象毁灭之后,即天园、火狱的居民寂静之后,真主就不再能使死的复活、活的变死,使静止的运动、运动的静止,创造某物或毁灭某物。"真主如果说曾使他们存在和静止,那就不能说真主能对他们采取他曾经采取的处置办法,在他们身上创造他曾创造的。但在他对他们创造存在和静止之前,他能够创造存在和静止或它俩的对立物。既然他已经创造了他们的生命、存在和静止,那就不能说真主能创造他已经创造的生命,创造他已经创造的静止,或者创造他已经创造的存在以及它们的对立物死亡、运动和毁灭。"④他的这一思想是针对光阴派而言的。光阴派认为每一运动之后必有运动,每一事件之后必有事件,既无始

---

① 沙赫拉斯塔尼:《教派与信条》,第1卷,第68页。
② 哈亚特:《胜利之书》,第61页。
③ 沙赫拉斯塔尼:《教派与信条》,第1卷,第68—69页。
④ 哈亚特:《胜利之书》,第10页。

又无终,他认为这是二元论。而穆斯林中主张天园、火狱永存论,实际上是永动论的反映:天园、火狱的居民永远存在(运动),享福或受苦,这种无终的存在与真主独一论相悖。艾布·荷宰依勒所主张的运动有始有终论成了穆尔太齐赖派运动论的最终形式。

两种意志论也是他的首创。他认为意志可分两种:无始的意志,即真主本体,这种意志是本体的属性;有始的意志,则与存在物有关,这种意志是行为的属性。他将意志与造物思想联系起来,认为"有"这个词就是真主意志的最终表达。真主那与被意愿物有关的有始的意志则是与"有"这个词化为现实一起成为有始的。这种意志不具有真主本体的无始性。意愿某物并非某物,即造物并非被造物,真主意愿创造某物并非被创造的某物,这种意愿(意志)不存在于某个空间。"真主的意志创造某物,就是他创造某物。他创造某物,这对于他来说,并非该物;对于他来说,创造只不过是不在某空间的一句话。"[1]如果说创造发生在某个空间,那由此就产生"有"这个词(或创造的意愿)发生在某空间。这样,它不是凭本体而存在的空间就是非本体的空间。说这个意愿(意志)存在于凭本体存在的空间,那这个空间就是无始的。无始的真主的意志的存在必须无始地有意愿者的存在和被意愿者的存在,前者是真主的本体,后者是被造物,这两者不可能无始地共存。如果认为这种意志无始地存在于非本体的空间,那就是多属性和多本体,也是不可能的。因此只有本体,意愿作为创造的

---

[1] 艾什阿里:《伊斯兰学派言论集》,第2卷,第511页。

意志,是发生在非空间的存在。至于某空间内的存在物是来自真主的除了"有"这个词以外的其他话,那它就是命令或禁戒的言语,那么这些言语是有始的。同样,存在不等于存在者,毁灭不同于毁灭者,"存在与毁灭同创造一样,是在非空间里的存在,时间也是在非空间里的存在"①。

言语不是本体的属性,言语与本体不是同一的,言语是行为的属性。说得更确切些,言语是有始的,这就提出了《古兰经》受造的思想。《古兰经》不是创世用的"有"这个词,而是命令、禁戒或叙述的语言,因此,它是发生在一定的空间内的。这个空间非真主,否则的话,真主的本体就成了命令、禁戒或叙述的场所。《古兰经》是真主创造的一种偶性,首先放在被保存的书板内,后又在三处:一处在被记忆之处,一处在被书写之处,一处在被诵读之处。如果没有空间(处所),《古兰经》将不存在。《古兰经》既然在有始的空间内,它就不是凭真主本体而存在的属性,不能与真主共有无始性,它是有始的、受造的。

这个世界他认为是在变化之中的,不是一成不变的。世界万物均由原子或单质组成。原子或单质是单纯的、非组合的,"它们没有长度、宽度和高度,它们是非聚合的,也是不可分的"。存在物,例如"一颗芥子粒",它"可以分成两半,再一分为四、为八……如此下去,直到不可再分",那就是原子或单质。这些原子或单质相互可分可合,可以运动和静止。"不可分的单质如果各自存在,物体不会有运动和静止,以及由运动和静止产生

---

① 艾什阿里:《伊斯兰学派言论集》,第2卷,第337页。

的聚合或分离。至于颜色、味道、气味、生死等等,不存在于单质内,也不存在于物体内。"①这些单质运动与聚合,构成了宇宙;这些单质相互分离便产生腐烂与解体。时间即单质的运动,空间即时间内分离出的瞬间的实现。世界上有的只是这些运动着的单质或原子,我们所见的一切存在物,只不过是这些单质所发生的偶然现象或本体情况。单质一会儿运动,一会儿静止,但它们本身不会运动和静止,也不能转移运动和静止,真主作为有意志的、有能力的本体,使这些单质运动或静止,因此,单质不是凭自己的本体而运动或静止的。这就是伊斯兰经院哲学中首先系统提出的原子论。

至于偶因,他认为它既不在体内又不在事件内,既不在时间内又不在空间内。偶因好似体,除颜色外,均是可见的和可用手接触到的,只有颜色是可见而不可触摸的。偶性中有的可存留,有的不可存留。如活者的静止不可存留,而死亡者的静止可以存留。颜色、味道、气味、生命和能力都可存留,快乐和痛苦也可存留。可存留的偶性是凭真主所创造的存留而存留的,这种创造不是在具体的空间内。偶性中有的可恢复,有的不可恢复。真主可使人具有某些他们知道其性质的偶因,如运动、静止、声音、痛苦等,至于他们不知其性质的偶因,如生命、死亡、能力、无能,不能说真主使人具有这些偶性的能力。

人是有手和脚的可见的具体的个体,由肉体和灵魂构成,具有精神、

---

① 艾什阿里:《伊斯兰学派言论集》,第 2 卷,第 314—315 页。

生命和感官。肉体由"部分"构成,每个部分不是独自行动的,运动者是这些部分的整体。至于灵魂,则是"不同于精神,精神不同于生命,生命只是一种偶性"①。人在睡眠中只具有生命,而不再有灵魂和精神,感官是偶因,不同于肉体。他提出唯心主义的知识论,认为五官不给人提供真实的初步知识,它们只感受被感觉的事物。而要认识事物,不能凭感官,非得凭与感官无关的工具,这就是思想的潜能。思想凭其本体就能通过证明认识真主,达不到这一点就应受到惩罚。"理解是在心内,而不是在眼内"②,心的功能和肢体的功能不同,心的功能通过道德来体现,肢体的功能则通过行动来表达;根本的是心的行动,心的行动是肢体行动的原因。能力体现在行动中,做某事的能力在做此事前就潜在。"人能够一开始就行动,行动是第一,作用是第二,因为第一时间是行动的时间,第二时间是作用的时间。"③潜能与原因相随,有原因才有行动,因为有能力者即有潜能者,有潜能者能行动或不行动,行动过后就是作用的情况。但"也许在第二时间内没有作用,即在第一时间内能力和潜能发生后在第二时间内没有作用"④。

他把行为分为两类:一类是知道它是什么情况的,例如运动与静止;一类是不知道它是什么情况的,如颜色、寒冷、干燥、饥与饱、理解与知识。真主使人具有第一类行为,但没有第二类行为。第一类行为所产生的结

---

① 伊本·哈兹姆:《教义倾向和教派详论》,第5卷,第27页。
② 艾什阿里:《伊斯兰学派言论集》,第2卷,第312页。
③ 艾什阿里:《伊斯兰学派言论集》,第2卷,第233页。
④ 艾什阿里:《伊斯兰学派言论集》,第2卷,第234页。

果是人的作用。例如一个人对准某个人射箭，在箭射中某人前他自己猝然死去，那人被箭射中后受到痛苦并死亡。他认为这种痛苦和死亡是射箭人造成的，因为箭是他死之前即活着时射出的。但人不能通过行为产生潜能、生命和肉体，这些专属于造物主，非人所能。至于第二类行为，则是真主的行为，由这些行为所产生的结果，与人的能力无关。

对于上述射箭的例子，经院哲学家们众说纷纭，有的认为中箭人死亡是真主注定的，有的人认为那是箭的作用，有的甚至认为这种死亡是无行为者的行为结果。艾布·荷宰依勒强调这是射箭人行为的结果，实际上肯定了人的行为责任。他认为人有行为的能力，任何其他能力对此无可奈何，真主决不会干涉人的行为，强调他们做这做那，人自己可以选择自己的行为。如果说真主注定了中箭人的死亡，那就产生同一结果有两个行为者，这是不可能的。也不能说成是箭的作用，因为箭没有生命，没有行为可言，更谈不上行为的结果。有行为结果必有行为者，无行为者的结果是不存在的。他基于人的自由性和因果关系，提出了生成的理论：人有自由，才能获取知识；事物间存在因果关系，才能掌握知识。箭射中人会致人死命，被射死是射箭的结果，这两种运动（死与射箭）一个必然生成于另一个。

四、易卜拉欣·奈扎姆

全名易卜拉欣·本·萨雅尔·本·哈尼·奈扎姆（845年卒），巴士拉人，生平不详，但史书公认他博学多才，精通伊斯兰各学科，并钻研过希腊哲学，逐渐成为穆尔太齐赖派的权威人物之一。著有《原子论》《论体的运动》《二元论》《论一神教》《论世界》《驳亚里士多德》等，均已失传，仅在后代学者的书中保留着他的著作的一些残篇。

奈扎姆主张纯粹本体论，否认真主具有无始的属性，认为真主的所谓属性，只是肯定真主的本体，对真主是"有知识者、有能力者、能听者、能视者，只是肯定这种说法，否定相反的说法"。例如，"说有知识者的意思是肯定真主的本体，不接受他无知的说法，说有能力者是肯定真主的本体，不接受他无能的说法"①。

真主的行为是最佳的，这是真主公正的体现。他不同意艾布·荷宰依勒关于真主能行不义但因明哲而不为之的说法。他认为真主决不行不义，而且不能行不义。真主不会舍最佳的行为而行其他，甚至不能这样做。他对入火狱者的惩罚不能增加丝毫也不能减少半分，同样对天园的居民，他不会将任何人从天园赶出来，不能惩罚儿童让他们入火狱，这是因为不义只是属于有缺陷者和无知者，"丑恶是丑恶者的本体属性，绝不能加于真主"，"正义的行为者不能被形容为有能力行不义"。② 这就是说，本体具有正义就是肯定这本体，与此同时就否定其对立面，即否定不义。谁被形容为有能力主正义，就不能被描述为有能力行不义，不义只来自丑恶与缺陷。

上述看法遭到了众多的攻击，主要有两点：一是认为他限制了真主的

---

① 艾什阿里：《伊斯兰学派言论集》，第2卷，第476页。
② 沙赫拉斯塔尼：《教派与信条》，第1卷，第37页。

能力,二是认为他的真主公正论导致真主受制论,真主只能干最佳的,没有选择的自由。奈扎姆反驳道:真主是一,由他发出的只能是一个行为。世上有善恶,但善是本,来自无始无终的真主;恶非本来固有,只是在人类出现后才有,它与至善——真主的本质——无关。不仅如此,他还不同意将意志真正地归于真主,因为意志有两种:真主对自己行为的意志,真主对人的行为的意志。前者即为创造世界,"描述真主是创造万物的有意志者,它的意思是说真主创造了万物,他的意志就是创造。至于真主对人的行为的意志,那是指他命令或禁戒人们该做什么不应做什么,前者是让人做的,后者是没有发生的行为,而意志是意愿者方面的行为,显然真主凌驾于这种意志之上"①。

他认为真主创造万物是一下子完成的。矿物、植物、动物、人类都是这样。伊斯兰神学和经院哲学中对天与地哪个先被创造一直有争议,穆尔太齐赖派内部对世上万物何在先这个问题也有分歧。他提出隐匿论,认为真主在造阿丹(亚当)之前没有创造任何人,即没有原模。真主一下子创造了人类,但让他们先后出现,到该他们出现的时刻才让他们离开隐匿处,出现在世上,使他们有运动。这种隐匿论究其根源,是受到希腊哲学家阿那克萨戈拉(公元前500—公元前428年)种子说的影响,但把它纳入了伊斯兰经院哲学的范畴。

在这基础上,他拒不接受原子论思想,认为"原子一定还有它的原子,

---

① 艾什阿里:《伊斯兰学派言论集》,第2卷,第190页。

部分一定还有它的部分,一半一定还有它的一半,原子可以永远分下去,在裂分方面没有穷尽。"①体既然不是由原子组成,那它由什么构成的呢?他认为由偶因构成,本质即偶因的集合。在他看来,偶因是个稀薄的体,固有的唯一偶因是运动,"人们做的只是运动"②,祈祷、把斋等行动,意愿、好恶等心理,知识、愚昧等品性,诚实、说谎等道德,以及其他诸种行为莫不是运动。人们在某空间静止不动,其意思是在两个时间里人们都在同一处,他把这称为"自恃运动"。他声称颜色、声音、味道、痛苦等都是"稀薄的体"。他主张将偶因分为两类:一类是真主使人能够为之的,一类是真主使人不能为之的。前一类即运动,以及归于运动的种种属性。后一类偶因是人既无法了解其本质又不能为之的,"在人的能力范围之外所发生的,皆至高无上的真主通过肯定某被造物而进行的行为,例如石块在推动时能移动,在抛出时能滚落而下,等等"③。

人即精神,肉体是精神的樊篱和疫病,意识和感觉的能力全归于精神。"精神是有意识有感觉的,它是一个部分,既不是光又不是黑暗。"④他在另一处又说"精神即肉体,即灵魂",声称"精神是凭自身而具活力的","精神在肉体内,肉体是精神的疫病、促使它选择的动因,一旦两者分离,精神的行为就是生成的和被迫的"。⑤ 他认为"精神是一种稀薄体,进入稠

---

① 艾什阿里:《伊斯兰学派言论集》,第2卷,第318页。
② 艾什阿里:《伊斯兰学派言论集》,第2卷,第404页。
③ 沙赫拉斯塔尼:《教派与信条》,第1卷,第38页。
④ 艾什阿里:《伊斯兰学派言论集》,第2卷,第331页。
⑤ 艾什阿里:《伊斯兰学派言论集》,第2卷,第332—333页。

密的肉体之中,由肉体观看和感觉,而真正行为者是精神而不是稠密的肉体"①。精神是绝对的行为者,知识和意志都是精神的运动。他甚至认为"精神有力量、能力、生命和意志,它凭自身就是有能力的,在行动之前就具有能力"②。精神在"行为前就有进行行为的能力,但行为发生时却对行为无能为力"③。

他否认存在独立的感官,认为精神才是从眼、耳、嘴等感官窗口认识被感觉事物的。他不同意说什么人有听觉、视觉等,认为"人是凭自身听到自身,也许因为疫病而聋了;同样,人凭自身看到自身,也许因为疫病而瞎了"④。视觉或视觉潜能,说得更明白些,是精神通过双眼的窗口跃向被感觉物,向它渗透,与它联系,经过超越,形成视觉形象;精神通过双耳的窗口跃向被感觉物,与声音相接触,从而听到它。味觉、嗅觉、触觉等莫不如此。精神才是唯一能感觉的潜能,五大感官属于同一类,视觉与听觉之间无甚差别,它们的不同在于被感觉物种类的不同和感官位置的不同。精神是这些感观窗口里的潜能。如果从双耳感觉到的,它就是听觉;如果从双眼感觉到的,则是视觉;等等。与此相关的是障碍,它也是精神的潜能之一,例如存在颜色,但精神阻止视觉看到它,那么对视觉而言,颜色与黑暗同一,无法感觉,即具有视觉障碍。人是活的,它凭自身能够是活的,而不是凭生命。人有行为能力,一旦发生疫病,就丧失某些能力,疫病即

---

① 艾布・加西姆・卡阿比:《伊斯兰论文集》,第70页。
② 沙赫拉斯塔尼:《教派与信条》,第62页。
③ 巴格达迪:《诸派分歧》,第119页。
④ 艾什阿里:《伊斯兰学派言论集》,第2卷,第399页。

无能。真主使人能产生目的,具有偶因,这两者均归于运动,至于非运动,则是肉体。

五、穆阿迈尔·本·阿巴德·赛勒马

巴士拉人,与奈扎姆是同时代人。他从瓦西勒·本·阿塔的学生奥斯曼·本·哈利德·塔维勒处接受了穆尔太齐赖派的观点。他曾游学巴格达,在阿拔斯朝拉西德哈里发执政时被捕入狱,据说不久即被毒死。穆尔太齐赖派巴格达支派的首领比什尔·本·穆阿泰米尔(825年卒)是他的得意门生。

穆阿迈尔独树一帜,提出了"理念论",认为任何物均是因某种理念而运动或静止,造成这个理念的还有另一个理念,顺序追究,以至无穷。"体如果运动,它一定是因运动这个理念而运动。若无运动这个理念,它决不会比他物更适宜运动,就不会在发生运动的时间内运动,这个时间决不比在此之前的任何时间更适宜运动。""此体若无理念,那运动就是运动者的运动;而此运动者的运动并不比其他体的运动更相宜,那么运动这个理念一定还因另一个理念而成立,因为此运动因另一个理念而成为此运动者的运动。种种理念没有整体和全部,它们只是发生在一个时间内。"[①]

理念是神性之物,是单纯的。黑与白等偶因不管是雷同还是相异,均由于理念之缘故。理念不是偶因,但它是造成偶因的。理念处于造成运

---

① 艾什阿里:《伊斯兰学派言论集》,第2卷,第272页。

动或静止、生或死等处所,理念是无穷无尽的。世界被理念所统治,世上所有的偶因,都在这棵单纯的理念大树上排成系列。他甚至认为,"真主的属性就是理念"①。理念的单纯就由于真主属性的单纯,理念的无穷尽也由于真主属性的无穷尽,理念是种种思想的表达,因为属性就是归于本体的思想表达。运动发生后会消失,但理念依然存在,是此理念产生运动。万物均有极限,只有理念没有极限。这实际上是对真主无限本体所具能力的肯定。只有理念才是行为的源泉、单纯的原则、不变的存在,但从它发生的是存在的变化。运动是离开静止的一种理念,静止则是与运动分离的一种理念。他提出五范畴论,认为有存在、运动、静止、组合、异化五范畴,由此产生殊多,皆来自可感觉世界之外的理念。

"真主不可能知道他自身,因为知晓者和被知者不可能是同一的。"②否则,知晓者和被知者均存在于真主本体中,这是二元论。至于真主知晓除他以外的万物,有人认为那是一种不受影响的知晓,不因被知者而受影响。真主的知晓是"行为"的知晓。从真主是宇宙的创造者角度而言,真主的知识即产生行为的知识。这种知识在存在物产生时与存在物有关,但在"无"继续时则不能与"无"有关,也就是说,真主的知识只与存在物有关。穆阿迈尔反其道而行之,认为知识即本体,本体即知识,两者不可分。真主不需要知晓他的本体,他的本体的知识也不是来自有始的被知物。他由此认为"不能说真主知晓他自身,否则将导致在知晓者和被知者之间

---

① 哈亚特:《胜利之书》,第55页。
② 沙赫拉斯塔尼:《教派与信条》,第1卷,第90页。

进行区分,也不能说他知晓其他,否则就造成真主的知识来自除他以外的万物"①。

真主是没有起始时刻的存在,但他认为不能说成是无始的。把真主说成是无始的,就意味着时间上的前后,而造物主是与时间无关的,是凌驾于时间之上的。"真主只对本质有能力,至于偶因,不能说真主对它有能力,真主没有创造生命与死亡、健康与疾病、能力与无能、颜色、味道、气味,所有这些东西都是本质的本性所为",因为"谁能决定运动的,他自己能够运动;谁能决定静止的,他自己能够静止。同样,谁能决定意愿的,他就是有意志者。造物主也许能有意愿和厌恶,但这是自我存在的,不在某空间内",真主不受空间制约,而运动与静止发生在空间内,"如真主能所力及偶因,例如运动的偶因,那么他就具有运动的偶因"②。真主的能力仅仅在于使"无"成为"有",授予第一物质以存在,从它产生宇宙万物。至于存在物从它在存在方面是有始的而言,则与真主的能力无关,否则就是将真主与有始的混淆了。"体的各种情况,是体本性的行为,也就是说真主使体能够本性地产生这种种情况。"③"真主创造的只是体,至于偶因则是体的所为。"④即体的创造,要么是凭本性的创造,要么是有选择的创造。火产生燃烧、太阳发出热量,这就是体凭本性所实现的偶因,但动物的运动、静止、汇合、分离,这些都是凭动物的选择所实现的偶因。

---

① 沙赫拉斯塔尼:《教派与信条》,第 1 卷,第 92 页。
② 艾什阿里:《伊斯兰学派言论集》,第 2 卷,第 548 页。
③ 哈亚特:《胜利之书》,第 53—54 页。
④ 沙赫拉斯塔尼:《教派与信条》,第 1 卷,第 89 页。

体由原子所组成,具有长、宽、高的量度,最小的体由八个原子组成。原子集合在一起,一定有偶因,此偶因由本性的作用而定。他认为每个原子自身可造成称之为偶因的因素,一原子与另一原子相结合,构成长;两个原子与两个原子结合,构成宽;这四个原子再叠四个原子,构成高。这样,八个原子就构成了体的长、宽、高,体在本质上都是静止的。"体在真主创造时是静止的"[1],而后才有运动。他承认"无"具有物性,从"无"到"有",即从潜能到现实,他把此称为"创造",不叫运动。

至于人,他认为是"非肉体的一种观念或本质,他是有知觉者、有能力者、有选择者、明哲者,他既非运动者,又非静止者。他既不看,又不感觉;既不接触他物,又不被他物接触。他不占据某个位置,空间又不包含他,时间也不限制他",这种"人",即精神。肉体则仅仅是这个精神出现的舞台。"人主宰肉体,人与肉体的关系是主宰与行动的关系","精神的作用仅仅是意志,精神即人","除此以外的行动、静止、自恃,均是肉体的行为"。[2] 精神具有思想和理性,即具有意志,而肉体则具有物质行为,肉体的行为皆是凭本性而行。这种人是在天上还是在地上?他认为"皆不是,我只说他是肉体内的主宰,在天园享福或在火狱受苦","他没有长、宽、高,也不具重量"。[3]

---

[1] 艾什阿里:《伊斯兰学派言论集》,第 2 卷,第 303 页。
[2] 沙赫拉斯塔尼:《教派与信条》,第 2 卷,第 90—91 页。
[3] 参见巴格达迪:《诸派分歧》,第 93 页。

六、比什尔·本·穆阿泰米尔

上述几位都是巴士拉支派的头面人物,比什尔(825年卒)则是巴格达支派的领袖。他力图用哲学观点来看待伊斯兰教的实践问题。他大体上同意大多数穆尔太齐赖派的观点,只是在下面几个问题上具有自己的独到见解。

他认为真主的意志是真主的行为之一,它"要么是本体的属性,要么是行为的属性"①。作为本性的属性,真主对自己的一切行为,对人的虔诚和服从,一直是有意志(意愿)者;而作为行为的属性,他如果意愿自己的行为,那就是创造,如果意愿人的行为,那就是命令和禁戒,即让人们做什么,警告他们不要做什么。

奈扎姆认为安拉赐予每个人的都是他所能给的最佳的,不能再有比这更佳的了。比什尔否定这种看法,他提出神的恩慈论,以"恩慈"一词代替最佳的。他认为真主有无限数目的恩慈。他赐予不信真主者以恩慈,那些人便会有选择性地相信真主的恩慈,他们就可以得到不朽的奖赏,就像无需这种恩慈就已是信士的人所应得的报偿一样。他赐予信士们以恩慈,使他们得到保佑,走在真理的道路上。真主对人并非一定得做最佳的,因为最佳的之上还有比它更佳的。他只是给人以能力和可能,通过命令、号召和使命,消除人类各种顽疾和缺陷。思想家在听到传教之前就凭

---

① 艾什阿里:《伊斯兰学派言论集》,第2卷,第190页。

理性的审视和逻辑的证明而知道造物主。如果他选定自己的道路,就能排除各种杂念。"杂念并非来自真主,而是来自魔鬼。"①但真主给了他理性的能力,使他有可能选择自己的道路,这就是真主的恩慈。最佳论者竭力反对这种恩慈论,认为它是在亵渎真主,既然真主有无数的恩慈,为何不把这些恩慈全部赐给人类,让大家都成信士,全部进入天园呢?这种质问限制了恩慈论的传播,就是在巴格达支派内部,有的人也放弃了恩慈论观点。例如艾布·侯赛因·哈亚特(902年卒)临死前就专门为此观点而忏悔,祈求真主宽恕。

比什尔认为体至少由八个原子构成,可以承担偶因,但每个原子都不可以单独承受偶因。真主没有创造偶因,是人创造了这些偶因,人凭自己的本性制造它们。真主能使人有能力创造种种偶因,但生命、死亡和能力这三种偶因除外,作为由精神和肉体构成的人没有制造这三种偶因的能力。运动发生在体内,既不是在开始运动的第一处所,也不是在运动结束的第二处所。体是凭运动而从第一处所进到第二处所的,它在这两处所间是运动的,而在这两个处所时却是静止不动的。

他在阿拉伯哲学史上的最大贡献是提出了行为"生成论"。被生成的行为是"每个无目的或无意愿地错误发生的行为",如果"每个行为均有意图才能发生,该行为的每个部分都需要加强毅力和意愿,这样它就离开生成的领域,进入直接的领域"。② 这样,人有直接选择的行为和间接选择的

---

① 巴格达迪:《诸派分歧》,第116页。
② 巴格达迪:《诸派分歧》,第143页。

行为,前者是凭真主授予人的能力完成的,人凭这种能力自由处置,利用它创造自己的行为,这种能力具有创造行为和造成结果的有效性。后者虽非直接选择,但人通过因果关系仍可预知其结果,这种有意图、有目的行为就是间接选择的。但是有时由人的行为所产生的行为,它所产生的后果是出乎行为者的意料的,或者说行为者并不具备产生那种后果的目的或意愿,而是无意识地由人的行为所生成的另一个行为所造成的。例如人射箭误伤了他人,使那人丧了命。射箭人发出箭是直接由他产生的有意愿的行为,但他并没有射死他人的目的或意愿。这样,他人死亡就是由射箭生成的行为,它是完全无意愿的,"由于崇高的必然性而发生的行为"①。这样,被生成的行为是借喻地加之于人的,并不是由人的选择而发生的,它就是无目的无意愿地错误发生的行为。对于被生成的行为,人如果对它的错误发生及其产生的恶果一无所知,是不负责任的,如果知道这两者,则应对这种行为负责。他进一步认为,"颜色、味道、气味、意识等等,都可以由人的行为而生成,如果究其原因是因为人的行为而造成的话"②。

对于这种被生成的行为,穆阿迈尔和苏马迈·本·阿什拉斯(828年卒)等人认为它是无行为者的行为。大多数穆尔太齐赖派后来将这种被生成的行为分为两类:由非生物所生成的,由活生生的人的行为所生成的。前者是大自然的行为或曰真主的行为,或者是无行为者的种种行为,

---

① 沙赫拉斯塔尼:《教派与信条》,第48页。
② 艾什阿里:《伊斯兰学派言论集》,第2卷,第404页。

后者则是人的行为。这个问题一时成为热门议题，它是建立在承认人的自由意志和人该对自己的行为负全部责任的基础上的，来世的奖赏和惩罚均根据人的行为及其结果。行为的意图是衡量行为者负责程度的标尺，对于那种由人的行为生成的另一个行为的结果，结果与意图（意愿、目的）不符，要不要负责任，负多大责任，这个问题直接影响着穆斯林的宗教信仰和行为道德，自然引起人们的高度重视。

七、艾布·阿里·朱巴伊

全名艾布·阿里·穆罕默德·本·阿卜杜·瓦哈卜·朱巴伊（849—915），生于荷齐斯坦，后迁居巴士拉，就读于艾布·荷宰依勒的学生希沙姆处。他是晚期穆尔太齐赖派巴士拉支派的领袖，著述甚多，均已失传。他具有下面这些独到的见解：

他主张单质论（即原子论），认为体由单质构成，所有的单质属一个种类。单质具有体的运动和静止、颜色、味道、气味等属性，但没有长、宽、高的量度，也没有知识、能力或生命。"单质在存在前就凭自身是单质，存在前就是被知晓的，一旦存在，就具有偶因。"[1]偶因中有的可以存留，如热、冷等，有的不可存留，如声音、痛苦、意愿、憎恶、运动等。静止中有的可存留，即非生物的静止；有的不可存留，那就是有生命之物的静止。他认为一个偶因可以存在于许多地方，如书写。有的偶因还可复原，真主如果意

---

[1] 伊本·哈兹姆：《教义倾向和教派详论》，第5卷，第92页。

愿毁灭世界，他就在非处所内创造某个偶因，用它毁灭一切体和单质。这种观点使他认为真主不是在处所内，真主对存在物的肯定就是无处所的偶因，就像他肯定存在物一样，存在物是无处所的本质。

关于真主的属性是否永恒的问题，阿拉伯-伊斯兰经院哲学家各执一词，众说纷纭。穆尔太齐赖派一般抵制属性永恒的观点，但又往往把诸如生命、能力、知识这些基本属性说成是证明其对立面（即死亡、无能、无知）与真主无关。这实际上肯定了生命、能力、知识等与真主共存，即永恒存在。为自圆其说，各人提出了各人的解释。朱巴伊在捍卫真主独一性的同时，又竭力卫护真主完美的形象，便采取理性的办法来阐明真主的属性问题。他认为真主是凭其本体的有知识者、有能力者、有生命者。这就是说，无须存在附加在本体之上的知识、能力和生命等属性，真主就是有知识者、有能力者、有生命者。他进一步认为属性可分为基本属性和一般属性，前者与客体无关，后者与客体相关，只有当本体与客体（事物）处于积极的关系之中，这些一般属性才能体现出来。

这种说法在某种程度上将属性与偶因等同了起来。只是不同之处在于，属性非真主所造，而是真主的本体所具有的，而偶因则是真主的本性所创造的。他的儿子艾布·哈希姆则倡导状况论（条件论），认为知识、能力与意志不是本体存在的属性，而是本体的"状况"或"条件"，是与生命相伴随的本体的状况或条件。状况（条件）与本体含义不同，两者既有区别又有联系。状况（条件）既不是存在，又不是不存在，它们只有通过其所附属的本体，才是可知的，而它们其实又是与本体相分离的。艾布·哈希姆认为本体高于状况(条件)，基本状况(条件)高于其他状况(条件)。朱巴伊反对用"状况"(或"条件")一词，认为"说状况就必然导致从一个状况到另一个状况的系列，这个系列是无穷无尽的"[①]，而存在只是一个抽象的词语，即知识、能力等只是一种与本体相关的抽象存在的一种属性。

论战最激烈的两个属性是意志(意愿)和言语。真主的意志涉及神人关系，是穆尔太齐赖派最敏感的问题之一。巴士拉支派一般认为真主的意志是一种可能出现的偶因，它并非真主本身所固有。巴格达支派则往往将基本的意志和积极的意志区别开来，使意志这个概念一方面涉及真主的创造，另一方面又与被造物有关。有的(如凯厄比)索性将意志与行为相等同，认为真主的意志即真主的行为。朱巴伊认为真主的意志是有始的、无处所的，他否定无始的意志的存在。意志要付诸行动才能体现。他认为真主并不知晓自己行为中何为最佳，否则他只能有一种行为——最佳的行为，而实际上真主的行为多种多样，并非单一的。他认为必须从目的的角度来看待行为，最佳的行为是来世的审判中最慷慨、最仁慈的。谁无真主的恩慈就认识真主，即凭自己的理性分析就认识真主，谁理应获得最高的奖赏。他的儿子则认为，有恩慈才认识真主和无恩慈就认识真主，这两种情况是相对而言的。没有恩慈，真主也一样让人认识他、相信他。朱巴伊还认为肉体在死亡后分化瓦解，不复存在，因而不能复活。死后复活的只是属于灵魂的部分。他在肯定真主的意志的同时强调人有创

[①] 巴格达迪：《教义学》，第70—71页。

造性,善与恶、顺从与忤逆,统统归于人。先知的教律只是神的恩慈,但人们在听到这种教律之前就能分辨好坏香臭,信仰是信士们善良道德的总和。

早期的神学家和经院哲学家对真主的言语这种属性的分歧,归根到底是认为《古兰经》是被造的还是非被造的。不仅整个穆尔太齐赖派,而且哈瓦利吉派、大多数穆尔吉阿派、什叶派以及贾赫姆派,看来都赞成《古兰经》被造说的观点。不过最后还是正统派神学家的《古兰经》非造说观点得势,《古兰经》被造说被斥为异端。在《古兰经》是否被造的问题上,朱巴伊认为"真主凭他在非处所内创造的言语而是个说话者,言语即声音和字母。说话者是因为有说话的行为,并非言语须凭说话者而成立。当《古兰经》诵读者诵读《古兰经》时,真主在那人心中创造了言语,因此,《古兰经》确实是真主的言语"①。

朱巴伊认为真主一直是全听全视者,并不只是听者和视者。"真主全听全视是无始的,而在存在被听物和被视物的情况下才成为听者和视者。"②如果说真主是听者和视者,那就意味着被听物和被视物是无始存在的。全听全视是不以客观事物的存在为前提的,在创世前真主就是全听全视者,这是一种没有对象的全听全视。真主"有许多极美的称号,凡在天地间的,都赞颂他"③,巴西尔(明察的,即全视的)、萨米阿(全聪的,即全

---

① 艾什阿里:《伊斯兰学派言论集》,第 2 卷,第 193 页。
② 巴格达迪:《教义学》,第 89—90 页。
③ 《古兰经》59:24。

听的)就是真主的两个美名。他认为真主的美名只是比论的说法,可从真主的每一行为中派生出真主的美名。这个论点遭到巴格达派的抨击,他们指责这种观点使真主美名过滥,认为真主的美名不是根据比论,而是依据经典。真主的美名(一般认为有99个),实际上就是《古兰经》里专用以赞颂真主的词,每个词都表示一种美好的德性。

第三节 神秘主义(苏菲派)哲学

一、苏菲派发展的三个阶段及其代表人物

据说库法的阿拉伯人艾布·哈希姆(778年卒)首先使用苏菲派这个名词。"苏菲"一词系阿拉伯文的音译,原意为"羊毛","苏菲"者即穿最粗劣的羊毛织品的人。在伊斯兰教初期,就有一部分人为追求来世奖赏而轻视现世生活,他们身着粗毛制衣,以粗茶淡饭度日,过着简朴苦行的生活,被称为"苦行者"。7世纪末8世纪初,针对倭马亚朝奢侈腐化和世俗倾向的盛行,在伊拉克和叙利亚地区出现了一股反世俗倾向的精神主义运动,他们舍弃现世享受,继承苦行者的生活方式,奉行守贫、苦行和禁欲,坚持孤独冥想、徒步朝觐和长期守夜,认为眼前的世界是虚幻的,真实的世界是天园。这些人遂被称为苏菲派。

阿米尔·本·阿卜杜·盖斯(生卒年不详)是最早的巴士拉苏菲派,他因向往天园、害怕火狱而不断祈祷,无尽无休地诵念安拉之名,把它作

为修炼之道的最基本礼仪。他认为"尘世俗务有四:金钱、妇女、睡眠、吃喝,我不需要金钱和妇女,至于睡眠和吃喝,凭真主起誓,如果可能,我也予以拒绝"①。库法的最早苏菲派迈斯罗格·本·阿卜杜·拉赫曼·赫姆达尼(687年卒)主张钻研《古兰经》,从中获得"今世和来世的学问",认为祈祷是亲近真主之路。他终身担惊受怕,临死时还哭诉"不知是进天园还是入火狱"。② 这一派还采取哭泣和折磨肉体的方法,以求得来世的幸福。叙利亚早期苏菲派主张绝对服从真主意志所安排的一切,提倡饥饿主义,认为肉体吃饱了就很可能不会考虑别人,饥饿才能产生爱心。

这一阶段最著名的学者是哈桑·巴士里(642—728),他生于麦地那,后移居巴士拉。其父亲原是基督教徒,后皈依伊斯兰教。哈桑·巴士里性格豪爽、信仰纯洁、思维大胆、知识广博。他主张虔诚、守贫和轻视财产,将清静无为认作虔诚的最高境界,提倡自我检查和完全服从真主的意志,通过纯洁思想而达到内心满足,认为今世短暂,应守住今世,避免物质的诱惑,完全的信士应荣辱不惊,没有物欲。他在致倭马亚朝第八任哈里发欧麦尔·本·阿卜杜·阿齐兹(717—720年在位)的一封信中说:"谨防这个世界,它犹如一条毒蛇,摸上去光滑,它的毒液却可致人死命","谨防这个世界,今世的希望都是虚妄矫饰,它的前程是海市蜃楼"。③ 他认为《古兰经》宣布了今世的死亡和来世的不朽,只有修炼心灵、约束行为、通

---

① 阿里·沙米·纳夏尔:《伊斯兰哲学思想的产生》,第3卷,第111页。
② 阿里·沙米·纳夏尔:《伊斯兰哲学思想的产生》,第3卷,第228页。
③ M. M. 谢里夫:《伊斯兰哲学史》,第1卷,第335页。

过哭泣洗刷错误的诚惶诚恐者才能达到信仰的真理。哈桑·巴士里晚年在巴士拉坐地讲学，他的门生代代相传，对随后的伊斯兰经院哲学和神秘主义哲学影响极大。穆尔太齐赖派创始人瓦希勒·本·阿塔就是他当年的追随者之一。

巴里黑人易卜拉欣·本·艾扎姆（约777年卒）被当作禁欲主义和虔诚修来世的典型。苏菲派模仿佛教故事，编造了一出关于他幡然醒悟的传奇：易卜拉欣原是个王子。一天，他外出行猎时，突然听到一种神秘的声音，提醒他人生在世，并非为了打猎行乐。他立即意识到应抛弃荣华富贵，出家修行，便用马换了一件牧羊人穿的粗毛外衣，漫游沙漠，前往麦加朝觐。他每走一步跪拜两次，花了40年时间才到达目的地。易卜拉欣主张来世主义，认为真正的信士毫不垂涎今世和来世的任何东西，只是将自己完完全全地奉献给真主。他把禁欲和守贫作为真正苏菲派的先决条件，认为结婚生孩子，有了物欲，神秘主义直觉就会消失殆尽。

8世纪中叶以后，苏菲派进入第二个发展阶段，受到佛教、基督教和新柏拉图主义的影响，表现出神秘主义的特征，宣传神秘的爱、泛神论和神智论思想，奉行内心修炼、沉思入迷，以至与真主合一。他们认为，认识真主不是通过理性和圣训，而是凭借个人灵魂的闪光所获得的神秘直觉。真主是永恒的美。爱是人类灵魂最主要的本质，爱能使人们亲近真主，最终与真主相结合。

拉碧阿·阿达维娅（801年卒）首先引进了神爱的概念。这位巴士拉著名的女苏菲派出身低贱，幼时被人拐卖为奴，因宗教虔诚而被主人解放,成为自由人。据说她不分昼夜地独自坐在自己的房子平顶上,向苍穹跪拜,称呼真主为"我的希望""我的生命""我的所爱"等,认为真主是至高之美、无始无终之美,达到这永恒之美的途径只有纯粹之爱。这种爱没有任何企求,即使为进天园而热爱真主,那也是自私之爱。只有纯粹之爱才是为了神圣而纯洁的目的:为对方而献身。只要用纯粹之爱的火一般的激情,去净化灵魂,去爱真主,就能使自己的灵魂与真主直面相对,最终与真主合二而一。

苏菲派哲学的真正创始人为祖努·米斯里(约796—859)。他是教法学家马立克的学生,原从事教律学研究,曾学过炼丹和巫术,后成为苦行僧,游历过阿拉伯半岛和叙利亚一带,晚年因反对《古兰经》受造说而在巴格达被捕,获释后回埃及,殁于开罗附近。他首先提出神智教的观念,认为只有入神,才能真正认识真主,除此以外,别无他法。他把神秘主义的修行过程分为净化、解脱、安定这三个阶段。首先要净化灵魂,使灵魂脱离黑暗混沌的状况,逐渐增加明彻度,一步步地从低向高发展,直至自我意识完全消失。在第二个阶段内,由于圣光的照耀,灵魂升至最高处而变得至纯,实现自我解脱,出现顿悟,直接目睹真主。这时,就到达安定阶段,灵魂回归后获得最深邃的知识,即认识真主。每个阶段都要经历一系列品位和真主赐予的相应的情况。品位和情况,一个是通过人的努力而赢得,另一个则是靠真主授予,这两个概念成为苏菲主义的重要术语。他认为爱是无代价的,爱的客体是真主,除他外,没有任何爱的客体。

阿拔斯朝第二任哈里发曼苏尔于762年建成巴格达后,神秘主义活动的中心很快就转移到巴格达。巴格达苏菲派的始祖是迈厄鲁夫·卡尔希(815年卒),他被认为是一个醉心于真主之爱的人。其高足萨里·萨格梯(856年卒),在祖努·米斯里三阶段论的基础上,认为灵魂在终极境界直面真主时,可实现神人合一,人的灵魂即合在"真正实在"——真主之中。他偷梁换柱,把正统派教义学上的"陶希德"(阿拉伯文原意为"认主独一")从承认安拉的独一性变为神人合一,把它作为苏菲派不可或缺的术语。

巴格达派的真正核心人物是哈里斯·穆哈西比(857年卒)和艾布·加西姆·朱奈德(910年卒)。穆哈西比①原先是沙斐仪派教法学家,受穆尔太齐赖派影响,曾致力研究哲学和宗教问题,最后走上苏菲主义的道路,著有《爱之书》等。他提倡自查自律和道德转化的修炼法,认为拯救之路存在于敬畏真主、服从真主之中,坚忍是最重要的美德,为真主可忍受人间苦难,甚至献出生命而在所不惜。他首先提出神秘主义哲学中的品位(迈格姆)和状况(哈勒)这两个概念,认为状况是追求者为突现知足而作出种种必要努力之后所达到的一种特殊的情景,另一方面又是人们通过真主的恩慈所获得的某种心境。状况属于行为的范畴,又属于神授的范畴。其目的是知足,只有达到一定的状况,才可获得与那人信仰的纯洁性相称的品位。

朱奈德提倡坚忍的原则,认为"大醉"(心醉神迷)会破坏神秘主义的

---

① "穆哈西比"在阿拉伯文里意为"自我审查者",因他提倡自查自律而命之。这原是外号,后变成他名字的主要部分。

修行状态，使人们失去理智和自我控制。坚忍则是人在神人关系中的一种精神状态，体现出对真主无限的爱。我们的存在只是种种现象，无法通过它的任何范畴来理解真主。对真主独一性和超然存在的认识，只有当人沉浸于这种独一性的海洋之中，自我毁灭之后，才能真正领会。神秘主义的知识受到《古兰经》和"圣训"的约束，守贫、冥想、坚忍、修行等概念，都是《古兰经》里修来世倾向的逻辑的发展。他认为真主在创造人之前，神人之间存在契约。人与神分离，通过探求真理而做出努力，逐渐领悟真主在时间内创造之前他头脑中的思想，使短暂性与永恒性合一，完成神人契约，人回复到他被创造之前的状态，即还原到人在真主头脑中的不存在或存在之前的原始状态，最终与神合一。信任真主就是保持人在进入存在之前与真主的关系。他还认为忏悔有三种：忏悔做过的错事；通过忏悔努力避免做错事；忏悔使人纯洁，不染任何杂质和邪念。这最后一种忏悔是等级最高的。神秘主义的最终目的是通过净化获得自我毁灭，回复到自己的永恒性的原始状态，重新被吸引到神性之中。值得指出的是，他将祖努·米斯里的主张分门别类，加以注释，成书出版，于900年公之于世，很快传遍伊斯兰教各地，奠定了苏菲派的理论基础。

原籍波斯的艾布·叶齐德·比斯塔米（875年卒）早年是哈奈斐派（意见派）教法学家，后接受一位皈依伊斯兰教的印度人艾布·阿里的"寂灭于独一之中"的神秘主义教义，遂成为苏菲派。他重视印度静坐"视心"的实践，把它认作为对真主的灵知崇拜。他花了30年时间在沙漠地区游历，过着一种极其严格的禁欲主义生活，甚至认为只有眼瞎、耳聋或口哑，才能达到自己的目的。他主张通过出神入迷,直至完全剥夺自己个人的一切属性,和其他人一样融合在真一之中,达到与神合一。在神人合一状况中,他感到"当我脱离自我时,我发现热爱者和被爱者是同一的,因为在精神的世界里,所有都是一"①。他是第一个详细描写自己神秘主义体验的人,把这种体验的历程比作登霄。他自述在12年时间里,用苦行的烈火、责备的铁锤,不断敲打自己,直到变成一面镜子。他花5年时间用各种宗教实践去磨亮这面镜子,再用1年时间自我审视,发现腰上仍有不虔诚的腰带,又用5年时间终于解除这根腰带,最终确定自己的真正信仰,发现一切都在他眼前死去,唯有真主是活的。人们一旦寂灭于真主内,便发现万物即真主。当人一无所有时他就拥有一切。一个神秘主义者将处于既无善又无恶的境地,善与恶均属于现象的世界。在合一的情况下,就不再存在真主的命令和禁戒。这种自我奉若神明的立场竟然使他对真主说"我就是汝"、"赞颂全归于我",这自然受到宗教裁判所的追究,但他靠装疯卖傻躲过了劫难。

侯赛因·本·曼苏尔·哈拉季(858—922)生于波斯贝达区图尔镇,从小受到良好的宗教教育,稍长即师从迈基(909年卒)、杜斯塔里(896年卒)、希伯利(945年卒)和朱奈德等著名的苏菲派大师。后赴各地,宣传神秘主义思想,树敌颇多。908年第三次赴麦加朝觐时给他的高足夏基尔的信中说,"毁掉你的克而白(天房)",要求对方将终身献给苏菲派事业。

---

① M.M.谢里夫:《伊斯兰哲学史》,第342页。

此信被截获后受曲解,成为他的罪证。回巴格达后,他又宣传泛神论的"合一之精粹",主张除真主本体外,世界上别无实在,世界只不过是幻象;认为真主借万象而与人对话,使人类的本体和真主的本体化为一体。他声称"我就是真理(即真主)",可以与真主亲密交流,他的行为、思想和抱负无不为真主所渗透。他甚至作诗道:

我即我所爱,所爱就是我;
精神分彼此,同寓一躯壳;
见我便见主,见主便见我。

诗一传出,阿拔斯朝立即把他逮捕法办,囚禁9年后,以亵渎神明罪被断肢、刺身、斩首、焚尸、扬灰,成为苏菲主义史上最大的殉道者。他的坟墓在巴格达西边,至今尚存。

11世纪,苏菲派进入第三个阶段,以加扎利(1058—1110)为代表。他把神秘主义纳入正统派教义,屏除了苏菲派的极端因素,采取中庸之道,使苏菲派更趋明哲,使正统信仰更加灵活,开创了伊斯兰实用主义哲学的体系。他强调宇宙为真主所创造,并非永恒存在,肯定灵魂不灭、肉体复活,认为只有通过直觉才能发现理性所不能认识的真理。

伊本·阿拉比(1165—1240)是阿拉伯-伊斯兰神秘主义哲学史上值得一书的人物。他出生于安达鲁西亚(穆斯林统治下的西班牙)的穆尔西雅,广泛游历了整个西班牙、北非和近东,最后在大马士革定居。他有550

种著作流传至今,据考证,其中至少400种是真的,他自称这些书是"直接受真主的敦促或先知的命令"①而写的。在《麦加的征服》和《智慧的宝石》这两部主要著作中,他深入研究了新柏拉图主义,用神秘主义思想解答了久已存在的前定论与自由意志论、善与恶、真主的独一性与宇宙万物的多样性等命题的争论,把神秘主义推向系统的泛神论思想,将客观事物和人的自由意志都看成是真主的本体和属性的表现,提出"万物即真主"的观念,创造了所谓"一元论"学说。他认为真主作为造物主和人们崇拜的客体是"独一的",但他既是造物主又是被创造的客体,因而具有多重性和变异性。天地万物作为"固定的实体",其原型存在于真主中,通过真主的命令而进入存在。真主的命令对于真主就像镜子对于映象、影子对于形体、数字对于单位。这样,单一与殊多、第一与最后、永恒与短暂、必然与偶然等这些表面上水火不相容的属性本质上是完全一样的实在。真主神性的最高显现是人,人是整个天地万物的缩影,其本身包括宇宙的完美性,同时也具有神性本性的圆满至善。所以,人是宇宙理性和存在的化身,在人身上体现了真主的所有属性或完美性。真正能完全认识真主的只有人,人知道真主的双重特点:一方面是本质上的实在,另一方面感官认识的世界是这一实在的表现形式,这就是"万有单一论"。

早期苏菲派只是一种无组织的、个人的宗教虔修行为,后组成一些临时性的小团体。12世纪下半叶,波斯人阿卜杜·卡迪尔·基拉尼(1077—

---

① 伊本·阿拉比:《智慧的宝石》,第48页。

1166)的门徒们创立了第一个苏菲派教团——卡迪里叶教团。永久性的教团组织陆续出现,形成一套套各具特色的修道制度和被称为"迪克尔"的宗教仪式。这些教团总体上可分为温和派(又称遵法派,即以伊斯兰教教义和教法为自身行事的准则)和极端派(非遵法派)两大类。在修道方面,有的教团将其道乘修持分为忏悔、禁欲、断念、守贫、忍耐、信主、满足七个阶段和冥想、近主、爱慕、畏惧、希望、渴望、亲密、稳静、凝视、确信十种状态,最终达到寂灭(在丧失自我意识的入迷状态下与神合一)和永存。

二、 苏菲派神秘主义哲学

这种哲学最明显地体现在万有单一论里,这一派认为真主的本体没有物质和一切属性。真主即实在。宇宙内只有一个存在,即绝对的真主的存在,它是真、爱、美的本体。殊多的世界,就其本体而言是不存在的,这个世界里的一切都是相对的,是真主的一个表象,整个世界都是凭灵现而来自绝对的真正的存在。真主创造世界不是盲目的。创造是真主本性的必然结果。真主具有完全和完美的本性,他的各种德性被灵现,这就是世界。溢出来自完全,爱则来自完美,由于爱而产生所爱的。逊尼派主张一元论,指的是真主就是本体,其德性和行为是单一的,他创造世界是变无为有,这样就有两个真理(真正的存在)——真主与世界,这两者显然是不同的。苏菲派的存在论否认这种双重性意义,他们只承认一个存在,即独一无二的真理——真主,他隐藏在万物之中。世界及其所有的一切,包括无机物、植物、动物和人,都是与真主统一的,因为它们自真主溢出,而

第二章 经院哲学和神秘主义哲学

不将殊多的概念运用在真主身上,从而破坏其单一性。

"永恒的本体,如果把它看成是没有一切表象、界定和殊多的绝对,那它就是实在。与此相反,如果从它的殊多、众数来看,它在其中显现的这种殊多和众数陷入表象时,它就是整个被造的世界。那么,世界就是实在的表面的可目睹的表达,而实在则是内部的隐秘的世界的真相。从世界是可见的来说,它是与实在一致的。当世界变成可见的以后,实在已经与世界相统一了。"①著名的苏菲派哲学家法里德丁·尤素福·阿塔尔(1229年卒)认为世界是真主的灵现,就像太阳的影子、镜中的图像,"两个世界都是真主完全的反映,你从世界中的一切所见,不过是他的灵现的一种形式——他的力量在每一原子中,仿佛每一原子都变成并非是原子。既然世界上的万物都是真主的灵现,那么世界上就无所谓大与小,原子里有太阳,点滴中有海洋,如果把原子击碎,你在里面可找到一个世界"②。

世界没有真相,只是虚无。它像幻影一样灵现,就像静止的湖面上树的倒影。从真主处发端的溢出,经过几个不同的级别到达人,这种溢出并未就此停滞,而是继续向前,达到完人。这是表象世界凭绝对存在所达到的万物形态。人在世界上存在并非仅仅为了享受,而应经历几个精神发展的阶段,才能产生新的精神的价值。尘世的生活只是提供种种体验的机会,这些体验帮助人在真理之路上继续前进。人是灵魂到达其创造者那儿的几个发展螺旋中的一个圈圈,在此以前,他已经历过不同的形态,

---

① 嘉米·尼科尔森:《伊斯兰教苏菲派》,第81页。
② 阿卜杜·瓦哈卜·阿扎姆:《苏菲主义和法里德丁·阿塔尔》,第80—81页。

才成为人的形态。"我在无生物世界中死去,就在植物世界中产生;在植物世界中死去,就在动物世界中产生;脱去动物的形态,我就变成了人。那么我为何害怕死,我在人的世界中死亡,会使我升到天神的世界,尔后到达人的理性无法想象的世界,最后在寂灭中与无限相统一,正如我在开始时一样。"①

驱动整个宇宙的是宇宙灵魂,它存在于每个灵魂中,生活在每个原则内。灵魂有三个等级:最低等级的保证植物的生活;中间等级的使动物产生感官的行为,并随之产生快乐与痛苦;最高等级的变成想象、审视、意愿的中心。这些最高的职能,其素材来自感性认识,但灵魂在某些情况下,可以从精神接受直觉的光芒,使它能与之相接触。

人由两个本质组成:来自尘世的肉体的本质和由宇宙本质产生的精神的本质。前者决定了人与尘世的关系,使他能通过理性和感觉的工具认识这个世界;后者来自绝对的实在,但它与虚无这种要素相联系,渴望完全和完美的实在。人只有采取一定的方法才能从意识眼前世界,过渡到意识尘世世界之外,这种方法称为"道",即清除污秽、纯化灵魂,使精神与真主相见,并在真主内寂灭。为此他们开辟了内心直接体验的方法,通过特殊的手段,发掘自己的意识潜能,思悟崇高的真理、超然存在的本质,从而与真主合一。著名的苏菲派诗人嘉拉勒丁·鲁米(1273年卒)说:"我们的灵魂原先只是一个灵魂,我的显现与你的显现也都是同一的,分什么

---

① 嘉米·尼科尔森:《伊斯兰教苏菲派》,第85页。

我与你其实都是胡诌,我们之间不存在我与你这两个词。"①广义的精神的本质可分为元神、精神(狭义的)、心灵三个等级。最低的元神即分辨善恶的直觉品性和单纯能力,精神是原动的因素,最高的心灵是人与神的联系点。"这里是一个世界,那儿是一个世界,我就坐在两个世界的门槛上。"②因此苏菲派极重视心灵。

在灵现、寂灭与永存方面,他们认为肉眼不可能见到真主,但真主有时会向人灵现。这时,真主在人的心里投入神光,"真主是天地之光"③,没有这种神光人们无法目睹真主。这种从精神本原发出的光芒,是渴望爱所产生的。真主还会将神之秘密赐予信仰者,使他们能用确信的目光看到它。这种爱会使人完全忘却自己,从而听从真主、依靠真主、溶入真主,与独一神的纯洁相统一,原有的人不再存在,人性完全泯灭,实现整个的自我寂灭。寂灭并非指肉体的毁灭,而是指心灵的溶解。心灵不是血与肉的,它是一种稀薄之本质,与明显的肉心有关,在它之后隐藏着精神的元神,元神来自真主,既是存在又是形式。这种存在是映象之处,他物在其中映现,仿佛它只对映现物而存在。宛如明鉴之镜,它本身没有颜色,其颜色即是在其中映现之物的颜色,它只是准备接受颜色与表达真相的形态。

这种寂灭与佛教的涅槃相似,但又有很大区别。涅槃是对"生死"诸

---

① 嘉拉勒丁·鲁米:《两行诗》,第4卷,第42页。
② 嘉拉勒丁·鲁米:《两行诗》,第4卷,第84页。
③ 《古兰经》24:35。

苦及其根源"烦恼"的最彻底的断灭，是彻底的毁灭，灵魂从肉体束缚中摆脱出来，消灭在宇宙的灵魂中，从而不再有本体的存在。而苏菲派的寂灭之后是永存。"当你看到自己是虚无时，我赐予你无法想象的永存。"[1]这种寂灭的概念不接受轮回的思想，只是信仰存在于万物中的神。寂灭就是与真主合一。他们相信神的本性降在人的本性之中，甚至宣称"我就是实在"[2]。有些苏菲派认为，肉体是虚壳，它越虚弱，其人性就越少，就越可以接受神性的属性，就越容易与真主合一。因此，禁欲和苦行是实现合一所必不可少的前提。

苏菲主义知识论认为，了解最终真理是可能的，但并非通过感官。理性是知识的工具，但它仍不能使人了解隐蔽之真理。法里德丁·尤索福·阿塔尔在《鸟的逻辑》的前言中说："不能通过比拟的方法了解真主，因为真主无物似他，知晓他的只有他自己。如果说理性企图想象真主，那它想象的只是它自己。"了解最终真理只能通过直接体验的方法。加扎利把这种知识称为被揭示的科学，即内学。"它是心灵净化，消除不良品性后，在心灵里出现的光芒。从这种光芒中显露出许多事物。他以前听说过这些事物的名字，但对它只有笼统的并非明确的概念。这些概念此时此刻全都一目了然，终于形成真正的知识。"[3]

伊本·阿拉比将知识分为三类：理性的知识、情况的知识、秘密的知

---

[1] 法里德丁·阿塔尔：《鸟的逻辑》，第127页。
[2] 赛拉季·图西：《苏菲主义里的闪光》，第433页。
[3] 加扎利：《圣学复兴》，第2卷，第18页。

识。第一种知识可通过审视和论证获得；第二种知识由理性通过感官获得，只有身临其境的人才能知晓；第三种知识在理性之上，非理性所能意识，它是神秘的知识，是真主愿赐予谁就赐予谁的智慧。其基础就是神性的溢出和注入精神中。最高的知识是认识真主，在这方面理性无能为力，只有体验、品味、倾向最高知识的客体，精神与之相联系，才能获得这种知识。

大多数苏菲派认为宗教信仰无界限，凡信仰均具有同等的价值，所有的宗教都是平等的，伊斯兰教并不比偶像崇拜好。"伊本·阿拉比认为，在太阳里崇拜神的人见到太阳，在生物中崇拜神的人见到生物，在无生物中崇拜神的人见到无生物，把神崇拜为无可比拟的永恒存在的人，见到了无可比拟之物。因此，你不要使自己的心灵完全束缚于某一种信仰，从而否认其他信仰。如果你的心灵被束缚住了，你就失去许多好处了。不行！你不能理解事物和真主里的纯粹的实在，它存在于任何时间与任何空间，它是无所不能的，不是一种信仰所能界定的。"[1]著名的苏菲派诗人赛义德·本·艾比·赫伊尔(1049年卒)在诗中说道：

我们决不履行我们必须履行的神圣义务，
直到太阳照耀的每个清真寺都成为废墟；
穆斯林决不能显示出真正的穆斯林，

---

[1] 嘉米·尼科尔森：《*伊斯兰教苏菲派*》，第86页。

如果不信和信仰两者不是一码事。①

艾哈迈德·本·泰伊米叶(1327年卒)甚至责怪先知穆罕默德"显示出(伊斯兰教与其他宗教的)区别,号召人们注意这些区别,惩罚不承认这些区别的人"。②

三、 神秘主义哲学的来源

苏菲派哲理实际上是一种特殊的生活观。"伊斯兰教对基督教神父和印度禁欲主义并不是敞开胸怀的,它常常号召为尘世而工作,享受生活所允许的乐趣。"③苏菲派是在禁欲主义的基础上发展起来的,但它与禁欲主义又有所不同:禁欲主义放弃现世渴望来世,而苏菲派则旨在活在尘世时就与真主相联系;禁欲主义为进天园免入火狱而对真主怀着诚惶诚恐的心情,而苏菲派则对真主的怜悯、慈爱和慷慨十分放心,力图通过各种方法与真主合一。

伊斯兰教苏菲派在发展过程中受到印度佛教哲学的影响。佛教哲学以缘起论为理论基石,将善恶、净染、真假作为中心观念,采取神秘直觉的认识论基础,以达到追求解脱的根本目的。它的结构"表现为人生观、宇宙观、认识论和伦理学四者的密切结合、高度统一、浑然一体"④。这种哲

---

① 哈纳·法荷里和赫利勒·嘉里:《阿拉伯哲学史》,第1卷,第345页。
② 阿卜杜·莱提夫·泰伊巴维:《阿拉伯伊斯兰苏菲主义》,第26页。
③ 易卜拉欣·迈达库尔:《论伊斯兰哲学:纲要和实践》,第66页。
④ 方立天:《佛教哲学》,中国人民大学出版社1986年版,第232—233页。

学的不少内容都被苏菲派所吸收。例如,单个灵魂自我寂灭在宇宙存在中这一思想,就是872年传入伊斯兰教苏菲派的。苏菲派后来还用"消除""耗尽"等词表示"寂灭"的意义。作为佛教主流的瑜伽行派,实行一种观悟佛教"真理"的修行法。"瑜伽人须修炼内心,使诸事均显其真相,而修行之重心则在'离欲'","克欲之方,在端正之生活。修持之要点,在心智之坚定"。① 这种观点被苏菲派全盘接受。佛教的"涅槃"是信徒们修习所要达到的最高理想,是对"生死"诸苦及其根源"烦恼"的最彻底的断灭。世俗欲望带来人的烦恼,引起非分之念,产生苦因苦果,只有涅槃才是智慧福德圆满成就、永恒寂静的最安乐境界。苏菲派接受涅槃的基本思想,但寂灭不是死,而是不感到自我存在,与神(真主)的本体合二而一,通过涤欲、虔修、彻悟达到神人交融的目的,并非彻底断灭和永恒寂静。佛教神秘主义者和苏菲派虽然对神秘主义道路的标识不一,但他们都采取"沉思默想"作为重要的手段,当沉思者和沉思对象变成同一时就达到彻悟的阶段,为达到最高级最完美的阶段奠定了基础。婆罗门教徒认为达到"梵我同一"即可使人获得解脱,不死不生,竟合大梵。这个思想对苏菲派的影响是显而易见的。值得指出的是,连一些细节,例如披着象征贫穷和摒弃尘世的破衣、使用念珠、某些祈祷动作、有助达到精神亢奋的呼吸法等,都是从印度传来的。

绝对信赖上帝,是基督教的特点之一。苏菲派把它作为自己重要的

---

① 汤用彤:《印度哲学史略》,中华书局1988年版,第97页。

支柱之一,谁做到这一点,谁就心灵安宁。此外,基督教中神爱、信仰、希望等概念也进入苏菲派哲学思想中,但带上了自己的色彩。伊斯兰教首先是敬畏真主的宗教,而基督教却是博爱之宗教,在基督教的影响下,苏菲派几乎消灭了这种敬畏的心情,通过感情的专注和祈祷的虔诚,崇拜者突然来到被崇拜者面前,进行热爱者和被爱者之间的交谈,情感上的升华带来超存在的体验。苏菲派对基督教的隐士和神秘主义修道士亦步亦趋,甚至终身不娶,在著作中常常引用《圣经》。中世纪基督教神秘主义派的观点,通过叙利亚雅各派教会牧首狄奥尼修斯(？—845)的著作,在阿拉伯世界广为流传。埃及人柏罗丁(约205—270)认为最高的范畴是单纯的、自存的、自我同一的、完满的"太一",它是万物的本质,万物由它流溢而出,但仍与它保持割不断的联系,因此"灵魂很自然地对神有一种爱","要求与神结合为一体"。[①] 他提倡净化灵魂,摆脱肉体的欲望,"我们一定要赶快脱离这个世界上的事物,痛恨把我们缚在这些事物上的锁链,最后以我们的整个灵魂拥抱爱的对象,不让我们有一部分不与神接触"[②]。这些观点对伊斯兰教苏菲派的影响甚大。

值得指出的是,5世纪末6世纪初,基督教诺斯替派在叙利亚盛行。这一派早先是秘传宗教,认为至高神的本质是"心灵""生命"和"光"。与物质世界平行存在的,有一个真实存在的精神世界。灵魂来自精神世界,

---

[①] 北京大学哲学系外国哲学史教研室编译:《西方哲学原著选读》上卷,商务印书馆1981年版,第217页。
[②] 北京大学哲学系外国哲学史教研室编译:《西方哲学原著选读》上卷,商务印书馆1981年版,第217—218页。

肉体则与物质世界有关,前者处于后者之中就得不到解脱,只有彻悟及此,把握"诺斯"(真知),才能得救。对于肉体,应禁欲清修。这一派吸取了伊朗的二元论、印度的灵魂转生观念、巴比伦的占星术等,后又与基督教教义相结合,神秘主义倾向更为明显。当时流行的一种看法是:凭理性认识至高神是不可能的,理性只能认识造物主的业迹。真正的认识须在净化心灵,使它摆脱肉体的奴役,摒弃尘世及其享受,虔诚、沉默、冥思之后才可获得。那时,人就能与至高神合二而一。"将你的感官和理性,将一切存在的和不存在的均留在身后,准备在神思恍惚之中与那位超乎一切存在和一切知识之上的相联系。一旦你成为自由的,摆脱了你的自我与凡物,你就变成单单纯纯的神之光。"[①]

此外,琐罗亚斯德教(又称祆教、火祆教或拜火教)和摩尼教对伊斯兰教苏菲派也不无影响。前者主张善恶二元论,认为火、光明、清净、创造、生是善端,黑暗、恶浊、不净、破坏、死是恶端;人在善恶两端之争中,有自由选择的意志,也有决定自己命运之权;要求人们从善避恶、弃暗投明,善思,善言,善行。后者在前者二元论的基础上,吸收了基督教、佛教、诺斯替教等思想材料而形成了自己的独特信仰,崇拜三界独尊大明神以及神的光明、神的威力和神的智慧,以二宗三际论为根本教义。二宗即光明与黑暗,三际即初际(过去)、中际(现在)和后际(未来),初际指没有天地之际,光明与黑暗、善与恶是相对的二元;中际即创世之后,黑暗与光明混

[①] 哈纳·法荷里和赫利勒·嘉里:《阿拉伯哲学史》,第1卷,第301页。

同,大明神为摆脱世界的黑暗,率众使者与侍从与黑暗进行斗争,将于世界终末的后际战胜黑暗,光明与黑暗又将彼此分离,恢复各自的王国。这两个宗教曾在阿拉伯半岛流传,对伊斯兰教思想的渗透很大。

当然,伊斯兰教苏菲派神秘主义哲学思想的主要来源还在于伊斯兰思想本身,但上述种种思想对苏菲派哲学的形成和系统化起了不容忽视的作用。这些思想是糅合在一起的,有时很难一一区分。它们对伊斯兰教苏菲派的影响往往是潜移默化的,很难具体指明移植的时间和程度。

第四节 艾什阿里主义

一、艾什阿里和艾什阿里主义者

穆尔太齐赖派最重要的贡献,是他们在阿拉伯-伊斯兰思想史上最早把理性作为真理的标准,并且确立了理性的权威。他们力图将伊斯兰教及其基本信条建立在理性主义的基础上,保持其意识形态方面的统治地位。他们所掀起的理性主义运动曾经风云一阵,但穆泰瓦基勒于847年继承哈里发之位后立即扭转了形势,支持正统派对穆尔太齐赖派进行反攻倒算。以艾哈迈德·本·罕伯勒为代表的正统派严守《古兰经》和"圣训"的传统,把任何哲理思索和思想讨论都认作别出心裁或异端。对《古兰经》里拟人化的经文只准从纯粹文字上的意义进行解释。马立克·本·艾奈斯对真主"升上宝座"的问题,曾论证说"升上是众所周知的,而升上的方式则是不可知的。相信这一点是一项义务,对此提出问题则是异端"①。这种"义务"论到处泛滥,成了一部分神学家禁止人们对伊斯兰教教义提出问题的杀手锏。但是,完全扼杀哲理思索已经不可能了。在正统派内部,有些人开始采取将宗教信条与希腊哲学思想相协调的方法,使思辨的理性方法为启示论证服务,他们既反对穆尔太齐赖派的唯理论倾向,又反对正统信仰的极端形式主义,这些人被称为穆太克利姆(正统派经院哲学家)。美索不达米亚的艾布·哈桑·阿里·本·伊斯玛仪勒·艾什阿里(935 年卒)、埃及的艾布·贾厄法尔·艾哈迈德·塔哈维(942 年卒)、撒马拉罕的艾布·曼苏尔·穆罕默德·马杜里迪(944 年卒)三人殊途同归,其中以艾什阿里最著名,他在一个世纪后被认定为"正统伊斯兰教教义方面最大的权威"和正统派伊斯兰经院哲学(新凯拉姆学)的创始人。

艾布·哈桑·艾什阿里 873 年生于巴士拉,是阿里和穆阿威叶绥芬战役中的两仲裁之一——阿里方面派出的艾布·穆萨·艾什阿里的后裔。他曾在穆尔太齐赖派巴士拉支派首领朱巴伊处学习经院哲学,40 岁时宣布脱离该派,认为理性主义造成穆斯林思想上的混乱,引起了一场大论战,力图在经典主义和理性主义之间找到一条令绝大多数穆斯林满意的中间道路,调和启示与理性、信仰和科学的矛盾。为此他奋笔疾书,大力著述,935 年逝世。他的著作至少在 90 种以上,其中最重要的是《伊斯

---

① 沙赫拉斯塔尼:《教派与信条》,第 65 页。

兰学派言论集》，这实际上是第一本伊斯兰思想史，至今仍被认为是研究早期伊斯兰思想的最重要的参考书。全书分三个部分：第一部分详细介绍了各个伊斯兰教派（什叶派、哈瓦利吉派、穆尔吉阿派、穆尔太齐赖派、形体派、嘉赫姆派、德拉里叶派、纳嘉里叶派、贝克里叶派、纳萨克派等），第二部分叙述圣训学派和逊尼派各家的信条，最后一部分叙述各种凯拉姆学派的观点。他的另一部名著《教义学详解》是体系松散的论文集，几乎论述了当时的所有命题。他认为逊尼派（正统派）内的各派主干方面是一致的，只是在枝节方面有所不同。他的学生们承认艾什阿里没有任何创新，只是把前人的东西综合起来，用通俗易懂的语言，明确无误地表达出来。他并不拒绝理性和理性证明，但反对运用理性在教义方面标新立异，他并不认为探讨先知没有探讨过的问题是种异端，相反，阻止这种探讨的人本身恰恰是异端，因为先知并未反对过这种探讨，先知的弟子们在先知逝世后也探讨过一些新出现的问题。他在《论探讨凯拉姆学》一书中，既回击保守人士对理性的指责，又反对滥用理性，认为应适当地运用理性来解释启示的真理，否则就是无知。

伊斯兰思想史家都提到他与自己的老师朱巴伊之间的一场辩论。这场辩论涉及真主的正义性和人的价值，是他与穆尔太齐赖派分道扬镳的主要争端之一。他问老师："三兄弟，死时一是修行者，二是渎神者，三是儿童，他们在来世中的命运如何？"朱巴伊答道："修行者进天园，渎神者入火狱，至于儿童则是介乎两者之间的得救者。"艾什阿里问："能否允许儿童进入修行者行列？"朱巴伊回答说："不行，因为修行者是凭自己的行为而被接纳进天园的,那儿童没有自觉的善行。"艾什阿里辩驳道:"没有自觉的善行并非他的过错,因为真主让他夭折了,使他不能有这种善行。"朱巴伊解释道:"真主对他说,我本知道你如果活下来,定会违抗,那样的话你就得永受痛苦的惩罚了,我让你夭折,是照顾你的利益。"艾什阿里抓住机会反问:"渎神的那位兄弟要说,世界之主啊,你知道他的情况,一定也知道我的情况,却为何照顾他的利益却不照顾我的利益呢?"朱巴伊勃然大怒:"你这个疯子!"

对艾什阿里学说及其形而上学框架的系统化阐述,归功于第二代艾什阿里派大师艾布·伯克尔·穆罕默德·塔依卜·巴吉拉尼(1013年卒)。他生于巴士拉,大部分时间在巴格达度过。这位有创造性的思想家,写出了许多有价值的书籍,提出不少独特的哲学观点。他在《导言》一书中,完整地提出了艾什阿里派的知识论。他认为知识分两大类:关于真主的永恒的知识和关于受造之物的非永恒的(被创造的)知识。前者即启示的真理。后者又分为必要的(直觉的)知识和推论的(思考的)知识。必要的知识即必不可少的知识,这种知识是不容置疑的,包括通过感官获得的感性知识、直接感受的直觉知识和通过书本或传述而知晓的知识。感性知识形成经验,它是推论的知识的基础。某些感觉,例如人关于自身的存在以及他的内心感情和情绪,绝非感官可察之,只有通过直觉的体验才能测知。这还包括真主直接授予灵魂的超然的非凡的种种知识。这种知识是十分可靠的。至于通过书本或传述而知晓的知识,那是前人或他人感性知识或直觉知识的积累,通过知识的传播媒介而延续的知识。

穆尔太齐赖派推崇理性的知识,提出知识生成论,认为人创造自己的行为,用手写字,用脑思考,理性的思考便生成知识。他们把理性的领域扩大到启示和信仰的领域,包括关于真主的存在和宇宙的被造等方面,认为只有通过理性的思维和逻辑的推理才能得出确凿的结论。巴吉拉尼等人则认为知识是真主在人内所创造的一种属性,知识通过感觉、体验和思考获得,这些都是真主创造的。他们承认推论的(思考的)知识,承认理性在形成这种知识方面的有效性,但本能地反对理性对信仰领域的侵害,把理性限制在"真主所允许的范围之内"。

艾布·迈阿利·朱韦尼(1028—1085)生于内沙布尔的一位学者家庭,后赴巴格达游学,接受艾什阿里主义。他因进一步扩大理性的作用,引起圣训学派的震怒,被迫逃往希贾兹,在麦加和麦地那从事著述和教学工作,被称为"两圣城的伊玛目"。塞尔柱朝的首相尼扎姆·穆勒克(1018—1092)在内沙布尔创办尼扎姆大学后,邀他去任教。他在该校30年,大力宣传艾什阿里主义和经过"改良"的沙斐仪派教法。尼扎姆于1065年在巴格达又开办了另一所尼扎姆大学,宣传艾什阿里主义,终于使艾什阿里主义成为伊斯兰教的官方教义。朱韦尼著有《教义学指导》《凯拉姆学大全》《凯拉姆学论证》等10余部著作。

他认为一个有理智的人起码应借助理性去"审视"周围事物,了解宇宙奥秘。他引用传统的证据和理性的证据论证这种审视是必需的。他将属性分为两种:无原因地在本体内自存的自我属性和由本体内存在的原因产生的意义的属性。真主的属性就是他的存在,无物似他,真主既无限度,又无延伸,只有凭我们已知的才能认识真主。将已知的和未知的联系起来的有四个方面:因果关系、条件关系、真理或本性、理性证明。例如知识是使人成为知者的原因,人成为知者是具有知识的结果,两者之间存在因果关系。生命则是人成为知者的条件,无此条件,人无法成为知者。世界的真理或本性是知识的载体,无此载体,人不可能是知者。凡知者,均能进行理性证明;无理性,人不会是知者。

艾布·法塔赫·穆罕默德·本·艾比·加西姆·沙赫拉斯塔尼(1086—1153)生于波斯内沙布尔和花粒子模之间的沙赫拉斯塔镇,师从朱韦尼的名徒赫瓦菲等人,后又广泛学习宗教和哲学知识,成为一位著述甚丰的百科全书式学问家。他的《教派与信条》详述了伊斯兰教经院哲学和世俗哲学各派的观点,尤其是书中对希腊哲学伊斯兰化的叙述,成为研究阿拉伯-伊斯兰哲学的重要源泉,因而受到极大的重视,被译成多国文字。《凯拉姆学观止》则是对到他那个时代为止的伊斯兰神学和经院哲学的系统总结,被认为是逻辑连贯、阐述得体之作。他在发展艾什阿里主义的理论方面无多大创新,但在传播该学说方面却功勋卓著。

艾什阿里主义实际上是由艾什阿里开端,巴吉拉尼奠定其理论纲要,朱韦尼完成其体系;由尼扎姆·穆勒克为代表的官方扶植,沙赫拉斯塔尼等人大力推广;最后由加扎利集经院哲学之大成,使艾什阿里主义成为官方的经院哲学,即正统派经院哲学或称为新凯拉姆学。这种哲学的核心是真主的绝对权威,认为真主是全知全能的,世上万物均由真主所创,万千现象皆由真主而定,因而世界是有始的,自然界内没有必然的因果关系。《古兰经》是真主永恒的语言,凡事以"天启"为准,主张前定论,但每个人须对自己的行为负责。

二、在经典主义和理性主义之间折中的观点

真主及其属性的问题,是经院哲学最大的命题。艾什阿里既反对经典主义(属性论派、肉身派、拟人派等)拘泥于《古兰经》经文字面的意义的种种说法,又不同意理性主义(穆尔太齐赖派)的绝对独一性,从而把自我包容性作为真主的本质,不承认离开他本质的任何属性。艾什阿里认为真主是一,是独一无二的、无始无终的存在,他既不是物质,又不是体或偶因,他在任何方向都没有限制,不在任何空间。他具有知识、能力、生命、意志等属性,他是可听见的、可看见的、有言语的。真主的属性分为两大类:行为的(消极的)属性和本体的(积极的)属性。前者是造世、提供生计、援助等有始的行为,后者有七种:知识、能力、意志、生命、听觉、视觉和言语。真主的属性是独有的,与被造物的属性根本不同,两者不能相比拟。这种不同不是在程度上,而是在种类上,即根本性质的不同,除了《古兰经》所表述的,不允许描述真主的任何属性,这就是"绝对不同"的原则。

"真主具有他永远固有的属性,这些属性是附加在他的本体上的。"[1]这些属性是永恒的,但它们既不与他的本体相同,又不与他的本体完全相异,或不同于他的本体。例如,真主是知晓的,这意思是说真主具有知识

---

[1] 艾什阿里:《伊斯兰学派言论集》,第1卷,第291页。

这个属性，它是真主内所固有的，知识并不就是他的本体，但也不是与他本体完全不同的某个事物。这种属性，一方面既包括在真主的本体内，另一方面又排除于真主的本体外。本体和属性不是同一的，属性附加在本体之上，本体的意义由于不同属性的意义而不同。例如，真主的本体因属性的不同而分别是知晓的、有能力的、有生命的，但事实上，这些属性是真主的本质所固有的，因此就不是与真主的本体截然不同的。

前定论者认为人的意志和行为均是真主所创造，否定人具有行为的能力，而且不能获得这种能力。自由意志论者认为人具有进行自己行为的能力，他们有充分的自由的意志。艾什阿里则将行为的创造和行为的获得区别开来，认为"人类的行为都是真主创造的，被造物是没有能力创造任何行为的"[①]，人是这种行为的获得者。能力既是无始的，又是有始的。只有无始的能力才是有效的，有始的能力创造不了任何事物。人的能力是有始的，是真主授予的。"获得的真正含义是：某物的产生或某事的发生归于被获得的能力，它是人所获得的，通过人所获得的能力，该物产生了或该事发生了。"[②]

绝对的创造是真主的特权，真主在人内创造了行为的能力，创造了完成某行为的能力，他也在人身上创造了在正确与错误之间做出自由选择的能力。人在做出选择或倾向进行某行为时，自然得对自己的行为负责，因而在来世受到奖赏或处罚。但人没有穆尔太齐赖派所指的那种自由意

---

① 艾什阿里：《伊斯兰学派言论集》，第1卷，第539页。
② 艾什阿里：《伊斯兰学派言论集》，第1卷，第542页。

志,人并没有真正的能力,只是具有某种"获得"的力量,通过这种力量"参与"实施行为。行为是真主这个真正原因的作用和人的选择和倾向的结合。

真主用两种方法创造:有处所的创造和无处所的创造。人的行为是真主有处所的创造。"真主在人里创造了力量,能力,选择和完成某行为的意志,具有这一力量的人可自由地选择两行为之一,倾向或意愿进行某行为,从而对这一行为负责。真主创造和完成了这一行为。"[①]人的自由选择只是一种偶因,真主创造了这种符合人的选择的行为,人的选择和真主的创造之间的相符和协调,不是由于和谐是由真主预先建立起来的,而是由于在人的行为进行时真主创造和谐这一习性。艾什阿里的上述观点,并未摆脱这一问题逻辑上和道德上的两难推理,要将真主的无所不能的绝对概念和人对自己行为负责任这两者协调起来,确实十分困难。某些后期的艾什阿里派,尤其是法赫尔丁·拉齐,抛弃了获得的概念,以逃避宿命论的范畴。

正统派神学家主张启示高于一切,是真理的源泉、实在的基础。穆尔太齐赖派坚持理性比启示更为重要,启示仅仅强调理性所能接受的事物;理性和启示之间如有冲突,宁要理性,必须把启示内容解释成可被理性思维所接受。艾什阿里则强调启示是基本的,但他又不排斥理性。他认为启示是最高真理的源泉,理性仅仅是强调启示所说的内容。两者冲突时,

---

① 艾什阿里:《伊斯兰学派言论集》,第1卷,第625页。

宁要启示而不要理性,这是一条基本的原则。伊斯兰教的基本信条是不容置疑的,这些信条建立在启示的基础上,可以运用理性去判断伊斯兰教的基本原则,但理性必须从属于启示,理性的功能仅在于使这些基本信条或原则理性化,而不是让它去对这些信条或原则的真理性提出疑问。

善与恶的标准这个问题,也是伊斯兰教神学和经院哲学争论最激烈的问题之一。穆尔太齐赖派认为善与恶的道德性质是客观的,是事物或行为本身的性质所固有的,通过理性可以理解这一性质,决定什么是善什么是恶。正统派神学家认为善与恶完全由真主决定。艾什阿里认为事物或行为本身无所谓善与恶,真主的法律决定了善与恶的标准,启示的真理是这方面的真正权威和标准。善与恶是偶因,它有三方面的意思:第一方面指的是完美与残缺,例如说有知识为善,无知识为恶。第二方面是功利方面的意义,有用的、有效的、有益的行为为善,相反的行为为恶;应提倡的行为为善,应责备的行为为恶。对于这两方面意义上的善与恶,艾什阿里承认理性是善与恶的标准,尤其第二方面的意思完全是主观的。同一件事,因人因时因地不同可能会有不同的判断。分歧在于第三方面的意思——来世受褒奖的善和受惩罚的恶。艾什阿里认为必须通过启示,而不是穆尔太齐赖派所说的理性来决定。凡伊斯兰教教律所赞赏的为善,所禁戒的为恶,这与行为本身的性质无关,不能用理性对此提出疑问。

《古兰经》是非造的(永恒的)还是受造的(有始的),这个问题建立在另一个问题之上:言语是不是真主的属性。罕伯勒派和其他极端的正统派认为《古兰经》作为真主的言语,是真主本体所固有的,因而是永恒的,

《古兰经》内的一切，包括字母、单词和声音都是无始的，有的甚至认为《古兰经》的封面和包装都是永恒的。穆尔太齐赖派则认为真主如有永恒的属性，那就是双重的神，从而导致多神论，与伊斯兰教的信条相悖。他们认为《古兰经》是受造的、有始的，"《古兰经》是由章节组成的，这些章节是有前后安排的，由这样的章节组成的东西一定是非永恒的"[①]。艾什阿里认为必须将《古兰经》表面的、具体的表达和它的真正的、自存的意义相区别。作为前者，它是用墨写在纸上的字母和朗读时的声音，这些无疑是有始的，但它作为真主言语所具有的真正的意义则是无始的、永恒的。"自存的意义"是真主本体所永恒固有的。这些意义被表达出来，其语言的表达是非永恒的和被创造的。同样的意义，在不同的时代、不同的地方，可有不同的表达。

在其他一些问题上，艾什阿里也采取折中的立场。例如扎希里派认为人在末日可以目睹真主，就像见到一切可被指认的可见之物一样。穆尔太齐赖派断然认为人不能目睹真主。艾什阿里则认为真主可被目睹，但他没有形体或量度。经典主义者认为真主坐在宝座上，宝座就是他的空间。理性主义者声称真主无处不在，但并不占有空间，也无方向，宝座只是一种借喻的说法。艾什阿里主张在有空间前，真主就创造了宝座，真主本身无需空间，空间的创造没有改变他的任何属性。正统派认为信仰是无始的，穆尔太齐赖派等认为信仰是有始的。艾什阿里则认为信仰有两种："真主的

---

① 加迪·阿德和赛义德·谢里夫：《立场解释》，第233页。

信仰"是无始的、永恒的;"人类的信仰"则是有始的、被造的。

三、原子、偶因论

艾什阿里派认为"凡物均存在,凡存在的均是物"①。这就是说,存在,不管是必然的还是偶然的,都是物,或者说是自我之物的本体,而不是穆尔太齐赖派所说的那种附加在本体之上的特性。如果存在是一种附加的特性,那么自我之本体就会是不存在,从而是一种非实体。否则,"存在"的特性在存在之后才出现,而本体在此特性存在之前已存在,这显然是自我矛盾的,要不就导致非存在也是存在,这就荒谬绝伦了。自我之物是知识的客体,因此是一种存在之物或一种体。在宇宙中存在的任何物都是偶然的存在,它既是物质又是特性,从这个意义上说,真主非物。

巴古拉尼用原子、偶因论解释宇宙世界的存在,认为世界由原子组成,但这种原子与德谟克里特(公元前460—公元前370年)那作为最小的、坚实的、不可分的、不可毁灭的物质单位的原子完全不同,它不是物质的,也不是永恒的,而是由真主随意制造和消灭的原子。这种原子又可称为单质,它不能独立存在,更不能顺着一定的规律自我发展,它必须和偶因合在一起存在。偶因不能持续两个相连的瞬间,它们由最高存在——真主在每个瞬间连续不断地创造和消灭。原子和偶因一样,都是可能的,而不是必然的,都是由于真主连续不断地创造才能存续于真主所意愿的

---

① 参见加迪·阿德和赛义德·谢里夫:《立场解释》,第128页。

持续时间。真主一旦停止创造,存在中的一切均将消失,化为乌有。真主是万物在宇宙中存在的真正原因。

原子和空间、时间无关。空间与时间都是主观事物。每个原子都有一定的度量,具有最简单的状况,它们在空间和时间内都不会延伸,既不大块成团,也不各自分离独立存在,原子与原子之间有着绝对的真空。世界上的一切变化都是原子进入存在或退出存在所造成的,而不是它们自身的改变造成的。原子与原子之间也不会自动地和谐地合成体,必须由真主的意志去实现这种合成。真正的原因一定是真主,否则就得引出一个原因的系列。真主创造或毁灭原子及有关的偶因,促成或破除体的合成,从而带来世界上的一切运动和改变。真主的意志就是宇宙的秩序与和谐的基础。

每个偶因都有其对立的偶因,生与死、善与恶、热与冷等。相对立的两个偶因不能同时同方向地共存于同一体内,它们可以先后存在,或者是同时但不同方向地存在。正统派所承认的偶因数目一共达 30 个,可分为主要的和次要的两种,前者是必然伴随物体的,后者则是非必然的。艾什阿里认为有八种偶因是主要的:运动、颜色、味道、气味、热(或冷)、湿(或干)、生命(或死亡)以及持续时间。凡物体存在,必有这些偶因,这些偶因以外的偶因不是必然存在的。这种观点显然与穆尔太齐赖派不同。偶因仅仅是物体的特性,它们与原子一样,不能通过它们自身而进入构成、接触或运动。偶因是瞬变之物,它本性上是不经久的,可物体的存在是持续一段时间的,并非瞬间消失。偶因和原子组合成自然客体的成分,它们间的组合形式和方法根据真主的意志而定。巴吉拉尼认为，真主一旦不让颜色和样式这两个偶因与物体接触，或者说剥夺某物体的这两个偶因，该物体就必然湮灭。后期的艾什阿里派中，有人认为真主意愿某物不存在时，便在该物内制造衰灭这个偶因，该物立即毁灭。

偶因和偶因间没有必然的联系，自然界内不存在必然的规则和因果关系。原子和偶因组合成物，它们的出现不是由于它们自身的性质，而是凭真主的意志。任何被造之物的存在，绝不能成为任何事物的原因。自然界内的事物或存在，不具有任何力量可对他物产生影响。人或自然界的客观事物看来所谓具有的任何力量，不是有效的力量，因为它是一个被获得的力量，不是原始的力量，只有原始的力量才能产生效果。被造物可能掌握的任何力量，都是真主赐予的。只有真主才拥有真正的力量。所谓的自然的法则或宇宙的法则，没有一个是经久不变的。真主如果意愿，可以改变这些法则，可以改变我们习以为常的事物，以一种偶因代替另一种偶因，从而创造奇迹。他们甚至认为，凡主张因果关系者就是渎神者，因为他把能动的能力归于由经验形成的原因，从而削弱了真主的权威。他们认为火本身并不具有燃烧的性质或特性，它不能燃烧，当某物燃烧时，是真主在物质中创造了燃烧着的存在，火与燃烧之间没有必然的联系。

他们认为运动和静止是物体的两个基本状况。从一点向另一点运动的物体，对于第一点是处于运动之中，对于第二点则处于静止状态；只有到达第二点的瞬间，才是对第二点处于运动之中，这时它对第一点则处于静止之中。但也有个别的艾什阿里派学者认为静止是由在同一点上存在的两个相继的状况构成，而运动则是指由必然从第一点上过渡到第二点上的两个相继状况的过程。物体从静止转为运动或从运动转为静止，不是归于物体本身的原因，因为物体在静止和运动的相互转换中没有变化，依然是同样的物体。其原因不能归于物体本身，那只能归于物体之外，而自然界的任何物体都不能对它的状况改变施以真正的影响，那么这个原因只能是造物主，他通过偶因的变化而使物体状况改变。

第五节　伊斯兰泰斗加扎利

加扎利（1058—1110）是伊斯兰思想史上影响最深远的思想家。全名艾布·哈米德·本·穆罕默德·本·穆罕默德·本·艾哈迈德·加扎利，生于波斯呼罗珊地区的图斯城。"加扎利"一词的意思是"纺线者的"，指明其父亲曾以纺毛线为生。他少时聪颖好学，受教于一位苏菲派教长。20岁时到达内沙布尔，拜"两圣城的伊玛目"朱韦尼为师，攻读教律学、辩证学、逻辑学和哲学。七年后朱韦尼去世，他继承老师的事业，受到尼扎姆·穆勒克的重用，1091年奉命到巴格达尼扎姆大学担任教职，名声大震。他边执教边著述，潜心研究各哲学学派和教律学派，逐渐走上怀疑主义道路。四年后辞去教职，浪迹各地，孤身隐居，进行艰苦的探索，将各种传统的、唯理的和神秘主义的因素综合起来，创立了伊斯兰实用主义哲学，被后代称为"伊斯兰的泰斗、宗教的文采"。他涉猎甚广、学识渊博、著作等身,主要的有《摆脱谬误》(一译《哲学忏悔录》)、《圣学复兴》、《内学派的丑闻》、《信仰节用》、《哲学家的目的》、《哲学家的毁灭》(一译《哲学家的矛盾》)等。

一、从怀疑主义到实用主义

在自传体著作《摆脱谬误》中,加扎利告诉我们,他年少时就怀着追求真理的炽烈热忱,如饥似渴地学习知识,但很快发现各种教义和学说相互冲突甚至自相矛盾之处比比皆是,而人们往往采取轻信的态度,他觉得十分可悲。成年后,他下决心探究他定义为"客体在其中以根本不受怀疑的某种意义而被知晓的知识"这种"确凿无疑的知识"[1]。如何获得这种知识? 他觉得感性的经验并不可靠,例如我们遥望行星,它在我们的感官中显得"只有一枚硬币那么大",而实际上却"比地球大许多倍"[2]。感性的不行,理性的行不行呢? 如行,那么同样的理性思索,人们为什么会得出各种各样的结论呢? 可见也不行。两者都不能使人们获得真理,他设想"在理性之外存在一种更高的权威"[3],可又难以确定它是什么,因此在彷徨中经受磨难,栽入怀疑主义的深渊,久思不得其解,对各种学说都产生怀疑,索性用批判的眼光去进行研究,最后通过"真主注入他心中的光芒"[4],打开了真理的大门。

---

[1] 加扎利:《摆脱谬误》,第11页。
[2] 加扎利:《摆脱谬误》,第12页。
[3] 加扎利:《摆脱谬误》,第13页。
[4] 加扎利:《摆脱谬误》,第14页。

当时(11世纪)的经院哲学家、伊斯玛仪派(内学派)、世俗哲学家、苏菲派都自以为在探索真理,他便以这四方面为典型进行分析,认为他们中如果也没有人拥有真理,那么探索真理就是一场空。经院哲学,他认为有两大缺陷:一是消极的,"其目的是让逊尼派人士维持逊尼派信仰,保护它不受异端派的干扰",而并不在于显示和证明真理;二是其证明论点时仅依靠《古兰经》经文和各种传统的说法,包括伊玛目们的佥议和圣门弟子的言行,"他们的最大活动是找出对手的矛盾,以他们承认的必要原则去责备他们"[①]。他认为经院哲学的主旨是研究真主的本体、无始的德性、理性的特性、先知和伊玛目的种种情况,研究死亡、生命、末日、复活、清算等。他承认这一学科的价值和必要性,但它客观上却引起人们对信仰的怀疑,导致无休止的论争,产生各种派别。他到晚年时又认为这个"一神教的学科是最高尚的最神圣的最完全的学问,这一学科是必要的,所有有理性的人都应学习它,正如先知所说,'追求知识是每个穆斯林的义务'"[②]。他保留了艾什阿里学说的核心,但采取逻辑学的方法进行论证。

对内学派他进行了猛烈的攻击,认为他们是对伊斯兰教的最大危害,指责他们研究的目的不是为了寻求真理,而是出于政治的需要。内学派提出八大前提:凡被设想的事均有真理和谬误;区别真理和谬误,无论在宗教方面还是在世俗方面,都是每个人不可推卸的责任;人可以依靠自己去认识真理,也可以通过学习,从他人处了解真理;自称有学问者很多,但

---

① 加扎利:《摆脱谬误》,第15页。
② 加扎利:《神秘主义的论文》,见《伊斯兰权威加扎利论文精选》,第22页。

他们的话互相矛盾,永远正确者只有一个;世界上不应没有不犯错误的教师,否则宗教和世俗两方面的道德就会堕落;这位教师不应掩藏自己,否则就是掩盖真理,这是一种不义,与不犯错误是水火不相容的;世界上如有两个自封者,我们会难辨真假,但如只有一个自封者,他就是不犯错误的伊玛目;众所周知,在真主的世界内,自称是真正的伊玛目,知晓一切形式里的真主的奥秘,在一切被理性领悟的事物和合法的事物中代表真主的使者,确切无误地而不是猜测地知晓启示和注释的,只有在埃及的执政者。结论自然是:这位执政者就是大家应向他学习真理的不犯错误的伊玛目。加扎利承认应有伊玛目,认为这是维持伊斯兰教之必需,强调伊玛目应依靠真主,证明真主的存在。他采取总述与分述的方法,逐条驳斥八大前提,认为学问可分三类:"第一类只有凭听与学才能得到,如关于过去的事件的传说、先知奇迹、末日情况、天园、火狱等,这只能从不犯错误的先知处或从他传下的传说中知道";"第二类是理性的理论的学问,没有凭天性就知道其证明内容的,一定要学习,但不是仿效教师,而是让教师引上路……在这方面不需要什么犯不犯错误的";"第三类是教法教律的,即知道可做可不做的,应做应不做的,这门学问来自制定教律者……不需要不犯错误的伊玛目"。[①] 针对内学派所谓只有一个自称不犯错误的伊玛目,因而那人就是不犯错误的伊玛目这种论调,他挖苦地抨击道:"有许多人自称不犯错误,是先知,具有神性,你们不要以为只有你们才这样

---

① 加扎利:《驳斥内学派》,第 23—24 页。

愚蠢!"①

　　加扎利感到"只有掌握[哲学]科学到能与最精通该科学的人竞争"甚至超过他们的"如此程度的人"②,才有资格回击哲学对正统观念的挑衅。他觉得还没有人完成这一任务,便挺身而出承担这一责任,花了三年时间"通过真主的帮助"完全掌握了哲学,写出一本《哲学家的目的》,详述哲学家们的学说,作为随后批判的靶子。这部书由多米尼克斯·冈迪萨利奈斯(1180年卒)以《阿拉伯加扎利的逻辑与哲学》为书名,译成拉丁文,在欧洲出版,被13世纪西欧基督教经院哲学大师们认定为阿拉伯新柏拉图主义的杰作,足见他对哲学研究之深。接着,他写出《哲学家的毁灭》一书,对阿拉伯哲学家,尤其是法拉比和伊本·西那进行驳斥,在所谓哲学的基础上,就十六个形而上学、四个物理学命题证明哲学家们的荒谬。

　　他认为哲学家派别虽多,但都打上了叛教或不信教的烙印,可分为光阴派(无神论派)、自然派(物理学派)和形而上学派。光阴派否认造物主的存在,认为宇宙是自然而然的,有其自身的规律。自然派以大自然为研究对象,他们目睹造化之妙,不得不承认明哲的造物主,但他们认为人的理性的潜能属于人的气质,认为灵魂与人同死,不会复生,否认有来世、天园、火狱、复活和清算,这被加扎利看作伪信者。加扎利把苏格拉底、柏拉图、亚里士多德等都看作形而上学派,认为这一派是伊斯兰教的劲敌。他把亚里士多德的学说分为六大部分:数学、逻辑学、自然学、形而上学、政

---

① 加扎利:《驳斥内学派》,第29页。
② 加扎利:《摆脱谬误》,第18页。

治学、伦理学。数学中没有什么与宗教学科有关,它只是无法否认的一些证明方法。逻辑学中也没有什么与宗教有关,它只是涉及人们的思维方法。自然学研究世界之体,研究天与天体,以及其下的单体(水、气、土、火)和复体(矿物、植物、动物等),研究其变化与组合,宗教不否认这一科学,只是在某些问题上看法不同。至于形而上学,则谬误甚多。政治学均来自与尘世事物有关的哲理,加扎利武断地认为这些哲理取自造物主降示给先知的书和以前先知所传播的箴言。伦理学则叙述灵魂的德性和道行,研究如何处理行为。这部分取自神秘主义等派别的言行,再加上自己的臆想,美化它以售其奸。人们应远离这类书。

加扎利自幼就受到苏菲派的影响。在巴格达时期的学术经历,使他一生发生了重大转折,此后在一定程度上过着苏菲派的生活,奉行"自我清净"。他认为清净有四个等级:摆脱尘世俗务的"表面清净"、断绝作恶犯罪的"肢体清净"、远离恶德败行的"心灵清净"、心中除真主外别无他物的"内根清净"。[①] 祈祷不只是肉体的行为,而应理解意思、磨炼心灵、强化信仰,做到口到心到,而神学家们却把宗教信仰变成了"肢体的行为",而不触及内心,他们的行为并非"发自心灵"。[②] 他经过激烈的思想斗争,终于认定了一条中庸之道,既肯定了逊尼派的基本主张,又采取了苏菲派的一些做法,认为只有通过直觉才能发现理性所不能认识的真理,赞同幽居、禁欲、冥想等修行道路,但反对以任何理由脱离《古兰经》和"圣训"的

---

① 加扎利:《圣学复兴》,第 1 卷,第 111 页。
② 加扎利:《圣学复兴》,第 1 卷,第 144 页。

宗旨以及任何漠视宗教义务的主张和行为。这样,加扎利实际上以艾什阿里主义和苏菲派主张为骨架,凭借知识渊博的优势,汲取其他种种主义中对他有用的部分进行综合,完成巨著《圣学复兴》,创立了完整的伊斯兰实用主义哲学,将神秘主义思想引入正统信仰。

二、真主、世界、人和灵魂

加扎利采取教律的和理性的两种方法证明真主的存在,前者取自《古兰经》,因为"在真主的解释后不再有其他解释"[1]。后者根据因果关系:"凡发生的,在发生中一定有使它发生的原因;世界产生了,那就一定有使它产生的原因。"[2]真主不是占据一定空间的本质,不是由多种质合成的体,不是体上的某种偶性。真主在宝座之上,是没有形式和数量、没有方位特点的"独一无二者"[3]。知晓真主者有两种人:强者和弱者。强者"先知晓至高无上的真主,再凭真主知晓其他一切",而弱者则"先知晓行为,再从它上升了解[这些行为的]进行者",前者是具有远见卓识者。[4]

"真主是天地的光明"[5],光就是真理,它流向上界,尔后流入下界,直至进入人心。其他的光,其本身均不存在,都是"来自这真正的光"[6]。真主有本体和德性。德性分两类:存在于本体内的,附加在本体上的。前一

---

[1] 加扎利:《圣学复兴》,第1卷,第93页。
[2] 加扎利:《圣学复兴》,第1卷,第94页。
[3] 加扎利:《圣学复兴》,第1卷,第95—96页。
[4] 加扎利:《圣学复兴》,第4卷,第272页。
[5] 《古兰经》24:35。
[6] 加扎利:《灯台》,见《伊斯兰权威加扎利论文精选》,第126页。

种即上述的真主的特征,后一种指固有性的德性,"有七种:生命、知识、意志、能力、听觉、视觉、言语"①。他认为"有意发生某事并决意去做,称为意志"②,真主的意志是无限制的,"使棉花燃烧成灰烬的是真主……至于火,则是一种无生命之物,它没有行为"③。真主的意志是无始的,他无所不知。"真主以无始无终的永恒知识知晓一切,这不会造成他本体的变化。"④真主是万能的。"既然有知识和能力,必然证明其有生命。"⑤"真主怎么能听不见看不见?听与看毫无疑问是种完全,不是缺陷,被造物怎么能比造物主更完全?"⑥"真主是说话的,这是凭他本体存在的德性,不是凭声音和字母。他的言语与其他的言语不同,正如他的存在与其他存在不同一样。"⑦真主的言语是无始的,《古兰经》《旧约》《新约》等都是真主降示给他的使者的书。此外,真主还有仁慈、明哲、慷慨、和蔼、友爱等德性。真主的德性与人的德性不同,只是名称上相同而已。"甚至最通用的名字——存在,造物主和被造物也不是一样的。"⑧对于造物主,用这些名字只是借喻、比喻。事实上知道真主的只有真主,他的德性因本体而存在,"不能说这些德性非真主,也不能说它即真主,因为真主是本体和德性,似

---

① 加扎利:《祈求者的乐园》,见《加扎利论文玑珠》,第202页。
② 加扎利:《行者之梯》,见《加扎利论文玑珠》,第49页。
③ 加扎利:《哲学家的毁灭》,第279页。
④ 加扎利:《哲学家的毁灭》,第234页。
⑤ 加扎利:《圣学复兴》,第1卷,第96页。
⑥ 加扎利:《圣学复兴》,第1卷,第96—97页。
⑦ 加扎利:《圣学复兴》,第1卷,第97页。
⑧ 加扎利:《圣学复兴》,第4卷,第89页。

乎德性是部分,真主是整体,每一部分并不是非整体,也并非即整体"①。

他采取溢出说,认为首先从"一"(造物主)溢出的是理性。真主凭自己的命令产生理性,它先于物质和时间,但在"命令"之后,"一"先于命令,这种先于是本体的,而不是时间的。理性之后是灵魂,理性凭本体,而不是凭时间、空间或物质先于灵魂。加扎利认为命令即神的能力。所谓理性凭创造性的力量产生于命令,这并不意味着是命令产生了宇宙,因为唯一的作用者是真主。加扎利采用"命令"一词,仅仅是为了排斥真主凭接触创造世界的思想或曰直接创造的思想。他认为有三个世界:物质的世界、精神的世界、实力的世界。精神的世界是真主凭无始的命令创造的,它不能增加和减少。物质的世界即感性世界,这个世界上有生与灭的现象。实力的世界在上述两世界之间,与这两个世界均有关系。这样就形成真主—精神—实力—物质的系列,与溢出论的"一"—理性—灵魂—物质相对。不过按照后者系列,只有上界与下界两个世界。加扎利的书中,这两种说法都采用。

物质世界是精神世界的标志之一,"它对于那个世界就好像影子对于人","因此,物质世界是精神世界的标本"。② 他甚至否认物质世界的真正存在,"存在中的只有真主","除真主外,万物如果其本体被认为来自真主的本体,那它是纯粹的无;如果被认为来自存在从真正的第一流向它的

---

① 加扎利:《圣学复兴》,第4卷,第89—90页。
② 加扎利:《灯台》,见《伊斯兰权威加扎利论文精选》,第118页。

面,那它被看作是存在的,但不是在本体内的存在,而是来自让它存在的面上,存在物仅仅是真主的面而已"。① 至于世界产生的方法,他打个比方说:"就像工程师在白纸上画出房子的构造图,尔后按照此图将它变成存在一样,天地的主宰也是在被保存的图版上画出从头到尾的整个世界的蓝图,尔后按照蓝图把它变为存在。"②

人由"两个不同之物"构成,"一是黑暗的、厚实的、可生与灭的、合成的、组合的、土质的肉体,肉体需凭另一物才完全;另一物是本质的、单个的、明亮的、有意识的、能作用的、使动的、补充器官和肉体的灵魂"③。他对人的看法基于两点:真主按照其形象创造了人,人本身就是世界的缩影。人"一旦认识了自己,他就认识了他的主",这样,他就知道"他在物质世界内是格格不入的",他"依本体的需要是适宜在天园内的",但由于阿丹(亚当)违反了禁令而被贬降到物质世界。"他怀念在真主的身边是他本体的、本性的怀念,但他本体周围的世界的种种现象,使他忘却了本性的需要。这时就使他忘却了自己和他的主。"④这其实是柏拉图回忆论的伊斯兰翻版。

从人的本体、德性和行动中都可以看出真主的形象。"人的灵魂的本体是自存的,不是凭偶因、体或有形之本质而存在,它不占地方,没有方向,既不是与肉体和世界相联系的,也不是与它们相分离的;既不在肉体

————————

① 加扎利:《灯台》,见《伊斯兰权威加扎利论文精选》,第 121—122 页。
② 加扎利:《圣学复兴》,第 3 卷,第 18 页。
③ 加扎利:《神秘主义的论文》,见《伊斯兰权威加扎利论文精选》,第 6 页。
④ 加扎利:《圣学复兴》,第 3 卷,第 326 页。

和世界之内,也不在它们之外,这一切都是至高无上的真主本体的属性。"①人"被创造为有生命的、有能力的、能知晓的、有意志的、能听见的、能看到的、会说话的,至高无上的真主也是如此。至于行为,人的行为的原则是意志,其作用首先出现在心内,通过动物灵魂(它是在心腔内的稀薄之蒸汽)从心里扩散开来,上升到脑,由脑行向肢体,例如直达手指,手指便活动了,手指拿的笔就动,笔上的墨也动了,勾画出人在想象力的仓库中所意愿在纸上所表达的形象……人在他的世界内的举动,宛如造物主在大的世界内的行为"②。人因神性成分而应是天神,又因土的成分而近畜牲,人介乎天神和畜牲之间。人的灵魂在这土质的黑暗肉体中是格格不入的,它向往离开肉体,回到它最初的真正居所——精神的世界。他常常把人比作大千世界,"须知人的灵魂是世界的缩影,世界上每一种形式在灵魂里都有标志,骨如山,肉如土,发如植物,头如天,感官如星体……在他内部也有世界的制造者,胃里的潜能如厨师,肝里的潜能如木匠,肠里的潜能如屠夫,使奶为白色、血为红色的潜能如染匠"③。

心、精神、理性、灵魂实际上都是指同一事物,即人的本体或本质的不同名称而已。他认为心有两个意义,一是"处于胸腔左半边的松果状的肉";二是"精神的、神性的稀薄物,它与物质的心之间的关系犹如偶性与肉体、性质与具性质者之间的关系。这个稀薄物是意识世界的人的本

---

① 加扎利:《祈求者的乐园》,见《加扎利论文玑珠》,第177页。
② 加扎利:《祈求者的乐园》,见《加扎利论文玑珠》,第177—178页。
③ 加扎利:《祈求者的乐园》,见《加扎利论文玑珠》,第15页。

质"①。精神有两个意义：一是"蒸汽状的稀薄体，由心之热使之成熟"；二是"人的有意志、能知晓的稀薄物"②，即真主所说的"他们问你精神是什么？你说：'精神是我的主的机密'"③。这是造物主的机密，人们的头脑无法理解其真正的意义。灵魂同样具有两种意义，一是"人内情感与欲望这两种潜能的结合，即综合人的各种该受责备的品性之根源"，这就是"圣训"中"与你那处于你的两肋之间的灵魂这一敌人为敌吧"这句话里所指的灵魂，二是"上面所述的稀薄物，它是人的本质和本体"。④ 理性也有两个意义：一是指"知晓事物真理，可以作为一种德性"；二是指"意识学问者，它就是心，即作为人的本质的那稀薄物"⑤。

他的灵魂学说在亚里士多德的观点和柏拉图的看法之间摇摆。他一边在《哲学家的毁灭》中抨击哲学家的灵魂学说，一边又在其他著作中大段引用法拉比和伊本·西那的观点，全盘接受。《认识灵魂过程中的登霄之梯》实际上是他的灵魂学专著。他采取伊本·西那的推理法和教义证明法来论证灵魂的存在及其性质，认为"你的灵魂自你存在以来从未改变，而肉体和肉体的德性全都在变化。因为若说没变，他肉体就未吸收营养；如吸收营养，它在肉体中就取代了已分解的部分。由此可见，你的灵魂根本不是肉体或肉体的德性"⑥。灵魂是自存的本质。这种本质是"永

---

① 加扎利：《认识灵魂过程中的登霄之梯》，第20—21页。
② 加扎利：《认识灵魂过程中的登霄之梯》，第23—24页。
③ 《古兰经》17:85。
④ 加扎利：《认识灵魂过程中的登霄之梯》，第26—27页。
⑤ 加扎利：《圣学复兴》，第3卷，第3—4页。
⑥ 加扎利：《认识灵魂过程中的登霄之梯》，第33页。

久的,稳固的,不会变质、消失、毁灭、死亡的,而是会离开肉体,末日时又被期待着回到肉体中,正如教义上所说的"①。所以他不同意亚里士多德关于"灵魂是肉体的形式"的说法。形式在物质毁灭后不复存在,灵魂却不是这样。

在肉体存在前不存在灵魂。当胎儿在子宫内长大时,就准备接受灵魂,所以灵魂是有始的。真主不直接创造灵魂,而是"通过天体灵魂来创造"②。灵魂在肉体内,但与肉体不同,因为肉体属会毁灭的物质世界,而灵魂属不毁灭的精神世界。灵魂主持肉体,"人的灵魂在肉体之中,就像当权者在他的城市和王国内。肉体是灵魂的王国和世界"③。灵魂的职能很多,但是"灵魂的潜能表现在肉体的各部分","当灵魂不能与肢体联系时,肢体就不起作用,发生麻痹和死亡"。④ 他在《哲学家的毁灭》中有专章批驳哲学家们关于灵魂不朽的言论,可他在另一场合却引用《古兰经》经文"为主道而阵亡的人,你绝不要认为他们是死的,其实,他们是活着的,他们在真主那里享受给养"⑤来证明灵魂在人死后依然"存在"。尔后的证明全部取自伊本·西那,甚至说"我们不必重复证明、举例,因为它是众所周知的。谁想修正它,就让他去参考这方面相应的书吧。而在我们的道路上,无须证明,只要依靠显而易见的就行,我们靠的是信仰的观点"⑥。

---

① 加扎利:《祈求者的乐园》,见《加扎利论文玑珠》,第171—172页。
② 加扎利:《认识灵魂过程中的登霄之梯》,第120页。
③ 加扎利:《认识灵魂过程中的登霄之梯》,第185页。
④ 加扎利:《行者之梯》,见《加扎利论文玑珠》,第26页。
⑤ 《古兰经》3:169。
⑥ 加扎利:《神秘主义的论文》,见《伊斯兰权威加扎利论文精选》,第9页。

有时又广征博引,证明"毁灭是复合的解体,而灵魂是单纯的,不是复合的……所以灵魂不会解体,不解体的常存,所以灵魂是常存的"①。他将灵魂的潜能分为实践的和理论的两大类,前者是"人的肉体行动的原则",后者则是"意识从物质和形式中抽象出来的学问真理,它是抽象的全称事物,即理性;凭此潜能从天神处接受知识"②。

三、论知识

加扎利是第一个将逻辑学系统地引入伊斯兰学科研究的人。他认为"只有凭科学才能区别道德的好坏,而要获得科学则必须靠逻辑。因此,逻辑的用处是猎取科学,而科学的功益是实现永远的幸福"③。他用伊斯兰教学者们熟悉的术语,代替逻辑学术语。例如用"知识"和"科学"两词替代"设想"和"证实"。用经院哲学术语"方面"或"情况"表达抽象的全称问题。亚里士多德的"中项",他则称之为"原因"。此外,他还杜撰了许多新词。例如他在伊历497年编写的《公平秤》一文中,将理性的衡器分为"相等的衡器""相随的衡器"和"相抗的衡器",分别与逻辑学中的"相提并论的标准""连接的有条件的标准""分离的有条件的标准"相对应。他一再强调,在逻辑学方面,穆斯林和希腊人之间的区别仅仅在术语方面。

他认为,知识的真理不能用意见和比论的天平来衡量,"因为这会引

---
① 加扎利:《行者之梯》,见《加扎利论文玑珠》,第34页。
② 加扎利:《行者之梯》,见《加扎利论文玑珠》,第26—27页。
③ 加扎利:《哲学家的目的》,第7页。

起人们之间的分歧,它是恶魔秤"①,也不能用教育和跟随不犯错误的伊玛目的天平来衡量,而应用公平秤进行衡量。真主说:"你们应当使用公平的秤称货物,这是善事,是结局最优的。"②这公平秤就是亚里士多德的逻辑学,"它就是真主在他的书中降示的,他教先知以它进行衡量的五种天平"③,即认识真主、认识天神、认识《古兰经》、认识使者、认识物质和精神的天平。

柏拉图认为灵魂进入肉体时孕育着它在降到肉体前,在理念的世界里所取得的知识;亚里士多德则认为灵魂是肉体的形式,肉体存在前灵魂不存在,灵魂没有先前的知识,所有的知识都是经验的产物。加扎利不相信灵魂在肉体之前就已存在,但他强调灵魂是天然产生的。知识是"平安的理性的灵魂,对事物真理及其从物质抽象出来的形式的设想","有知识者即洞悉者、意识者、设想者","已知的即其知识铭刻在灵魂里的事物本身"④。他认为"所有的灵魂都可以接受全部的知识,某个灵魂之所以并未接受应有的知识,是因为外界发生的一时的偶然的原因"⑤。"人类的理性的灵魂是宇宙灵魂照明的对象,它凭自己原始的清净和最初的纯洁的潜能,准备接受关于它的被理性领悟的形式。"⑥所有的"知识凭潜能处于灵

---

① 加扎利:《公平秤》,见《伊斯兰权威加扎利论文精选》,第157页。
② 《古兰经》17:35。
③ 加扎利:《公平秤》,见《伊斯兰权威加扎利论文精选》,第157—158页。
④ 加扎利:《神秘主义的论文》,见《伊斯兰权威加扎利论文精选》,第24页。
⑤ 加扎利:《神秘主义的论文》,见《伊斯兰权威加扎利论文精选》,第26页。
⑥ 加扎利:《神秘主义的论文》,见《伊斯兰权威加扎利论文精选》,第27页。

魂之根中，就像种子在土地内一样"①。这些知识如何从潜能变为现实呢？加扎利认为"灵魂有两个渴望：渴望天园、渴望下界"②，"灵魂一旦被授予下界，它就凭肉体的器官与下界联系，它的行为在肉体内显示出来"③，那么关于物质世界的知识无一不是这样的，因为它全部是通过肉体的（内部的或外部的）各种潜能获得的。

加扎利将这些知识划分为理性的、感性的、著名的和认可的四种。"理性的知识，只有凭理性通过抽象才能意识它，如我们知道两对立物不能相结合"，"感性的知识是通过五感官所意识到的，如颜色的不同"，"著名的知识是归于道德、地域、民族、时代、习俗的种种惯例，例如人们的衣着和欢庆习俗"，"至于认可的，则是通过报道的方法所取得的"；"理性的事物，其判断与它在理性里的没有两样。感性事物虽无变化，但会因肉体器官发生疫病而出现错误。至于认可的和著名的，则是不可信的，它会因民族、地域、人们情况的不同而不同"④。由此可见加扎利相信感性的和理性的事物，使他们成为知识的前提，但这些知识不超过感性世界的范畴，并未达到真理的知识，因为真理"不是通过感官而来，而是进入心中，不知它从何处来，因为心来自精神的世界，感官则是为这个世界——物质的世界而创造的"⑤。

---

① 加扎利：《神秘主义的论文》，见《伊斯兰权威加扎利论文精选》，第19页。
② 加扎利：《行者之梯》，见《加扎利论文玑珠》，第55页。
③ 加扎利：《行者之梯》，见《加扎利论文玑珠》，第61—62页。
④ 加扎利：《行者之梯》，见《加扎利论文玑珠》，第96—98页。
⑤ 加扎利：《幸福之化学》，见《伊斯兰权威加扎利论文精选》，第12页。

不管怎样,人的知识通过两种方法获得:人性的学习和神性的学习。学习分两方面:一是外部的,即通过学习获得知识;二是内部的,即动脑筋想,"内心的思索相对于表面的学习。学习是人受益于特称的个体,思索是灵魂受益于宇宙的灵魂;宇宙的灵魂比所有的学者和智者在教的方面更有感染力……有知识者宛如耕种者,学习者犹如土地,潜在的知识恰如种子,现实的知识好像庄稼"①。灵魂受益的条件是不被肉体的潜能所控制,而是"理性之光压倒感性的特征",这就发生照明,因为"心如镜子,被保存之板也如镜子,此板里面有每一存在物的形式。如果一面镜子面对另一面镜子,其中一面镜子上的种种形象就落在另一面上。如果心内没有世俗的欲望,被保存之板里的某些形象就这样反映到心中。如果心被世俗欲望所占,它就与精神世界隔绝"②。

灵魂获得过某些意义,尔后又把它忘了。遗忘时,这些意义并非不复存在,否则当我们"回忆"时,灵魂得像第一次那样费劲地获得这些意义;这些意义也不可能在灵魂内,否则灵魂应该感觉到它;这些意义更不可能储存在肉体内,因为肉体不能当理性意义的仓库。这些意义只能是既不在又在:不在灵魂内,但在灵魂外,存在于一种称为原动理性或圣灵的本质内,需要时从这种本质流向灵魂。加扎利说,理性的意义"没有储存者,既不在灵魂内也不在肉体内!那么只能是在外的事物,一旦我们的灵魂和它之间发生某种联系,与专门准备某些判断有关的这种种理性的形象,

---

① 加扎利:《神秘主义的论文》,见《伊斯兰权威加扎利论文精选》,第19—20页。
② 加扎利:《幸福之化学》,见《伊斯兰权威加扎利论文精选》,第13页。

就从他处呈现在灵魂里。如果灵魂拒绝它而转向物质世界，或转向另外的形式，那么原先呈现的就立即消失"①，"理性的潜能一旦在想象中了解特称事物，原动理性之光照亮了它，它就变成从物质及其附属物中抽象而出的[意义]，并印在理性的灵魂中。这并不是说其本身从想象转移成我们中的理性……而是意味着对它的知悉，使灵魂准备接受从原动的理性向它流出的那抽象的[意义]。思索、默想，是灵魂准备接受流溢"②。

所有的人的灵魂都可以接受知识并有能力获得它。灵魂本初是知晓的、纯洁的，只是由于伴随肉体，寓于浑浊的居所、黑暗的地方而得病了。各个有病的灵魂病情不一，有的较轻，稍治即愈，遗忘的阴云立即消散。有较重，治疗不易，但经努力仍可治愈。有的本身素质不行，接受不了治疗。学习、回忆是治疗的方法。学习的目的并非追求创造原先乌有的知识或寻回失踪的理性，而是去掉遗忘的阴云，恢复原先的本能的知识。"知识不会消失，只会被遗忘，这两者之间的区别在于：消失是雕刻或图像的不复存在，而遗忘则只是模糊，就像乌云蔽空，使人见不到阳光，并非日落大漠，隐没到地平线下。灵魂进行学习，是消除灵魂本质的一时的疾病，让它恢复它本性之初所知道的、纯洁之初所了解的。"③

健全的灵魂是可以接受启示的先知的灵魂，"真主把它作为板，把宇宙灵魂作为笔，在它里面描上他的全部知识，宇宙理性仿佛变成教师，圣

---

① 加扎利：《认识灵魂过程中的登霄之梯》，第137页。
② 加扎利：《认识灵魂过程中的登霄之梯》，第138页。
③ 加扎利：《神秘主义的论文》，见《伊斯兰权威加扎利论文精选》，第28—29页。

洁的灵魂犹如学生,不用学习和思考,所有的知识都被那灵魂所取得,在它里面刻画上全部的形象",先知的知识"无需媒介和工具就从至高无上的真主处获得"①。启示之门在穆罕默德之后已经关闭,但还有另一种神性的教导,即感悟。"感悟是宇宙灵魂根据人的各别的灵魂的纯洁程度、接受情况、准备潜能而提醒它","由启示取得的知识称为先知的知识,由感悟取得的知识称为神秘的知识。神秘的知识,它取得时在灵魂和造物主之间没有媒介;它恰恰是神秘灯中之光落在柔和的、空虚的、纯洁的心上。""宇宙理性比宇宙灵魂更高尚、完全、强大,更接近造物主,而宇宙灵魂比其他万物更尊贵、仁慈、高尚。从宇宙理性的溢出中产生启示,从宇宙灵魂的照明中产生感悟。启示是先知们的妆饰,感悟则是圣徒们的妆饰。"②

四、《哲学家的毁灭》

加扎利认为,主张理性主义和思想自由的学者们对哲学的推崇,客观上导致对伊斯兰教信仰的否定,这是一种危险的倾向。他经过考察,发现"古代人和现代人之中每一个值得提到的人"都赞同宗教信仰的两个基本原则:造物主的存在和末日审判。③ 对于亚里士多德,加扎利赞赏他的逻辑学,为此写了一本重要的手册《科学的尺度》,全面地介绍逻辑学,认为

---

① 加扎利:《神秘主义的论文》,见《伊斯兰权威加扎利论文精选》,第21—22页。
② 加扎利:《神秘主义的论文》,见《伊斯兰权威加扎利论文精选》,第24页。
③ 加扎利:《哲学家的毁灭》,第6页。

它是一种科学思维的工具。与此同时,加扎利又对亚里士多德的哲学观点颇多微词,他把矛头直接对准伊斯兰教内亚里士多德哲学的权威和阐述者法拉比和伊本·西那,间接地攻击使哲学各学科条理化和完善化的亚里士多德。他认为批驳了这三位,其他哲学家就不在话下,无须再费口舌。他于是写了《哲学家的毁灭》一书,提出20个命题进行批驳和论证:

1. 批驳哲学家们的宇宙无始论;

2. 批驳哲学家们的宇宙无终论;

3. 批驳哲学家们的"真主是世界的制作者,世界为真主所制造"这种语意混乱的说法;

4. 论哲学家们不能证明造物主;

5. 论哲学家们不能证明两位神同时存在的不可能性;

6. 批驳哲学家们的否定德性论;

7. 批驳哲学家们关于太一的本体在种和属方面不可分的说法;

8. 批驳哲学家们关于太一是无实质的简单存在的说法;

9. 论哲学家们不能阐明太一并不是体;

10. 论哲学家们必然提倡本质、否定造物主;

11. 论哲学家们无法说太一知晓万物;

12. 论哲学家们无法说太一知晓他本性;

13. 批驳哲学家们关于太一不知晓特称事物的说法;

14. 批驳哲学家们关于天是凭意志而活动的动物的说法;

15. 批驳哲学家们所提到的天的使动目的这种观点;

16. 批驳哲学家们关于各天体的灵魂知晓所有特称事物的说法；

17. 批驳哲学家们关于不可能反常的说法；

18. 批驳哲学家们关于人的灵魂是自立的本质，既不是体又不是偶性的说法；

19. 批驳哲学家们关于人类灵魂不可能毁灭的说法；

20. 批驳哲学家们否认肉体复活，并在天园享受种种乐趣或在火狱经历心灵痛苦的说法。

此书的第一、二两个论题就是批驳亚里士多德和阿拉伯新柏拉图主义者所声称的宇宙的永恒性。阿拉伯哲学家们承认造物主，但又认为宇宙是无始的，有真主便有宇宙。"造物主先于宇宙恰如因先于果，这是凭本体和等级之先，而不是在时间方面"，"因为不能设想有始的根本没有媒介就来自无始的"①。他们的证明可归纳为三点：有始的不能来自无始的；真主先于宇宙不是在时间方面；凡有始的，物质必在前。加扎利对此逐一进行批驳。

有始的不能来自无始的，因为我们如假定宇宙不是从无始中溢出，那么宇宙纯粹是可能的存在，可它实际上存在了。为何存在？必有缘由。宇宙为什么在产生的那个时候开始存在，而不是在此以前？是造物主以前没有创造世界的能力、目的、意志，到那个时候才有了此能力、目的、意志吗？如是这样，那这种能力、目的、意志从何而来？是来自他的本体还

---

① 加扎利：《哲学家的毁灭》，第 21—22 页。

是其他？都不可能。宇宙只能是无始的。加扎利的回答是，造物主的意志是无始的，但在需要它存在时存在，这有何不可呢？有人会说，"如果无始的意志是指行为，那么不能想象所意愿的居后，除非有障碍"①。他责问这有何逻辑证明，为何不能凭无始的意志出现有始的宇宙。造物主的意志是绝对的，它可以选择某特定的时间而无需任何原因。绝对的意志如受限制，还算什么绝对的？

造物主先于宇宙不是在时间方面，而是凭本体，就如一在二之前，或凭因果关系，就如人的活动在其影子的活动之前，这两者在时间上是一致的。既然造物主在宇宙之前是这种情况，那么"这两者要么均是有始的，要么均是无始的，不能一个有始一个无始"②。如果说真主在宇宙之前不是凭本体，而是凭时间，那么在宇宙诞生的时刻之前一定还有段时间，那时是"无"，这段时间一段是有限的，另一段是无限的，这显然与时间的概念相矛盾。因此，时间与运动，都是无始的。加扎利的回答是，我们说造物主创造世界，指的是在这之前无宇宙，在这以后有宇宙，前者只存在一个本体，即真主的本体。后者则存在两个本体——真主的本体和宇宙的本体，"不必要假定存在第三样东西：时间"③。其实时间也是被造的，对时间的描写迫使我们将真主和宇宙这两个本体，想象为通过时间这个中间物而连在一起，这只是一个把戏。

---

① 加扎利：《哲学家的毁灭》，第 28—29 页。
② 加扎利：《哲学家的毁灭》，第 52 页。
③ 加扎利：《哲学家的毁灭》，第 53 页。

凡有始的,物质必在前,因为离开物质就不能创造,也就是说物质不是有始的,有始的只是脱离物质的形式、偶性和性质。每个有始的在存在前不外乎或是可能的存在,或是不可能的存在,或是必然的存在。宇宙显然属于可能的存在。众所周知,存在的可能性是一种附加的属性,而不是自身的主体,所以一定得有附加之处,它只能是物质,因为"可能性是物质的属性,不是自立之物"[①]。加扎利的回答是,可能性、不可能性、必然性是一些无需存在物的理性问题,后来把它们作为存在物的属性。如果说可能性必须有附加之处,那么不可能性也须有附加之处,而不可能并非存在之物,这显然是荒谬的。这三性仅是概念,所存在的东西简直就是"它们所论断为其属性的实体"[②]。

宇宙的无终性被哲学家们认为是合乎逻辑的。加扎利只是从神学角度,引用《古兰经》经文进行批驳。第三论题到第十论题这一组问题论述真主及其属性(德性)。阿拉伯哲学家普遍认为宇宙是必然从真主(太一)溢出的,就像光线从太阳溢出一样,因此真主只能被隐喻地称为宇宙的制作者,而不是创造者。加扎利批驳道,既为"必然"溢出,那就谈不上创造。而且从一之中只能产生一,而宇宙是多重的,哲学家们无法阐明这些,只能用含混的语言糊弄过去。他们所有的论点都基于无限退行的不可能性和最终假定一系列结果的必然性。物体既然是永恒的,因此不需要原因。这样,他们就无法证明造物主的存在,更不能证明真主的单一性,其结果

[①] 加扎利:《哲学家的毁灭》,第69页。
[②] 加扎利:《哲学家的毁灭》,第70—71页。

必然否认真主的全部属性。

关于真主的知识的问题,是加扎利痛斥哲学家们的第二大问题。他通过详述艾什阿里派的观点,批驳哲学家们,认为既然意愿的行为意味着对所意愿的事物的知识,而整个世界都是真主所意愿的,那么真主知晓万物是无可置疑的。有意志、能知晓的一定是具有活力的,他不仅能知晓万物,也一定能知晓他本体。哲学家们由于否认真主具有意志,因而也不能证明真主具有知识。例如,伊本·西那认为太一既然是完全非物质的,他一定是纯粹的理性,因而知晓万物。加扎利反驳道,仅仅从真主不是物质的实体这个前提推断出知晓万物,这是用未经证明的假设来辩论。而只有在证明真主知晓万物并知晓他本体之后,才能宣称真主是纯粹的理性。意志问题是知识问题的要害。哲学家以自然溢出论,否认真主具有意志(意愿),因而无法证明真主知道他自身或从他处产生的任何事物,当然也会否认真主有能力看见或听到,并断言这些是受造物的属性。

否认真主知晓特称事物,是真主的知识问题中具有决定性意义的方面。哲学家们虽然承认真主知晓除他自身外的万物,但他知晓的只是全称的概念,只是从总的性质上认识万物,不受时间和空间的限制。因为特称事物是变化着的,知识跟随其对象的变化而变化;知识变化了,具有知识者也必然变化无疑,而真主是不变的,因此无法知晓各别的特称事物。加扎利批驳道,知识是附加在有知识者的本体上的,此附加物会有所变化,其本体却依然故我,正如一个人在你右边,后来移到你的左边,变化的是那个人,而不是你。从另一方面说,知识的变化如果引起有知识者本体中某物的变化,那么难道不产生这一本体中的知识的数目上的变化?对人的知识,对动物的知识,对植物的知识是各不相同的知识,它们的种类、品种、偶性是数不胜数的,这种种知识如何统一在一个知识之下,而这个知识又如何是有知识者的本体而它不给他增加什么?《古兰经》中明确地陈述道,真主是"全知幽玄的",即使是"天地间微尘重的事物"。① 真主知晓特称事物,是不以时间、空间或其他任何条件为转移的。

因果关系是否具有必然性,能不能出现反常现象?这个问题在阿拉伯人之间已经争论了两个多世纪,但加扎利是第一个对自然界的因果关系必然性进行系统驳斥的伊斯兰经院哲学家。在这方面,他显然受到希腊不可知论的影响。哲学家们声称火造成棉花的燃烧,这里面存在着因果关系。加扎利坚持认为这一过程中的真正动因是真主,他不是通过自身直接起作用,就是通过媒介间接起作用。火是无生命的,不能成为原因。燃烧是接触火的结果,但不能归因于火。棉花接触火有时并不燃烧,这里并不存在必然的因果关系。有人或许会反驳,根据上述说法,一切皆可能,就没有什么必然的事了。须知真主能以任何他意愿的命令,创造他所中意的事情,任何所谓的关系都不能形成对真主能力的束缚。事情的发生仅仅是可能的,并非必然性。但有些事情重复发生,便"在我们头脑

---

① 《古兰经》34:3。

里牢固地建立起关于它们按照过去习以为常的过程而发生的"[1]概念,而把不按此过程发生的事称为反常。《古兰经》里记载的种种奇迹,实际上是真主在一个比较短的时间内,甚至是在瞬间实现了通常要比较长的时间才能实现的事情。

哲学家们认为人死后灵魂依然存在,或是享乐或是受苦。人在享乐、受苦方面的等级是不同的,最痛苦的产生于无知,但无知的灵魂在今世生活中并不感到痛苦。他们否认肉体复活的可能性,认为所谓肉体复活不外乎三种假设:人由肉体和生命构成,至于灵魂则是不存在的,因而复活是指真主恢复已经因死而化为乌有的肉体;灵魂在死后存在,复活是指肉体的各部分回到灵魂本体上;灵魂存在,复活的是肉体的某些部分,因为人不是凭物质,而是凭灵魂才成其为人。这三种假设都是荒谬的。因为重新创造是指创造出类似以前的,而不是以前某物本身。化为乌有的不能再生。人并非凭肉体是人,因为马的肉体成为人的食物后,人从中获得营养,但不能说马已经变成了人。马还是马,这是凭它的形式而不是物质,形式化为乌有,物质依然存在。肉体死后各部分是解体的,或被飞禽吃掉,或化为腐土,难以拼合。如果鉴于真主的能力可以复活,那么食人者的情况如何呢?这同一物质复活给谁呢?是食人者还是被食者?两个灵魂不能与一个肉体结合。另一方面,我们见到同一物质变成植物,牲畜吃了后变成它的肉体,人再吃牲畜,它就变成我们的肉

---

[1] 详见加扎利:《哲学家的毁灭》,第285页。

体,我们死后又变成土、植物、动物、人,如此循环往复,那么同一物质在我们之后成了许许多多的人。这样,离开肉体的灵魂是难以计数的,而肉体却是有限数目的体,那么,这些肉体物质如何满足需要呢?另一方面,这必然导致灵魂轮回说,伊本·西那早就证明这不可能。

加扎利根据伊斯兰教律学驳斥这种种假设,认为人是凭灵魂而不是凭肉体才是人。肉体从小变到大,人还是那个人。重要的是某种能使人具有肉体享受或痛苦的器具回到人,一旦这些器具回到了人处,真主的奇迹就存在。至于物质有限、灵魂无限这种说法是站不住脚的,因为宇宙在哲学家看来是无始的,而灵魂是有始的,那么它不可能多于物质。如若真的多于物质,真主难道不可能重新创造一些新的物质吗?加扎利断然否认轮回说,但坚信肉体复活的说法,因为教律上是如此说的。他反问:用人的精血化为人体各种器官、骨骼、神经、脉络的造物主,难道就不能从朽骨中恢复一个完整的人?结论当然是肯定的,因为《古兰经》里有这方面的明训。

五、伦理学

加扎利将学问分为交际的学问和体验的学问。前者讨论行为,即人应该怎样做,他的品行才符合伊斯兰教教义之精神。后者即苏菲派的"品味",其目的是达到认识真主,加扎利称之为"感悟"。交际的学问实际上就是伊斯兰伦理学,他为此写了厚厚一本书,名曰《圣学复兴》。他认为这种学问建立在四个四分之一的基础上——崇拜、习俗、危点、拯救,每一部

第二章　经院哲学和神秘主义哲学

分各有十书。崇拜部分包括知识书、信仰基础书、净身秘密书、祈祷秘密书、施舍秘密书、守斋秘密书、朝觐秘密书、《古兰经》诵读礼仪书、赞颂与祈愿书、各时间祈祷词安排书。习俗部分包括吃的礼仪书、婚姻礼仪书、谋生情况书、合法与非法书、与各色人等交往礼仪书、隐居书、旅行礼仪书、听与爱之书、令善禁恶书、生活礼仪和预言道德书。危点部分包括心之奇迹解释书,灵魂默想书,食欲与性欲两大肉欲疫病书,舌头疫病书,愤怒、仇恨与嫉妒疫病书,责备尘世书,责备金钱和吝惜书,责备显耀和伪善书,责备骄傲和自恃书,责备欺诈书。拯救部分包括忏悔书,忍耐与感激书,害怕与希望书,贫困与修道书,一神教和信赖真主书,热爱、渴慕、和蔼与满足书,意愿、真诚与忠诚书,监督与清算书,思考书,提及死亡书。在这些"书"中,他提出了伊斯兰道德规范,分析了好的行为和坏的行为各自具有的特征、产生的原因以及发扬好的行为、纠正坏的行为的种种方法。

他认为道德是"灵魂中根深蒂固的一种状态,由它轻而易举地发出行为,无须深思熟虑。如果从中发出的行为在理性和教律上说是美好的,这种状态就被称为好道德。如果由它发出丑恶的行为,作为根源的这种状态就被称为坏道德"[①]。道德具有四个方面:好与坏的行为;进行这两种行为的潜能;关于这两种能力的知识;灵魂的状态因它偏向两者中某一方,轻而易举地要么进行好的行为要么进行坏的行为。"道德并非就是行为,也许本性慷慨的人因为失去钱财或其他原因而无法慷慨,也许生性悭吝

[①] 加扎利:《圣学复兴》,第3卷,第46页。

的人反而出于某动机或伪善而出手大方。道德也并非等于潜能,因为潜能对于放和收这一组对立面的关系是一样的,每个人生来就能够放和收。道德又不是知识,因为知识对于美与丑来说都是一样的。道德是第四种意义,即灵魂所处的状态,灵魂以这种状态准备从他处产生收或放。因此,道德是灵魂的状态及其内部的形式。"[1]

灵魂的潜能分为四种——理性的潜能、情感的潜能和欲望的潜能,公正是这些潜能之间的平衡器。"就好像表面形象之美,绝不能只是双眼漂亮而鼻子、嘴巴、双颊不行,一定是所有的都好才能构成表面之美。同样,在内部有四个方面,一定要一起好才能体现道德好。只有这四方面端正了,平衡了,合比例了,才能有好的道德。那就是理性的潜能、情感的潜能、欲望的潜能以及在这三种潜能之前的公正的潜能,只有它们之间协调和谐了才行。"[2]他接受四大美德的理论,即柏拉图称之为"苏格拉底的美德"的"智慧、勇敢、节制、公正"[3]。智慧说明灵魂能"在一切选择的行为中分辨是非",勇敢是"情感的潜能在进与退中服从理性",节制指"欲望的潜能受理性和教律的节制",公正则说明"灵魂凭它统辖情感与欲望,使它俩服从哲理,根据需要在放与收方面给予控制","这四方面端正了,一切美德便产生了"。[4] 他认为"美德是相对的两项之间的中间项"[5],过度和

---

[1] 加扎利:《圣学复兴》,第3卷,第46—47页。
[2] 加扎利:《圣学复兴》,第3卷,第68页。
[3] 加扎利:《圣学复兴》,第3卷,第48页。
[4] 加扎利:《圣学复兴》,第3卷,第49页。
[5] 加扎利:《圣学复兴》,第1卷,第95页。

不足都是恶行。例如,勇敢就是畏首畏尾的懦弱和无畏蛮干的鲁莽这一组对立物的两项的中间项。不过这种适中不是绝对的,要根据具体情况而定。

人生的目的是为了追求幸福,有四种人:第一种人深通教律规定,但纵情肉欲享受,为现世而不顾来世。第二种人是哲学家,将理性享受置于肉欲享受之上,以追求知识和真理为幸福,但他们夸夸其谈,并未将他们所提倡的付诸实践,因此他们的"幸福"是虚的。第三种人是愚昧的大众,以为死是"纯粹的无",一死百了,什么后世的奖惩,真理与谬误皆不在他们的思考之列。这些人抗拒不了世俗欲望的引诱,栽入堕落的泥坑。第四种人不为肉欲享受或理性享受所动,他们深知尘世的幸福是短暂的、有限的,而在真主处的一切才是最佳的、持久的,因此他们严守教律规定,虔心崇拜真主。这种人的幸福才是真正的幸福。幸福实际上就是人的灵魂获得完美,只有完全超脱尘世牵连,一心为神性事务着想,通过圣战、默想、自督等手段,才能使灵魂得到幸福。无行为就无知识,无知识便无幸福。"欲得光荣者,须知光荣全归真主。良言将为他所知,他升起善行。"[1]

"道德不过是人们的操行,操行只来自信念,内心的信仰驱动意志,意志带来了操行。"[2]显然,加扎利把信念放在首位,人们首先要端正自己的信仰,才能自觉地做出符合该信仰道德规范内的行为。否则的话,即使一时实践了可嘉的行为,那也不是持久的。有了坚定的信念才有坚强的意

---

[1] 《古兰经》35:10。
[2] 加扎利:《圣学复兴》,第3卷,第64页。

志。人的行为受意志控制,意志源于心,因此在确立信念后应时刻注意养心,通过养心认识自己的不足,培养自知精神。

对一个人的道德养成,教育起了关键的作用,人际交往也有重大影响。"一个孩子在父母处,他的纯洁的心是单纯的珍贵的本质,没有任何刻画,能接受任何刻画,可塑性大。如让他习惯善行教他善行,他就养成行善,在今世和来世享福,他的双亲、所有的教师、训导师与他同乐;如让他习惯恶,像牲畜一样被忽视,那他就会受苦和毁灭,此罪由他的监护人和家长承担。"①他相信道德可改变,反对道德不变论。"好的道德归因于理性潜能的端正、哲理的完全、情感的和欲望的潜能的适度及其服从理性和教律。这种情况由两方面实现:一是神的慷慨和天性的完美……二是通过锻炼和培养,后天获得这种道德,也就是说使灵魂习惯于它所追求的那种道德所要求的那些行为。"②这种后天获得起初是勉强的,后来才养成习惯。在这方面,要因人、因时、因地而异,就像每个人的身体情况不同,不能强求一致。灵魂品性也不一,千篇一律地对待会毁了其中的大多数。因此必须了解每个灵魂,把握其倾向,熟悉其特性,才能因材施教,对症下药,达到目的。道德培养是建立一个健康的社会的宏大工程之一。

---

① 加扎利:《圣学复兴》,第3卷,第62页。
② 加扎利:《圣学复兴》,第3卷,第50页。

第三章 受希腊哲学影响的阿拉伯哲学家

第一节 第一位系统的阿拉伯哲学著述家铿迪

艾布·尤素福·叶厄古卜·本·伊斯哈格·铿迪（约801—873），被尊称为"阿拉伯哲学家"，因为他出生于阿拉伯世家，祖籍阿拉伯半岛南部，父亲在阿拔斯朝马赫迪（775—785年在位）和拉西德（786—809年在位）两任哈里发执政期间曾任库法长官。

铿迪生于巴士拉，稍长即赴巴格达，学业大为长进，目睹并参与了阿拉伯思想起飞运动和最兴旺时期的翻译运动。他交友广泛，思想活跃，在当时穆尔太齐赖派精神最吃香的时期，不仅资助翻译运动，而且独立地从事哲学研究，取得令人瞩目的成就，被认为是阿拉伯-伊斯兰哲学创建阶段的里程碑，标志着这一哲学走上了有创见性地系统著述的阶段。此外，他还研究其他学科，在数学、天文学、星占术、地理学、医学、光学和音乐等方面造诣极深。他的光学著作曾被东、西方广泛使用，对罗杰·培根等人产生过积极影响。阿拉伯著名文献学家伊本·纳迪姆赞誉铿迪是"他那个时代通晓整个古代学问的人之一"①。

他的著作大部分失传,现存的多为拉丁语译本。《书目大全》认为他有238篇论文或著作,而萨伊德·安达鲁西则说他只有50种作品。他的论文注重定义的界定和形式上的阐述,在评介先人的观点时夹叙夹议,充分表达自己的意见。值得注意的是举世闻名的德国东方学家希尔默斯·利塔在阿斯塔纳市阿雅·索菲娅图书馆所发现的阿拉伯文手稿,包括29篇论文,由穆罕默德·阿卜杜·哈迪·艾布·里达整理成《铿迪哲学论文集》发表。

一、铿迪与哲学

在《第一哲学》这篇献给穆阿泰绥姆·比拉哈里发(833—842年在位)的论文中,他提出"哲学是探究万物真谛的学问","哲学家的宗旨就是寻求真理",提倡思想家应"钻研哲学"。② 众所周知,伊斯兰教初期曾形成一股潮流,认为哲学是异教徒的学问,舍宗教而就哲学会变成外道,进而反对伊斯兰教。这个问题一直是阿拉伯哲学家面临的心理障碍,导致许多次宗教和哲学的论争。铿迪的话就是针对这股潮流的。

他以"他身的目光"和"自身的目光"来看待哲学。他用他身的目光力图跟随哲学大师们,从他们的著作中发掘他们所关心的哲学。在著名的

---

① 伊本·纳迪姆:《书目大全》,第255页。
② 艾布·里达:《铿迪哲学论文集》,第1卷,第96页。

论文《论事物的界定与描述》中，他搜集了古人关于哲学的定义，提出了六种界定，最常见的是柏拉图的说法。尔后用自身的目光提出他个人的看法，认为哲学的定义是"根据人的能力，对万物实在的认识"，尤其第一哲学或形而上学，是"对作为每一实在（存在）的原因的第一实在的认识"。[①]他认为"关于事物真理的学问中有神学、一元论、德行学和所有有益的科学"[②]。哲学家的目的分理论性的和实践性的两方面：理论性目的是揭示真理，实践性目的是按真理去做。谁尽量追求真理、坚持真理，他就是一个完人。他赞同亚里士多德的观点，认为具体科学是以特殊的存在为其研究对象，而哲学的对象则是存在本身。他主张哲学家为达到真理，就得走柏拉图和毕达哥拉斯的道路，把理性的数理知识作为哲学研究的前提。他为此写了《只有依靠数学才能掌握哲学》的专论，又开列了愿学哲学者必须阅读的亚里士多德著作的书单。

数与质是取得关于"第一本质"（真正的哲学）的知识的媒介。"第二本质"（种种范畴）的知识，须在前一种知识的基础上才能顺利获得。缺乏数与质方面的训练，不应侈谈上述两种知识，"总的说来也不应贪求任何人类知识"[③]。

"研究数有两术：一是数学术，它是研究单个的数，即算术的数，以及它们的加减乘除；二是组合术，即找出数与数之间的关系、比例，它们的相

[①] 艾布·里达：《铿迪哲学论文集》，第1卷，第97—98页。
[②] 艾布·里达：《铿迪哲学论文集》，第1卷，第104页。
[③] 艾布·里达：《铿迪哲学论文集》，第1卷，第47页。

似与不同,这些被研究的是相互组合的数。研究质也有两术:一是定质术,即被称为几何的面积学;二是动质学,即根据世界的每个体的运动时间,研究处于形式和运动中的整体①天文学。在这个世界的体内不会有生与灭,直至它们的造物主意愿的话,就像整个地创造它们一样,一下子把它们全部消灭。这就是星相学……如果没有数字就不会有被数词;没有数的结合,就不会有来自被数词的线、面、体、时间和运动;没有数字就没有面积学和星相学。"②

"最高尚的和最高级的哲学是第一哲学,即作为每个真理原因的第一真理学。因为,一个最高尚的完全的哲学家应是熟知这门最高尚学问的人,因为原因的学问比结果的学问更高尚。"③

既然哲学即真理学,那它与宗教(伊斯兰教)绝无矛盾。铿迪力图使哲学与宗教协调一致,甚至宣布"凭我的生命起誓,先知穆罕默德的话、来自至尊至贵的真主的话,用种种理性的尺度衡量,都是全部存在的"④。谁否认哲学,他就是否认真理,从而就是背叛圣教。有时,哲学的内容与《古兰经》的经文明显有矛盾,神学家以此反对哲学,铿迪则采取解释法化险为夷,认为阿拉伯语里不少词语有其真正意义和隐喻意义。因此,《古兰经》的某些经文的意义是隐喻的,须充分思考才能得其真谛。他在给他的学生艾哈迈德·本·穆阿泰绥姆亲王写的一篇论文《关于解释最远的天

---

① 铿迪的著作中,"体"即"物体"或"肉体","整体"指的是世界及其周围的天。
② 艾布·里达:《铿迪哲学论文集》,第1卷,第377页。
③ 艾布·里达:《铿迪哲学论文集》,第1卷,第98页。
④ 艾布·里达:《铿迪哲学论文集》,第1卷,第244页。

体的跪拜及其对真主的服从》中,就把"跪拜"和"服从"解释成显示真主的伟大和遵守真主的命令。

铿迪特别喜欢运用反复论述法、驳斥荒谬法,以及柏拉图的二分法,来论证哲学问题,涉及的议题有万物的本原和真主的单一性,感性知识和理性知识,物质的实体和非物质的实体,灵魂与理性,物体,运动和时间,等等。他的语言虽然噜苏,但却闪烁着唯物主义的光芒,代表了中世纪伊斯兰思想的进步倾向,介绍和传播了亚里士多德、柏拉图等古希腊哲学家的思想。他在《劝学哲学书》[①]中所提出的亚里士多德哲学全集分类法为后来的阿拉伯哲学家所接受,使阿拉伯哲学从古希腊哲学思想中汲取丰富的营养,形成了自己的独特体系。

在研究哲学的过程中,铿迪提出了许多哲学概念,确定了术语,例如:

第一因:造物的、主动的、整体完全的、不动的。

理性:思悟万物真理的简单的本质。

自然:动的元始,静来自动,它是灵魂的第一力量。

体:具有长、宽、高三个量度的。

物质:受动的、承担形式的客观力量。

形式:事物凭它才能具有模样的。

二、自然哲学观

在《阐述世界体之有限》《不可能是无限的体和据说是无限的体之本

---

① 见伊本·纳迪姆:《书目大全》,第372页。此书已逸失。

质》《五大本原或本质》《天体的性质不同于四大要素的性质》《生与灭的能动的近因》《论存在没有体的本质》等论文里,铿迪采取筛选的方法,调和亚里士多德和柏拉图的观点,阐述自己的自然哲学观。他认为宇宙有一个最远因,即创造世界、组织世界、安排世界,使世界的一部分成为另一部分原因的真主。宇宙是从"无"中创造的,即由不存在到存在,它是由真主创造的,从而否定世界的无始性。宇宙里存在形形色色的运动,其中有生与灭的运动。为研究这些运动,须注视四大原因。他在《论事物的界定与描述》中把它定为:事物构成的因素(物质因)、事物所有的形式(形式因)、事物运动的起因(动力因)、主动者行为的原因(目的因)。显然,这四大原因是亚里士多德的。他最后说,使万物生与灭的最终原因是第一因,即真主是万因之因。近因是天体,它通过四大要素使存在的存在、毁灭的毁灭。世界分两大部分:月球天体之下的(低界)、从月球近地点到世界之终端(最远天体)之间的区域(高界)。低界即尘世上的世界,具有物质、形式、运动、空间和时间这五大本原(或本质),属于四大要素的混合物的世界。四大要素本身不可起源或衰灭,但它们的混合物,包括无机物、植物和动物,是在变化中的,是可生与灭的。高界纯粹由"第五个性质"所构成,是非混合物,它不受生与灭的规律所控制,因为它不接受热与冷、湿与干这四大基本特性。他并未给这不同于"四大要素"的"第五个性质"命名,但从叙述看,它似乎就是以太。地球处于世界中心,它是固定在自己位置上的球体,周围是水球,尔后是空气球,再后是火球。这以后是各种天体,最后是包围世界的最远天体,铿迪称之为"整体之体",这个体"在它之后没有体,也没有真空"①。

四大要素都有朝其自然地点运动的本性,土和水向着世界中心,而气和火则朝着包围低界的球形地带的天空范围的低端。时间、空间和运动,都是四大要素的属性。天体是造成尘世上万物生与灭变化的动因,它们离开或朝向地球的运动生成冷与热,影响万物。尤其是太阳,与地球关系最密切,影响最大,决定着生命繁衍和物产分布。两极严寒、赤道酷热,必然人口稀少、土地贫瘠;中间地区,则人口比较稠密、土地比较肥沃,这些"事实上都是由于太阳离地球的相称的距离,太阳在黄道上的特殊运动及其与'最外层天空'的运动共同起作用这些因素"造成的,否则"既不会有农作物,也不会繁衍生命,诸生灵均不存在"。② 月球因离地球较近,在调和大气层湿度和温度,形成云、雨等气象方面举足轻重。托勒密宇宙论里的其他行星通过它们独特的运动轨迹,也对大地有所影响。上述种种影响,最终造成人的气质变化,甚至导致政治制度的更迭。

天体具有生命和智力,因而也有感官。天体不会成长,故无需味觉、嗅觉和触觉这三种对获得食物直接起作用的功能,它只具备视觉和听觉,这使它能获得知识和美德。既然能掌握知识,它就必然有智力和理性,而且"远远胜过那些会遭受衰灭的被造物"③。天体是生与灭世界上诸事的近因,大地上的生命实际上是天体创造的。因为"最崇高的天体内"有"能

---
① 艾布·里达:《铿迪哲学论文集》,第2卷,第48—49页。
② 艾布·里达:《铿迪哲学论文集》,第1卷,第231页。
③ 艾布·里达:《铿迪哲学论文集》,第1卷,第256—257页。

对不如它的体内起作用的高尚的精神力量",所以能对"每个具有灵魂的,例如人,起作用"①。

三、万物的本原和真主的独一性

铿迪认为万物和谐,必有本原。此本原即真一、真神、真主。他在《第一哲学》《论真主的独一性和世界体之有限》中,研究了真主的性质、存在和德性。

他认为,真主的性质是"不是无,永远不会无的;一直有,永远有的"②真正的存在。真主是完全的存在,不能改变的存在。凡存在均缘于他。在他看来世界是有始的,因为世界上的一切都是运动的,而运动即情况的变化,"每个改变都是计算改变者,即体的一个时期;那么,每个改变都是与时间有关",而时间是"运动所计数的一段时间",即"运动的数",这么说有运动就有时间,没运动也就没时间,而"运动就是体的运动,如果有体,就有运动,没有体也就没有运动","体、运动和时间在存在方面是不能有所先后的,它们是同时存在"。时间是有限的,因为不能有实际上无限的时间,这是因为运动的体是有限的,从而体的运动也是有限的。他说,仅可以设想潜能上是无限的时间,"仅仅整个的体可以设想不断膨胀,幻想一个比它更大的整体,尔后再有一个比这个更大的……从可能的角度说,

---

① 艾布·里达:《铿迪哲学论文集》,第1卷,第369页。
② 艾布·里达:《铿迪哲学论文集》,第1卷,第114页。

这种扩大是无限的,仅从潜能讲是无限的"①。那么,具体(物)体本身及其任何属性都是有限的。他提出问题:"一物能否成为它自身存在的原因呢?"他的回答是"不可能"。因为世界是有始的、有限的,所以必然有使之有始者,"凡物必然是来自无的、有始的"②,使之从无到有的,即万物的本原。这是第一个论证。

第二个论据建立在存在物的众多之上。他认为无单一不可能殊多,无殊多也无所谓单一,所有从感性得来的知识无不证明这一点。这不是偶然的,必有原因,其原因不在于共有单一和殊多两个属性的事物本身,否则那事物在事实上就会无限,即该事物本身不可能成为其存在的原因。那么,必然有外来的原因,"共有单一和殊多之物的原因,与该物不是同类,也不与它相似;这些事物的构成和稳定的原因,是比它们高级、高尚和久远的",其中必有一个本原,是"共有者有一个非共有者的原因",否则乙为甲因、丙为乙因……如此以往就无穷尽了,而"在同一类属的诸物中,不可能有的比其他的更久远,但原因须先于结果"。③

第三个证明建立在宇宙的安排上,"可见的世界,其安排只可能在不可见的世界;不可见的世界,只有通过在这个世界上存在安排和证明它的痕迹时才是可知的"④。既然可见的世界如此有条不紊,那就一定有位安排者,此安排者即造物主。

---

① 艾布·里达:《铿迪哲学论文集》,第1卷,第203页。
② 艾布·里达:《铿迪哲学论文集》,第1卷,第207页。
③ 艾布·里达:《铿迪哲学论文集》,第1卷,第242页。
④ 艾布·里达:《铿迪哲学论文集》,第1卷,第244页。

关于真主的德性,铿迪采取穆尔太齐赖派的立场,将独一性作为真主最重要的德性。真主数字上是一,本体上是一,他本质上不可能殊多。他说,真主"不是具有物质的,不是具有形式的,不是具有数量的,不是具有质量的,不是具有附加内容的,不能以其他可被理性领悟的事物中的任何物来形容,不具有种类和品属,不具有个性、特性、偶性,不是运动的……因此,他仅仅是纯粹的独一的","他是无始无终的","绝对的",他的存在"没有原因","不会毁灭或改变",处于永不被超越的卓越之中。[1]"无始的不运动,所以没有时间,因为时间是运动的数。但这种无始的有一种专门的行为,即创造",在时间内由无(太虚)中创造宇宙。"真主是第一原因",是"从无创造万物的创世者"。[2]

四、感性知识和理性知识

铿迪认为人类知识是通过感官系统和理性系统这两条途径获得。前者获得的是感性知识,后者得到的是理性知识。人可以通过自己的感官,直接领悟局部的形象,即有关"颜色的、形式的、味道的、声音的、气味的、触感的,每一种都是具有物质的形象",只有物质的局部内容才落入感官之中,由此产出的映象由想象潜能加工,"形成无本质的立体的事物形象",尔后交记忆潜能去保管。而理性系统则与"万物的自然本性"更近,虽然它表面上不及感官系统之逼真。理性从具体物质中抽象出非物质的

---

[1] 艾布·里达:《铿迪哲学论文集》,第1卷,第113—114页。
[2] 艾布·里达:《铿迪哲学论文集》,第1卷,第236—237页。

形象,并由此参悟出一般概念。感性认识只是物质的局部,理性认识才能洞察其全部。①

他把实体分为物质的实体和非物质的实体两大类,分别与自然学和超自然学(形而上学)的范畴相对应。感官所能感知的只是物质的实体,非物质的实体不能成为描述的客体,因而无法被感知,只能通过理性的思维,才能认识它。

感觉和描述的对象是具体的、个别的事物,这是"认识的第一本原"②,理性认识是从一系列感性认识的"前提"上进行逻辑推理或综合分析,而得出的无法被感觉或描述的、非物质的一般概念或纯粹理性的概念。例如,我们对宇宙之外既不可能真空一片又不可能充满物质这个命题的探讨及其得出的结论,就是通过根据一系列前提所作的推理得出的,它逻辑上来自这些前提,即来自认识的第一本原。

五、 灵魂与理性

在《铿迪哲学论文集》中有一篇题为《从亚里士多德、柏拉图和其他哲学家著作中摘要的灵魂说》的论文,和一篇题为《铿迪简略论灵魂》的短论。从这两篇文章中可见铿迪并不知道亚里士多德的《论灵魂》一书,他归于第一导师的只是当时极为流传的伪著《神学》。他在《论事物的界定与描述》中给灵魂下定义为"具有可接受生命器具的自然体的完全性"或

---

① 艾布·里达:《铿迪哲学论文集》,第 1 卷,第 106—107 页。
② 艾布·里达:《铿迪哲学论文集》,第 1 卷,第 108 页。

"潜能上具有生命的自然体的第一补足",这两个定义显然是亚里士多德学派的观点,而第三个定义却具有柏拉图派和毕达哥拉斯派的倾向:"灵魂是凭组合的数,来自本体活动的理性的本质。"①

他所说的灵魂的性质是"精神的、神性的、简单的本质","它无长度、高度和宽度",是一种无形的实质,来自"造物主之光"。② 他并未明确指出灵魂是在肉体之前存在(柏拉图派的观点)还是与肉体一起被创造(伊斯兰教教义),只是含糊地说"这个世界宛如车辆通过的桥梁,我们来到这个世界上,但没有长久的居所,我们所认为的长久的固定居所是崇高的高界世界,我们的灵魂死后将转到那个世界"③,这句话承认灵魂的永恒,至于灵魂来自何处,是来自它将回到那儿去的世界还是创造于无,铿迪只字未提。伊本·纳迪姆·伊本·艾比·乌赛比阿等人的著作中都提到铿迪有篇题为《论灵魂在感性世界存在之前处在理性世界中》的论文,但此文没有流传下来,因此无法了解他关于这个重大问题的观点。

灵魂并不在痛苦中永恒,而是通过逐级净化,最后到达充满造物主之光的神性世界。"每个与肉体分离的灵魂,并非即刻达到这种地位。"因为灵魂在"离开肉体时带有污秽和邪恶",须"先到月球范围内,在那儿逗留一段时间,经过矫正、纯化,便升到水星范围,再逗留一个时期,变得更正、更纯,再升到高一层的天体范围,在每个范围内居住一段时间,等到达最

---

① 艾布·里达:《铿迪哲学论文集》,第1卷,第99页。
② 艾布·里达:《铿迪哲学论文集》,第1卷,第265—266页。
③ 艾布·里达:《铿迪哲学论文集》,第1卷,第273—274页。

高范围时,它就完全纯洁了,清除了感觉的污秽、幻想和邪恶,这就升到理性的世界","与造物主之光吻合了……造物主赋予它管理世界的一些事务,它就以处理这些事务为乐"。①

作为生命的本原,灵魂一时与肉体合二而一,通过肉体起作用。灵魂有很多潜能,可分为感性潜能、中间潜能、理性潜能三大类。感性潜能的器官是"体表的五大感官,它们领悟具体的感性形象",但不能复合,例如视觉不能产生一个"长角披羽的人"这个形象。动物共有感性潜能。理性潜能思悟"从物质中抽象出来"的概念,即思悟种类与品属,例如关于植物与动物、有果必有因、正与负等概念,理性潜能非动物所共有。在感性和理性两潜能之间的,是中间潜能,包括想象的潜能、记忆的潜能、失控的潜能、欲望的潜能等。想象的潜能在感性认识的基础上"使我们抽象地产生立体形象,并不存在这些形象的形式及其全部德性和数量的具有者","这种潜能在人睡眠或清醒的情况下都可能起作用",其特点是能"复合"。记忆的潜能是接受想象的潜能造成的形象并保留它。在这两种潜能之下的是"失控的潜能",即"有时使人烦躁不安,促使他犯大错误"的情感的潜能,但灵魂有"阻止情感走向随心所欲"的功能。欲望的潜能是令人产生某些"渴望"享受的潜能。② 此外,铿迪还提到了营养的潜能、发育的潜能等,但都是一笔带过,未加详述。

铿迪认为有四种理性:"第一是那个永远处于行动之中的理性;第二

---

① 艾布·里达:《铿迪哲学论文集》,第1卷,第278页。
② 艾布·里达:《铿迪哲学论文集》,第1卷,第296—300页。

是那处于潜能之中的和灵魂之中的理性;第三是那种从灵魂内的潜能状态已经过渡到现实状态的理性;第四是我们称之为明显的那种理性。"①第一种理性是永恒不变的原动的理性,天地万物的存在均以它为本原。这种理性实际上就是真主,它是一。"灵魂是潜在的具理性者,来自第一理性,走向成为现实的具理性者。理性形式一旦与灵魂结合,灵魂本身和理性形式就不再有区别,因为它不是被分割成形形色色的。理性形式一旦与灵魂合一,灵魂和理性即为一物,既是具理性者又是被理性思悟者,那么理性和被理性思悟者从类属上讲也是一物。"②这就是第二种理性。第三种理性指人类的才能,它是"灵魂的获得物","当灵魂想使用它时,它就成为属于灵魂的存在物",例如书写的才能。只有第四种理性才是"凭行为属于非灵魂的存在",由行为显示这种理性是"明显的"。③

"睡眠是身心健康的活人自然放弃使用感官。"④此时,想象的潜能能够唤起感性事物的形象,这些形象已经从它的感性物质中抽象出来。想象的潜能在入睡时和醒时都起作用,但睡时更明显。梦境就是"灵魂使用思考,而不再使用感官"⑤。对于梦中出现事实上尚未出现过的事物,铿迪采取柏拉图的学说,解释为:"灵魂,因为它是有生命的觉醒的标志,也许在一些事物构成前,就出现了它们的标志,预示着它们的实体;如果有生

---

① 艾布·里达:《铿迪哲学论文集》,第1卷,第353—354页。
② 艾布·里达:《铿迪哲学论文集》,第1卷,第356页。
③ 参见艾布·里达:《铿迪哲学论文集》,第1卷,第357—358页。
④ 艾布·里达:《铿迪哲学论文集》,第2卷,第295页。
⑤ 艾布·里达:《铿迪哲学论文集》,第2卷,第296页。

命者通过排除那种破坏接受灵魂的潜能的偶因,从而准备完全接受纯洁时,如果灵魂有能力在这个有生命者的器官中显示其影响时,这些事物在构成前就显示了其实体。"①如果器官对接受这种影响的准备不足,那么灵魂就通过象征的方法预告此物。如果器官不能接受象征的潜能时,此物会以其对立物出现,例如某些人在梦中见到了相反的事:实际上一贫如洗的人正在发大财,实际上活着的人早就死了,等等。如果器官实在差,接受不了上述等级的情况,那么他的梦是凌乱的,几个形象夹杂在一起,预示不了任何明显之物。这种成梦说不是建立在科学的基础上,既未经实验,又不经论证,而是以柏拉图的有关学说为基础,经过想象的"推理"而成。

第二节 主张物质永恒论的哲学家

一、拉齐与五大永恒的本原论

艾布·伯克尔·穆罕默德·本·扎克里亚·拉齐(865—925或932),拉丁名为Rhazes,生于波斯沙阿班地区的拉依镇,早年经商,后弃商从医,成为名医,曾在家乡和巴格达担任医院院长。与此同时,他还研究哲学和伊斯兰教、犹太教、基督教、摩尼教等宗教教义和哲理,提出许多不

---

① 艾布·里达:《铿迪哲学论文集》,第2卷,第303—304页。

墨守成规的观点，走上一条崭新的哲学之路，招致许多人的指责，被认为采纳"古代自然主义者的观点"，向伊斯兰教信仰提出了挑战。他的学术著作和哲学著作卷帙浩繁。他自制了一份著作目录，计有122本书、25篇论文和一篇文章，共148种。伊本·艾比·乌赛比阿提到拉齐有236种著作，涉及医学、物理学、逻辑学、哲学、神学、伦理学等，其中哲学和神学方面的著作36种。主要的有《神学大全》《绝对物质和具体物质》《时间和空间》《时段开始与运动开始之间的区别》《大物质》《论世界不可能一直是我们所目睹的那种样子》《回答经院哲学家米斯迈伊对物质论派的驳斥》《运动是一项自然的原则》《自然观》《拉齐和迈斯欧迪辩论世界的产生》等。

构成拉齐的形而上学学说实质的是五大永恒的本原：造物主、灵魂、物质、空间和时间。他不同意那种认为没有必要证明自然的存在这种说法，因为自然本身并非昭然若揭的。自然如果是一和同一，那它为什么制造出石头和人这两种截然不同的产物？如果说自然渗入体内，那是否意味着两样东西可以占据一个或同一个空间？有人说自然是无生命的、无感觉的、无能力的、无知识的、没有自由和选择的权利，那又为何把属于造物主的一切属性归于自然？他是个纯理性主义者，相信理性高于一切，从医的经历使他以观察和实验为探索的基础，他不落窠臼，独立研究，提出五大永恒本原说，否定伊斯兰思想界内广为流传的真主从太虚中创造万物的理论。

拉齐首先论证物质的存在，认为在要素和物体形成之前，就存在着由分散的原子所构成的物质,称为绝对物质或第一物质。它与亚里士多德的纯质料相对应,质料没有任何性质,不能独立存在,但它又自始至终地存在着。拉齐所谓的绝对物质是现实地而不是潜在地存在着,它是无始无终的存在,只有在具有形式后才接受性质。物体由物质的原子和原子之间的虚空构成,每个原子都有体积,它是无始无终存在的。万物只有通过原子的集合才能出现。如果这个世界被毁灭,那么物质的世界就被解体,复归原子,物质依然存在。物体的各种性质,诸如重与轻、暗与亮、硬与软,都是由于物质内部虚空的稠密度或疏松度所产生,即由一定体积物体内原子数量及其体积与虚空量之比所产生。

四大要素中,比较密实的是土,其次是水,气较为稀疏,火是最稀疏的。土和水这两个稠密度大的要素是向下朝地球中心运动,而气和火这两个疏松度大(即稠密度小)的要素,则朝上运动。尽管如此,并没有什么绝对重的和绝对轻的。轻和重只是相对的概念。天体由专门的物质组成,它的结构是均衡的,既不像土那样密实,又不像气那样疏松,它的均衡性使天体的任何一个方向并不优于另一方向,所以它的自然运动是圆周运动,而不是直线运动。他以疏松度原理解释了当时学术界争论不休的问题,认为铁击石,撕裂或分散了铁与石之间的空气,使气的原子间的距离越来越大,即疏松度增大,终于转化为火。

他从两方面证明物质的永恒。第一,他认为创造就是"显示",即使无形的物质带上了形式,从而显现在世界中。创造就是通过某媒介的力量从物质中显示出物体,创造实质上就是制造。这个媒介在创造行为之前必然存在，他是永恒的、不可改变的造物主。同样，接受这个媒介行为的物质也一定是永恒的，先于创造行为之前就已存在。第二，如果说造物主能够从无物中创造万物，那么他理所当然地必然从无物中创造每一事物，因为这是最方便的生产方式，然而实际上并非如此，否则造物主一定会一下子创造一个成年人，不必让人经过婴儿、儿童、少年，经过20余年使婴儿长大成人。既然在这个世界上没有什么物体是从无物中出现的，那么从无物中创造某物只能是荒谬的逻辑。创造只能是一种转变，将物质的存在转变成物体的存在。宇宙的产生证明了这一点，大自然就是由物质合成的。

亚里士多德认为空间是一种界限，是围绕的物体对于被围绕着的物体的界限，它存在于围绕与被围绕的物体中，存在于容器与内容物之间。拉齐不同意这种说法，他将两种空间区别开来：整体空间（宇宙空间、绝对空间）和局部空间（特殊空间、相对空间）。整体空间是无限的，不以世界的存在而存在，它与物体无关。两点间的距离就是两点间的距离，不管其间有无物体。瓶内空间就是整个瓶内容积，不管里面有多少液体。整体空间包括虚空和实空，根据物体而被分割。物体在空间内，而物体的本性是有限的，被物体分割的空间是局部空间。整体空间随着诸物体延伸，它从整体上说是无最后界限的。如果我们说空间有限，以这个世界的边界为界，那么我们一定要问这个边界之外是什么，因此无法说这空间是有界限的。整体空间没有尽头，凡无限的均是无始无终的，因此空间是永恒的。这个世界之外的空间是太虚。被物体占据的空间是实空，无物之空间为虚空。虚空的本质是采取原子的形式，介入物质原子之间，与物质原子共存于体内。虚空具有引力，将物质原子吸引住，维持体的存在。为证明这种虚空的存在，他举例说从树上摘了一个苹果，苹果原先所占据的空间依然存在，只是从实空变成了虚空。

时间也是本原之一。他认为时间是无始无终的，具有流逝的本质。亚里士多德认为时间是运动的尺度或数量，拉齐不同意这种看法，他反驳道：倘若时间是运动的尺度或数量，那么就不可能有两个或两个以上在同一时间内运动着的物体，通过两个或两个以上不同的数字来表明运动。他认为没有运动时，时间依然存在。运动仅仅是启示或显示时间。他把宰马恩（时间）、穆代图（时段）和代赫尔（万古）这三个术语区别开来。宰马恩是有头有尾的时间，穆代图是指一段具体的时间，代赫尔则是指无始无终的时间。宰马恩是代赫尔的一种形式，具有深不可测的本质。宰马恩、穆代图和代赫尔是同一本质的三个名称。与天体运动无关的，也许还与灵魂无关的不可细分的，因而不表示数量的，是穆代图；凡可数的、可分的，与天体运动有关的，称为宰马恩。他不同意新柏拉图主义者所说的时间是可感知世界存在的期间，万古是理性世界存在的时间这种说法，他坚信这两者在一定程度上说是一码事。他把时间分为绝对时间和有限时间两种：绝对时间是无始无终的、运动的、不停留的；有限时间则是用以测定天体运动的时间，是计算日夜流逝的时间。绝对时间和绝对空间一样，可以离开宇宙的存在和特定的度量而被直觉地表达出来，显然这种绝对的时间先于任何有限的时间，先于与宇宙的创造同时发生的天体运动。

当时流行一种看法：宇宙是有始的，只有真主是无始的。拉齐不反对宇宙有始论，但也抨击只有真主才是无始的说法。他提出一个问题：真主是凭本性（自然的必然性）还是凭意志创造了世界？尔后回答道：我们凭经验知道，凭本性发自行为者的行为，这种行为的存在是在行为者存在之后的有限度量的时间内发生的。如果说真主凭本性在某个时间内创造了世界，那就得出真主的存在先于世界的存在的结论，而这种"先于"只是一个有限度量的时间，从而得出真主不是无始的而是有始的结论。这显然是荒谬的。另一方面，如果我们说真主是凭意志创造了世界，那么我们就要问：既然真主自无始以来就是独一的，无物与他共存，那他为什么意愿在创造世界的那个特定时间内创造世界？这个问题无法回答，因而一定还有其他无始的本原与造物主共存，真主与这些本原之间的关系的改变导致了世界在某个时间内被造。

他接着说："第二个无始的是灵魂，它是有生命的，然而却是无知的。物质也是无始的。灵魂由于无知而迷恋上物质，攀附在物质之上，使它具有各种形式，以获得肉欲的享受。但物质并不乐意接受形式，它挣脱了固定在它身上的形式。仁慈的万能的真主帮助灵魂摆脱困境。至高无上的真主对灵魂的这种帮助就创造了这个世界，使世界内出现各种有比较长生命的强有力的形式，从而使物质在这些形式中找到了肉欲乐趣进而产生了人。这以后，真主从自己神性本质中输出理性到这个世界的人那儿，以唤醒处于人的形象中沉睡着的灵魂，以指示他认清真主所命令的事，即

第三章　受希腊哲学影响的阿拉伯哲学家

这个世界不是灵魂的处所,灵魂已经犯了上述的一个错误,导致了这个世界的产生。理性对人说:'鉴于灵魂迷恋物质,你得知道,灵魂一旦与物质分离,物质就不再具有存在'",以便人的灵魂了解它的上界世界。"如果它知道上界世界,它就能提防这下界世界,回到作为福禄之地的上界世界。"①他认为,"人只有凭哲学才能到达这上界世界,凡学哲学的,知道其真正的世界,就会脱离痛苦,学习知识,自我拯救。至于其他灵魂,则存留在下界世界内,直到所有囿于人的结构中的灵魂通过哲学都知道这一秘密,趋向自己真正的世界,全部回到那儿去。这以后,这个下界世界将不复存在,物质就像无始时的情况那样,摆脱了与下界世界的干系"②。

　　造物主是第一本原。拉齐认为造物主的智慧是完美的,他不可能产生疏漏或错误。生命是从他处流溢而出的,就像光从太阳处流溢而出一样。他是完全的、纯粹的智力。他创造了万物,他是无所不能的,无物能违抗他的意志。他完美地知晓一切,而灵魂只知道存在之物。造物主知道灵魂倾向于物质,要求物质享受。这以后灵魂就将自己与物质联系在一起,造物主知道这一联系将是邪恶的起源,但他凭自己的智慧,以最完美的方法做出安排,使这一联系得以实现,并将它引向尽可能好的道路。尔后他又将智力注入人中,使灵魂记住自己真正的世界,知道它只要在物质世界内就摆脱不了痛苦的原因所在。既然灵魂知道这一点,知道在它的真正世界内它将无痛苦地获得享受,那么它就渴望自己与物质世界相

---

① 纳赛尔·胡斯罗:《旅行者的干粮》,第 115—116 页。
② 纳赛尔·胡斯罗:《旅行者的干粮》,第 116 页。

分离，这样它将永远处于最大的幸福之中。

这五大本原中，造物主和灵魂是有生命的、能动的。物质是无生命的、被动的，万物均由造物主从物质中造出。时间和空间也是无生命的，但它们既不是能动的，又不是被动的。

二、持物质永恒论观点的其他哲学家

纳吉姆丁·阿里·本·欧麦尔·格兹威尼·卡梯比（1276年卒）在《集成详释》一书中说，哈尔南派①已经提出了五大无始的原则的概念，认为造物主和灵魂是两个有生命的、能动的原则，第三个原则是物质，它无生命，是个被动者，接受形式赐予者所赐予的形式而构成物体。另两个原则是时间和空间，它们既无生命，又不是能动者。他们认为造物主具有完美的知识和智慧，他知晓一切，他的所作所为都是最适宜的、最佳的。从造物主处流出理性，就像光从太阳流出一样。造物主是抽象的本质的存在之所以存在的积极的原因。他是不偏不倚的，也就是说这种存在并非出于他的选择或意志，而是他对本性的肯定。灵魂这个抽象的本质是无始的，它是肉体生命的原因，但它原先不知事物的真相和本质，只是在它接触并熟知该事物后才具有这方面的知识。物质是物体存在的基质，时间和空间是物体存在的计量和处所。

希腊哲学所提倡的自由探索的精神，打开了伊斯兰思想家们理性思

---

① 据伊本·奈迪姆所述，哈尔南派是活跃在八九世纪的一个较著名的哲学派别。参见伊本·纳迪姆：《书目大全》，第318页。笔者认为，哈尔南派很可能是哈兰派的讹音。

索的闸门。铿迪对希腊思想的研究，始终保持不与伊斯兰教的基本信仰相冲突。但是他的一些追随者，例如艾哈迈德·本·泰伊卜·塞拉赫西(899年卒)，则走上了宗教怀疑主义的道路，他否定启示和奇迹，甚至攻击先知是骗子，最终被处死，他的大量论文也被焚毁。另一位激进的思想家伊本·拉旺迪(约910年卒)提出宇宙永恒说，认为物质无始无终，它的运动也亘古不息，大地上的一切均是无始的，但在发生变化(运动)，促使这一变化的是善与恶的对立。他推崇理性，认为整个启示结构是不必要的，造物主的智慧是无益的，人的理性足以测定真主的知识，区别善恶，因而人可以了解事物的变化。他虽然著述甚多，但其著作与其他被认为是亵渎真主的文献一样，没有幸存下来，我们只能从后人东鳞西爪的叙述中略知一二。

多亏纳赛尔·胡斯罗(1061年卒)写了一本《旅行者的干粮》，才将拉齐等人的哲学观点比较完整地保存下来。他在该书中还提到活跃在9世纪的另一位哲学家伊朗·夏赫里(具体生卒年不详)。伊朗·夏赫里和拉齐都是从证明物质的无始性开始的，并以此为基础建立起自己的理论体系。不过，拉齐是从创造即显示，万物不能从无物中创造出来，只能由物质存在转变而成的角度，来论证物质的无始性。伊朗·夏赫里的证明则建立在创造行为的无始性上，认为"既然真主必然始终是一位造物主，那么他造物在其中显示出来的对象必然是无始的。真主的造物是在物质中显示的，因此，物质是无始的。物质就是真主外露的力量的证明。既然物质一定要有空间，物质又是无始的，那空间就应是无始的。同样，时间也是无始的"①。

伊朗·夏赫里承认物质、空间和时间是无始无终的三大本原,但不同意拉齐关于它们是独立存在的三大本原的说法。他认为时间是真主知识的证明,空间是真主能力的证明,运动是真主行为的证明,体(物体)是真主力量的证明,这四样存在都是无始无终的。这里的体可被当作物质,因为物质是实际存在的,而体的形式则是一种不是非有不可的附加物。他又具体地说,空间是真主外露的能力,真主的能力(古德莱)在它里面显示出有能力的产物(迈格杜莱),即空间里的带有形式的体。既然带形式的体不在空间之外,那就证明虚空(绝对空间)是真主的能力。"外露的"一词说明这种能力是从真主处流出、显露或表面化。这样,他就将物质、空间、时间和运动都作为真主外露的属性,这四样存在构成了整个宇宙,因此宇宙是无始无终的。这四样存在被他称为四大无始无终的原则。通过这样的方法,将它与认为唯有真主才是一切存在物的原因的伊斯兰教信仰协调一致。而拉齐在此问题上却与伊斯兰教信仰公开唱反调,认为宇宙的产生、发展直至最终毁灭,是五大永恒的本原(造物主、灵魂、物质、空间和时间)各自独立作用的结果。

纳赛尔·胡斯罗在评介拉齐的理论时也亮出了自己的观点。拉齐认为四大要素中水和土这两大要素具有自重,它们的运动因自重而朝下,另两种要素(气与火)不具有自重,由此产生的运动是朝上。纳赛尔·胡斯

---

① 纳赛尔·胡斯罗:《旅行者的干粮》,第102页。

罗对此持有异议，他认为四大要素都具有重量，它们的运动不是自然地而是强制性地不可抗拒地朝向地球中心。但某些物体具有更适合地球中心的形式，另一些物体的形式则不大适合地球中心。前一类物体妨碍后一类物体朝下运动，而是排斥它使它朝上运动。宇宙中心作为每一个运动的目标，是静寂之处所；离它越远，运动的速度越快。最远之天体（他有时称之为第五自然）离宇宙中心最远，因而速度最快，它的运动引起整个天体的运动。天体运动是圆周运动，实际上由两个运动组成，一个是朝向宇宙中心的运动，一个是宇宙中心周围的诸要素阻止它朝向宇宙中心的排斥运动，朝向和排斥这两种运动就合成圆周运动。

他指出拉齐原子论中的矛盾，认为原子既然按拉齐观点是具有体积的，那就不可能像他所说的那样不可再分，凡有体积的必定可以再分。他不同意拉齐把物体性状的原因归于物质原子和虚空原子之比所产生的稠密度或疏松度的说法，认为拉齐的说法如果成立，那么半透明（亮）、轻和软应集中于一物，因为它是由于虚空原子数超过物质原子数而造成的。同样，不透明（暗）、重和硬也应是一物。但实际情况并非如此，拿水银和土相比，水银比土重，但它却比土透明和软，这是拉齐的理论无法解释的。再说拉齐将火分为两类：地球之火、天体之火。地球之火是发光的、有色的、热的，目光穿不透它，而目光却能穿透气，这与拉齐关于火是最稀疏的说法自相矛盾。既然火比气稀疏，那么能穿透气的目光应该可以穿透火，而实际上并非如此。天体之火更不符合拉齐的理论，因为它既不是热的，又不是发光的，否则我们在地球上一定感觉得到它的热量和光亮。他认为拉齐关于物体由物质原子和虚空原子所组成的观点如果正确的话,那么把气压缩在小瓶内气就应该成为水,而实际上并非如此,足见此论之荒谬。

他反对拉齐将空间分为整体空间和局部空间,认为物质尤其是原子,其体积就是具有量度的实质,既然占据局部空间,那就不可能存在于所谓另一个空间(即虚空)内。他断言,凡主张存在虚空的就是不知空气的实质。他举例说,如果我们在一个细嘴瓶内灌满水,把它倒过来置于水内,不让空气进入瓶内,这时水不会流出,从而证明瓶内不存在没有实体(水)的空间。但如果用细颈皮袋代替瓶子,也灌满水,并将皮袋放在水中,不让空气从细颈处进入皮袋,可皮袋的水因皮袋收缩而立即流了出来,由此可见不存在虚空的问题。对于时间,他认为除了拉齐所提出的时间、时段、万古外,还有恒时(艾扎勒)。万古是绝无变化的、抽象的、仅被理性所领悟的事物存续的时段,理性是万古的原因,万古在理性的天际内。至于灵魂则是时间的原因,时间在灵魂的天际内。他给时间下定义为"物体情况的变化"①。他提出另一种时间概念——恒时,认为恒时与造物主有关,证明理性无法领悟的造物主的独一性。无始性就是恒时的影响,它在恒时与第一被造物(理性)之间,因而理性可以被说成是无始的。把创造说成是真主的命令或者意志只是一种借喻的说法,因为命令或意志并不能达到创造的意义。他批评拉齐没能将时间、万古和恒时区别开来,时间的

---

① 纳赛尔·胡斯罗:《旅行者的干粮》,第116页。

流逝对于真主来说也是无可奈何的，这样，创造的时间发生在时间内，因而世界是有始的，真主也在时间内，时间的一部分先于创造的时刻，那时真主存在而宇宙并不存在，而这时间之前必定还有时间，时间会有起端，于是真主便是有限的，并非无始无终的。这显然与伊斯兰教教义不符，因而必须引入恒时的概念。他不赞成把时间看作一种本质，认为时间真正存在的不过是现在，至于过去则已一去不复返，而将来尚未存在，有实际意义的不过是现在。

第三节　精诚兄弟社的数理哲学

一、精诚兄弟社及其书信集

10世纪是阿拉伯科学文化繁荣的时代，希腊哲学广为流传，尤其是带有神秘主义倾向的毕达哥拉斯派和新柏拉图派的观点极为盛行。阿拉伯哈里发帝国政治上分崩离析，形成诸侯割据的局面，各种思潮纷纷出现。精诚兄弟社就是在这种情况下产生的一个带有宗教性和政治性的秘密学术团体，最早在巴士拉出现，尔后分散到哈里发帝国各地。该社的核心由艾哈迈德·本·阿卜杜拉、艾布·素莱曼·布斯提·穆加达西、艾布·哈桑·赞贾尼、艾布·艾哈迈德·奈赫拉朱里、宰德·本·里法阿等著名学者组成。他们采用书信的形式，将各种流行的哲学潮流的精髓汇编在一起，探求其精神实质，提出改良宗教和改良社会的主张。他们认为哲学高于教法,哲学是不朽的,教法须用哲学来纯洁,即将教法放在哲学的天平上去衡量,取其合理部分,在哲学的基础上建立新的宗教观念,从而导致崭新国家的出现。

他们一般被认为是什叶派的分支——伊斯玛仪派的一部分,但他们实际上具有明确的政治目的,认为"国家和王权"是会"从一个民族转移到另一个民族,从一个家族转移到另一个家族,从一个地域转移到另一个地域"的。"好人国开始时是一群智者哲人掌权,他们观点一致,信奉同一宗教","他们相互支持,在为人处世上团结如一人,同心同德",而"坏人国气数将尽","过了顶端已走下坡路"。① 他们认为全面动摇阿拔斯朝宝座的时机已经到来,国家应由智者掌权。而精诚兄弟社尽是些"精通宗教""知数学和哲学""有理智,能把握变化"的人。② 他们以哲学和自然科学来解释宗教,把一切归于自然,认为他们的宗教是物质性的神性的宗教。他们提倡哲学单一论,认为真理只有一个,各学派之间的意见分歧只是表面上的,其实质是一致的。他们自称:"总而言之,我们的兄弟们不应敌视某种知识,离弃某本书,固执于某一学说,因为我们的观点和学说可容纳所有的学说,汇集全部的知识,这是因为它是以真理本身的目光,来审视感性的和理性的全部存在物。这种审视是从头至尾的,审视万物的表面和内部明显的和隐匿的方面。万物来自一个原则、一个原因、一个世界、一个心灵,此心灵了解万物各种不同的本质、不同的系属、不同的种类、不同的

---

① 《精诚兄弟社书信集》,第1卷,第131页。
② 《精诚兄弟社书信集》,第4卷,第198页。

构成。"①

精诚兄弟社的成员分为四个等级：忠顺兄弟、佳道兄弟、德高兄弟、完全兄弟。忠顺兄弟为初入社者，年龄在15—30岁之间，他们被认为具有纯洁的心灵和本质，接受力强，很易塑造。佳道兄弟的年龄在30—40岁之间，他们是"具有一定策略的头目"，"仁慈慷慨，对兄弟们关怀备至"。德高兄弟年龄在40—50岁之间，他们是"有权势，说话算数的王者等级"，"能排难解纷、消灾弭祸"，这些人"深谙教义和法律，为传播真理而不惜献身"。最高等级的完全兄弟年龄超过50岁，这些人已经"脱俗净身，与物质相分离，具有登天之术，可遨游天园，目睹复活、清算等"②。加入该社须经过严格的审查，"就像审查钱币一样，宛如选择准备种庄稼和树木的肥沃的土壤"，凡"骄横自负、喜怒无常、举止粗鲁、好强争胜、生性嫉妒、口是心非、吝啬守财、胆小如鼠、不讲信义、刚愎自用、谨小慎微、好大喜功"者均不宜吸收，只有那些"对人宽大为怀""追求真理的人"才能入社，③在指定的时间和地点参加活动，在任何情况下严守秘密、同甘共苦、抱成一团，走上一条清心寡欲、受理性光照从而了解神性法则，最后能以神性目光观察事物、处理事情的道路。

由艾哈迈德·本·阿卜杜拉、艾布·素莱曼·布斯提·穆加达西等人撰写的52封哲学书信，是10世纪阿拉伯哲学的百科全书。这些书信

---

① 《精诚兄弟社书信集》，第4卷，第105—106页。
② 《精诚兄弟社书信集》，第4卷，第119—120页。
③ 《精诚兄弟社书信集》，第4卷，第109—110页。

原先只是在精诚兄弟社内部传阅或传抄,每个持信者都被要求"谨慎小心地保持秘密,不随便公开,小心再小心,万无一失地爱护它们"[①],但不久还是流传开来,甚至由迈季里梯(约1008年卒)或他的学生基尔马尼(1066年卒)将这些书信传入西班牙,可见其影响之大。这52封书信大致分为四类:数学方面的14封,物理学方面的17封,理性-心理学方面的10封,神学方面的11封。另外还有一封汇总信,简明扼要地阐述上述信中所指出的事物的真理,是这些信的"前言、入门、证明,只有读熟了这些信,才能明白汇总信的奥秘"[②]。

值得指出的是,当时的学科分类与我们现在理解的不尽相同。数学类的第一封信论述数字的本质,认为"数的学科是其他学科之根、智慧之源泉、所有知识的起点,以及所有概念之由来"[③]。第二封信涉及几何学,第三封信论述天文学,第四封信讨论音乐,第五封信研究地理学,第六封信阐述数学、几何学和声学之关系,第七、八两封信叙述理论的和实践的艺术,第九封信讲述伦理道德,第十封信到第十四封信分别论述《逻辑学导论》《范畴篇》《解释篇》《前分析篇》和《后分析篇》。这些书信简略地评介了亚里士多德著作中有关问题的内容。第二类书信介绍亚里士多德的《物理学》《天文学》《起源和衰灭》《气象学》《动物学》《论感觉》等书的观点,阐述自然的本质,物质,形式,时间,空间,运动,生与死,快乐与痛苦,

---

① 《精诚兄弟社书信集》,第1卷,第20页。
② 《精诚兄弟社书信集》,第4卷,第290页。
③ 《精诚兄弟社书信集》,第1卷,第22页。

人的认识能力的极限,世界上语言的多样性以及灵魂的轮回和复活,等等。第三类书信从论述建立在毕达哥拉斯派和新柏拉图派理论基础上的精诚兄弟社的思想原则开始,涉及形而上学的基础,提出关于理性与智力,神爱的性质,因果关系,定义和描述,万物的变化,灵魂与肉体,存在物的体系,等等。第四类信则论述教派理论,信仰和教义,宇宙的天意或命令,预言的实质,精神实体,以及天神、神灵和精灵的性质等等。这些书信长短不一,每封信论述的内容虽有主次,但有穿插,信与信之间有不少重复甚至矛盾的内容。

二、神秘的数

精诚兄弟社深受毕达哥拉斯派的影响,极度重视对数字的研究,认为"数字学是众科学之根,哲理的本原,知识的原则,意义的基质和第一配剂、最大的化学"[1],这个世界与其说是由水、火、气、土组成,不如说由数字组成。数字的原则即存在物的诸要素,或者说存在物即数字的体现,世界就是数字和韵律,所以天体运动时产生"美妙的旋律""悦耳的音调"[2]。他们把数分为两类:因素和非因素。前者即一[3],后者指2和2以上直至无限。一是绝对的单一,不可分割的整体。"一的性质与任何数字不同,其他数字都来源于一"[4],由它组成各个数,各个数均可分割至一。点在几何

---

[1] 《精诚兄弟社汇总信》,第1卷,第9页。
[2] 《精诚兄弟社书信集》,第1卷,第186页。
[3] 阿拉伯哲学中,"一"有特殊的含义,不能写成阿拉伯数字。
[4] 《精诚兄弟社汇总信》,第1卷,第24页。

内犹如一在数字内,太阳在宇宙内恰如点在几何内。

"数字中没有一,其体系就不能成立,数学各科就不存在。同样,谁否认真正的一,他是绝对得不到证明的。"这个"一就是真主","一在二之前,二中包括一","万物归于一"。①"真主既非个体,又非形式,而是单一的本质。他具有单一的潜能,众多的行为和作品","万物从他处流出,他使万物从物质中通过形式得以显示,不分时间空间地创造出一切状态","他存在于每一事物之中而又不与它混合,与每一事物在一起而又不与之交往,就像一存在于每个数字之中"。② 真主"凭万有的存在而存在,万有的存在证明他的存在,万有的殊多证明他的单一,万有的双重性证明他的无双性,万有的转化证明他的久常,万有的毁灭证明他的永恒,万有的无能证明他的万能,万有的弱小证明他的强大。"③

等于关系是最基本的数字关系。从对一(1)的逐渐加码中产生2和2以上的数字。一(1)是数的本原,2实际上是第一个数,是所有偶数的基准,3是第一个奇数,4是第一个平方数,5是第一个成圆数,6是第一个完全数,7是第一个完美数,8是第一个立方数,9是个位的最后一个奇数和整数,10是第一个十位数,等等。④ 他们推崇数字4,认为点、线、面、体相当于一(1)、2、3、4,由体产生水、火、土、气四大元素,这些元素的各种不同方式的组合和转化,就形成仪态万方的世界。

---

① 《精诚兄弟社书信集》,第1卷,第30—31页。
② 《精诚兄弟社书信集》,第4卷,第50—51页。
③ 《精诚兄弟社汇总信》,第1卷,第289—290页。
④ 《精诚兄弟社书信集》,第1卷,第56—57页。

他们认为最自然的都是四个一组的：质料、形式、动力、目的四种原因，喜、怒、哀、乐四种情绪，春、夏、秋、冬四个季节，东、西、南、北四个方向，以及上面所说的点线面体、水火土气等等，甚至超自然的实体也是四个：造物主、宇宙理性、万有灵魂、基本物质。"万物均由物质和形式组成，而物质和形式则创造于万有灵魂，万有灵魂来自宇宙理性，宇宙理性根据至高无上的造物主的命令而被创造。真主并非由某物创造理性，他在理性中赋予潜在的和现实的万物的形式。"①

逻辑学中本质是一(1)，九大范畴犹如个位的九个数字，前四个为前提，即实体、数量、性质、关系，其他由它们组成。7是一个奇特的数，被他们称为完美之数。4是基础，7为完美，宇宙中有七大行星（太阳、月球、水星、金星、火星、木星和土星），人有七窍（两眼、两耳、两鼻孔和口），十分和谐、完美。7由奇数和偶数合成，故能相得益彰：它是第一个奇数(3)加上一个偶数(4)之和，又是第一个偶数(2)加上奇数(5)之和，以及万数之本原[一(1)]加上完全之数(6)之和，因此它具有各数之优点，没有哪一个数能与它相比。阿拉伯人对数字7的喜爱还体现在他们的宗教生活中，他们诵读次数最多的《古兰经》开端章由七节经文组成，聚礼每七天举行一次，巡游天房必须转七圈，在萨法与麦尔旺两山之间来回奔走七趟，在米纳扔小石子打鬼每次扔七粒，等等，连麦加清真大寺的尖塔也不多不少正好七个。8是第一个立方数，即最简单的体。点是一(1)，两个点构成最简

---

① 《精诚兄弟社书信集》，第1卷，第146页。

单的线(2),两条线组成最简单的面(4),两个面合成最简单的体(8)。由点到线出现长度,由线到面产生宽度,由面到体形成高度,具有长、宽、高的体就成为有形之物体。

数有两种:整数和分数。整数的产生,凭的是增加,分数的产生则是靠分割。"如果指二中之一,此时一就被说成二分之一,如果指总数三之中的一个,一就被说成三分之一。"① 从整数说,一是本原,由一产生殊多的数目。造物主是真一,由他产生(创造)万物,万物的不可数性恰如数目的无限性。从分数说,万物均可分割,最终归于一(1)。万物在物质方面是一,在形式方面是殊多。世界万物的殊多正是建立在基本物质(第一物质)的单一之上。第一批四个一组的整体中,造物主[一(1)]通过理性(2)和灵魂(3)作为媒介,从物质(4)中创造出第二批四个一组整体(四大要素),尔后出现复杂的万物。因此,"什么人理解了数,理解了它的规律、性质、种类、范围以及特性,他将领悟各种各样的事物的数量",了解"它们为什么不多不少的原因"。②

三、折中的宇宙观

他们认为宇宙不是无始的,它是真主"从他的独一无二性之光中"照明和溢出的。这种宇宙溢出论是创世说这种严格的宗教概念和亚里士多德的世界永恒观之间的妥协。真主是第一和唯一永恒的存在,是真一、独

---

① 《精诚兄弟社汇总信》,第 1 卷,第 29 页。
② 《精诚兄弟社书信集》,第 3 卷,第 178 页。

一，各方面都是一。他没有同伴，不存在什么可与他相比拟的。拟人的属性和行为统统不能归之于他，只有创造的意志是属于他的。万物来自真主，正如光来自太阳一样。万物的殊多，不能使独一有所变化，正如一(1)是万数之根，真主是万物之因。各个数字只有凭一(1)才存在和持续，万物只有真主的保佑才继续存在，因为"真主对世界的关注和联系是连续不断的，一旦他忽略了世界，这个世界顷刻化为乌有，不复存在"[1]。

首先从造物主溢出的是宇宙理性。宇宙理性从真主的永恒性中获得自己的永恒，通过真主的不朽和完美获得自己的不朽和完美。理性是真主的"复制物或映象"[2]。真主"接着从理性之光中创造万有的灵魂。又从灵魂的运动中创造物质，尔后从物质中创造万物，通过理性和灵魂来安排它们"[3]。万有的灵魂是从理性溢出的单纯的本质，从理性处接受了自己的活力，它在太阳内显示了自己，通过太阳使整个物质世界(下界世界)具有生命。我们世界内的一切都是从属于万有的灵魂的。从万有的灵魂溢出的物质是单纯的精神本质，它没有体积，没有可想象的尺度，它是第一物质。第一物质是被动的，没有相应的活力，它不能从自身溢出。理性通过万有的灵魂对第一物质的关注，使它可以接受不同的形式。自然力是万有的灵魂的力量之一，其活力在下界世界漫散，影响无机物和有机物，造成运动、生命和变化。

---

[1] 《精诚兄弟社汇总信》，第1卷，第236页。
[2] 《精诚兄弟社书信集》，第2卷，第293页。
[3] 《精诚兄弟社书信集》，第1卷，第29页。

整个世界及世界的各部分都在运动中。世界可分为精神世界和物质世界。前者指宇宙理性、万有的灵魂、第一物质和抽象的形相。后者指星座天体、四大要素,以及矿物(无机物)、植物和动物。真主创造了精神的世界,是无时间、无空间、从无中创造出来的有次第的世界。物质世界则是真主通过精神世界逐步创造的。"宇宙物质,即绝对的物体,经历了漫长的年代产生稀的和稠的,并使两者分开,直到它接受透明的球形的无体的形相,这些形相互相在对方内部构成,最后变成发光的星体,稳固在中心,后又分出四大要素,产生各个种类,形成体系。"①这样,真主先于一切存在,正如一(1)先于一切数字一样。精神世界先于苍天世界数不清的许多世纪,苍天世界又先于四大要素漫长的时间,四大要素则先于矿物、植物、动物不少年代。这样,"万物的形相的出现是错落有致的"②。

第一物质首先接受的形相是长、宽、高,产生了绝对的物体,即第二物质,溢出的过程到此为止。这第二物质不再是一种本质,它不是像第一物质那样具有纯粹存在的性质,而是一个具体的量,即我们的物质世界由它构成的那种物质。由于绝对物体远离第一原因,低于精神的实质,自身粗笨等,因此从它那儿不能溢出任何其他本质。万有的灵魂出于怜爱,使绝对的物体有了形相,并具备优点和美德。物体所获得的第一个形相就是圆的形式,这是最佳的形式,它的运动是圆周运动,即最好的运动。这时就出现了天体,天体由第五要素以太构成,因而不会生成和毁灭,它们是

---

① 《精诚兄弟社书信集》,第3卷,第331页。
② 《精诚兄弟社书信集》,第3卷,第229页。

第三章　受希腊哲学影响的阿拉伯哲学家

精神的、球形的、中空的、透明的、同一中心的，它们的外壳的密度不一，相互的比例各异。

宇宙由存在中的所有的体组成，这些体是有限的，充满整个空间。在宇宙之外既没有存在，又没有不存在；既没有虚空，又没有充实，因为这宇宙根本就没有什么"之外"。在这点上他们同意巴门尼德（约公元前515—公元前445）和芝诺（约公元前490—公元前430）的观点，但他们不同意这两人关于运动的看法。巴门尼德认为既然宇宙是完美的、充实的、同一的，因而各别物体的运动是不可能的。芝诺则提出飞矢不动的理论，认为万物归一，"一"外无物，因而没有允许发生运动的空间场所。精诚兄弟社则认为宇宙之体不是同一密度，较大密实的体可以通过较小密实的体而运动，就像鱼在水中游动、鸟在空中飞翔一样。

地球在宇宙中心，悬浮在空中，受不到任何天体的引力或斥力。它是一个球体，其证明是，在地球地面或河面的任何直线都是弓形的，海洋的任何部分都是球体外壳的一部分。地球不是实心的、块状的，而是充满空穴。它内部的实心部分也是密度不同的。地心即其中心，因此，人站在地球上总是头对着天空，脚对着地心的。地球周围是七个同心的天体范围，行星在这些范围内运行：月球、水星、金星、太阳、火星、木星和土星，其上面是恒星的天体范围，最远的是最高天的范围。由天文观察测定的星体数目，包括七大行星在内，一共1029个。除月球外，所有的星体都是发光的。月球的光来自太阳。最高天在地球上方自东向西，尔后在地球下方自西向东运动，带动其他星体范围与它一起转动，从而导致各星体范围内的行星全都围绕地球转动。但古代人观察到行星具有复杂的运动：某些行星有时赶上太阳并超过它，有时太阳又追上它们。对比较靠近地球的行星（月球、水星、金星），这种现象是比较引人注目的，他们由此提出本轮的理论，也就是说边远星体范围的轨道不是与这些星体范围同中心的，或者说它们的轨道不是正圆的，既具有共同的中心，又各自具有独立的中心。

他们认为宇宙是一个有生命的存在，在这个存在内，各种现象和力量是相互关联的，被一个简单的一般规则等级森严地统治着。人是宇宙的缩影，宇宙是人的扩大。地球在宇宙内只是一个点。他们在太阳年为365.25天的基础上，算出各行星在自己的轨道上绕地球旋转一圈的时间分别为：土星29年5个月6天、木星11年10个月26天、火星大约23个月、金星284天、水星124天，并由此推算出宇宙的外延为13×10^8公里，容积为15×10^{25}立方公里。仅恒星天的直径就是地球的24000倍。这些天体既不是重的，又不是轻的。任何天体如果位于天体范围内的特定的位置，都没有重量。只有在邻近其他与它非同质的体时，才获得重量。如是同质的，例如水在水中，或空气在空气中，都是没有重量的，重量是相互吸引和排斥时才有的，一旦失去吸引和排斥，就不存在重量。

物体由四大要素构成，四大要素相互可以转化，它们以不同的比例混合，在地球内部经高温、强压，就形成矿物。自然界由无机物、植物、动物三界组成。矿物即无机物，它存在相当长时间后才有植物，植物在动物之前存在，海洋动物在陆上动物之前，不大发达的动物在比较发达的动物之前,所有动物存在了一定时间后才有人。动物的顶端是类人猿,它在形态和习性方面与人相当类似。

四、灵魂是发光的天上的精神本质

在他们之前,对灵魂有三种看法:一种认为灵魂是个不可看见、不可感觉的稀薄的体;一种认为灵魂不是实体,而是精神的本质,它是可以思悟而不可感觉的,肉体死后它依然存在;第三种则认为灵魂是一种属性,它产生于肉体的气质和体液[①]中,肉体死时它就不复存在,这部分人被称为"肉体派"。他们认为,灵魂是一个发光的天上的精神本质,它自身是活的,凭潜能是无所不知的,凭天性是原动的,它可接受教育、对肉体起作用,在一定的时间内是动物肉体和植物株体的补充,尔后离开这些肉体和株体,回到它自己的原始地,恢复其根本和本原。

各别的灵魂是宇宙灵魂产生的一种潜能,或者说它是作为自我的精神之光和天神般的发光的幻影,呈现在宇宙灵魂里的一种理性的原型。当宇宙灵魂充满那种美德和真善时,它就想仿效它的原因(造物主),成为有用的。造物主见到这种情况,就让它对实体起作用,从这实体中创造出苍天世界。宇宙灵魂在该世界内意志自由地运动,它便发现被造物内有接受它的影响的潜能,便在被造物内勾勒出某种在它自身里的形相,使它成为原型,雕刻它、修饰它,使它可以运动。这样,被造物凭实体是稠密

---

① 古代阿拉伯医学认为,人体有4种液体,即血液、黏液、胆汁、忧郁液。

的,凭灵魂是稀薄的,凭潜能是运动的,这种潜能凭神佑从无到有地使它具有理性的吐露和精神的意志。

当道德的潜能和完全的运动在苍天世界内起作用时,就使它成为具有既轻又稀的物体的一些透明的光,在它上面刻上了脱尽它所在的实体的抽象的形相,天神便成为他们之上的被亲近的天神的原型;从圆周苍天(最远苍天)到月球苍天,每一苍天的居民都是如此。灵魂的事情在真主所意愿的期间内,都是这样最系统最完美地进行着,直到阿丹(亚当)偷吃禁果的事情发生。由于遗忘或错误而应受惩罚的各别的灵魂,就离开上界的星体降到大地,与下界的实体结合,并一分为三,一部分与矿物的本质相结合,一部分与植物的本质相结合,一部分与动物的本质相结合,人是最高的动物。

由此可见,精诚兄弟社所认为的灵魂来自宇宙灵魂的原型,它先于实体存在,它从上界降到下界是因为它的遗忘或错误。他们认为阿丹(亚当)因犯错误而被赶出天园,标志着这些各别的灵魂本身的犯错误。"须知你的灵魂是这种抽象的形相之一,你得努力了解它,但愿你能将灵魂从物质的海洋、肉体的深渊和自然的俘虏中解救出来。我们由于先祖阿丹的罪愆而沉沦在这种海洋和深渊中,阿丹因不听主的嘱咐,自己连同他的子孙统统被逐出作为精神世界的天园。"[1]

至于各别灵魂的错误则是由于它的美德尚未完全,它将所有的潜能

---

[1]《精诚兄弟社书信集》,第2卷,第17页。

和可能付诸行为,显示美德和真善,但"这只能与这些肉体相结合,使它们服从它的安排才行"①。既然如此,灵魂就一定要用知识来净化,使它的美德得以完备,以便死后回到上界,死即灵魂的新生。"灵魂只有在离开肉体后才能享受,因为肉体的死即灵魂的生……肉体的死不过是灵魂离开它,正如胎儿的诞生不过是离开子宫一样。死是一种智慧,生也是一种智慧。正如胎儿在子宫内发育成熟具有完全的形相和容貌时,他在子宫内就没有益处,而要出生后到尘世上去享受。灵魂也是如此,如果它与肉体在一起而形相渐全,美德渐满,它就要离开肉体到后世生活中去享受。那么,死是一种智慧,因为永恒的存在只有在死亡之后才能实现,死是永恒生活的原因,尘世生活事实上是死的原因,因为人如果没有来到尘世,他就不可能死。"②

他们认为,肉体好比城邦,灵魂是国君,它管理这座城市,"灵魂有顺从它、服从它、为它效力、受它挑选的士兵、助手、仆人、侍者,它随心所欲地给它们发布命令,指挥它们做这做那……那就是潜能,这些潜能从它处产生,在它们身上起作用,它们即时做它所命令的"③。灵魂本身只有一个,但根据它所显示的行为而被唤作不同名字,可分为自然的潜能、感觉的潜能、精神的潜能三大类。自然的潜能中,植物灵魂的潜能其中心是肝,它的行为通过静脉到达肉体各部分;动物灵魂的潜能其中心是心,它

---

① 《精诚兄弟社书信集》,第1卷,第246页。
② 《精诚兄弟社书信集》,第3卷,第59—60页。
③ 《精诚兄弟社汇总信》,第1卷,第594—595页。

的行为通过动脉到达肉体各部分;理性灵魂的潜能其中心是脑,它的行为通过神经到达肉体各部分。感觉的潜能分为听觉、视觉、嗅觉、味觉和触觉。精神的潜能中,想象的潜能在脑的前部,它收集被感觉的图像,把它送到思考的潜能。思考的潜能在脑的中部,它辨别被感觉到事物的各自情况,区别真伪、好坏,尔后把它送到记忆的潜能。记忆的潜能在脑的后部,它记住材料,直到需要它的时候。说话的潜能是灵魂表达的潜能,通过从咽喉到舌的部位,反映灵魂所思考的概念,体现科学知识,表达自己的需要。还有制造的潜能,它显示灵魂的运动,通过双手十指来实现诸如写作和制造东西等。

五、获得知识的三种途径

古代阿拉伯人把心作为人体最重要的器官,认为它是知觉的中心、理智的所在、生活的源泉。精诚兄弟社却推崇脑,认为脑子是知觉、情感、概念发展过程之所在。他们认为人获得知识的途径有三种:感性的道路、理性的道路、证明的道路。通过五大感官获得感性知识,这是认识的基础,所以他们强调与社会接触,"你一个人生活只能是度日如年,只有与他人协作才能过上舒适的生活……兄弟,你得确切地知道,一个灵魂倘若能独自拯救自己,真主就不会命令合作了"[①]。人只有在具体的社会环境中才能养成自己的习惯、获得知识、确定信条、习得手艺、形成爱好。但是感性

---

① 《精诚兄弟社书信集》,第 2 卷,第 119 页。

知识是个别的、零碎的、不系统的，达不到真理，必须上升到理性。"在脑的前部有很多与感官相连的柔软的稀松的神经，这些神经像蜘蛛网一样密密麻麻地分布在大脑质体各部分。在感官的各部分出现被感觉事物的情况时，感官的气质就发生变化，这种因被感觉事物的情况而发生的变化通过神经传到大脑前部，所有被感觉物体的印象就集中到想象的潜能里，正如带有消息的书信集中到信袋里，全部送给国王，国王阅读它，理解其意义，尔后交给管理员保存，直到需要它时。"[1]

理性认识与感性认识不一样。理性认识只是"精神地"意识客观材料的图像，而不涉及其物质；感性认识则是离不开物质的。理性认识不像感性认识那样个别地、孤立地处理被认识的对象，而是把各种感性获得的材料图像集中起来，综合地、抽象地进行处理，通过思考的潜能，对这些材料图像进行审视，辨清其意义、数量、性质、用途等，尔后进行组合、分析、比较，整理出新的抽象的形相。人的理性的能力是不同的，有的粗俗，有的细密，灵魂的本质越纯洁，它就越接近宇宙灵魂，越容易获得神启和许多隐秘的意义。先知的灵魂就是纯洁的灵魂，所以他能具有常人所没有的知识。

证明的道路也是人获得知识的途径之一，人不可能事事经历，感性知识是十分有限的。人的理性能力也不是无限的，即使不大玄虚的真理，也不易被人的理性所理解。人的理性难以恰到好处地把握住处于变化中的

---

[1]《精诚兄弟社书信集》，第2卷，第347页。

万物,不能了解宇宙的起源及其形成的原因,不能说清天上无数天体特定的质和量,等等。这时我们只有凭借我们已知的知识,通过证明的道路,去了解新的事物,形成对它们的知识。这是认识本质上更高的事物的方法,也是洞察更深奥秘的途径。感性知识所涉及的只是我们周围的本质较低的事物的表象,理性知识虽能帮助我们了解这些事物的本质,但仍受到种种局限,难以达到全面的认识。在这种情况下,证明的道路就是一种十分有益的补充。

人要认识世界首先必须认识自己,人即微观宇宙,人的肉体体现了宏观宇宙。与宇宙的九层天相应的是人的九大器官物质:骨髓、骨、肉、血管、血、神经、皮肤、毛发和指甲。与黄道十二宫相一致的是肉体十二孔:双眼、双耳、两鼻孔、两乳头、嘴、肚脐以及两条排泄管。与七大行星的自然力量与精神力量相符合的是人体的七大自然力量(引力、抓力、消化力、冲力、滋养力、生长力和表现力)和七大精神力量(视觉、听觉、味觉、嗅觉、触觉、说话和思想),每一种力量都和一个行星相对应。与四大要素相像的是头、胸、胃、腹。连地球的构型和气象也和人体具有对应关系:人的骨头与山、骨髓与金属矿、腹部与海洋、肠与河、血管与小溪、肉与土、毛发与植物、呼吸与风、说话与雷、泪水与雨等等。对人体的认识,是一切学问的前奏。他们主张从每一种可能的方面收集自己的学说,决不放弃任何未经开发的知识的源泉。他们千方百计地设法破除哲学和教义之间的屏障,使形而上学和科学成为市井小民都能掌握的学问。

第四节　阿拉伯新柏拉图主义的奠基者法拉比

法拉比(870—950),全名为艾布·纳斯尔·穆罕默德·本·穆罕默德·本·泰尔罕·本·奥扎莱·法拉比,中世纪拉丁文中被称为艾布纳斯尔(Abunaser),一些欧洲文字把他叫作爱尔法拉比(Alpharabius)。生于今土耳其霍腊散地区的法拉卜镇。父亲波斯人,娶突厥女子为妻,曾在突厥部队供职。法拉比早年攻读教法,后转为研究逻辑学和哲学,通晓阿拉伯语、波斯语、突厥语、库尔德语等多种语言。40岁左右定居巴格达,致力于哲学的研究、编纂、著述、注释工作。941年因政治骚乱迁往大马士革,不久转至阿勒颇,成为哈姆丹朝国王赛伊夫·道莱(944—967年在位)的近臣,直至以80岁高龄谢世。他生性孤僻、节俭、好书,被公认为博学多才的穆斯林最大的思想家之一,建立了完整的哲学体系的真正哲学家。他以后的阿拉伯哲学家,无不受益于他,因而他被推崇为穆斯林哲圣、哲学的"第二导师"("第一导师"为亚里士多德)。他不仅是伟大的哲学家,而且是杰出的医学家、数学家和音乐家。

他著述甚丰,各类论著近200种,大多散佚,流传下来的阿拉伯文论著仅30种,不过他的许多成果通过希伯来文和拉丁文译本被保存了下来,大多为注释和评介类作品。主要的作品有《柏拉图和亚里士多德这两大哲贤观点的调和》《道德城居民意见书》《学科细目》《幸福的取得》《哲理宝石》《文明政治》等专著和《论形而上学的主旨》《分离的精神的确定》《论本质》《论理性》《论灵魂的本质》《论单一和统一》等论文。他在阿拉伯哲学史上的最大功绩是客观、全面、系统地注释、评论与介绍了以亚里士多德和柏拉图为代表的古希腊哲学思想和逻辑学原理,并对其中的一些主要课题进行了独到的研究,为阿拉伯哲学的发展奠定了坚实的基础。他的学说,对欧洲中世纪学术文化的发展产生了较大的影响,在世界思想发展史和欧洲哲学史上占有不容忽视的地位。

一、哲学的一致性

在阿拉伯思想史上,经常有人采取中庸之道,他们兼收并蓄各种不同的观点,从中进行调和。艾什阿里派之所以盛行,就在于它介乎理性派和传统派之间;沙裴仪派之所以取得成功,得益于它走一条中间道路。阿拉伯哲学家花很大精力,将前人的各种学说进行结合和调和。法拉比就是这方面的突出例子。他认为哲学真理只有一个,主要哲贤们的目的都是致力于研究这个真理,尽管学派林立,但实质上是一致的。他就哲学一致性问题写了许多论文,但流传下来的只有一书:《柏拉图和亚里士多德这两大哲贤观点的调和》。在这部书中,法拉比认为柏拉图和亚里士多德都是"哲学的创新者、哲学原则的创立者"[1],如果他们之间有分歧,分歧不外乎三者之一:"或是这个说明哲学本质的界定不正确,或是众人或大多数人对这两位哲贤的体系的观点和看法是荒诞不经的,或是猜度他们之间

---

[1] 法拉比:《柏拉图和亚里士多德这两大哲贤观点的调和》,第27页。

有分歧的那些人对这些原则方面的知识是残缺不全的。"[1]事实上这两位哲贤在哲学的定义方面没有分歧,凡读他们的逻辑学、伦理学、自然学、形而上学的人,发现他们眼中的哲学都是"认识万有,包括认识其存在的学问"[2],他们都忠实地解释了这一点。人们对他们的体系了解不全面,子虚乌有地认为他们之间存在着原则分歧,其实他们在哲学的原则性问题上是完全一致的,只是在一些枝节问题上存在表面上的分歧,这种分歧是由于他们的生活方式不同、著述方法不同、表达形式不同而产生的。例如柏拉图放弃了许多尘世享受,倾向于独居孤独的生活,他的学生亚里士多德却热衷于他老师避而远之的功名利禄。这样,柏拉图必然注重精神生活,而亚里士多德却同时关心肉体的和精神的两方面,即使这样,他们并无原则性的区别。柏拉图晚年虽有苏菲派倾向,被称为"神性的柏拉图",但他的哲学并未忽视肉体方面,只是强调肉体在精神控制下享受高尚的生活。柏拉图常采取象征的和暗示的手法来表达思想,文字艰深;亚里士多德的作品则章节分明、文字简略,常省去必要的前提,他认为读者应该是知道这些前提的。这就使他们对一些问题所持观点的表达不尽相同。

例如,作为柏拉图哲学的出发点和基石的理念论认为"理念"是万物的真实本质,万事万物只是理念的复制品。亚里士多德批判这种理念论,把实体学说作为"第一哲学"的核心,认为实体"是最基本的东西,为其他

---

[1] 法拉比:《柏拉图和亚里士多德这两大哲贤观点的调和》,第31页。
[2] 法拉比:《柏拉图和亚里士多德这两大哲贤观点的调和》,第32页。

事物所凭依的东西,是其他事物借以取得自己的名称的东西"。① 法拉比却将这两种绝对不同的理论调和起来,他从阿拉伯人普遍认为是亚里士多德的伪《神学》一书(其实是普罗提诺的《九章集》释义本)中肯定上界内存在理念这一提法中,强调理念论和实体论表面提法不同,而实质内容一样。他进而将柏拉图的自我存在的理念变成造物主的理性中存在的原模,以创造造物主已经创造的万物,而万物又是以实体为基础的。这样,他不仅将两位哲贤的观点引向一致,而且加入了伊斯兰教的观点。

柏拉图在理念论的基础上建立了知识论,反对知识起源于感觉经验的观点,认为知识是通过回忆得来的,认识就是回忆。亚里士多德则十分重视感性认识的作用,认为认识必须从感觉开始,构成感性认识,但必须由个别上升到一般,达到理性认识的高度。但他又提出了被动理性和主动理性的双理性说,并把主动理性直接与他的神学联系起来。法拉比在知识论上坚持亚里士多德的观点,但采取解释法,"调整"柏拉图的观点,使它与亚里士多德的观点相一致。他认为回忆即面对实体的回忆,回到灵魂在与肉体结合前灵魂内所有的理念形式,这与从感性认识抽象出理性的认识无本质的区别。"知识是形式的抽象,我们头脑中将这些形式合并到我们以前抽象的形式中,这些以前抽象的形式是我们中所潜在的,它只有在抽象其他与它类似或同类的形式时才出现"②,而形式有三种存在:

---

① 北京大学哲学系外国哲学史教研室编译:《古希腊罗马哲学》,商务印书馆1961年版,第236页。
② 法拉比:《柏拉图和亚里士多德这两大哲贤观点的调和》,第125—126页。

存在在造物主内、存在在精神世界内、存在在具体事物内,精神世界是形式的专门世界,而具体事物则是我们通过理性的力量抽象出形式的材料,是我们知识的来源。只有当抽象出来的形式与精神世界的形式是合一的,它才是真正的知识。

为了证实哲学的一致性,他在《柏拉图的哲学,它的各部分及这些部分的次序》《亚里士多德的哲学》和《学科细目》这三部著作中,全面地介绍了这两位哲贤的学说内容,使他的观点"有据可依",并采取了解释法这把万能钥匙,把一切矛盾的观点都套入"一致性"中。这样做显然是不成功的,但为阿拉伯哲学家们开辟了一条比较研究的新路,促进阿拉伯哲学的发展。他自己在这种比较研究中"博采众长",形成了由柏拉图派、亚里士多德派、新柏拉图派和苏菲派等思想混合而成的哲学体系。

二、论存在

法拉比精通逻辑学,把它作为研究哲学的工具。他运用逻辑推理,把世界上一切存在物分为两大类:必然的存在和可能的存在。必然的存在是指其本体决定它必然存在,一旦"假定它不存在,那是不可能的。它的存在不是凭他体,它是万物存在的第一原因"[1],这个必然的存在即造物主。可能的存在一定要有原因才能存在,这些原因可追根溯源,但不是无止境的,最终一定回溯到必然存在。必然存在是没有原因的,它是至善至

---

[1] 法拉比:《问题的源泉》,第51页。

美的。必然存在是万物存在之源。可能的存在必须凭他体的存在而存在,例如光,只有存在太阳时它才实际存在,那么在存在太阳之前,它是凭自体(本体)的可能的存在,自然不是必然的存在。如果存在太阳,那它就是凭他体的必然存在。这种可能的存在是第一原因存在的证明,因为可能之事物必然导致必然的事物,即第一存在物,那么可能的存在的系列不管多么长,都需要必然的存在赋予它这种存在。

万物存在的第一原因是真主,他是凭本体的无始的永恒的存在。这种存在是无原因的、最完美的存在。真主是非物质、非形体的超然存在,"因为形式只能在物质中。他如有形式,那它本体一定是由物质和形式组成的"[①],既然由两部分复合而成,而复合必然有其原因,那就不会是第一原因。真主是唯一的,"如真主多于一,那他们要么在完全存在方面是相似的,这不可能;要么在某方面是相异的,那么这个相异的方面是他们存在的一部分,他们相同的方面则是另一方面,那么他们就是由各部分复合的,这也是不可能的"[②]。真主是单纯的,我们无法确定他,因为确定即认识某种类和本质,了解其物质和形式,这显然与真主的单纯性相悖。我们的领悟能力是有限的,可以认识有限的万物,却无法确切地认识无限的真主,只有超脱于物质,才能比较清晰地和完全地认识真主。"事物存在于物质中,当事物存在中不需要物质时,这个凭其本质而存在的事物就是真

---

① 法拉比:《道德城居民意见书》,第 24 页。
② 法拉比:《道德城居民意见书》,第 28 页。

实的理性。这是第一的情况。"①至高无上、至善至美的真主是理性、具理性者、被理性领悟者,这三者在"真主里是同一意义、同一本性、不可分的同一本质"②。同样,知识、知者、被知者在他那里也是彻底统一的,因此真主就是存在的真理。"真主是有生命的"③,这不是指其主体为运动的物质的自然生命,他的生命在于他是确实的理性,是指"以知识的最好功能,思考知识的最好客体这一行为"④。他强调真主"思悟其本体,因为其本体在某方面说就是全部存在物,他思悟本体时,从某方面说就思悟了所有存在物,因为其他存在物中每一个都是从他的存在中获取存在的"⑤。至于真主的各种美名,则是采取借喻和形象的手法,体现他的性质和德性,表明他与万物的关系。

可能的存在从必然的存在中流溢而出。真主与万物的关系是单一与殊多的关系。单一与殊多之间的关系这个问题是整个阿拉伯哲学建筑的出发点和第一支柱。从处于单一性中的完全的"一"那儿,只可能产生单一的存在物,因为"溢出"来自真主对其本身的知识。如从真主本体产生多个存在物,那就意味着作为存在理念的真主的本体的殊多性,这是不可能的。从真主自悟其本体中流溢而出的存在物是第一理性,它是凭本体的可能的存在、凭第一存在(即真主)的必然存在。这样,法拉比将除真主

---

① 法拉比:《道德城居民意见书》,第31—32页。
② 法拉比:《道德城居民意见书》,第37页。
③ 法拉比:《道德城居民意见书》,第24页。
④ 法拉比:《道德城居民意见书》,第32页。
⑤ 法拉比:《文明政治》,第5—6页。

外的其他存在与真主从本质上区别开来,把除真主外的所有存在都作为一种附加在本质上的偶性,这些存在物就本质而言都是可能的存在,它们的存在都需要有原动的原因,即真主。

思悟与创造在理性中是一码事。超然于物质之上的第一理性是单一性和殊多性的统一,其单一性来自真主,殊多性来自其自身对知识的表达,这种殊多性导致宇宙万物的殊多。第一理性思悟第一存在时,从他处流溢出第二理性;与此同时,它又自悟其本体,从中流溢出具有物质和形式的最高天体,其形式即灵魂。通过思悟第一存在和自悟其本体这种方法,从第二理性中流溢出第三理性和第二天体,即诸恒星之球体。从第三理性中流溢出第四理性和土星,从第四理性中流溢出第五理性和木星,从第五理性中流溢出第六理性和火星,从第六理性中流溢出第七理性和太阳,从第七理性中流溢出第八理性和金星,从第八理性中流溢出第九理性和水星,从第九理性中流溢出第十理性和月球。至此,宇宙的理性和诸天的系列均已确定。诸天的运动由与时间同在的这些宇宙的理性所决定。

特别要指出的是第十理性,它由于关注着月球下的世界,"一方面是地球上灵魂存在的原因,另一方面又是以星体为媒介的四大要素存在的原因"[①],因而被称为原动的理性。它是天地间的中介。

法拉比将存在物分为三大类:纯粹的存在、与实体有关的存在、实体存在。第一类存在物超然于实体之上,与任何个体存在无关,是无法感觉

---

① 法拉比:《问题的源泉》,第9页。

只能意会的存在，有三个等级：真主、天体的理性、能动的理性。第二类存在物虽非实体，但与实体的存在有关，因而并不"纯粹"，也分三个等级：灵魂、形式、物质。这六级存在物构成精神实在的系统。最后一类存在物都是以实体的方式存在，是人们的感官可以感觉的，这类存在有六级：天体、人类、动物、植物、矿物、四大要素。这十二级存在构成了从最完美到最残缺的存在系列。

三、上界、下界与灵魂

世界分两大部分——上界（理性和天体的世界）和下界（月球下的世界），这是两个截然不同的世界，各自有其独特的体系，但又统一在宇宙秩序之内。上界是从至善至美、绝对单一的真主处，逐一流溢而出，不受生与灭的影响，具有完美性。上界内的星体各有其运行轨迹，在一定的范围内进行无始的圆周运动，各星体运行的范围是相互交叉的。每个天体都有一个使该天体运动的灵魂，这些灵魂从上述的有关理性中获取力量，各个理性都从第一动因中获取力量，因而第一动因才是真正的动因。第一动因既是真理又是实在，即必然的存在。

这里有两点值得注意：1. 经院哲学家们认为，真主凭自己的意志创造世界，物质是真主从虚无之中创造的，它不是无始的，因而不能永远存在，必然复归于虚无之中。法拉比的溢出论实际上否定了从虚无中创造物质，尔后复归虚无的说法，而认为真主存在本身，通过真主的自思自悟，必然自发地流溢出其他存在，因而整个世界是无始的。但他为与伊斯兰教的创世说保持一致,又把思悟与创造合一,把真主独自创造整个世界化为逐级创造(流溢)。2. 为使真主超脱殊多性和物质性,法拉比采取理性作为真主与物质、单一与殊多之间的媒介,但从未说明物质世界如何从这些非物质的理性中流溢而出。他将原动的理性作为天地间的中介,从不会毁灭的上界导出生与灭的下界,认为上界影响下界,但又认为这种影响仅限于善的方面,反对占星学家凭星相卜吉凶的做法。不过他并没有阐明上界与下界之间的联系,实质上两者之间出现断裂层。

下界的衍生过程与上界完全相反,它是从简单到复杂、由低级向高级发展,物质性的变化呈现出生与灭的过程。下界存在的整个系列是从不完美逐渐进展到比较完美。在最低级水平上的是四大基质,即四大要素,这些要素相互结合,产生各种各样的物体。"由四大要素构成的物体具有赋予它准备行动的力量,即热与冷;有赋予它准备接受行为的力量,即湿与干。"[1]物体由物质和形式构成,"形式以物质为支柱,物质是形式承载的内容,因为形式凭其本体不能自立,需要存在于某个内容中,此内容就是物质,物质的存在就是为了形式"[2]。但物质只有在物质之外的主动者的影响下才能获得形式,或从一种形式转到另一种形式。这个主动者就是原动的理性,法拉比称之为"形式的赋予者"。

由四大要素产生的物体,经无机物(矿物)、植物、动物,发展到人。下界发展过程的最高等级是人,他是整个宇宙的缩影。这种发展是分等级

---

[1] 法拉比:《问题的源泉》,第18页。
[2] 法拉比:《文明政治》,第7页。

的,不是持续不断的,每一等级与其他等级都有明显的区别。即使在同一等级内,每一种实体都有持久性,即在相当长的时间内,某种物质和某种形式相伴随而产生的这一实体的种种特性不会发生根本性的改变,虽然有生与灭交替出现,但是这一"种"实体仍占据着下界存在阶梯上的某个位置。这种实体与处于同一存在阶梯上的其他实体之间有许多相同的特性,这些特性使它们与另一存在阶梯上的实体有本质的区别。但从另一方面讲,它们本质上又是一致的。下界内的存在物与上界内的存在物,它们本质是不同的,因而前者有生与灭的现象,后者则没有。下界内的存在物可分为无机物、植物、动物和人各个阶梯,它们之间有本质的区别,但这种区别就上界内的存在物而言,又不是本质性的,或者说它(他)们本质上是一致的。

天体、人、动植物都有灵魂。但它们"在本质方面不同,天体因灵魂而具本质,因它而周期运动,它们与尘世上各种动物的灵魂相比,是更高尚、更完全、更美好的存在",它们永远是现实的,而不是潜在的灵魂,"天体内没有能感觉或想象的灵魂,而只有仅能思悟的灵魂,它在这方面与人的灵魂颇为相似"。[①]

下界内的灵魂是"具有生命的有机的自然体凭潜能的第一完全"[②]。植物和动物的灵魂,它们的潜能比较简单。植物的灵魂只有发育成长的潜能:摄取营养、自我繁殖、维持其生存、保证其品种延续。动物的灵魂除

---

① 法拉比:《文明政治》,第5页。
② 法拉比:《关于零星问题的论文》,第3页。

这种潜能外,还有感觉的潜能,能感觉外部世界的存在,并自发地趋利避祸。人的灵魂是理性的灵魂,除了发育成长的潜能(又称营养的潜能)、感觉的潜能外,还有想象的潜能和思维的潜能。人的灵魂是"肉体的形式",但又是"与肉体不同的精神的单纯的本质"[①]。人的灵魂所具有的潜能,有的通过肉体器官起作用,例如人通过自己的消化、排泄器官获取营养,发育成长,并在此基础上,通过肉体感官使感觉的潜能变为现实,使人具有触觉、味觉、嗅觉、听觉、视觉,但人与动植物的最大区别就在于理性的潜能,即不通过肉体器官起作用的想象的潜能和思维的潜能。想象的潜能使人"在感觉消失后保持感性事物的形象,在醒时或眠时将这些形象相互复合或分离,形成真真假假的形象,此外,它还能意识有益的和有害的,愉快的和不快的,而不涉及行为和道德的美与丑"[②]。这种潜能所产生的形象输入记忆系统保存,形成对事物的概念。思维的潜能则是用之于"思悟被理性领悟的事物",可分为理论性思维潜能和实践性思维潜能两大类,前者使人获得理论知识,明辨是非,区分美与丑,后者使人掌握技艺和手艺,使人习得某种能力。上述四种潜能相辅相成,组成完整统一的体系。这四种潜能中,营养潜能是感觉潜能的物质基础,感觉潜能则是营养潜能的表现形式;感觉潜能是想象潜能的物质基础,想象潜能则是感觉潜能的表现形式;想象潜能是思维潜能的物质基础,思维潜能则是想象潜能的表现形式。这些潜能的实现不能与肉体相分离,肉体就像一座有秩序的城

---

① 法拉比:《论单纯本质的存在》,第7页。
② 法拉比:《道德城居民意见书》,第49页。

市,在它的每个部门都有一位服从最高统帅的司令,最高统帅是心。

法拉比认为,"灵魂并不像柏拉图所说的那样会在肉体之前存在,它也不会像轮回说者所说的那样会从一个肉体转到另一个肉体。灵魂在肉体后会有幸福和痛苦,这种种情况各灵魂是千差万异的,都是它们应得应受的"①。他把灵魂分为三类:一类知道幸福之所在并努力获得,这种灵魂在幸福中永恒;一类知道幸福之所在但拒绝之,这些灵魂在痛苦中长存;一类并不知道幸福之所在,并未达到受益理性的程度,它们仍需要物质,因肉体的毁灭而毁灭。为成为第一类灵魂,人应充分利用自己的思维能力,在真主光芒的照耀下,努力获取知识,纯化灵魂,升华至受益理性,达到这一点的同时还必须多行善,"行善越多越经常,人们持之以恒,可以更强大、更美好、更完全的灵魂就从圆满变成无需物质,就能超脱于物质,不因物质的毁灭而毁灭"②。

四、理性与知识

理性问题是法拉比整个哲学体系的基石。他将人的理性分为实践的理性和理论的理性两部分。实践的理性又称习惯的理性,这是来源于实践经验的理性,它使我们可以通过敏锐的直觉,凭经验而作出判断。理论的理性按等级排列,分为物质的理性、现实的理性和受赐的理性三种。

物质的理性又称为潜在的理性,"它是某种灵魂,或灵魂的一部分,或

---

① 法拉比:《问题的源泉》,第21页。
② 法拉比:《道德城居民意见书》,第94页。

灵魂的某种潜能,或其本体准备剥夺全部事物的实质及其形式而又未触及其物质,使它全部成为它的形式的某种事物"[1]。他又说:"至于首先凭本性产生的人的理性,则是在准备接受被理性领悟的事物的形相的某物质内的某种形态,它凭潜能是理性,是物质的理性。"[2]由此可见,法拉比在确定这种理性的性质时,认为它一会儿是灵魂,一会儿是灵魂的一部分,一会儿是潜能,一会儿是形态,一会儿是"并非物体的单纯的本质"[3]。这种理性的职能是剥夺万物的形式及其本质而又不触动其物质,即它能够从存在的实体中抽象出形式,它本身最终与这些形式等同起来,从而成为现实的理性。被理性领悟的事物在被领悟前,是潜在的被理性领悟的事物,理性是潜在的理性;而在被领悟之后,则成为现实的被理性领悟的事物,理性也就成为现实的理性。

在现实的理性中,形式这一仅能被理性领悟的事物获得了新的存在的样式,它不再仅仅是积极思想的客体,而且成为它的主体。这就是说,"被理性领悟的事物成为理性的种种形式,它本身也成了这些形式。那么,它是现实的具理性者、现实的理性、现实的被理性领悟的事物,这三者意思是相同的"[4]。被理性领悟的事物有两种存在:一种是在被领悟前,潜在于事物中,另一种是存在于理性中。理性领悟了从物质中抽象出来的被理性领悟的事物,并未领悟与它本体格格不入的事物,它凭此由现实的

---

[1] 法拉比:《论理性》,第12页。
[2] 法拉比:《道德城居民意见书》,第63页。
[3] 法拉比:《问题的源泉》,第31页。
[4] 法拉比:《论理性》,第15—16页。

理性过渡到受赐的理性。

能够意识分离的形式,是受赐的理性的特点。抽象的被理性领悟的事物和分离的形式之间的区别在于:前者是在物质内,是从物质中抽象出来的;后者则是纯粹的,与物质相分离的,它"不存在物质内,从来不在物质内"①,如天体的理性。现实的理性要达到受赐的理性这一等级,只有"在所有的或主要的被理性领悟的事物,都变成现实的被理性领悟的事物之后"②才有可能。这时,"它与原动的理性之间不存在任何中介"③,从原动的理性流给它的潜能,使它能直接领悟被理性领悟的事物。

综上所述,法拉比把人类的理性分为三个等级。最低的是物质的理性或潜在的理性,它对于现实的理性犹如物质。第二是现实的理性,它对于物质的理性好比形式,而对于受赐的理性如同物质。最高等级的是受赐的理性,它对于现实的理性宛如形式,对另一个并非人类的理性——原动的理性则如物质。第一、二两种理性并不能领悟超脱于物质的那些仅能被理性领悟的事物,它们仍需要物质,如果这种物质灭亡了,它们与它一起灭亡。而受赐的理性,则达到了能够直接从原动的理性处接受仅能被理性领悟的事物的等级,它不再需要物质,所以不会因物质的毁灭而毁灭。也只有这个时候,人的灵魂才能直接与原动的理性相联系,超脱了物质性而具有神性,因而成为不朽。

---

① 法拉比:《论理性》,第21页。
② 法拉比:《论理性》,第22页。
③ 法拉比:《文明政治》,第49页。

"使理性从潜在转为现实的作用者,就是某物的本体。此物的本质是某种现实的理性,它是与物质分离的","这种纯粹的理性的行为宛如太阳对视觉的行为,因此称为原动的理性。"[1]原动的理性是天体的理性,它是纯粹的,与物质无关,从未在物质内,这种理性永远是现实的理性。法拉比有时把它称为忠诚的灵魂或圣灵,它使原先作为潜在的理性的本体变成现实的理性,使原先潜在的被理性领悟的事物成为现实的被理性领悟的事物。原动的理性对于潜在的理性犹如太阳对于眼睛,眼睛具有潜在的视觉,但它处于黑暗时显示不出视觉,一旦出现光线,立即成为现实的视觉,颜色就成为现实的被视物。由于被视物的形式在视觉中,它就成为现实的视觉。同样,原动的理性也使潜在的理性成为现实的理性。

知识分感性知识和理性知识两大类,前者建立在领悟变化着的特称事物之上,后者则建立在领悟固定不变的全称事物之上。灵魂通过其器官(即感官)领悟被感觉的事物。"人的知识的取得是通过感官……感官是人类灵魂从中获得知识的道路。"[2]但是,通过感官获得的感性认识是肤浅的,只知道"某事物的特性、必然情况与偶性",例如"我们不知道物体到底是什么,只知道具有长宽高这些特性的某事物"[3]。这种对表面现象的认识,不能揭示事物的本质,要认识事物的本质,必须由表及里地深入事物内部,从个体到一般,由特称知识上升到全称知识。因为"被感觉之物

---

[1] 法拉比:《道德城居民意见书》,第63—64页。
[2] 法拉比:《评论集》,第3—4页。
[3] 法拉比:《评论集》,第4页。

并非被知晓之物,被感觉之物只是被知晓之物的表象","感性事物是知识的材料",感官接触感性事物,把所感觉到的具体的形象"传递到共同的感觉,产生形象概念,转到想象的潜能,形成想象,到达区别的潜能,去粗取精,提炼润色,再将它送入理性",经过理性思维,"从物质中抽象出全称的概念"。这种概念在物质世界内是不存在的,例如"线"的概念,它"被设想为物体的边端,但在外界它不能独立存在,却是理性所能领悟的事物"。①理性知识建立在感性知识的基础之上,以感觉为开端,以物质存在为前提,通过对表象知识的加工,深入事物的本质,揭示真理,实现感性知识到理性知识的飞跃。

与此同时,法拉比又认为上述情况并不意味着我们所获得的一切知识均来自感性实践。人们的知识除信仰外可分四种:传授的、公认的、感觉、先天的。传授的知识是我们从自己所信任的他人处学得的。公认的知识是在众人之间流传,无人有异议的,例如"孝顺父母是种责任"的观念。感觉的知识是通过五种感觉器官获得的知识。除此以外,还有一些被理性领悟的基本原则,是被人们先天地所知晓的,例如一物的部分一定少于此物的全部,与某物的量相等的每个量都是一样的,等等。这些先天的知识,是我们掌握其他知识的基础,没有这些基本原则为基础,某些感性认识难以上升到理性。感性认识向理性认识的跃进一旦成功,潜在的理性就成为现实的理性,但这只有在原动的理性的影响下才能实现。因

---

① 法拉比:《答被询问诸问题》,第27页。

为，被理性领悟的事物的等级和存在物的等级之间是完全相对应的。最低的存在物渴望上升到它等级之上，等级比它高的存在物使等级低的上升。同样，人的理性向往原动的理性，原动的理性赋予万物存在的形式，它在自己的本体中集中所有的形式，把它送到感性的世界，使物质披上形式，同时，把形式送到人的理性，产生知识。因此，理性的知识与外界的客体完全相符，这是不足为奇的。这种相符归之于所有的形式，不管是感性的还是理性的，都来自原动的理性，这种知识是可信的。人的理性的目的是与这种纯粹的理性相接触，仿效它。这就是说，确信的知识只能通过原动的理性的流出才能取得。原动的理性是知识的赐予者、形式的赋予者。

五、 道德与政治

和其他中世纪阿拉伯哲学家一样，法拉比认为哲学包括人类知识的一切方面。他的哲学观点经常与他的道德观和政治观联系在一起，在《道德城居民意见书》《论政治》《文明政治》《幸福的取得》《论幸福道路的指示》等书中，他的这几方面的观点是糅合在一起的。他认为道德的第一目的是取得幸福。"幸福是人所向往和努力达到的最大目标"，"人所追求的就是善和全，幸福是最大的善，人一旦达到自身的这个善，他的幸福就全了"。[①]

人的行为中有的应受责备，有的应受褒扬，有的既不必责备也不必褒

---

① 法拉比：《论幸福道路的指示》，第6页。

扬。这些行为都可以通过实践养成习惯,人在行善方面是自由的,"习惯即多次、长期、间隔短地进行同一行为"①。好的行为是中间的行为,过分与不及都不行,判断一行为是否属"中间","要看这一行为发生的时间、地点,以及从事这一行为的人,其目的与手段"②。第一个好的行为是勇敢,它在鲁莽与胆怯之间;慷慨在浪费和吝惜之间;贞洁在放荡和无肉欲之间。显而易见,我们的所有行为都为了追求快乐,其中有肉体方面的,我们可通过感官得到,有的是思想方面的,例如征服的快乐和知识的快乐。"前者容易得到但迅速消失;后者难以得到却长期存在,这是应该追求的。"③至于养成进行可嘉行为的习惯,则靠意志的力量、慎思慎择。理论的知识和实践的知识是我们取得幸福的手段,但还得靠逻辑的帮助,它使我们明辨是非,实现自己的目的。

美德有四种:理论的美德、思想的美德、道德的美德和实践的美德。人们一旦具有它,"就实现了今世生活中的最低幸福和来世生活中的最高幸福"④。理论的美德即学问,其中有些学问"人一开始就获得,但不知是如何获得和从何处获得的,它是最主要的学问",即知识的一些首要原则。另一些学问是"通过沉思、检验推理、教与学取得的"⑤,这就是逻辑学、数学和其他各门学问。思想的美德指的是文明的思想德行,是在有德行的

---

① 法拉比:《论幸福道路的指示》,第 8 页。
② 法拉比:《论幸福道路的指示》,第 10 页。
③ 法拉比:《论幸福道路的指示》,第 15 页。
④ 法拉比:《幸福的取得》,第 2 页。
⑤ 法拉比:《幸福的取得》,第 9 页。

目的方面能推理出最佳的,并制定和遵循与理论的美德相一致的种种原则。道德的美德的体现是追求善,它是思想的美德实现的条件。除此之外,人还必须掌握某种实践的美德,即某种技艺,它不仅是谋生的手段,也是实现自身价值的基础。只有同时具备这四方面,才能实现真正的幸福。如何具备,只有通过教育与训导,"教育是找出民族和城市内理论的美德和思想的美德;训导是找出民族和城市内道德的美德和实践的技艺。教育是只动嘴,训导则是或动嘴,或采取行动",在训导中"采取说服的方法、情感的言论,如不行,则采取强迫的手段"①。

人为实现自己所追求的目标,必须"与他人为邻,与他们结成社会"②,"人只有凭社交才能实现自身的价值"③,通过社交这个手段获得自己的所需。因此,最理想的社会是"通过集体努力,使每个人得到真正的幸福"④,这就需要实行文明政治,使整个城市成为有道德之城。"道德城宛如完全健康的身体,他所有的器官协调工作,维持生命、延年益寿。同时,身体的各器官在本能和潜能方面各不相同,其中有一个器官为首,它是心脏","城市也是如此,它的各部分本能不同,形态各异,它里面有一个人为首",城内的人"相互协调、相互服务",但身体器官是自然地协调行动的,城市居民却是"有意志的",人们具有各种能力和情况,一些人"适合干一些事情,而不适合另一些事",这样,"城市的各部分相互联系、相互结合,形成

---

① 法拉比:《幸福的取得》,第29—31页。
② 法拉比:《幸福的取得》,第14页。
③ 法拉比:《文明政治》,第39页。
④ 法拉比:《文明政治》,第40页。

有前有后的序列"。① 统一和序列的思想,是法拉比一以贯之的思想,天地万物既统一又有序列,人类社会也是如此。首领之后是"长者序列,从最高等级渐渐下降,直至进入服务者阶层,这阶层里没有头头,它下面没有其他等级",这种序列"也与万物的序列相似:万物的序列是从第一开始到第一物质和基质结束,城市的组合也与既千差万别又相互组合在一起的万物之间的联系相似",从独尊的首领到最下层的居民,形成一个统治与被统治的系列。②

道德城是一种理想国,它建立在知识、工作和德行制度之上,民风淳厚,"本质上追求好的、幸福的生活"③。这里有两个重要的基础:社会的每个成员理性上的成熟和整个民族的需要。道德城的首领应具备两条件:"一是天性上适合这个职务,二是具有有意志的才能和工作方法。"④此人的灵魂能与原动的理性相联系,因而具有超人的伟大气质。"因为原动的理性从第一因存在中溢出,也许可以说第一因是借助原动的理性来启示此人者。"⑤他具有十二个特性:体魄健全;理解力、想象力、记忆力非凡;头脑敏锐、智力过人;善于表达;推崇教育,使人受益;不贪吃喝、不恋声色;热爱真理、赞赏诚实、憎恨虚伪;心胸宽广、为人慷慨;乐善好施、不图私利;主持公道,痛恨暴虐、欺凌及损人利己的行为;不刚愎自用、自以为是;

---

① 法拉比:《文明政治》,第53—54页。
② 法拉比:《文明政治》,第54页。
③ 法拉比:《道德城居民意见书》,第79页。
④ 法拉比:《道德城居民意见书》,第82页。
⑤ 法拉比:《文明政治》,第50页。

意志坚强,具有大无畏的精神。当然,一个人同时具有这十二种品质很难,这时可由几个人合有这些品质,实际上是这几个人共同管理整个社会。如果这个统治集团缺乏智力过人的人,"不能有贤者加入领导行列,这个城市过一段时间就得灭亡"①。首领是导师和社会的安排者,他通过制订法律条例来管理社会,实现公正。公正是一个理想社会赖以建立的基石。但在情况变化后他应"改变他自己在某个时候制定的,后来又认为最好改变它的某个法律"②。

非道德城包括愚昧城、放荡城、背叛城、迷误城等。愚昧城的"居民不知道幸福,未想到幸福"③,即使向他们指出幸福之所在,他们也不相信。又可分为其居民的目的仅限于获得生活必需品的必需城、敛财致富的聚财城、沉浸于肉欲享受的卑劣城、致力于获得地位与声誉的尊严城、以征服为幸事的征服城,以及"每个居民都给自己随心所欲的绝对自由,它的居民是平等的……他们中谁也不对谁有任何控制"④的集团城等。放荡城的居民理解关于真主、来世、原动的理性和真正幸福的性质等真理,但却不去实践,过着愚昧城居民一样的生活。背叛城的居民原先与道德城的居民一样,但后受腐朽思想的侵蚀,起了变化,从而背叛了原先认定的真理,走上了歧途。迷误城的居民具有各种荒谬的观点,他们的首领甚至自称先知,采取骗术和诡计来进行统治。此外,还有城市二流子,这些人是

---

① 法拉比:《道德城居民意见书》,第 90 页。
② 法拉比:《文明政治》,第 50—51 页。
③ 法拉比:《文明政治》,第 59 页。
④ 法拉比:《文明政治》,第 64 页。

野蛮的,"他们根本不会有文明的社会,他们中有的好比家畜,有的宛如野兽,有的甚至就是猛兽","在城市的任何事务中无法利用他们,只能像对待野兽那样对待他们",这是一股对社会无益而有害的势力。① 非道德城的居民把大地作为争夺生存的场所,因而强者生存,胜者享受,弱者不是被毁灭就是受奴役,整个社会建立在"需要"一词的基础上,为了实现自己的需要,可以欺骗利用、武力征服、切断社会联系,法拉比把这称为"猛兽病"。他们中也有人认为社会成员间应有联系,应该互爱,但对如何实现这一点看法不一,有的以血统为基础,有的以姻亲为枢纽,有的以结盟为联系,有的以某头领为旗帜,有的按道德、风俗、语言为准则,"共处一里、共处一集团、共处一城市"②。非道德城的居民由于对世俗享受的依恋,因而摆脱不了肉体的束缚,他们的灵魂出现在一种接一种的物质状态中,沉沦、麻木,退化成无理性的水平,直至灭亡。

第五节　阿拉伯哲学家之王伊本·西那

伊本·西那,阿拉伯语全名为艾布·阿里·侯赛因·本·阿卜杜勒·本·哈桑·本·阿里·本·西那,以拉丁名阿维森纳闻名于世。他是塔吉克人,980年生于中亚布哈拉城附近的艾富申村,出身于显宦人家,父亲是伊斯玛仪派信徒。他自幼聪颖好学,年少便通晓《古兰经》和伊

---

① 法拉比:《文明政治》,第57—58页。
② 法拉比:《道德城居民意见书》,第116页。

斯兰教各科,并攻读文学、数学、逻辑、医学、哲学等。17岁时,因治好了萨曼王朝素丹努哈·本·曼苏尔的不治之症,被引为近臣,特获许可自由进出宫廷图书馆,有机会阅读许多珍本和孤本,很快成为一位学富五车的大学者。他21岁开始著述,涉猎甚广,在医学、哲学、物理学、几何学、天文学、逻辑学、语言学、教义学、音乐等领域,都在系统总结前人的研究成果的基础上,有所发展和创新,达到新的高峰,被尊称为"领头长老"。史料记载他的作品达276种,使他获得殊荣的是《医典》和《治疗书》这两本书。前者是一部医学百科全书,12世纪被译成拉丁文,迅速取代格林等人的著作,成为欧洲各大学的医学教科书,被视为"医学圣经",直到17世纪。后者是一部哲学百科全书,分逻辑学、自然学(物理学)、数学和神学(形而上学)四个部分,提出了许多独到的见解,最终完成了希腊哲学和伊斯兰思想之间的调和。此书和他的其他一些哲学著作被译成拉丁文后,对西方哲学思想的发展产生了巨大的影响。他的著名的哲学著作还有《拯救书》《训导书》《东部哲理书》等。他的哲学观点被大量引用,被称为"哲学家之王"和"亚里士多德第二"。可惜的是,这么一位伟大的学者,因耽于酒色,最后得腹绞痛而于1037年病逝,时年仅57岁。

一、溢出主义宇宙论

宇宙即在时间和空间内存在的万物,或除真主外的一切存在物。伊本·西那认为,除这个宇宙外,不可能存在别的宇宙,宇宙从整体上说是一个,不可能是两个或多个。宇宙内的任何自然体都由物质和形式合成,物质是所在，形式是其情况。物质是无始的，因为凡有始者，在其产生前是可能的存在，那么存在的可能在物质存在前就已存在，物质存在的可能不是主宰者所能够的。因为如果主宰者本身不是可能的话，他对这种存在可能是无能为力的。事物本身是可能的，其意义不同于事物对可能而言是被可能所及的，因为"本身可能"是指它的本体，而"被可能所及"则是指其受造物。如果承认这一点，那么存在的可能其本身是不存在的，它需要它所寄托的客体，此客体即接受情况的变化。我们称存在的可能为存在的潜能，称具有存在潜能的为客体或物质，这种物质不可能是有始的，否则它的存在可能就先于它而独立存在，这是不行的。因此，每个有始的，其存在之前必有物质，也就是说，物质是无始的。既然物质是无始的，那与它相随的形式也是无始的。同样，运动和时间也是无始的。

有始的不可能从无始中产生。因为，我们如果假定真主的存在，而无宇宙与他共存，那么我们必然会问：为什么要产生这个宇宙？为何在某特定的时刻产生它，而不是在此以前？这是无法得到圆满回答的问题。因为，如果说宇宙是造物主存在一段时间后才产生的，那必然发生了某种变化，不是造物主的本体发生变化，就是他的意志发生变化，至少是某些属性发生变化，这对造物主来说是绝对不行的。这样，就二者必居其一：真主的存在必需无始无终的宇宙的存在；真主的存在无需宇宙的存在。这后一种说法显然与我们的感觉与体验相悖，因为宇宙是一个客观的存在，那么，此宇宙的存在就因此原因的无始而无始，它的原因就是凭其本体的必然存在。先与后的概念可能从本质而言，即一物的存在必然以他物的存在为前提,例如"二"的存在必然有"一"的存在,"一"先于"二";也可能从时间的角度而言,例如父亲先于儿子;甚至可以从等级、完全度和居上性等方面而言,例如名列前茅者先于他人,智者先于愚者,因先于果,等等。真主先于宇宙,是凭本体,而不是指时间方面,也就是说宇宙的存在以真主的存在为前提,它来自于真主。伊本·西那由此导出完整的溢出主义宇宙论。

这种溢出论基于三大原则:1. 存在分为可能的存在和必然的存在两种。整个宇宙都是凭本体可能的、凭他体必然的存在,只有真主才是凭本体必然的存在。2. 一从他是一而言,从他发出的只能是一。真主是各方面的一,如果有物从他发出,此物在数目上必然是一。3. 思悟就是创造,真主的思悟是他所思之物存在的原因。他一旦思悟某物,此物就以他思悟该物所具有的形式而存在。伊本·西那认为,真主是自思自悟其本体的纯理性。既然理性是创造者,那么从真主对其本体的自思自悟中必然溢出第一果,它也是理性;既然真主是一,从他对其本体的自思自悟中必然只溢出一个理性。从第一因溢出的第一个存在物数量上是一,它的本体和本质不是存在于物质内,不是任何体,也没有形式。这第一果是纯理性,是第一个分离的理性。

这第一理性是凭真主的必然存在,凭本体的可能存在,它思悟真主,又自思自悟其本体。它思悟真主时,凭其所思必然溢出第二理性;它自思自悟其本体时,便溢出最远天体形式的存在。第一理性从它是凭真主的必然的存在这一角度,对其本体进行自思自悟,从中溢出灵魂;从它是凭本体的可能的存在而言，对其本体进行自思自悟，从中溢出体。最远天体具有灵魂与体，构成完美。那么，从第一理性溢出三物：第二理性（宇宙理性）、最远天体的体及其形式（即灵魂）。这样就产生了第一批殊多，从真主的单一的和必然的存在中溢出"理性—灵魂—天体"这种三位组合体系。通过同样的方法，从宇宙理性中溢出第三理性及与其相应的灵魂和天体，下面依次溢出第四理性、第五理性以及与每个理性相应的灵魂和天体，直到第十理性（原动的理性）及与其相应的天体（月球）和灵魂（世界灵魂）。整个溢出过程至此结束。月球之下的是一个生与灭的物质世界，它是与神性世界相对的殊多的世界，这个世界由世界灵魂安排，而不是由真主安排，因为真主只知道全称的世界。

殊多从单一产生，可能从必然产生。真主是单一和必然，没有任何殊多或可能，宇宙通过真主的思悟溢出。真主思悟具有必然性，因而宇宙必然溢出。但是整个宇宙，即存在，不过是在作为神的原则的"一"这个必然存在面前的可能存在。存在不具本质，而是附加在本质之上的一种偶性。本质在万物存在前就已在真主头脑中存在，真理即真主的思悟，即全称的被理性领悟的事物，它不能自我存在，而是存在于真主内。

每个天体都有驱动它运动的灵魂和主持它的理性。灵魂是近动因，理性是远动因。近动因不可能是理性，因为这必然造成理性本质方面的变化。我们知道，理性的本质是不变的。至于天体灵魂，其设想和意志是变化的，它驱动天体，正如人的灵魂驱动人体一样。但天体的运动是圆周的，这是最完美的运动，凭这一点，天体时刻准备接受来自第一原则的善。

存在物从第一原则溢出不是凭意志或本性,它是合理的必然的溢出。因为太一如果意愿他物,此物就比意愿者等级高。真主是自我思悟的理性,从他的自思自悟中,溢出整体的存在,因此不能说宇宙从太一溢出是本性。"太一对整体从他处溢出是满意的"①,他思悟他是善系统的原则,这种思悟不是从一个被思悟者转移到另一个被思悟者,也不是从潜能转成现实,而是采取时间之外的臆度。伊本·西那认为,这种合理的必然的溢出是无始的溢出。既然这样,那整个世界就服从于一个固定的体系。通过天体理性为媒介而从真主溢出的万物,从第一原则处取得其存在的必然、他的善和全,那么整个宇宙就打上了神性的烙印。既然物质只有凭从形式赋予者处流溢出的形式才能被确定,那么万物中都有造物主的印迹,仿佛真主存在于万物之中,万物是造物主本体的一个个表象。溢出不会无穷无尽,而是至第十理性为止。整个宇宙都在可能的范畴,它与第一原则的关系是可能与必然的关系,但这宇宙的可能是无始的,它从第一原则的溢出是无始的。宇宙内发生的一切都是凭真主的必然存在,那么在宇宙内就存在必然性,凡物均有其命运。

宇宙从真主处溢出,故万物畅游在善的海洋中。存在的等级越高,善越多,恶越少。形式比体更善,分离的本质比形式还要善,这种善性逐渐增加,直至真主,他是万善之源。宇宙中存在的恶归之于宇宙中的可能性本质,而与凭真主的存在必然性无关。必然性与善相配,可能性与恶关

---

① 伊本·西那:《拯救书》,第449页。

联,必然性少可能性必多,反之亦然。存在的可能性使殊多从单一中产生,也使恶从善中产生,因此可能性是存在中的恶之源。整个宇宙以必然性为经,可能性为纬,交织出变幻无穷的形形色色。

二、完整的灵魂学

在《论灵魂》《论灵魂的潜能》《论认识有理性的灵魂及其状况》《人的灵魂状况的不同》《有理性的灵魂的存在》《灵魂依附肉体》等论文和有关著作中,伊本·西那全面地论述了灵魂的存在、性质、各种潜能、与肉体的关系以及灵魂的不朽性等,提出了完整的灵魂学。

他把运动分为强制性运动和意志性运动两大类。有些运动是根据自然规律而发生的,如石块从高处坠落至低处的落体运动。但在空中盘旋的鸟却不会坠落地面,这是与自然规律相逆的,必然存在于一种凌驾于躯体之上的动因,它就是灵魂。事实上,"我们目睹肉体凭意志感觉和运动,而且我们目睹肉体吸收营养、发育长大、繁殖后代,这些都不是由于它的肉体性。那么,除了它的肉体性外,它的本体中有一些为此的原则,即由其产生这些行为的事物。总之,这些行为并非没有意志、千篇一律的,所有构成这些行为产生的原则的,我们称之为灵魂"[①]。

人有喜怒哀乐各种情感,例如见到精美绝伦的事物会产生赞赏的情绪,发出微笑;遇到使人不快的事情,会有烦恼的情绪,皱眉蹙额。人还会

---

① 伊本·西那:《治疗书·灵魂学》,第9页。

说话、运用手势。更为重要的是,人能"设想从物质中完全抽象出来的理性的全称的意义","通过对真正材料的确证和设想,达到了解未知的事物"。这些情况和行为"虽然其中有的是肉体的,但由于属于人而不是属于其他动物的灵魂才为人而存在"①。从自然学角度的动力性潜能和从心理学角度的意识性潜能,就是使人的肉体产生行动的本质,"你内部的这一本质是一个,它就是真正的你"②。

伊本·西那比较灵魂和肉体,发现物体容易发生变化、增加和减少,它的各组成部分也会变化。而灵魂则是不变的、情况如一的。他说:"有理性的人啊,你想一想你今天所处的灵魂,它在你的一生中都存在,所以你常常想起你周围发生的事情。那么你是延续不变的,毫无疑问是这样。你的肉体,它的本体不是延续不变的,而是常常处于解体和减少中。因此人需要营养,以补充被解体的肉体……你要知道,在 20 年中,你的肉体的各部分中已不再存在什么,而你却知道你的本体在这段时间内,甚至在你一生中延续存在。那么,你的本体是和这肉体,和这肉体表面的和内部的各部分不同的。这是个伟大的证明,它给我们打开了玄学的大门。灵魂的本质是感觉不到的、想象不到的。"③

一个人如果被蒙上双眼,四肢分开接触不到肉体,让他从空中落下,这时他的感觉器官已不能证明他的存在,可他精神上仍具有自我存在的

---

① 伊本·西那:《治疗书·灵魂学》,第 203 页。
② 伊本·西那:《训导书》,第 1 卷,第 128 页。
③ 伊本·西那:《论认识有理性的灵魂及其状况》,第 7 页。

意识。这个自我存在的并非肉体,而是平时我们感觉不到的自我,即灵魂。在任何情况下,人只要活着,具有思维能力,他总能意识到自我存在,"那么,其存在被证明了的本体具有一个特性,这个本体自身(即人自身)不是未被证明的肉体和肢体"[1]。这就是著名的"飞人的证明"。

灵魂的定义是"有机的自然体中的第一圆满"。无论是从动物的意识凭它而完善的这种潜能的角度而言,还是从动物的各种行为由它发出的这种潜能的角度而言,灵魂都是一种圆满(完美)。"分离的灵魂是圆满,不分离的灵魂也是圆满。"[2]圆满有两种:第一圆满和第二圆满,前者是种类凭它成为现实的种类,如剑的形式;后者则是伴随某事物的行为或心理,如剑的锋利、人的沉思或感觉。灵魂是第一圆满。有机的自然体指植物、动物和人。植物的灵魂是"从被繁殖、生长、汲取营养的方面而言的有机的自然体的第一圆满";动物的灵魂是"从领悟个别事物、凭意愿运动的方面而言的有机的自然体的第一圆满";人的灵魂则是"从根据思想选择和意见推理而行动的方面和领悟全称概念事物的方面而言的有机的自然体的第一圆满"[3]。灵魂是一种精神性的本质,灵魂可以独立于肉体而存在,但肉体没有灵魂就不能存在。灵魂一旦离开肉体,肉体立即会受外部的影响而发生变化,从而解体,不复存在。

每个肉体都有一个灵魂,灵魂与肉体同时生成。"既然适合被灵魂使

---

[1] 伊本·西那:《治疗书·灵魂学》,第18—19页。
[2] 伊本·西那:《治疗书·灵魂学》,第12页。
[3] 伊本·西那:《拯救书》,第158页。

用的肉体是有始的,灵魂也是有始的。有始的肉体是灵魂的所有物和器官。"[1]肉体中的灵魂种类上是一个,数量上是多数。灵魂虽然与肉体一起生成,但是它们是两种本质,肉体不是灵魂存在的原因,它们之间没有自身的因果关系。灵魂是一种非合成的精神的本体,既然不是合成的又不是物质的,它就不会分解和消亡,因而是永恒的,不会因肉体的毁灭而毁灭。灵魂的永恒性,来自它从中流溢而出的天体精神——最低的分离的理性(原动的理性),这个尘世上起源和衰灭的真正动因和形式的赋予者——所具有的超俗的永恒性,即使它作为生命的本原而与肉体结合,它的永恒性依然存在。

人的"不同的行为根据不同的潜能。每一个潜能就它本身而言,都有一个属于它的、由它产生的第一行为。情感的潜能不会受肉欲的影响,欲望的潜能不受使人不快事情的影响,意识的潜能不受这两者所受的任何影响。这两者中的任何一个从它们本身而言,都不能接受被意识到的形式并想象它"[2]。情况既然这样,这些潜能必然有一个"纽带将它们集中起来归于它,它对所有这些潜能就是共同感觉对感官"[3]。否则的话,这些潜能就是一盘散沙,无法真正地起作用,而实际上这些潜能之间是有关联的。例如,我们常常发现感觉引起欲望,被感觉的事物只能对感官起作用,而不能对欲望的潜能产生影响,这说明一定有一个共同本性在起调控

---

[1] 伊本·西那:《拯救书》,第184页。
[2] 伊本·西那:《治疗书·灵魂学》,第249页。
[3] 伊本·西那:《治疗书·灵魂学》,第250页。

作用，"将这些潜能归在一起的这一个事物，就是我们每个人认为是本体的那个事物，以至于我们可以说，当我们感觉到了，我们就有了欲望"[①]。这个事物不可能是肉体，而只能是灵魂，由灵魂对所有的潜能起调控作用。灵魂是单一的，它的潜能是同一本体的潜能，它通过这些潜能担任起自己的全部职能。

伊本·西那将生与灭世界上的灵魂分为三个等级：植物的灵魂、动物的灵魂、理性的灵魂。每高一级的灵魂都兼有低一级灵魂的全部潜能。因此，人的灵魂同时具有这三种灵魂的潜能。

植物的灵魂有三种潜能：营养的潜能、发育的潜能、繁殖的潜能。营养的潜能使另外的体转化成与该潜能所在的那个体相似之物，且合并到其中，以代替从它那儿分解出去的部分。发育的潜能在它所处的体内，增加与该体的相似之物，按比例地增加其长、宽、高，从而达到生长中的完美。繁殖的潜能从它所在的体中取下一部分，对该部分起作用，从中产生与原体相似的另外的体。

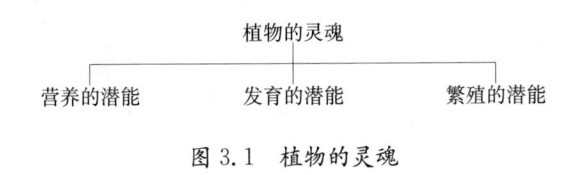

```
                植物的灵魂
        ┌───────────┼───────────┐
    营养的潜能    发育的潜能    繁殖的潜能
```

图 3.1　植物的灵魂

动物的灵魂有运动的和意识的两大类潜能。前者包括作为动因的运动的潜能（谋求享受的欲望的潜能、表达心理的情感的潜能）和作为主动

[①] 伊本·西那：《治疗书·灵魂学》，第 251 页。

者(即该运动进行者)的潜能(可控制的肌体运动、不可控制的自主神经运动);后者则分为来自外界的意识(外部的意识)的潜能和来自内感的意识(内部的意识)的潜能。外部的意识即通过五大感官获得的意识。内部的意识又可分为:接受五大感官系统传导的全部感性事物的图像的共同感觉;整理这些图像,并在感性事物不存在时保存这些图像的描写性想象;构成某种设想,以便区别并作出选择的创造想象(这一潜能在人处进一步发展为思维的潜能);意识到非感性的意义(如羊意识到狼是敌人)的忖度;保存忖度的潜能所意识到的非感性意义的保存记忆等潜能。意识图像是灵魂对外部感官所获得的意识进行再加工,意识非感性的意义则是灵魂对与感官无关的抽象意义的创造与保存。

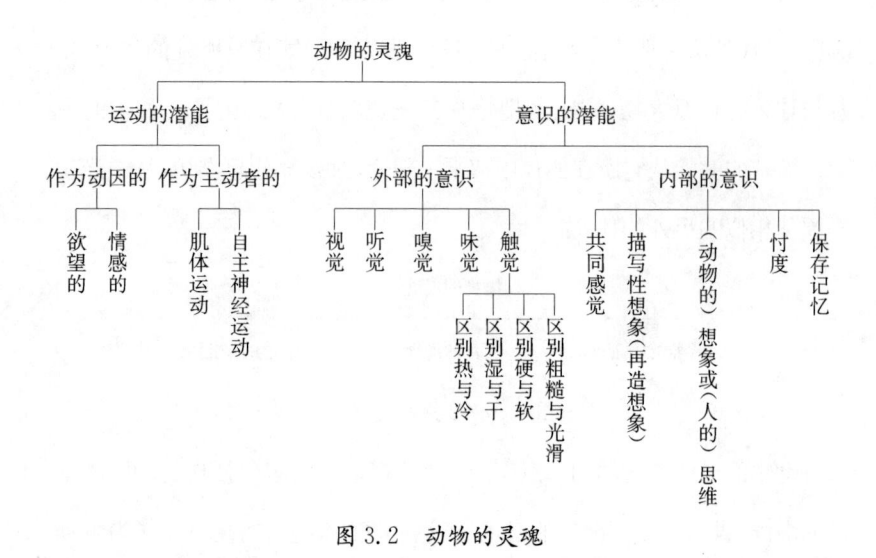

```
                            动物的灵魂
                   ┌────────────┴────────────┐
               运动的潜能                 意识的潜能
          ┌────────┴────────┐        ┌────────┴────────┐
      作为动因的      作为主动者的   外部的意识         内部的意识
      ┌────┬────┐    ┌────┬────┐   ┌─┬─┬─┬─┐   ┌────┬────┬──┬────┐
     欲  情   肌   自             视 听 嗅 味 触   共   描    （   忖  保
     望  感   体   主             觉 觉 觉 觉 觉   同   写    动    度  存
     的  的   运   神                             感   性    物                  记
             动   经                             觉   想    ）                  忆
                  运                                  象    想
                  动                                  （    象
                                                     再    或
                                                     造    （
                                                     想    人
                                                     象    ）
                                                     ）    思
                                                           维
                                    ┌────┬────┐
                                   区   区   区
                                   别   别   别
                                   热   湿   硬   粗
                                   与   与   与   糙
                                   冷   干   软   与
                                                光
                                                滑
```

图 3.2　动物的灵魂

理性的灵魂是人所专有的,它分为实践的理性和理论的理性两种。

第三章 受希腊哲学影响的阿拉伯哲学家

实践的理性即行为的潜能，它是灵魂在人由自明之理或经验体验所得到的局部的种种意见的基础上，对肉体进行管理，产生道德观念，使每个局部的行为都符合由此观念产生的准则。理论的理性又称为知识的潜能，它能掌握从物质抽象的全称形式，构成知识。理性里的潜能具有三个意义：绝对的潜能、可能的潜能、完全的潜能（习性）。第一种意义又称为物质的潜能，这种潜能近似物质，不能从它本身过渡到行为，例如尚未接受教育的儿童的书写能力，这种能力"潜在"，却无法用行为来表达。第二种意义通过某些自明的原则，可以过渡到行为，例如已经掌握入门知识和书写工具的儿童，他的书写潜能已经是"可能"表达的了。第三种意义上的潜能已经是可以随意表达的了，例如书法家的书写潜能，这种可随意表达的潜能实际上是一种习性。

第一种意义上的潜能（绝对的潜能）与物质的理性相符。之所以这样称呼，是把这种理性比作第一物质：第一物质本身不具有任何形式，但具有准备接受任何一种形式的基质。物质的理性是趋向被理性领悟的事物的一种准备性潜能，它是某些自明的基本原则的承受者，随时准备接受那些基本的被理性领悟的事物，并通过思考和推测，甚至通过直觉，准备接受那些次要的被理性领悟的事物，从而变成习惯的理性。习惯的理性是部分现实的（即"凭行为的"）、部分潜在的理性。理性有了被理性领悟的形式，"但理性看不见它，理性是现实地与形式有关，仿佛形式是在理性处储存，理性需要时，它就现实地看到那种形式，便领悟它，并明白自己是在领悟它，这时被称为现实的理性，因为它随时可不费吹灰之力地、无须后天获得地进行领悟"①。一旦到了不再依靠自然的过程,而是出自超自然的动因,可以无条件地领悟仅能被理性领悟的形式,并了解自己在现实地领悟它时,这种理性就成了受赐的理性。一个人凭受赐的理性达到他命定的完美,并接近超世俗的比较高的存在。上述的每一种理性,对于它之上的理性来说都是潜在的,对于它之下的理性而言则是现实的,从潜能过渡到现实只能通过一种理性,即永远是现实的原动的理性。

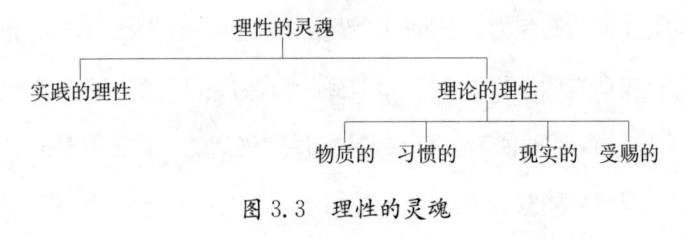

```
                    理性的灵魂
           ┌───────────┴───────────┐
        实践的理性                理论的理性
                          ┌──────┬──────┬──────┐
                        物质的  习惯的  现实的  受赐的
```

图 3.3　理性的灵魂

这是伊本·西那在《治疗书》和《拯救书》中的观点,在《训导书》中,他的看法与此稍有不同:"首先是趋向被理性领悟的事物的准备的潜能,有人称之为物质的理性,它是灯台;接着是另一个潜能,当具有主要的被理性领悟的事物时,就产生此潜能,准备获得次要的被理性领悟的事物,要么通过思考,它是橄榄树","要么凭推测,它是油",这"被称为习惯的理性","它是玻璃","此后产生一种潜能和完全。说到完全,它是现实地使被理性领悟的事物出现在它面前,体现在头脑里","它是火上之火","至于潜能,它则产生后天获得的被理性领悟的事物","它是灯","这个完全,被称为受赐的理性;这个直觉,被称为现实的理性。那被动地从直觉到完

----
① 伊本·西那:《拯救书》,第 166 页。

全行为的,也从物质到直觉的,就是原动的理性,它是火"。① 伊本·西那在此以《古兰经》24:25 的经文②为本,将物质的理性比作灯台,因为它本身是黑的,但可接受光;将习惯的理性比作玻璃,因为它本身是透明的,更容易接受光;将思考比作橄榄树,因为它准备变成本身接受光的,但得经过劳累的加工;将推测比作油,因为它比橄榄树更容易接受光;将受赐的理性比作"火上之火",因为被理性领悟的形式是火,接受这种形式的灵魂也是火;将现实的理性比作灯,因为它自身就发光,无须从其他处获得;将原动的理性比作火,因为灯从它处点燃。

三、论意识

伊本·西那认为,"凡意识,即通过某种方法获取被意识者的形式。如果是意识物质的东西,那它获取的形式是从物质中某种程度上抽象出来的"③。换句话说,意识是"呈现在意识者那儿、他凭之意识的东西所目睹的[被意识之物]真理"④。意识分为两大类:感性的意识和理性的意识。前者是感性的形式呈现在感官内,后者是被理性领悟的事物的形式呈现在理性内。在每一呈现中都有某种抽象,因此,正如亚里士多德所

---

① 伊本·西那:《训导书》,第 1 卷,第 154—155 页。
② 该节经文是:"真主是天地的光明,他的光明像一座灯台,那座灯台上有一盏明灯,那盏明灯在一个玻璃罩里,那个玻璃罩仿佛一颗灿烂的明星,用吉祥的橄榄油燃着那盏明灯;它不是东方的,也不是西方的,它的油,即使没有点火也几乎发光——光上加光——真主引导他所意欲者走向他的光明。"
③ 伊本·西那:《治疗书·灵魂学》,第 59 页。
④ 伊本·西那:《训导书》,第 1 卷,第 130 页。

说,知识就是抽象,而不是像柏拉图所说的那种回忆。

理性的意识都是内部的,而感性的意识则有两大类:外部的和内部的。知识的第一步是外部的感性意识。这种意识是在我们之外的客观事物的真理,通过外部的感官,传到我们这里。五大感官从简单到复杂可依次排列为:触觉、味觉、嗅觉、听觉和视觉。人们以相应的感官意识感性事物。伊本·西那认为,"感觉者要有从潜能变成现实的被感觉者,因为感觉即接受从物质中抽象出来的事物的形象,使感觉者凭它去想象"①。这样,感觉者在意识时类似被感觉者,就像戒指在蜡上压上印子,蜡上的印子与戒指相似一样。感觉者从物质中抽象出形象,此形象保留着,就像蜡上印记一样。但是在感官内这一形象不是从量、质、处所等物质的附加物中抽象出来的,因此被感觉的形象在感官内是以某种量、质、处所存在的。"感官从物质中获取形象时连同这些附属物,但这些附属物与物质之间存在着归因关系。如果没有这种关系,就不能获取,这是因为一旦物质消失,它就不会从物质中抽象出带有全部物质附属物的形象,更不能保持这一形象,似乎它从物质中抽取形象并非天衣无缝,而是还需要物质的存在,这一形象因物质的存在而存在。"②

感觉者需要肉体器官来意识被感觉的事物,有的还需要空气、水等媒介,这是因为感觉就是受感或受感的对照物,感觉即感官受感于外界的被感觉事物的结果而产生的一种意识。感觉者受感于被感觉的事物并不是

---

① 伊本·西那:《治疗书·灵魂学》,第63页。
② 伊本·西那:《治疗书·灵魂学》,第60—61页。

采取运动的形式,"因为没有从一种情况到其对立面的变化,但它是求得完全,即原先潜在的完全已经变成了现实的完全,而又不取消某种现实归于潜能"①。毫无疑问,感觉的器官只受感于在性质方面与它不同之物,它不受与它相似之物的影响。为进行感觉,感觉者和被感觉事物必须是性质不同的。被感觉的事物有专门的和共同的之分,前者如颜色(专门被视觉所感觉的),后者如运动和静止(由几个感官共同感觉的)。在感觉的过程中,视觉和听觉不会因被感觉的事物直接感到快乐或痛苦,而是灵魂在此以后产生快乐或痛苦。嗅觉和味觉可因被感觉事物的性质适宜不适宜而产生快乐与痛苦。触觉的感受更甚,它"也许因被感觉的事物的性质而痛苦和快乐,也许不因某个性质,即第一被感觉事物为媒介,而是因连接的分离或愈合而痛苦与快乐"②。连接的分离指肉体上发生的抓破、受伤、折裂等情况,愈合指上述情况消失,肉体恢复原状。触觉除对外界事物的感觉可能产生某种痛苦或快乐外,还因肉体本身的状况而产生痛苦或快乐。因此,他把触觉列为第一感觉。

"每个具有动物灵魂的,都有触觉","动物的第一构成就是被触觉感觉的种种性质,动物的气质由它而定,因它的破坏而毁灭"③。这就是说,触觉是动物生命存在之必需,因为它的气质由基本的四大性质即热、冷、湿、干所构成,这些都是触觉所意识的,至于其他感觉,它的意识与生命的

---

① 伊本·西那:《治疗书·灵魂学》,第67页。
② 伊本·西那:《治疗书·灵魂学》,第72页。
③ 伊本·西那:《治疗书·灵魂学》,第68页。

存在无关。动物失去其他某个感觉（例如视觉），其余的感觉会弥补它，独独不能失去触觉。触觉的有机体是神经性肉或肉与神经，通过触及而感觉。他否认感觉仅通过神经的说法，而是认为神经与皮肤共同执行触觉的使命。他认为"触觉的潜能是多个潜能，每一个都有它的对立物。意识热与冷这组对立物的，并非是意识重与轻那组对立物的"，"这些潜能中的每一个并不一定要有一个器官专属于它，而是应有一个属于它们的共同的器官"。① 味觉与触觉相似，"被品味的在绝大多数情况下，是通过接触而被意识的"。② 嗅觉是气味通过水或空气为媒介到达鼻孔，对嗅觉神经起作用。听觉的对象是声音，但声音不是自我的存在、固定的存在，它是声源和接受物之间通过空气或水为媒介波状运动的结果。声音对耳内神经起作用就产生听觉。视觉的第一被感觉物是颜色，由光传导。伊本·西那认为光不是一个体，而是一个在照明体内产生的性质，它传导落在物体上的光线使它被照明。光线的特点是能穿越透明体。光不是颜色，但它是颜色显示和转移的原因，"作为被称为颜色之物的一部分，是它的一个素质"③。视觉的感觉器官是"视觉神经的汇集之处"④。

第二步是内部的感性意识。被感觉的事物通过有机的感觉器官进入内部后，尚未被真正地意识到，还分不清是触觉、味觉、嗅觉、听觉、视觉中的哪一种。待到达内部判断者——共同感觉时，此共同感觉便从感性事

---

① 伊本·西那：《治疗书·灵魂学》，第73—74页。
② 伊本·西那：《治疗书·灵魂学》，第74页。
③ 伊本·西那：《治疗书·灵魂学》，第101—102页。
④ 伊本·西那：《治疗书·灵魂学》，第147页。

物中抽象出其形式，而又不将这种形式从它与物质的关系中抽象而出。共同感觉将对被感觉的事物进行综合、比较、分析。因此，它是"所有被感觉事物到达的那个潜能"，"它是感官的中心，从它又出各分支"，"实际上是它在感觉"。① 共同感觉是形式的接受者而不是它的保留者。当它与外界被感觉事物之间的关系继续存在时，取自外界的形式在他处固定、印入，而"一旦被感觉的事物消失，形式立即从他处消失，不会再固定多少时间"②。但是通过感官传到共同感觉的被感觉事物的形式，进入描写性想象的仓库时，就变成内部感官受感的原因。这就是说，外部感官的对象是现存的物质，而内部感觉的对象却是物质的形式，即使这一物质在出现之后从外部感官中消失了，这个形式依然存在，可以再造。伊本·西那认为内部的感觉的意识在大脑后有一个所有内部感官的中心。

描写性想象的潜能，是被感觉事物的形象在最大程度上摆脱物质之后，被它所保存的潜能。这时，被抽象出来的形式"在想象中存在，不需要它的物质的存在，因为物质，即使它不被感觉或不再被感觉，它的形象已是想象中的固定存在。想象取得这一形象完全破坏了形象与物质之间的关系，但想象并不将它从物质的附属物之中抽象出来"，也就是说，"想象中的形式按照被感觉的形式，具有一定的量、质和情况"。③ 这样，这一潜能的功能仅仅是保存而已，称它为一种意识的功能是指这种对形式的保

---

① 伊本·西那：《治疗书·灵魂学》，第 157—159 页。
② 伊本·西那：《治疗书·灵魂学》，第 147 页。
③ 伊本·西那：《拯救书》，第 170 页。

存帮助其他潜能进行积极的意识工作。伊本·西那花了大量篇幅讨论保存在想象中的形式,认为人和动物可以恢复这种形式,并通过组合或分解来重新构成外界并不存在的形式,如我们梦境中所出现的某些情况。由此产生一种新的潜能,即恢复想象并通过分与合而创造想象的潜能,这在动物处只是想象,在人这儿却成为思维。将再造想象和创造想象区别开来,是伊本·西那的一大发现。

"我们给被感觉的事物判断以我们感觉不到的意义,要么是在被感觉事物的自然属性中所绝对感觉不到的(如敌视的概念),要么是可以感觉得到的,但在下判断时尚未感觉得到(如一见黄色就判断为它是蜂蜜),这并不是感官所传导的,可它却属于可感觉之类,因为判断本身并不一定被感觉的,尽管它的各部分都属可感觉的,它不是马上意识到的,我们判断也许会出差错。"①这就必须要有一种潜能,意识那些在共同感觉和想象的范围之外的意义,因为它本身不是物质的,尽管它的属性在物质之内,这种种潜能称为忖度或忖度性。这是一种对存在于个别的被感觉事物之中的、未被感觉到的、特称意义的意识,而这种意识又是与感觉事物有关的、与它比较而言的局部的意识。忖度在抽象度方面略微超过了前述的各个阶段,但它仍未将形式从物质的附属物中抽象出来,仍然只是特称的意义,尚未达到理性的阶段,所以动物也有这种潜能。至于忖度意识到外部感觉意识不到的这种种意义的方法,则是"神的恩慈中流向整体的灵感,

---

① 伊本·西那:《治疗书·灵魂学》,第160—161页。

就像初生儿离不开奶头"，它是一种本能，"动物也有这种本能的灵感"，"另一种是经验之物"，例如动物，当它从感性上感到某物是有益的或有害的，从而有欢乐或痛苦的感觉的时候，总是与某感性的形式联系在一起的，便在它的描写性想象中留下了某物的形式及其有关的情况，在记忆中呈现出两者之间的关系和判断，"一旦外界出现这种形式，它的想象的潜能立即活动，出现有关的有益或有害的意义"①。忖度是动物内的最高判断者，它是"动物内判断的主要潜能，但这种判断与理性的判断不一样，它是与特称事物、与感性形式相结合的想象性判断。由它产生动物的大部分行为"②。忖度是种种感性潜能之首，它统率感性潜能。忖度的储存处称为记忆，也可叫作回忆，这是最后的感性潜能。它将想象潜能中的形式和忖度潜能中的特称意义保存起来，一旦需要，可以回忆起来，恢复中断的形式和意义之间的联系。这就是动物灵魂的各种潜能，人的灵魂除了这些潜能外还有理性的潜能。

最后是理性的意识，这是从上述的特称的意义，通过将其意义从物质及其附属物中抽象出来的方法，获得单独的全称的意义。我们不能凭感觉的潜能完成这一任务，因为它与被感觉的事物完全不同。我们一定有另外的潜能意识到全称，它是非物质的。这种潜能我们称之为理性，其功能第一是抽象理性的形式，以使灵魂借助于想象和忖度，取得想象的诸原则；第二是积极地或消极地建立这些全称事物之间的关系；第三是为逻辑推理取

---

① 伊本·西那：《治疗书·灵魂学》，第178—180页。
② 伊本·西那：《治疗书·灵魂学》，第163页。

得经验性的前提;第四是确立因频繁出现而被相信的种种情况。理性在意识被理性领悟的事物之前是处于潜能中,为了从潜能到现实,需要一种作为现实的理性的原因,这就是原动的理性,即"在它处有抽象的理性形式的种种原则,它与灵魂的关系就像太阳与我们视觉的关系","理性的力量当它了解在想象中的特称事物,并由我们中的原动的理性之光照耀这些特称事物时,它就变成从物质及其附属物中抽象出来,印在理性的灵魂中"。①

总之,认识通过感觉,靠理性来实现。感觉从感性事物中抽象出它的形式,这形式仍与物质有关,通过共同感觉的综合、比较、分析,输入描写性想象的仓库,使上述的形式最大程度上摆脱物质,但仍与物质的附属物有关。到了忖度的阶段,出现了特称的意义,但只是认识局部,并不能认识整体。只有到了理性的阶段,人才能通过原动的理性之光的照耀,从物质及其附属物中抽象出全称的意义,人的认识也就从感性认识升华到理性认识。

四、神秘主义的倾向

法拉比的生活是弃绝红尘的孤独生活,而伊本·西那却沉浸在生活的享受中。如果说苏菲主义(神秘主义)是法拉比生活中的一个补足成分,那么在伊本·西那处则只能算作一种理论研究。他在《训导书》的最后三章中详细讨论了伊斯兰神秘主义,第一部分叙述作为理性享受的幸福,第二部分研究知者阶层,第三部分探讨知者所说的经文之秘密。他的

---

① 伊本·西那:《治疗书·灵魂学》,第218—219页。

第三章 受希腊哲学影响的阿拉伯哲学家

神秘主义与伊斯兰苏菲主义的最大不同,在于他不主张那种建立在战胜肉欲、远避尘世享受,以纯洁灵魂,达到完全等级的那种纯精神的苏菲主义,而提倡导至思想胜利、理性照明、灵魂纯洁,从而接受原动理性流入的一种理性学说。这种学说是建立在学习和深思基础上的理论性的神秘主义。纯洁灵魂这个目的在他看来不是仅仅通过肉体的行为,而首先应通过理性的思维和大量思想工作去实现。他认为真正的享受是"意识和领会,以达到被意识者处真正的全和善",它不是感官的享受,"内心的享受胜于表面的享受",最高尚的内心享受是理性享受,"有理性的本质的完全,是其中体现昭然若揭的真理"。① 每一存在物的本性都渴望其完全。如果说灵魂不渴望作为其完全的被理性领悟的事物,这是由于它存在于肉体内,沉湎于肉体的享受中。在这种情况下,它感受不到自己将遭受的损害;但当它一旦离开肉体,发觉自己由于未达到完全而处于恶劣的状态时,便立即体会到在肉体烈火痛苦之上的精神烈火的痛苦。因此,在灵魂离开肉体前,人就应主动地去追求完全。"知者追求第一真理仅仅为了自己,他把一切放在承认和崇拜真理之后,因为真理值得崇拜。"②知者凭自己的意志,通过锻炼,行经几个阶段,达到三个目的:除了真理,一概回避;"将好煽动的灵魂化为安全的灵魂";"变神秘为提示"。③ 此时,就可见到真理之光,最初只是不定时地偶尔见到,"当锻炼到高级程度后,他的时间

---

① 伊本・西那:《训导书》,第 2 卷,第 87—91 页。
② 伊本・西那:《训导书》,第 2 卷,第 108 页。
③ 伊本・西那:《训导书》,第 2 卷,第 112—114 页。

就变为平静了",时常可见到万物之中的真理,达到最高程度时,他已得心应手,"每当见到一物,他就见到他物"①。灵魂在这种自我意识的行为中,没有中间媒介立即领悟它的存在和特性,并成为所有行为、认识或我们与之接触的有生命力的官能的基础。推论是通过中间项或其他相应项的媒介,间接地获得我们所未掌握的知识。直觉则是"立即领悟知识的客体及其仅能用理智了解的形式"②,以及与此有关的中间项或演绎推理中的大小前提。知者一旦达到这一水平,自然了解经文之秘密,理解各种反常现象。

在《禽鸟》这篇寓言式论文中,他采取象征主义的手法,将普通人的灵魂比作一群鸟,猎人们(隐喻为肉欲)将它们诱入罗网。这些被活捉的鸟儿为自身的解放而拼命挣扎,只有极少数侥幸逃脱,大多数挣脱了头和翅膀,但双脚仍被束缚着。它们齐飞寻求安全之处,终于被同伴救下。为找到乐土它们扶摇直上九霄云,终于有机会向国王诉苦。国王同情它们,让它们完全恢复自由,平安离去。它们怀着那种带来无比幸福感的美丽梦幻复归时,发现它们从中而来的令人悲伤的溪谷,决不会给它们安适自在。这国王实际上就是死神,所谓完全自由不过是摆脱肉体的束缚,只有这样才能在追求真理中获得幸福。

在《论爱》这篇由七章组成的论文中,伊本·西那详细讲述爱是无所不在的,爱具有寻求善、坚持善的强烈欲望,它不惜任何代价避免在虚无

---

① 伊本·西那:《训导书》,第2卷,第117页。
② 伊本·西那:《训导书》,第2卷,第368—369页。

性和物质性中出现的恶。但即使在物质世界内，爱仍然是一种伟大的力量，没有爱就没有存在。物质一旦与某种形式相分离，它由于怀着对虚无性的畏惧，立即以爱的本能，寻求获得另一种形式，以新的形式的存在。有生命的实体，正是由于本能的爱的冲击力，才具有相应的器官，维持自己的生存和繁殖。在野兽中，这种爱完全是一种盲目的本能；而在人身上，爱受到理性的控制，服从于人们的道德观念以及对名利等的追求，所以人要磨炼自己，具有神圣的爱，即具有圣洁的灵魂。爱的最高客体是真主这个首善，他以自己的大恩大慈普施万物，并接受万物对他的爱。人应纯洁自己，将自己的全部的爱献给真主。这样，人们会得到加倍的补偿。

《哈伊·本·雅格赞》里的主人公哈伊是位童颜鹤发的老者，曾周游世界，他作为我们这位哲学家的向导，引导他访问理性的世界，为他指明两条道路：向西的物质和邪恶之路，向东的不掺杂物质的被理性领悟的种种形象之路。他引伊本·西那走向东这条路，到达葆春泉，那儿照耀着真主之光，只有摆脱代表情感、欲望、物质的旅伴之后才能到达此泉。哈伊·本·雅格赞实际上是指原动的理性，他是人类灵魂的向导，作用于人类理性，促使世俗的灵魂对肉体的世俗享受感到厌恶，逐渐摆脱世俗的束缚，把目光投向使灵魂永生的美和光的源泉。

伊本·西那还借用后期希腊一则屡经改编的传奇，采取象征主义手法，形象地阐明自己的思想。相传有兄弟俩，弟弟阿卜萨勒由哥哥萨拉曼带大，长得面清目秀，他博学多才，智勇双全。嫂嫂看上了他，公开向他表示爱，但落花有意流水无情，阿卜萨勒洁身自好。嫂嫂向丈夫建议把她的妹妹嫁给阿卜萨勒。新婚之夜，嫂嫂乔装成她的妹妹躺在婚床上，阿卜萨勒刚要上钩，一个闪电使他看清陷阱，便拂袖而去。他向哥哥要支军队去开拓疆土，大获全胜。凯旋后嫂嫂又来纠缠，仍被他拒绝。不久，敌人来犯，萨拉曼派弟弟率军迎敌。嫂嫂向军队首领大肆贿赂，让他们不听指挥，以致全军惨败。阿卜萨勒身负重伤，敌人以为他已死亡便扔下了他。一头猛兽同情他，喂他奶，直至痊愈。归途中发现哥哥已被敌人包围，受到凌辱，他便组织一支军队击溃敌人，俘其头目，拥他哥哥为王。嫂嫂与厨师串通，在食物内下毒，害死了阿卜萨勒。萨拉曼悲痛欲绝，便退位专事崇拜真主。真主通过启示让他明白了一切，他立即以其人之道还治其人之身，毒死了妻子和厨师。这个故事的原文已经失逸，只是在纳斯尔丁·图西的《〈训导书〉注释》中有个故事大意，他解释道：萨拉曼即理性的灵魂，阿卜萨勒指上升到成为受赐的理性的那种理论的理性。嫂嫂是用欲望、情感进行蛊惑的肉体的潜能。她爱阿卜萨勒，说明她倾向征服理性，就像她征服其他潜能一样，以达到其目的。阿卜萨勒拒绝，是理性向往其应有的世界。她的妹妹代表被称为实践的理性（服从理论的理性，即平静的灵魂）的实践的潜能。她冒充妹妹表示肉欲引诱灵魂上当，以售其奸。闪电是神的启示，让理性拒绝肉欲。为兄征战使灵魂具有理论的潜能，征服强暴，上升到神的世界。军队拒绝服从，指感性的、想象的、臆想的潜能在灵魂上升时与它隔绝。吃兽奶表示由分离的纯洁的理性流向他的理性。萨拉曼在弟弟死后的心情说明灵魂在安排不妥时的不安。回到哥哥处，表明理性注意自己在安排肉体方面利益的系列。厨师是情感的潜能，在想报复时就爆发了。食物是欲望的潜能，吸引肉体之所需。串通害人指理性的丧失。萨拉曼把妻子和厨师毒死意味着灵魂放弃使用肉体的潜能，即情感和欲望的消失。放弃王位给旁人说明他不再安排肉体，肉体从此在他人处置之下。

五、《治疗书》及其节本《拯救书》

伊本·西那的最重要的哲学著作《治疗书》，实际上是11世纪伊斯兰-希腊知识的一本百科全书，全书十八分册，分四大部分：逻辑学、自然学（物理学）、数学和神学（形而上学）。此书流传至今的有几个抄本，分存在西欧和中东的一些图书馆内。伊朗于20世纪初石版印刷了该书的神学和自然学部分。捷克科学院1956年在布拉格出版了《治疗书》自然学中的第六章，即《灵魂学》，很快被译成许多国家的文字。埃及分别于1953年、1956年、1960年在开罗出版了《治疗书·逻辑学》《治疗书·灵魂学》《治疗书·神学》，是比较全的版本。为适应读者的需要，伊本·西那又写出了《治疗书》的节本《拯救书》，此书流传甚广，1593年被译成拉丁文在罗马出版，轰动欧洲哲学界。现在流行的阿拉伯文本是1938年在开罗发行的。

在《治疗书》的前言中，伊本·西那说他写此书的目的是阐述归之于古人的哲学学科的要点而不遗漏任何有价值的东西。他认为学问可分为两大类：一类学问的法则只适用于一时，过后就失效；另一类学问一直有效，只有这类学问才可称为"智慧"，即哲学。它有主要的和次要的之分，次要的如医学、农业、占星术等各别的学科。我们着重研究主要的,它分为两方面:一方面为工具(即逻辑学),另一方面为非工具。后者又可分为两种:用知识来纯洁心灵的理论的科学;根据知识而行的实践的科学。前一种为了了解真理,后一种为了实施善。每一种科学可一分为四:理论的科学分为自然学、数学、神学、整体学;实践的科学分为伦理学、家政学、城市管理学和预言学。

逻辑学被认为是"哲学的一部分或哲学的一个工具"①。它分为九个部分:研究词和全称的或特称的意义;研究包括所有存在物的最一般意义的数目,即本质、数量、附加、质量、地点、时间、状态、拥有、行为和受感十大范畴;研究简单词义的积极的或消极的构成,以及由此产生的真与假的判断;研究问题的构成,从而达到关于比论的新的认识;研究能导致令人信服的结果的那些比论前提的构成所必需的条件;研究对不能了解证明及其知识的那些人有益的种种比论;研究证明的缺点、比论中能发生错误的情况及防止这些错误的方法;研究修辞学的内容及演说者所需的一切说服的手段;研究诗的要素、诗的内容与题材的关系,以及诗的缺点和不足。这九个部分分别与波菲利的逻辑学《导论》和亚里士多德的《范畴篇》《解释篇》《前分析篇》《后分析篇》《论辩篇》《论智者的驳辩》《修辞学》《诗学》的研究内容相当。他认为逻辑学研究的对象是作为思想形成的种种形式的意义,如本体、偶性、单一、殊多、一般、特殊、必须、可能,这些仅仅

---

① 伊本·西那:《治疗书·逻辑学》,第14页。

存在于人的头脑中。"人的完善就在于他为了自己而了解真理,为了行善和学习善而了解善",这些是通过后天,"从已知中获得未知"的方法来实现的①,其手段就是逻辑学,它"防止我们在领悟意义和正确想象这些意义方面犯错误",也"防止我们在证实和判断方面犯错误",给我们提供了"令人信服的种种证明之路"。②

自然学(一译物理学)的内容是研究"存在的体,它所发生的变化,它被各种运动与静止所描述"③。它所依据的最基本的原理是作为公理而被接受的,其证明由形而上学或宇宙学去完成。他首先研究"体",认为自然体由物质和形式合成,物质是所在,形式是其情况,物质对形式犹如铜对铜像。因此自然体仅有两个原则:物质与形式。它还有附属的偶性,如运动、静止等。形式与偶性不同,偶性当然在物质之后,而形式却凭居上性在物质之前,物质和形式凭当然性和居上性在偶性之前。先有形式,才有物质,物质只有凭形式才能存在。至于"无",它本身绝对不存在,而是以潜能附于存在的本体之上。"无"是对于潜能即可能而言,绝对不是存在物的原则之一。第一物质有了形式,它就成为内容。物质之所以称为第一物质,是对其潜在的"无形式"而言,成为内容是对其现实存在的形式而言。

关于物质的可分性问题,当时有三种观点:一是认为"自然体凭现实

---

① 伊本·西那:《治疗书·逻辑学》,第16—17页。
② 伊本·西那:《治疗书·逻辑学》,第58页。
③ 伊本·西那:《拯救书》,第98页。

和潜能可有限地分割,它们由不能再分的原子组成";二是认为"自然体有无限的部分,每个部分都现实存在";三是认为自然体中,有的是形式相似或形式不一的"合成体",有的是"单一体"。合成体有各部分,现实上是有限的存在,这些部分就是"由其合成的那些单体①。伊本·西那采取反原子论的立场,认为前两种看法不对。他强调不能再分的原子只能通过相互交叉、渗透而接触,这不能产生"比它更大的东西"②;而有限的体中包含无限的部分更是不可想象,在逻辑上站不住脚。他赞同第三种看法,即合成体只能由单一体合成,"殊多之中必然有单一的现实存在,单一体现实上不可分割,那么,具有殊多性的体,就有若干个不可分割的最初的部分"③。

伊本·西那接着研究物体的相伴情况,即运动与静止、时间与空间等等。运动是"体内静止的情况,为向着某物而一点点、一点点地改变"④。运动有三类:数量的变化(增加或减少)、性质的变化(例如黑变白)、地点的变化(即位移,这是最基本的运动形式)。"每个运动都是在可接受减少或增加的事物内",它可以从潜在转为现实,但"不能发生在本质内",所以生与灭不在运动之列,"因为它们是即刻发生的过程"。⑤ 每个运动的,只有凭某个使之运动的原因才能运动。"这种使之运动的原因要么存在于

---

① 伊本·西那:《拯救书》,第 102 页。
② 伊本·西那:《拯救书》,第 103 页。
③ 伊本·西那:《拯救书》,第 104 页。
④ 伊本·西那:《拯救书》,第 105 页。
⑤ 伊本·西那:《拯救书》,第 106 页。

体内,称为自体运动的;要么不存在于体内,而是在体外,称为非自体运动的。自体运动的要么自体内存在的原因适合于一会儿使它运动,一会儿不使它运动,称为随意运动的;要么不能不运动,称为凭天性运动的。凭天性运动的要么是强制的,它的原因使它运动是无意志的,称为凭自然运动的;要么是有意志和目的的,称为凭天体灵魂运动的。"① 至于静止,它是"在能运动之物内无运动"②,静止和运动就相当于无与有。

时间是"运动的尺度或数量","只能与运动一起想象时间,什么时候感觉不了运动,就感觉不了时间"。③ 时间是延续不断的,没有时间,就无所谓先后,也就无从判断运动,因而时间是"运动的条件"。"时间是无始的,所以运动也是无始的。"④ 空间是"体所处在其内之物",空间在体周围,包围体,运动时又与体分离,同一时间内同一空间不能有两个体同时存在。空间"不是物质或形式",物质和形式只是构成存在于空间的某物。⑤ 他赞同亚里士多德的观点,否定有虚空的存在。

每个体都有一个自然的空间,它凭天性向这个自然空间运动,例如火向上运动,石头向下运动。每个体又有自然的形式,但"同一自然在同一物质内的作用是相似的,因为它只起一个作用,不能在一部分内造成角,在另一部分内造成直线或曲线。那么,各部分都应相似的"⑥,所以简单体

---

① 伊本·西那:《拯救书》,第 108—109 页。
② 伊本·西那:《拯救书》,第 109 页。
③ 伊本·西那:《拯救书》,第 110 页。
④ 伊本·西那:《拯救书》,第 110 页。
⑤ 伊本·西那:《拯救书》,第 111 页。
⑥ 伊本·西那:《拯救书》,第 133 页。

的自然形式是球形的,复合体则是非球形的。他认为,既然一个物体不可能有两个自然的空间,那么"形式和潜能相似的诸体,它们的自然空间是同一的,它们的自然方向是同一的"。由此可见,只可能有"一个宇宙",在这宇宙内"只有一个地球"。因为简单体的自然形式是圆的,所以宇宙"整体应是一个圆体"。[①] 至于复合体,则是通过结合及相互起作用的潜能合而为一。这些相互起作用的潜能即热、冷、干、湿,通过物体的内聚性和解体性,形成千差万异的属性,生成各种无机物(矿物)。在天体的作用下,产生了生命现象。"植物和动物是使本体脱离形式而成本质,它就是灵魂,物质是其身体和器官。"[②]灵魂是生命的本原,它是原动的理性的溢出物。尔后,他详细研究了灵魂的定义、性质、功能等等,肯定其单一性、不朽性,否定轮回说。他认为"灵魂特有的完美,必然成为与这仅能凭理性领悟的世界相一致"[③],这个世界从万物的第一本原溢出,所以灵魂一旦纯化,它实际上就变成完美世界的复制品,统一为它的最高幸福所在的绝对的善和绝对的美。

由此转入神学的领域,涉及"在现实和定义中都是与物质相分离的存在",或者按另一种说法,它涉及"自然学的和数学的这两种现实的基本原因,以及所有原因的原因或所有本原的本原,即真主"。[④] 它分为原因论、本体论、基础论三个部分,前者把存在的第一原因——真主,作为存在的

---

① 伊本·西那:《拯救书》,第135页。
② 伊本·西那:《拯救书》,第165页。
③ 伊本·西那:《拯救书》,第293页。
④ 伊本·西那:《治疗书·神学》,第4页。

终极因来进行探讨。本体论则涉及存在的种种基本属性或界定。最后一部分研究各门专科知识所依据的基本原则,即它们的形而上学的基础。

存在是一个直接被头脑领悟的最基本的概念,它一方面意味着存在本身(或本质的存在),另一方面表示附属的(或衍生的)存在,前者是主要的意思。存在的本体可分为物质的和非物质的。非物质的本体不是与物体有关,就是与物体无关,前者是物体的原动力,后者是灵魂与理性。物体是一种潜在的存在,它由物质接受形式这个现实的本原而从潜在变成现实。物质依赖于形式,"没有形式,物质不复存在"[1],形式则可以与物质相分离而存在,因而形式优先于物质。存在分为必然的存在和可能的存在两大类,"必然的存在指假定它不存在是不可能的那个存在,可能的存在则假定它不存在或存在都不是不可能的。必然的存在是必要的存在,可能的存在它里面丝毫没有必要性,即无论是其存在或不存在都不是必要的"[2]。必然的存在分为凭本体的必然存在和凭他体的必然存在。前者是自存的,绝不能假设不存在,他就是真主;后者是"如果存在某种他物,它就必然存在"[3],例如燃烧就是非凭本体的必然存在,它必须在凭本性的动力潜能和凭本性的受感潜能,即火与易燃物相遇时才会发生。凭他体的必然存在同时也是凭本体的可能存在,这就是除真主外的一切存在物。凭本性的必然存在是第一原则,由其产生一切存在。

---

[1] 伊本·西那:《治疗书·神学》,第 84 页。
[2] 伊本·西那:《治疗书·神学》,第 153 页。
[3] 伊本·西那:《治疗书·神学》,第 155 页。

他承认亚里士多德的四因说，但又强调最终的第一原因，即凭本体的必然存在，"万物发源于他，万物本身仅仅具有可能"①。质料因涉及基本物质和与数字有关的单位，是一种潜在的本原。形式因赋予物质以实际存在，非物质的形式完全抛弃了物质，偶因、运动、种类等都可看作形式。动力因是事物赖以产生和变化的推动力。目的因则是事物之所以产生的缘由，可断言为媒介之类。四因由目的因统辖，因为"万物的第一作用者和第一推动者是目的"②，它比其他诸因都重要，具有一定的卓越性。在动力因及其结果之间一定有某种一致或均衡。也就是说，产生于媒介的行动，非得在接受这种行动的某潜在中具有相应的气质或感受性，这种行动才能产生结果。

对单一性和殊多性这个问题的讨论，导致了溢出主义宇宙观。造物主作为最高存在是必然的、单一的。这种单一性排斥了复合的任何样式，包括本质和存在的组合。他是宇宙内一切存在和善的源泉，甚至就是整个存在和善，"他是万物的源泉，而不是在他之后的万物之中的任何一个"③。最高存在是完全的、纯善的，没有任何物质的障碍，所以他是纯粹的理性，同时又是他自己认识的主体（有理性者）和客体（被理性领悟者）。溢出的过程就和最高存在的自我思悟密切相关，《治疗书》中详细叙述了宇宙的溢出过程，我们前面已作介绍，就不在此赘述了。

---

① 伊本·西那：《治疗书·神学》，第261页。
② 伊本·西那：《治疗书·神学》，第269页。
③ 伊本·西那：《治疗书·神学》，第354页。

第六节　唯理主义哲学家伊本·巴哲和伊本·图斐勒

一、安达鲁西亚阿拉伯哲学的先行者伊本·巴哲

伊本·巴哲[①]原名艾布·伯克尔·穆罕默德·本·叶海雅，即拉丁语的阿芬帕斯(Avenpace)。他11世纪末生于萨拉戈萨，穆拉比特人占领此城后，被艾布·贝克尔·易卜拉欣·本·梯弗尔维特总督任命为书记。1116年艾布·贝克尔逝世后，他离开家乡，先到苏菲派中心迈里亚居住，后迁往塞维利亚和格拉纳达，最后到达非洲，受到宠幸，曾任非斯(摩洛哥)国王叶海雅·本·艾比·伯克尔的大臣，因此被政敌视为眼中钉，被诬以叛教和伪信罪，1138年被毒死。他既是哲学家，又是天文学家、数学家、医学家和音乐家，著述范围甚广。在哲学方面，他的作品大多散失，流传下来的比较零散。据说他曾注释过亚里士多德的《起源和衰灭》《动物志》《植物学》等。[②] 他的学生艾布·哈桑·阿里·本·伊玛目编了一本他的文集，此手稿现存牛津大学，包括《论理性》《名与实》《天体运动》《论灵魂》《自然之爱及其本质》《情感的潜能》等等。他最有创见的论著《索居指南》原仅存希伯来文和拉丁文的译本。它的阿拉伯文本被西班牙东方学者亚辛·帕拉西翁发现，并于1946年在马德里发表。著名论文《理性与

[①] "巴哲"意为"银子"，指明他是银匠的后裔。
[②] 参见安希尔·贡扎莱兹·帕兰西雅：《安达鲁西亚思想史》，第337页。

人的结合》和《告别论》从希伯来文译回到了阿拉伯文。后人所编的伊本·巴哲《形而上学作品集》，是一本比较全面的阿拉伯文哲学论文集。他的哲学思想对欧洲哲学有一定的影响。

在《索居指南》和《理性与人的结合》中，他摒弃苏菲派的体验和品位的道路，提倡理性意识的方法，认为人只要凭自己意识潜能的发展，利用生活的恩赐，远离生活的堕落面，就可以与来自真主的原动的理性相联系，得到理性的幸福，实现理想国。他所指的索居者并不是孤零零的一个人，他在统一人的潜能和行为，向着其后存在着人们所追求的幸福的那种完全中，既是单个，又是众多，是个整体。"指南"即指导人的单个的行为、社会的行为，通过理性的、深思熟虑的安排，使人的行为向着某一特定的目标，导致人的理性与原动的理性相统一。这种行为是自觉的。不自觉的行为是凭冲动产生的，是非理性的、随意的，受到名利、欲望的驱使。他幻想有一个柏拉图式的理想世界，由哲人组成"国中之国"，过一种自然的生活。在这种具有理性意识的理想国内，无需医生和法官。这种理想国的居民随遇而安，心旷神怡，不会产生内疚，即使偶得因外界原因造成的疾病，也无须治疗即可自愈。理想国的居民间的关系建立在爱之上，不存在任何争执，无人会做出出格的行为，因此不会产生被告和原告，当然就不必有法官。

人的行为来自人的思想或自由意志。除人与动物所共有的本能的行为外，人的行为受理性控制，具有神性，道德成为人的第二自然本性（本能）。人的行为是有目的的，最远的目的在于精神形式，形式有四种：天体的形式;原动的理性的形式;从物质中抽象出来的仅能被理性领悟的事物;存在于灵魂的潜能,即共同感觉、想象和记忆中的形式。天体的形式与此问题无关。原动的理性是绝对精神性的,是第一位的。从物质中抽象出来的被理性所领悟的事物,是原动的理性将它从潜能变为现实,从而成为全称事物,它处于原动的理性之下、其他被理性领悟的事物之上。至于共同感觉、想象和记忆里的形式,则是特称的形式。

肉体的行为,例如吃与喝,仅是维持生命的手段。人如果因这种行为而满足,那他与动物无异。只有精神的行为,才体现人的真正存在。精神越高尚,人性越卓越,并进而具有神性的存在。一旦完全意识到单纯的理性和分离的本质,他就不再是一个"肉体的人",而成为一个"精神的人",具有神性的特征。这时,他决不会沉湎于肉体的享乐,热衷身外之物。恰恰相反,他已进入永久性、非物质性的状况,成为仅能用智力理解的实体之一,具有理论上和心理上的最高德行。为达到这一点,这个人应避免与无知者交往,因为伴随无知者会使他远离正确的道路并使他受辱。如果他所在之处没有智者,他应移居到有智者之处,或者避开所有无知者而独善其身,成为索居者。这种索居和隐修不同,它只是一时的行为,并不违反"人本性上是社会性的"这一哲学原则。人类社会总体上说是有益于人的理性的发展的,但其某个特定的部分在特定的情况下也可能是有害的,正如人缺之不可的食品在某种情况下因一时的原因而成为有害的一样。

他承认外部世界的物质存在,但又认为物质存在的最高形式是精神,无始的精神推动着物质,使它产生运动。他认为物质的存在离不开形式,而形式则可离开物质而独立存在。物质的变化,皆由物质形式的变化而产生。人就是应与理性相结合,通过知识之路,去认识一切可以领悟的形式,从最低的物质的形式,经介乎感性与理性间的灵魂的表象,由特称到全称,由人类的精神到超人类的精神,直至完全纯粹的精神。人在这种认识中,受到原动的理性的照耀,臻于完全的理性认识。人类的精神实际上是与原动的理性合为一体的,都是无始的存在。这种认识建立在感觉的基础上,通过思维而达到目的。因此人的知识可分三个等级:认识种种物质的形式、认识种种精神的形式、认识种种思想的形式。认识物质的形式是凭感觉器官,它以被感觉的个体,即物质中的事物为对象。认识精神的形式凭共同感觉,尔后凭想象,"被感觉的精神形式是精神性的第一等级"。至于认识思想的形式则凭理性。人凭潜能是人,"当他是吮乳的婴儿时,他还没有思想的潜能",当他获得思想的潜能时,他就是现实的人。"思想的潜能,有了被理性领悟的事物后才能有它。当具有被理性领悟的事物时,就产生驱动思想的欲望。"[1]

现实的理性是人的绝对的第一动因,它是一种主动者的潜能,"不仅是理性,而且所有使动的形式,都是主动者的潜能"[2]。伊本·巴哲指出,现实的理性是"真主赐给他所喜欢的奴仆的恩泽","谁服从真主,做使真主满意的事,真主就赐予他这一理性,使它成为他面前之光,指引他的道路;谁不听从真主,做的事令真主不满意,真主就不给他这种理性。那么,

---

[1] 伊本·巴哲:《理性与人的结合》,第106页。
[2] 伊本·巴哲:《理性与人的结合》,第107页。

此人便沉沦在无知的黑暗中"。①

认识被理性领悟的事物有三种方法：大众之路、观察家之路和幸福者之路。大众之路只能通过特称的感性事物，即具体的事物来认识事物。在他们眼里，凡被理性所领悟的事物都是与物质的形式相结合的，这是一条自然之路。处于其顶峰的是理论知识。自然观察家们总是先掌握一定的理论知识，尔后再来观察客观事物。他们理性的领悟仍通过物质的形式作为媒介，因而他们所见的不过是在水中显现的太阳，"水中所见的只是太阳的幻影，而不是太阳本身"。大众们所见到的是"太阳幻影的幻影，好比太阳将幻影投在水面上，又从水面上反映到镜子里，而后从镜中看到的那个幻象一般"②。只有幸福者之路才能看到事物本身。只有达到这一等级，才能脱俗而不凡，无须通过物质形式的媒介而直接掌握精神之本质。

使人在数字上成为"一"的是灵魂。人的偶因千变万化，从胎儿、儿童、少年、青年、中年直到老年，情况在不断变化，他之所以还是同"一"个人，就是因为具有同一个灵魂。人只要存在，他就有灵魂；灵魂的存在，使人成为一个整体。灵魂通过肉体的器官和精神的器官来驱动肉体。人有三种动因：欲望的营养的潜能、感性的发育的潜能及想象的潜能。其中，想象的潜能是第一动因。"人或许存在一种情况，他在此情况下宛如植物，这就是在子宫内时，他刚成形，还在吸收营养发育成长。这是植物存

---

① 伊本·巴哲：《理性与人的结合》，第 108 页。
② 伊本·巴哲：《理性与人的结合》，第 113 页。

在之初所具有的行为,它存在之初只有这种行为,在进化时也是如此。本能之热血也许(使胎儿)产生这些行为。胎儿一旦从母亲肚里分娩而出,运用他的感觉时,他就像非理性的动物,能运动、有欲望,这是由于取得了在共同感觉里,尔后在想象内呈现的精神的形式。"只有想象的潜能所产生的思想才是人所特有的,"因此,想象的形式,就是人之中的第一动因"①。灵魂摆脱了下意识的和感情的因素就能达到认识心智世界的最高阶段。而要达到这一点,必须通过精神上的修身和借助科学的知识,确定最高精神实体的存在。这是一条唯理主义的路线。

二、伊本·图斐勒及其著作《哈伊·本·雅格赞》

艾布·伯克尔·穆罕默德·本·阿卜德·迈利克·本·图斐勒·盖西,1110年生于格拉纳达东北的瓦迪·阿什,擅长哲学、天文学、医学、数学和诗歌。他早年在格拉纳达行医,曾任该地区总督的文书,声名大振后,担任穆瓦希德朝第二任哈里发艾布·叶厄古卜·尤素福(1163—1184年在位)的御医兼大臣。他曾为哈里发招延著名学者,尤其是推荐伊本·鲁世德给哈里发解释亚里士多德的学说,使伊本·鲁世德有机会脱颖而出,成为阿拉伯哲学史上屈指可数的杰出哲学家之一。艾布·叶厄古卜·尤素福驾崩后,他继续在宫廷内享有特权地位,1185年死于穆瓦希德朝首都马拉喀什。据说他写下大量关于医学、天文学和哲学的著作,但

---

① 伊本·巴哲:《理性与人的结合》,第105—106页。

幸存下来的只有《哈伊·本·雅格赞》这部含有浓厚神秘主义色彩的小说体哲学著作。此书1671年由爱德华·波科克译成拉丁语,以后又被译成荷兰语、俄语、西班牙语、英语、德语、法语等多种文字,对欧洲的文学和哲学有一定的影响。有人甚至认为丹尼尔·笛福的《鲁滨孙漂流记》(1719年)就是受《哈伊·本·雅格赞》的启发写成的。

《哈伊·本·雅格赞》原是伊本·西那的一部秘传著作的书名,其字面意思是"活着的、觉醒者之子",而内在含义为"人智来自神智",后成为讨论由阿拉伯东部的法拉比、伊本·西那和阿拉伯西部的伊本·巴哲发展起来的阿拉伯新柏拉图主义主旨的一种形式。什么是最大的幸福,如何获得最大的幸福,是当时议论的中心问题。伊本·图斐勒认为只有通过理性的道路与原动的理性相联系,才能获得最大的幸福。他反对加扎利所支持的苏菲派的直观的方法,主张采取法拉比等人提出的审视和思索的方法,便用哲学小说的形式来阐明自己的思想,指出凡从社会俗世事物中解脱出来的索居者,他的理性会自动地向存在物开放,通过自己的努力,并借助"内在精神"就能了解自然之奥秘和形而上学诸问题,大彻大悟,在纷幻错杂的万象中,找到自存的绝对实有并与之接近。

他设想一个人(哈伊)生于印度洋的一座荒岛上,他从大地生出,没有父母。"这个岛屿是大地上空气最温和、阳光最充足的"[①],此孩子由一头

---

① 伊本·图斐勒:《哈伊·本·雅格赞》,第21页。

失去其仔的母羚羊哺育成长,过着野兽的生活,不久即发现自己身上一丝不挂,便用树叶、兽皮遮身,以对付风雨。他在成长的同时,逐渐了解自然,先认识近处的存在物,再认识远处的存在物,不断熟悉周围的感性事物的世界。后来,照料他的那头羚羊死了,他呼唤它,没有回答,这使他极为伤心。他意识到羚羊的形体虽在,但其外部感官已不起作用,这促使他寻找死亡的秘密。此羚羊外貌依旧,却不再有什么感觉,那一定是内部某看不见的器官出了毛病。通过原始的尸体解剖,他发现了心,知道心的左腔内有空处,原先充满"宛如白雾一样的蒸汽",很热。他便断定此"热的蒸汽"就是"使动的力量",一切力量均是这个力量所为,"而不是这个不起作用的肉体,此肉体整个地说只是它的器官","他明白,每一个具体的动物,虽然具有各种感官和行动,但它是因此精神而成一个整体","所有的器官都是为精神服务的"。① 这样,他便得出结论,死亡的原因是心脏失调而导致肉体的生命本原——精神的离去,生命即精神和肉体的统一,这个统一的解体便是死亡。

接着,他发现了火,并将火与生命的现象联系起来。他看到事物从一个方面来说是殊多,从另一个方面来说又是单一,它们某些特性上一致,另一些特性又不同,它们"从一致的方面说是单一,从不同的方面说是千差万异,是殊多"②。他发现他自身"从器官不同,每个器官专有一种行动

---

① 伊本·图斐勒:《哈伊·本·雅格赞》,第30—34页。
② 伊本·图斐勒:《哈伊·本·雅格赞》,第40页。

和特性而言是殊多,但从这些器官相互联系而言又是统一的"[1]。他发现动物个体众多,但种类只是一个,"属于动物这一类的灵魂,是同一的"[2]。灵魂是动物的生命本原,正是属于每个有生命的动物的灵魂的种种能力的复杂性,才显示出动物个体的特性。灵魂不是感官的客体,而仅仅是思想的对象。这样,哈伊在沉思中达到了非感性之岸,从物质世界,上升到精神世界;从经验主义的观察,深入理性主义的思索。

他注意到每一实体都由物质和形式组成。他追踪形式,一一研究,发现它们都是有始的,因为每一形式一定有它的作用者。"他注视具有形式者,发现形式不过是物体对由它发出某行为的准备而言,例如水,如果过多加热,它就准备向上运动,也能这样运动;这种准备就是它的形式","物体适合某些运动而不适合另一些运动,就是根据它的形式"。[3] 他从观察得知,每个"发生的"一定有"使之发生的",他渴望知道使大地上万物"发生"(存在)的"使之发生者",在生与灭的世界内,找不到它,因为万物均是有始的,都需要某个使之发生的作用者。他的思想便转向天体,知道它由于是物体因而是有限的,它们具有运动,但都依靠最高的天,才整个儿从东向西运转。由众星组成的诸天是一个不易衰灭的世界,他苦思那个世界是有始(从无到有)的还是无始(永恒存在)的这一问题,发现这两种说法都有有力的证据,但他倾向整个宇宙是无始的说法。虽然这样,他仍认

---

[1] 伊本·图斐勒:《哈伊·本·雅格赞》,第41—42页。
[2] 伊本·图斐勒:《哈伊·本·雅格赞》,第42页。
[3] 伊本·图斐勒:《哈伊·本·雅格赞》,第43页。

为整个宇宙犹如一个人是个整体，一定要有使之发生(存在)的作用者，即整个宇宙存在的原因。这个作用者不可能是物体，他既不是与物体"有联系者"，又不是与物体"不相干者"，因为这两者都是物体的特性。宇宙的原因既然不是物体，也就与物体的特性无关。宇宙是和谐的、完美的，宇宙的原因必然是在此完美之上的自由的无所不知的作用者。这位高尚的存在者是一切存在的原因，而他本身的存在是没有原因的。

意识到这个非物质的最高存在后，他又反过来询问自己是如何意识到这一点的。显然，肉体器官和各种感官在这方面是无能为力的，因为最高存在不是物体，无法通过物质的方法去认识他。他恍然大悟，人除了肉体外，还有凭之意识的本体，这个本体才是人的真正本质，它是不会毁灭的。既然物质是此本体的障碍，人应尽可能地摆脱物质，只给予肉体为保持其生存所必需的物品，这无异强调了禁欲主义的意义。此本体即灵魂，它的幸福与痛苦就在于它与最高存在的亲近与疏远。在尘世上，没有比灵魂更高尚的，但天体都有高于人的灵魂的灵魂。他发现人与非理性的动物、天体、必然存在的存在(即最高存在)这三者都有关系，因而具有这些存在的某些特性：人具有动物的某些本能与官能，人与天体一样具有灵魂，人的灵魂因其非物质性和高贵性而与最高存在有关。这样，人就具有三重关系，在尘世上负有三重使命：人因与动物有关，而有责任照料自己的肉体，不忘它的必不可少的需要；人因具有灵魂，而应纯化此灵魂、摆脱物质的诱惑；人因与最高存在有关，而必须亲近这位最高存在。人应尽可能地沉浸在冥想中，一旦这样，他就能"看到眼睛所看不见的、听到耳朵所听不见的、想到人心所想不到的"①,这时他就会意识到自己的本体并不与最高存在的本体相异,他本体的真理就是真理的本体,存在中只有真理的本体。"这就宛如落在厚实物体上的阳光,你看到它,它就显现。"②哈伊达到沉思默想的顶峰时,开始思索神之光在宇宙的反映,他的思绪活跃地跳动,从尘世到天体,想到幸福和痛苦的两极,目睹最高存在的庄严,又从幽冥之处回到生与灭的世界,通过大彻大悟进入湮灭,领悟最高存在和那种"既不是真正太一的本体、最高天的灵魂,又不是其他任何东西"③的无形的实体,体察诸天体灵魂和生与灭的世界的灵魂各自所闪耀的美的光辉,甚至发现了自己灵魂的非物质的原型,但人的灵魂有的依然闪闪发光,有的则像被歪曲地映照在一面失去光泽的镜子上,呈现出模模糊糊的形象。

为证实哲学和宗教之间的和谐,说明哈伊通过理性的审视和默想所得出的与天启的宗教的教义没有矛盾,伊本·图斐勒还设想在哈伊所在的荒岛附近有另一座岛屿,由某先知传播的宗教已传入该岛,岛上有两个代表性人物——阿卜萨勒和萨拉曼,前者注重教义内在的或奥秘的内涵,后者则偏爱它的表面的或通俗的阐述。阿卜萨勒为避开社会生活的喧闹,便到哈伊的岛上隐修,准备在冥想和祈祷中度过余生。一段时间后两人相熟,阿卜萨勒教哈伊说话,哈伊便向同伴讲述了自己的种种神秘主义体验,叙述如何将感性的知识上升到理性的真理。阿卜萨勒听到哈伊的

---

① 伊本·图斐勒:《哈伊·本·雅格赞》,第76页。
② 伊本·图斐勒:《哈伊·本·雅格赞》,第78页。
③ 伊本·图斐勒:《哈伊·本·雅格赞》,第79页。

讲述,理性的和传统的合二而一,顿时彻悟,成为聪明人。他向哈伊描述教律上提到的神的世界,以及天堂与地狱等等,哈伊感到这一切与他亲身体验的情况一致,但他对宗教礼仪,如祷告、天课、守斋、朝觐等表面行为感到诧异。他愿陪同阿卜萨勒回去,向他的同胞们讲述自己的所思所见。但当他到他们那边向他们叙述自己的思想时,发现人们对他避而远之,这使他明白大众的语言并非智者的语言,便与阿卜萨勒回到自己的岛上,恢复与世隔绝的生活。哈伊在同那儿的各阶层人们的接触中发现沉湎于肉欲享受和世俗事务中的人的本性是堕落的,用揭示真理的方法去启发他们觉悟是不行的,只有用圣典中直喻的和实用的陈述教化他们,并用教律约束他们的言行,才能使他们走上正道。伊本·图斐勒通过这个故事实际上提出了追求真理的卓越人士的崇高性问题,认为宗教的真理属于大众,他们仅满足于真理的表面的或文字上的说法,只有那些经过深层次的思索和探究从而获得哲学的真理的人,才是卓越的分子。

三、伊本·图斐勒的哲学观

他认为物体由物质和形式合成,物质是处所,形式是物质的情况。物质对凭潜能不在其中存在的形式而言是第一物质;对凭行为(即现实地)在其中存在的形式而言,则是客体。世界是殊多的统一,整个宇宙统一在各种物体共有的第一物质之中,同一类的各个单个物体统一在该类物体的第一形式中;至于殊多,则是凭偶性和各种类的形式而出现的。在生与灭的世界中有无机物、植物、动物和人。无机物没有感觉,不会汲取营养发育长大，包括石块、土、水、气等，均是"有长、宽、高"的物体，它们从物体的意义上说是一，在颜色、热与冷等方面则是殊多。植物也是物体，从物体的意义上说是与无机物同一的，它种类虽多，但在植物性方面却是一，都能汲取营养发育长大，并具有"枝、叶、花、果"，但在形状、颜色、品种等方面又是殊多。动物也是物体，在这方面与无机物、植物一样。动物种类虽多，但在动物性方面却是一，都能汲取营养发育长大，有感觉，能行动，不过它们在种类、形态、颜色等方面是殊多。

　　动物和植物从精神的角度而言是一。他认为精神是宛如白雾的蒸汽状气体，具有燃烧的热，因而被称为"本能热的"，属于火的本性，渴望向上，与天的本质相联系。精神根据真主的命令流向存在物，而且它"经常从真主处溢出"，"犹如一直向世界溢出的太阳之光"。① 物体对于接受光线而言有三种：透明如空气的不能被照明，厚实不光洁的只能被照明一点，像镜子一样光洁的才能完全被照明。同样，对于接受精神，物体中"有的因无准备而显不出精神的影响，这就是无生命的无机物，宛如上面例子中的空气；有的能显示出精神的影响，这就是按其准备接受精神的程度不同而不同的各种植物，宛如上面例子中的厚实的体；有的其影响十分明显，那就是各种动物，恰如上面例子中的光洁的物体"。② 正如凹面镜由于聚集光线而产生火一样，"这些光洁的物体中，有的因过分接受阳光而与太阳的形式相似。同样，动物中有的因极度接受精神而与精神相似，被想

---

① 伊本·图斐勒：《哈伊·本·雅格赞》，第36页。
② 伊本·图斐勒：《哈伊·本·雅格赞》，第37—38页。

象成精神的形式,那就是人"①。由此可见,精神是单一的,分配给月球天体下的一切存在物。此精神只是因分到各个存在物才显示殊多。"倘若能把分散在各个心里的所有精神集中起来,放在一个容器里,那么整个精神就是一个事物,如同一池水或一桶饮料分到许多容器内,尔后又把它们集中起来一样。"②一个个体里的精神是单一的源泉,因为"动物的每一个个体,即使因其各个器官、各种感官和运动而是殊多,但它因这个精神而是单一,它开始于一处,从这一处分到各个器官中",器官"只是根据它的行为的不同而不同,这种不同恰恰是因为到达它那儿的动物的精神的潜能所产生的"。③

精神的居所是心,它在肉体内起作用,维持肉体的统一。它离开肉体时,肉体就一无用处,感官不再起作用。精神起作用的方法是与感觉的中心——脑联系,与营养之源——肝脏联系。它作为热量和潜能之根源,通过体内的各种管道,供给它们热量和应有的潜能。管道根据需要,有粗有细,被称为动脉、静脉和器官,在肉体内按统帅与被统帅的次序排列。所有的器官都为精神服务。"动物的精神是一个,如果它用眼器官,其行为是视;如果用鼻器官,其行为是嗅;如果用舌器官,其行为是尝味;如果用皮与肉,其行为是触摸;如果用肌肉,其行为是行动;如果用肝,其行为是聚集和提供营养。这些器官中每一种都为精神服务。这些行为都要依靠

---

① 伊本·图斐勒:《哈伊·本·雅格赞》,第39页。
② 伊本·图斐勒:《哈伊·本·雅格赞》,第39—40页。
③ 伊本·图斐勒:《哈伊·本·雅格赞》,第80页。

通过那被称为神经的道路到达有关器官的动物的精神才能完成。这些通道一旦断绝或堵塞,这些器官的作用就停止了。这些神经仅仅从脑里取得精神,脑又从心处取得精神。脑内有许多精神,分配给脑内的许多部门,哪个器官由于某种原因而得不到这种精神,它的作用就停止了,变成了一架报废的机器。"①

这个精神"一定有一个附加在它的物质性之上的意义,以适宜进行专属于它的种种感觉、意识和行动这些奇特的行为。这个意义就是它的形式、它与其他物体相分离的切口,它就是观察家们用动物的灵魂所表达的意义","同样,植物中相当于动物的本能热的那个地位的事物,也有专属于它的一物,即它的切口,它就是观察家们用植物的灵魂所表达的东西",至于无机物,也有"专属于它之物,凭此物每一种无机物进行专属于它的行为,如各种运动、各种被感觉的性质,此物即每一个无机物的切口,观察家们用自然一词表达之"。② 植物和动物共有吸收营养和发育成长两大行为,这些行为均产生于它们共有的形式,即植物的灵魂。植物就由物质性的意义,由精神和植物的灵魂所构成。动物的构成除这些外,还有另一种形式,由它产生感觉和位移。"他还发现每一种动物都有它与其他动物不同的特性。他知道这产生于一种专属于它的形式,即它与其他动物共有的形式之外的形式。同样,每一种植物也是如此。他明白在生与灭的世界里,被感觉到的物体,有的其本质具有物质性意义之外的许多意义,有

---
① 伊本·图斐勒:《哈伊·本·雅格赞》,第 80—81 页。
② 伊本·图斐勒:《哈伊·本·雅格赞》,第 87—88 页。

的具有较少的意义。"①

大地上的一切并不停留在其形式上,生与灭永远对它们交替产生作用。这些物体的绝大多数是由许多相互矛盾的事物合成的,因此会归于毁灭。没有一种物体是绝对纯粹的,其中接近纯粹的、没有杂质的,如金子和宝石,就难以毁灭了。他认为"生与灭的世界里的一切物体,有的其本质需物质性意义之外的一种形式就可以了,那就是四大基质;有的其本质需要不止一种形式,如动物和植物。凡其本质的成立需较少形式的,其行为就较少,其离生命就较远。如果完全没有形式,就没办法有生命,它就处于一种类似无的情况。凡其本质的成立需较多形式的,其行为就较多,就容易进入生命状态。如果这些形式无法与它所专属的物质相分离,那么生命是极易显示、持续和旺盛的"。这样,"第一物质类似于无,以一种形式成立的四大基质处于存在的等级之初,由它构成具有多种形式之物。这些基质生命十分微弱,只有一种运动……植物的生命比它们强,动物的生命更明显。由基质构成之物,只要该物中的这些基质是均衡的,它就具有较强的生命"②。

人除了植物和动物所有的形式外,还有意识精神性的和被理性领悟的这些摆脱了物质的事物的能力。这些事物不能凭表面的感官或内部的感官来意识,感官只能意识物体或在物体内之物。因此,人内一定存在另一种潜能,它不是物体,也不是物体内的潜能,人凭它意识上述事物,它里

---

① 伊本·图斐勒:《哈伊·本·雅格赞》,第 89 页。
② 伊本·图斐勒:《哈伊·本·雅格赞》,第 104—106 页。

面存在人的本体的本质,这种潜能我们称之为理性的灵魂。它是真主的命令,不能变化、不会毁灭,不能用描述物体的任何语言描述它,不能用任何感官来意识它,也不能被想象。除了它以外,不能凭任何器官认识它,只能凭灵魂认识灵魂。灵魂就是知晓者、被知晓者、知识,这三者之间毫无区别,因为区别和分离是物体的特性和附属物。

天和天上的星球是物体,因为它们有长、宽、高三度,既然是物体,它就是有限的,有其边缘,在这以外不可能有任何延续。天的形状是球形,天体的运动是在"许多天内,它们都包括在一个天内,即最高天内,最高天使所有的天体一日一夜内从东向西运行"[①]。这样,整个天及其所包含之物犹如相互联系的一个事物,所有的物体,例如土、水、气、植物、动物等,都在其内;"它就如动物的个体,天内的发光星球宛如动物的感官,其中相互联系的各个天球好比动物的各器官,它内部的生与灭的世界恰如动物腹腔内的各种残渣和湿气"[②]。天体是透明的、发光的、不能改变或毁灭的,因为它是简单的、纯粹的,它的本体永远现实地意识和目睹造物主。

他认同亚里士多德的逻辑学原则之一:"因"一旦存在,由它产生的"果"必然存在,两者之间没有时间间隔。因此,他倾向于世界是无始的,但他又面对伊斯兰教关于世界是有始的这种信条,便采取相互驳斥的办法来思考,说世界是无始的,反对者认为不可能存在无穷尽之事物,再说世界上发生种种事件,世界不可能在这一切之前,既然如此,它就是有始

---

① 伊本·图斐勒:《哈伊·本·雅格赞》,第93页。
② 伊本·图斐勒:《哈伊·本·雅格赞》,第94—95页。

的。而说世界是有始的,反对者认为既然是有始的,那么时间就在这之前,而时间又是世界的一部分,不能与它分离,那就无法理解世界在时间之后。再说世界是有始的,那就必然有使它成为有始者,可他为什么使世界在当初的那个时间内开始,而不是在此之前?是发生了突然的情况还是造物主本性中发生了变化?如若这样,又是什么原因呢?显然,这个问题是无法回答的。无始指时间不在其前,但世界又在造物主的本体之后,这"就像你握住一物体,尔后运动手,此物体毫无疑问跟随你的手的运动而运动。物体的运动比你的手的运动,从本体上讲是迟的,虽然在时间上并不在其后,而是同时开始的。整个世界是这位主动者所造之结果,这也不是从时间上而言的"[1]。思考来思考去,他并未得出断然的结论。

世界不管是有始的还是无始的,都必须有个动因。"如果认为世界是有始的,它在无之后进入存在,那必然是不能凭它自己进入存在,一定有一位作用者使它进入存在。这位作用者不能凭任何感官所意识,因为倘若能凭某感官所意识,那他就是某个物体,如果是某个物体,他本身就是世界的一部分,也是有始的,需要一个作用者使他成为有始者。若这第二个作用者也是物体,那必然需第三个使之成为有始者,第三个又需第四个……如此下去,以至无穷,这是荒谬的。那么,这个世界一定有一位并非物体的作用者。如果不是物体,那他就不是任何感官所能意识的,因为五官只能意识物体或物体所附属之物;如果不能被感觉,那也不能被想

---

[1] 伊本·图斐勒:《哈伊·本·雅格赞》,第98页。

象,因为想象不过是被感觉之物的形象在消失之后重现。如果不是物体,那所有物体的属性不能用于他。物体的第一属性是长、宽、高方面有量度,他就没有,也没有随着这个属性而来的物体的其他属性。"①如果认为世界是无始的,也得出同一结果。因为世界是运动的,无始的运动在开始方面是没有起点的,而所有运动一定有动因,"这个动因既不能被感觉意识,也不能被想象。如果他是各种天体运动的真正毫无区别和懒惰的作用者,那他一定是无所不能、无所不知的"②。既然每一物体的物质需要形式——因为只有凭形式物质才能存在,无形式,物质就无固定的本质,形式在存在中一定是这位自由的作用者的行为,所有存在物在存在中都需要他,万物无他不能成立——那么,他就是万物的原因,万物是他的结果。这个自由的作用者即必然的存在,他具有所有的完全的特性,任何缺陷的特性都与他无关。

上面说过,人的灵魂不是物体,也不是物体内的某种潜能。既然这样,它就不可能毁灭,"毁灭仅仅是物体的属性,它脱下一种形式,换上另一种形式,例如水变成了气,气化为水;植物变成土或灰,土变成植物。这就是毁灭的意义。而不是物体的、它的存在无需物体的事物,那它整个就没有物质性,根本不能设想它的毁灭"③。既然灵魂在肉体毁灭后存在,那么它的本体的完全及乐趣就在于它永远现实地目睹必然的存在。必然的

---

① 伊本·图斐勒:《哈伊·本·雅格赞》,第96页。
② 伊本·图斐勒:《哈伊·本·雅格赞》,第97页。
③ 伊本·图斐勒:《哈伊·本·雅格赞》,第100页。

存在,"其完全是无限的,其美好与光辉是无限的。他在完全、美好、光辉之上,存在中的完全、美好、光辉无一不是来源于他,由他那儿流出"①。

灵魂在它的尘世生活中,注视必然的存在有三种情况:一是曾经意识到必然的存在,但因不服从而失去了这种意识,这种灵魂在肉体死后处于无穷无尽的痛苦之中,因为"被意识到的事物越完全、越光辉、越美好,它就越渴望它,失去后的痛苦就越大","如果它是无比完全的事物……谁原先知道它,后又不再意识到它,那他在这种情况下一定处于无穷无尽的痛苦之中"。② 二是灵魂在离开肉体前已经认识必然的存在,以整个灵魂向着他,思考他的伟大、美好、光辉,从不躲避他,直至肉体死亡,这就处于现实地倾向和目睹的状态,肉体离开了,灵魂处于无穷无尽的幸福之中,其欢乐永远不会消失。三是灵魂在离开肉体前并不认识必然的存在,那么其命运如同牲畜的命运,"所有肉体的潜能,随着肉体的死亡而失去作用,也就不会渴望那些潜能的需要,既不怀念它,也不因失去它而痛苦。这是所有无理性的动物的情况,不管是不是以人的形式出现"③。

幸福是凭联系或凭行为目睹必然的存在,只有此目睹从尘世生活延伸到不朽的生活才能永远幸福。谁突然死亡,他又没注意到这种目睹,他就失去了永远的幸福,得到的是渴望的痛苦。生活中的每一事物也许是疏忽的原因,肉体生活中的一切被感觉的、被听到的、被想象的,以及饥

---

① 伊本·图斐勒:《哈伊·本·雅格赞》,第100—101页。
② 伊本·图斐勒:《哈伊·本·雅格赞》,第101页。
③ 伊本·图斐勒:《哈伊·本·雅格赞》,第101—102页。

渴、冷热等等，都可能使灵魂不能目睹。他认为，渴望目睹的人应进行某些仿效无理性动物的行为、某些仿效天体的行为、某些仿效必然存在的行为。人以其一部分仿效动物，"这卑劣的部分来自生与灭的世界，那就是厚实的黑暗的肉体"①。仿效天体是从他有动物的精神而言，此精神的居所是心，它是肉体其他部分之始，里面有各种潜能。通过精神消除肉体的污垢和物质的不洁，忘却感性世界。仿效必然的存在则是凭理性的灵魂，实现自我毁灭、神人同一，这时万物皆失，复归于一。

第七节　阿拉伯逍遥学派哲学的集大成者伊本·鲁世德

艾布·瓦利德·穆罕默德·本·艾哈迈德·本·鲁世德，简称伊本·鲁世德，拉丁语名为阿威罗伊（Averoes），1126年生于安达鲁西亚的思想和学术中心科尔多瓦的一个著名学者和法官世家。受家庭熏陶，自幼富于钻研精神，20多岁便在法理学、医学、天文学和哲学方面崭露头角。1169年写出《医学通则》一书，使他闻名遐迩。不久，由伊本·图斐勒引荐给穆瓦希德朝哈里发艾布·叶厄古卜·尤素福（1163—1184年在位），被先后任命为塞维利亚和科尔多瓦法官，并遵哈里发所嘱，全面注释或意译亚里士多德的著作。1182年继伊本·图斐勒之后，担任哈里发的御医和近臣。艾布·尤素福（1184—1198年在位）对他恩宠并加，唯他意

---

① 伊本·图斐勒：《哈伊·本·雅格赞》，第108页。

见为是,终于使他成为众矢之的。1194年,保守的教法学家们联合起来,诬他宣传异端,犯伪信和叛教罪,哈里发命令将他和其他哲学家一起,放逐到阿里萨纳(卢塞纳),并将他们的书籍烧毁,严禁研究哲学。但在一些知名人士的斡旋下,伊本·鲁世德不久便重新获得哈里发的信任,恢复对哲学的研究。他于1198年逝世,享年72岁。

伊本·鲁世德认为"亚里士多德的学说是最高的真理,因为他的理解力是人类理解力的极限""亚里士多德是任何哲学的本原,所能发生分歧的仅仅是对他的话的解释"[①]。他充分运用注释的方法,捍卫和发展了亚里士多德哲学中的唯物主义倾向和理性主义思想,被时人称赞道:"亚里士多德解释了自然界,而阿威罗伊解释了亚里士多德。"[②]但丁在《神曲》中赞颂他是"伟大的注释家"[③]。除不太重要的以外,他评注了亚里士多德的全部著作、柏拉图的《共和国》和波菲利的《导论》,还对《物理学》《形而上学》《灵魂论》《天文学》和《后分析篇》写下了简略意释、普通注释、详细评注这样三种版本,适合不同的读者需要。此外,他还撰写了一系列有创见的作品,主要的有《毁灭的毁灭》《哲学言论集》《关于社团信仰证明法指津》《论天体》《无始无终的存在和有始有终的存在》《灵魂学》《分离的理性与人的联系》等。他流传下来的作品,仅哲学和神学方面的据统计就有118种。他的许多著

[①] 奥·符·特拉赫坦贝尔著:《西欧中世纪哲学史纲》,于汤山译,中国对外翻译出版公司1985年版,第56页。
[②] 奥·符·特拉赫坦贝尔著:《西欧中世纪哲学史纲》,于汤山译,中国对外翻译出版公司1985年版,第56页。
[③] 参见但丁《神曲》第一部《地狱篇》Ⅳ,《神曲》各中文译本对其拉丁名有不同译法,有的将"阿威罗伊"译成"阿威罗厄斯"。

作被译成了希伯来文或拉丁文,其中有的阿拉伯文版已经失传。

13世纪20年代,米哈依勒·伊斯库特首先将他的学说介绍到欧洲,引起了很大的反响。到13世纪中叶,伊本·鲁世德在欧洲声望极大,迅速形成"拉丁阿威罗伊运动"。他的唯物主义和无神论思想,成为进步思想家同以托马斯·阿奎那为代表的正统经院哲学进行不可调和斗争的有力工具,直接影响了具有进步倾向的唯名论,促进了文艺复兴时代的到来。这一历史事实体现了伊本·鲁世德在世界哲学史上的重要地位。

一、双重真理说

阿拉伯哲学是在特定的环境里发展起来的哲学。古希腊罗马哲学中有许多观点甚至一些基本的观点,与伊斯兰教教义相冲突,因而引起保守的教义学家和经院哲学家的敌视。在宗教狂热的中世纪,要介绍、宣传、研究古希腊罗马哲学,并在吸收、消化这一哲学的基础上,融进东方哲理思想,创建独具特色的阿拉伯哲学,不能不冒一定程度的风险。为避免触怒广大的穆斯林,阿拉伯哲学家在哲学和教律之间往往采取调和、折中的立场,认为理性与启示均来自真主,它们相互补充,没有矛盾。启示既然来自明哲的真主,必然是合理的;既然是合理的,就不会与理性相悖。而保守的学者们则往往采取极端的立场,揭露哲学对宗教孕育的危险,激发广大穆斯林的宗教感情,抵制、反对甚至攻击哲学家。自穆尔太齐赖派以来,哲学家和保守的教律学家之间的斗争连绵不断。哲学家们为保护自己,遂提出并不断完善哲学与宗教一致性的理论。伊本·鲁世德不仅精通哲学,而且熟谙伊斯兰各学科。他在回击加扎利对哲学的攻击中,为解除人们对哲学的恐惧,便提出了双重真理说。

他认为,理性和启示(即哲学和圣典)是真理的两个绝对可靠的源泉。《古兰经》经文所述内容是真理,不容置疑;而"哲学的行为不过是审视万物,认为它们是造物主的证明"①。须知要以理性的目光去审视万物,恰恰是《古兰经》经文所要求的,这种理性的审视就是哲学。"证明的审视不会造成违反教律的内容,因为真理不会反对真理,而是与它相吻合,是它的证明。"②哲学和宗教可以并存,并相辅相成,但各有侧重点,两者在不同的层面活动。宗教的对象是一般大众,他们在实践上具有绝对的信仰,顺从真主,努力为善,遵守教律就可以了,不必在理论上有多高的造诣。而真主"他降示你[指穆罕默德]这部经典,其中有许多明确的节文,是全经的基本;还有别的许多隐微的节文","只有真主和学问精通的人,才知道经义的究竟"③。这里所说"学问精通的人"指的就是哲学家。他认为有三种证明法:论证的、辩证的、修辞的。第一种是哲学家的方法,他们以正确的前提为基础,通过论证使人信服,只有他们才能获得真理。第二种是神学家的方法,他们只会运用辩证的论据,根据公认的言之成理的前提发表意见,但这并不能导致获得真知。第三种是凡夫俗子的方法,他们只想用娓娓动听的语言,使听众相信某一论点,而根本不考虑这一论点是否正确。

---

① 伊本·鲁世德:《哲学言论集》,第9页。
② 伊本·鲁世德:《哲学言论集》,第13页。
③ 《古兰经》3:7。

对于后者,他们既不想也无法弄懂神学和哲学中的疑难微妙之处,只要根据圣典的表面含义去做就行了,通过注释的方法对他们泄露隐微的节文的内涵,是一种非常严重的罪行,加扎利尤其犯了这种罪。这种节文的内涵是一种秘密,只适合那些能领会它们的人,让不该知道的人了解这种秘密,就"播下了伊斯兰教异端和不和的种子"①。他在《哲学和宗教的关系》(又名《哲学言论集》)及其续编《关于社团信仰证明法指津》中,指责神学家们的"无根据的注释已经引诱公众奉行那些虚假的信仰",而放松穆斯林的"信仰没有它就不是完全的那些项目"。② 能真正理解和恰当注释的只有采取论证方法的哲学家。需注释的地方有三种:无法根据《古兰经》的某些章节,就其法律的或教义的意义得出一致看法(佥议)之处;《古兰经》的前后说法自相矛盾之处;《古兰经》的说法与哲学的(理性的)原则相冲突之处。第一种地方因缺乏宗教权威而众说纷纭,没有说服力,应受严格限制。第二种地方是神学家大显身手的领域,但许多问题是自找的,不值得花那么大的精力。真正值得注释的是第三种地方,这只有知识渊博的哲学家才能进行。因为"从启示得到的知识仅仅是理性学问的完全"③,所以启示和理性是完全和谐的。

哲学家从未引进任何新的教义,也未排除任何实际上已经深入人心的教义。对于伊斯兰教的一些基本信条,哲学家与神学家没有分歧。但

---

① 伊本·鲁世德:《哲学言论集》,第22—23页。
② 参见伊本·鲁世德:《关于社团信仰证明法指津》,第30—31页。
③ 伊本·鲁世德:《毁灭的毁灭》,第256页。

对《古兰经》并未明确叙述的问题,哲学家与神学家的看法可能不同。哲学通过纯粹思辨的方法,通过逻辑推理,以已知的为基础去探讨未知的,从具体的抽象出一般的,这样探求真理比神学家所采取的那种简单的训导法合理得多,因而哲学成为真理的最高形式,是理所当然的。例如关于创世的问题,世界是真主创造的,对于这一点大家的看法是一致的。至于"怎样"创造,《古兰经》并没有详细陈述。神学家们认为是从太虚中和在时间内创造的,这在《古兰经》中找不到根据,而某些章节恰恰证明创世前物质的存在:"他在六日之中创造了天地万物,他的宝座原是在水上的"①;"然后,他志于造天,那时,天还是蒸汽"②。这两节经文实际上暗示了时间和物质的无始性,否则就不存在"六日"的时间概念,不存在水、蒸汽的物质概念。尤其是后一节经文,证明"天"不是从太虚(即"无")中创造的,而是由原先存在的蒸汽这一物质所创造的。宗教要面对所有的人,具有广泛的范围;哲学却是少数人所能理解的智力的领域。两者的表达形式有所不一,但实质是一致的,只是哲学的表述更精确。因此,除天启的信条外,一切事物都应受理性的检验和判断。

二、自然主义宇宙观

宇宙是物质的、无始无终的存在,既不会"无中生有",也不会"先有后无",而只会发生从潜能到现实(生成)或从现实返回潜能(毁灭)的转换。

---

① 《古兰经》11:7。
② 《古兰经》41:11。

第三章 受希腊哲学影响的阿拉伯哲学家

"可毁灭的存在的事物的原则,凭本体的有二——物质和形式,凭偶性的有———无"①。所有感性的存在物都是可改变的、运动的,它们由物质和形式组成,这两者都是永恒的,不可创造的。形式是存在物之所以成为存在物所依据的意义,物质是它的实质内容。由形式产生存在的存在物的行为,此行为证明存在物中形式的存在。形式有两种存在:从物质中抽象出来的理性存在、处于物质中的感性存在。物质有三个等级:第一物质;简单体或曰四大基质,即火、气、水、土;尔后是感性物质。第一物质本体上是没有形式的,它不是现实的存在,它的存在仅在于它有接受形式的潜能,"潜能不是它的本质,而是随从它的本质,并一直伴随着它"②。物质称为第一物质(原质),是对于其中潜在的"无"形式而言;对于其中现实的形式而言,物质则被称为对象。并非所有的"无"都是存在物的原则,而是与潜能相联系的"无",即可能的"无"才是。有始之物一定先是"无",这种"无"必然与接受有始之物的存在、消除其"无"这件事相联系。这样,"无"是由动因产生的运动的存在条件之一。这里的"无"只是形式的偶性而已,即物质的形式尚未从潜能转为现实。"无(不存在)的对立面是有(存在)",但"无本身不可能转化为存在,存在本身也变不成无。同时能接受这两者的一定是既非无又非有的第三物,那就是被称为从无的属性到有的属性的可能、构成、转化。无本身不像对立物可相互转化的情况那样,具备从无到有的构成、变化和转化,一定要有一个无和有能在它身上交替

---

① 伊本·鲁世德:《毁灭的毁灭》,第 145 页。
② 伊本·鲁世德:《灵魂学简要》,第 4 页。

存在的客体"①。这样,伊本·鲁世德用"无"的概念,彻底否定了神学家所谓的"无中生有"(指物质)的可能性。强调物质是永恒的,既不可创造,也不可消灭。在永恒的自然界里,既无绝对的生成,也无绝对的毁灭,有的仅仅是永恒的基本物质之间的分化和重新组合,因而带来物质世界的变化。

简单体是其形式最初地存在于第一物质中,它没脱离物质。"简单是从两个意义上说的:一是指它并非由许多部分所构成,而是由一个形式和一种物质所构成的,凭这一点人们说四种体是简单的;二是说那些不是由形式和凭潜能不同于形式的物质所组成之物,即天体。简单也可表明其整体和部分的界定是一样的,即使它由四大基质所构成。"②非简单体就是合成体,它产生于基质通过天体来完成的混合和掺和。在基质和天体中,足以存在各部分相似之体,给予他们自立所需之物。合成有三类:一是由存在于第一物质中的简单体所合成;二是由这些简单体合成各部分相似之体——无机物;三是在上述两类合成体的基础上,产生有机体——植物和动物,在最高级的动物中存在是最完全的。

运动仅仅是在接受静止之物内,而不是在"无"之中才是可能的。凡运动必有动因。所有种类的运动上升到空间运动,空间运动上升到脱离第一动因的自体运动。"存在中的每个运动,都是上升到这个凭本体而不是凭偶性的动因。每个运动者运动时,此动因均存在。至于动因在动因前的

---

① 伊本·鲁世德:《毁灭的毁灭》,第 32 页。
② 伊本·鲁世德:《毁灭的毁灭》,第 244 页。

存在犹如人生人一样,则是凭偶因而不是凭本体。"①静止是可以运动之物不运动。有生命者之所以有生命,它的完全就是运动。运动只能在时间内发生。有运动必有时间方面的可估量的延伸。运动存在于时间内就好像被数的存在于数字中。时间是"头脑在运动中所使用之物","它不过是头脑对运动的这种可估量的延伸中所意识到之物","因此,时间对于每一个运动和运动者都是同一的,它存在于任何地方,甚至我们可设想一群人自幼被关在一个地洞内,但我们仍可断言这些人知道时间,即使他们并不知道世界上任何感性的运动"。② 时间没有状态,也没有整体,进入运动着的存在中的时间事实上只能是现在,它是流动的,对于连接过去和未来是必需的。空间是容纳、包围物体,运动时又与物体相分离的事物的表面。世界上的体是相互交叉的,每个被容纳体的空间,是容纳体的内部表面,只有恒星天体除外。恒星天体容纳一切,而不被任何物所容纳。天就是一个个天体,每个天体的空间就是直接容纳的天体。整个天的空间就是天绕着它运转的固定之轴——地球的固定表面到恒星天体外缘之间的范围。

球形是最佳的形状。圆周运动是最佳的运动,只有它是持续的、一致的、无始无终的。它是第一运动,最完全的运动,是适合天体所采取的运动形式。"天体不是合成的,所以不会毁灭","它不能缩小也不能扩大"。③简单体本性上是圆的,整个宇宙也是圆的。宇宙是一个等级森严、互相联

---

① 伊本·鲁世德:《毁灭的毁灭》,第59页。
② 伊本·鲁世德:《毁灭的毁灭》,第79页。
③ 伊本·鲁世德:《毁灭的毁灭》,第213页。

系的统一体。它是一个个天体,有秩序地层层相套,直到地球中心。不可能存在第二个宇宙。如果假定存在第二个宇宙,那两个宇宙要么一个在另一个内,要么互不搭界。如是前者,那实际上仍是一个宇宙,如是后者,那两宇宙间存在虚空,而虚空是不可能的,所以宇宙只能是一个。

伊本·鲁世德以发展论与创世论相对立,认为创造是运动之一,需要运动基质,即运动的"主体"。形式并非外在的,它们是物质内所固有的。真主作为"第一推动者"是宇宙秩序的源泉,使宇宙处于无始无终的运动中,从这点上讲,他是世界的创造者。但他既不能创造物质,又不能创造形式,物质和形式都是客观的存在。他只是把潜在的形式变为现实的形式,使物质和形式相统一。他的影响,是通过各天体的理性来完成的,而每一事物的运动,又各有自己特殊的原因。任何一种运动和变化,包括生成和毁灭,都作为一种可能性存在于物质之中,物质本身包含着形式萌芽等普遍存在的可能性,可以说是无所不包的。可能性与现实性相辅相成,可以转化,它们的区别是相对的。如果没有可能性,一切都是现实的了,就不可能有变化,那是僵死的现实。如果只有可能性,那就没有现实性,那是不可能实现的可能。这两者都是荒谬的。从永恒性这方面来说,一切可能的东西最终会转为现实,否则自然界中就会存在无谓的东西了。所以伊本·鲁世德认为:"就永恒性来说,可能的东西与已有的东西之间是没有区别的。"[①]运动是发展的前提,有运动才有所发展。整个宇宙是

---

① 奥·符·特拉赫坦贝尔著:《西欧中世纪哲学史纲》,于汤山译,中国对外翻译出版公司1985年版,第58—59页。

一个永恒延续的体系,天体永无止境地运动着。宇宙内,一切都在运动。自然界的存在有着自己的规律,通过物质与物质之间的分化组合,从低级向高级发展,变幻出五彩缤纷的世界。但万变不离其宗,最基本的东西是不会被创造的,也不会毁灭,只会转化和发展。

整个宇宙是一个有机的整体,宛如一个动物,它的各部分之间具有有机的联系,其间流动着精神的力量,构成理性的体系。"若非如此,世界的各部分瞬间内早就七零八落了",宇宙中"一定要有一个在所有部分流动的精神的单一力量,凭此力量,存在的众多潜能和体变成单一的,以至于可以说存在的诸体是单一的体,存在的诸潜能是单一的潜能。整个宇宙的各存在物的部分的比例,就是一个动物各部分的比例"。[①] 他赞同亚里士多德的观点,认为"宇宙是一个,发源于一;这个一一方面是单一的原则,另一方面是殊多的原因",宇宙的"单一性,根据存在物性质[的不同]而呈现出形形色色"。[②] "每个殊多,其中必有单一,它的单一性使殊多归于单一,此单一性使殊多成为单一,这就是单一发源于一这个简单的意义。"[③]因此,他大胆地认为"至高无上的造物主,就是所有的存在物"[④]。

三、灵魂、意识和理性

每个体都由物质和形式构成。动物中的物质即肉体,形式即灵魂,灵

---

① 伊本·鲁世德:《毁灭的毁灭》,第60—61页。
② 伊本·鲁世德:《毁灭的毁灭》,第48页。
③ 伊本·鲁世德:《毁灭的毁灭》,第65页。
④ 伊本·鲁世德:《毁灭的毁灭》,第109页。

魂和肉体的关系,是形式和物质的关系。存在物有两种存在:感性的存在和理性的存在。形式也有两种存在:从物质中抽象出来的理性的存在和在物质中的感性的存在。因此,"灵魂是并非体的、有生命的、知晓的、有能力的、有意志的、能听的、能看的、能说的本体"①,它是"有机的自然体的第一完全"②,灵魂离不开肉体,肉体毁灭,灵魂随之毁灭。灵魂"从形式方面说是单一的,从承载这一形式的物质的方面说是殊多的","灵魂与光最相似,光因照明体的可分而被分,因照明体的统一而统一,灵魂与肉体的情况也是如此",某甲和某乙的灵魂在形式上是同一个,对于接受灵魂的肉体而言是不同的,"灵魂离开肉体后在数量上是一个"。③

灵魂有五种:植物的、感觉的、想象的、欲望的和理性的。植物的灵魂是最基本的,它有营养、发育、繁殖三大潜能。营养通过吸收,使潜在的营养变成现实的营养,维持有呼吸活动的株体或肉体,补偿其消耗;发育使株体或肉体的各部分按相应比例协调发展,直到自然的限度;繁殖使潜在的个体变成现实的个体。植物只有植物的灵魂,动物除这一灵魂外,还有其他一些灵魂。感觉的灵魂通过感觉器官发挥作用,使五大潜能变为现实,按低级到高级排列为触觉、味觉、嗅觉、听觉、视觉。最低级的动物只有触觉,比较低级的动物有前三种感觉,只有高级动物和人才五种感觉俱全。这五大潜能又归于共同感觉这一潜能,它感觉到感官在感觉,把感觉

---

① 伊本·鲁世德:《毁灭的毁灭》,第 57 页。
② 伊本·鲁世德:《灵魂学简要》,第 11 页。
③ 伊本·鲁世德:《灵魂学简要》,第 13—14 页。

第三章 受希腊哲学影响的阿拉伯哲学家

本身当作意识的客体,并对感觉进行综合,从而使它"客体上是单一,言语上是殊多;本质上是单一,器官上是殊多"①。想象的灵魂具有想象力的潜能,它建立在共同感觉对感性事物残存影响的基础上,是在感觉消失之后保持感性的个别形象。这些残存影响使想象力从潜能变为现实,从而"在想象的物质中,具有比在共同感觉中更为精神化的存在"②。欲望的灵魂使动物趋利避害,包括渴望、愤怒和意愿等,它和想象力有密切关系,动物一旦想象到所感觉到的内容时,就会产生一定的欲望,不管这些感觉到的内容是现时的还是已经消失了的。想象的灵魂和欲望的灵魂只有高级动物和人才有,越高级,这两种灵魂也越活跃。人的欲望的潜能与理性的灵魂有关。理性的灵魂是人所独有的,它使人能意识从物质抽象的意义,并能灵活运用这些意义,做出种种判断。人的欲望受理性控制,凡合适的就付诸实现,凡不宜的,就设法杜绝发生。

意识有两种:个体的意识和整体的意识。前者仅仅意识物质中的意义,即在物质意义上对个体或部分的意识;后者是在非物质意义上的全称的意识,即意识从物质中抽象出来的总的、本质的意义。前者由感觉和想象的潜能去进行,后者由理性的潜能来完成。理性的潜能分为两类:实践的潜能和理论的潜能,或称为实践的理性和理论的理性。前者能使人意识与行动有关的或通过实践得到的一切,这是人人具有的理性,只不过各

---

① 伊本·鲁世德:《灵魂学简要》,第54—55页。
② 伊本·鲁世德:《灵魂学简要》,第58页。

人的情况不同。后者与具体的行动或实践无关，它"只存在于部分人身上"①。实践的理性是可毁灭的，因为实践的被理性领悟的事物来自经验，经验需要首先通过感觉，其次通过想象，"情况既然如此，那么这些被理性领悟的事物，其存在必然需要感觉和想象，必然因它们的发生而发生，因它们的破灭而破灭"②。动物也有感觉和想象，但没有理性。人与动物之间不同的是，动物的感觉和想象是它们的生存所必需的一种本能，如蜜蜂采蜜、蜘蛛织网，而人的想象是通过思想和推理来实现的。

物质的形式，即个体的意义，有四个特点：一是其存在隶属于本体内的变化；二是它凭本体因对象之多而多，因对象之众而众；三是它由诸如形式之物和诸如物质之物构成；四是关于它的被理性领悟的事物是不存在的。至于被理性领悟的事物的形式，它的首要特点则是"其理性的存在，即它存在本身"③。此外，对这种形式的意识是没有穷尽的，因为形式是从有限的多数中抽象出来的，这种抽象也可以根据无限的多数来判断，从而使"这种行为应属于非物质的潜能"④。对被理性领悟的事物的形式的意识，就是意识者（即理性）在领悟它的本体。感觉的情况就不是如此，感觉的对象是他体，即客观物质的存在。作为认识对象的客观事物，是不以人们的主观为转移的独立存在。最后，理性随着年龄的增大而增加，而灵魂的其他潜能则恰恰相反。被理性领悟的事物在我们处并非永远是现

---

① 伊本·鲁世德：《灵魂学简要》，第69页。
② 伊本·鲁世德：《灵魂学简要》，第71页。
③ 伊本·鲁世德：《灵魂学简要》，第73页。
④ 伊本·鲁世德：《灵魂学简要》，第76页。

实的存在,"我们首先是感觉,其次是想象,然后才能获得整体;因此,谁没有某种感官,他就不能有某种被理性领悟的事物","谁的想象潜能被破坏了,他的意识也就不行了"。① 这样,伊本·鲁世德否定了柏拉图的回忆说,强调理性对感性的依赖,感性是理性的基础。

感性中有三种事物:接受的潜能,即感觉的潜能;现实的在灵魂之外的事物,即被意识的感性事物;感觉的潜能从这种被意识的事物中获得的意义。同样,理性中也有三种事物:接受的潜能,即物质的理性;这种接受的潜能里产生的意义;从物质中抽象出来的形式。这第三种事物相当于感性意识中的感性事物,但它潜在于灵魂之外,即"它在感性事物现实地存在于感觉的潜能之外这方面,需要将它的形式抽象出来"②。这样,理性的知识一定是被理性领悟的事物、具理性者和理性。理性和感性之间存在一个区别:感性的对象在灵魂之外,而理性的对象,在灵魂已经将它从感性的事物中抽象出来后,则存在于灵魂之内。

理性有两种:原动的理性和受感的理性。后者即物质的理性。理性是独立于个体灵魂的客观存在。受感的理性具有潜在性,只提供认识的可能性;原动的理性永远是现实的,它使可能的认识变为现实。"这种理性有两个行为:一是从它是分离的而言,它领悟其本体……二是领悟物质理性中存在的被理性领悟的事物,即它使物质的理性从潜在变为现实。"③

---

① 伊本·鲁世德:《灵魂学简要》,第 78 页。
② 伊本·鲁世德:《灵魂学简要》,第 120 页。
③ 伊本·鲁世德:《灵魂学简要》,第 80 页。

原动的理性是永恒的、不朽的,当它是自在自为时,它是唯一实在的。受感的理性是否无始无终,伊本·鲁世德表述了两种截然不同的观点:一会儿认为它是可毁灭的,一会儿又认为它不可毁灭。他认为,既然被理性领悟的事物从属于变化,因而是有始的、可毁灭的,那么接受被理性领悟的事物的理性也是可毁灭的。这样,凡物质的形式在被领悟时就是现实的被理性领悟的事物,否则,它只是潜在的被理性领悟的事物。每个形式都是被理性领悟的事物,它一旦被领悟,就是物质性的。当形式一方面是现实的被理性领悟的事物,另一方面是潜在的被理性领悟的事物时,就必须有一种可生成与毁灭的理性,依靠这种理性,被理性领悟的事物由潜在的变成现实的。这种观点显然与伊斯兰教教义不符,所以他在《毁灭的毁灭》中又认为人的肉体毁灭后,作为灵魂精神性体现的理性依然存在。

原动的理性的行为恰如照耀万物的太阳的行为,万物根据各自的构成和接受性接受太阳之光。原动的理性以种种全称的形式普照人类的灵魂。物质的理性所有的,正如目光所见的光线。只有当光线将颜色从潜在的颜色变成现实的颜色时,眼睛才能看见颜色。物质的理性同样只有当种种想象的形式通过原动理性之光,变成现实的被理性领悟的事物时,才能领悟这些想象的形式。这样,人的理性就与原动的理性相联系了。他认为,这种联系有两条道路:上升的和下降的。"上升之路是从感性事物开始,经物质的形式、想象的形式到被理性领悟的形式。一旦在理性中产生这些被理性领悟的事物,就被称为联系,即物质的理性与作为纯粹行为的被理性领悟的形式相联系。这条道路对每个人都是容易的。下降之路是我们假定存在这些被理性领悟的形式,它与我们联系,我们获得了它,那就是真主的恩赐,并非每个人轻而易得的,只有幸福的人才能获得。"① 这段文字表面上与伊斯兰教神学家和正统的经院哲学家的学说殊途同归,实质上是否定"下降之路",因为它只是"假定"而已;即使有,也是极个别的。对于一般人来说,只有"上升之路",有两种方法:哲学家的理性认识的方法、苏菲派的神秘直觉的方法。他肯定哲学家的方法,认为只有通过科学和正确的理论道路,才能从感性到理性,实现人类同原动的理性的联系,掌握真理。人的真正幸福就在于通过理性达到认识的最高阶段,要做到这一点靠摒弃欲念或沉醉于神秘的入神状态是不行的,必须依靠现实的科学和哲学知识。感官所有的潜能和灵魂的其他潜能一样,都是"自然的完美"。谁放弃使用感官,谁就不再是完美的了。这样,他并非是一个"完美的人",怎么可能掌握完美的真理?

四、理性主义的宗教哲学

在真主的存在及其德性、真主与世界的关系等问题上,伊本·鲁世德采取答辩的方法,推行他的哲学和教律调和的主张。他认为"教律有两部分:明显的和被解释的,前者是对大众的,后者是对学者的"。② 伊斯兰教内教派林立,对教律的理解和解释各不相同,主要有四派:形体派、内学派、穆尔太齐赖派、艾什阿里派。它们都有自己的教律观点,"自以为它是第一教

---

① 伊本·鲁世德:《灵魂学简要》,第90页。
② 伊本·鲁世德:《关于社团信仰证明法指津》,第132—133页。

律,所有的人都必须接受,谁有偏离,那不是叛教就是异端"①。形体派声称认识真主之路在于听,而不是理解;信仰即人们"听"教律制订者的话,相信这些话而不千方百计地进行解释。内学派坚信凡表面的均有内在的,他们滥用解释来阐述内在的意义。艾什阿里派认为只有凭理性才能相信真主的存在,但他们采取的方法既不是信仰的教律的方法,又不是证明的理性的方法,而是一种武断推论的方法。对于穆尔太齐赖派,伊本·鲁世德承认自己并不清楚他们的方法。他还提到苏菲派,此派认为认识真主是"灵魂在摆脱种种肉欲的偶性时的感受,灵魂凭思考了解这一点"②。

他在分析各教派与经院哲学家们所采取的各种方法的不足之后,寻找一种证明真主存在的教律的方法,认为《古兰经》中使用两种证明法:关心的证明和创造的证明。对于《古兰经》所述,无人会提出异议,但就知识的广度和深度而言,哲学家显然超过芸芸大众。关心的证明建立在对于人的事物的目的性上,"这种方法基于两点:一是这里的所有存在物都适合于人的存在;二是这种适合必然有意图如此的行为者、意愿者,因为这种适合不可能是碰巧的"③。同样,人体内的一切器官和肢体都是适合于人的生存和发展的,因此,"凡想完全认识真主的人,必须研究存在物的益处"④。创造的证明建立在创造存在物本质中所显示出来的,如在无机物内创造生命,使它成为有机物,"动物、植物、天的存在及其运动都属此证

---

① 伊本·鲁世德:《毁灭的毁灭》,第55页。
② 伊本·鲁世德:《关于社团信仰证明法指津》,第64—65页。
③ 伊本·鲁世德:《关于社团信仰证明法指津》,第65页。
④ 伊本·鲁世德:《关于社团信仰证明法指津》,第66页。

明。每个被造物一定有造物主,存在物一定有使它存在的行为者、造物主"。因此,"凡想真正认识真主的人,必须认识事物的本质,以便在一切存在物中了解真正的创造"①。不过,最有说明力的还是亚里士多德的"第一推动者"论。物质世界的变化,归于运动,而凡有运动,必有使之运动者。使世界产生无始无终运动的,是无始的第一推动者,他是世界秩序的源泉、世界的创造者,即真主。

加扎利曾把人们分为两个泾渭分明的阵营——真理派(有神论派)与光阴派(无神论派),前者认为世界是有始的,有始者不能自我存在,一定有其制造者,此制造者就是原因和原则,那就是真主。真主的存在没有原因,他是其他存在的原因。后者认为世界是无始的,没有造物主。哲学家既说世界是无始的,又力图证明存在造物主,这显然自相矛盾,归根结底是光阴派。伊本·鲁世德的回答是:世界是由无始的行为者和无始的行为所创造的。世界是通过运动而存在的,运动即行为者的行为。"世界是行为或其存在是从属于行为的事物。凡行为必有因其存在而存在的行为者,哲学家们认为世界有因其存在而存在的行为者。谁认为由世界的行为者产生的行为是有始的,他就说世界是有始的,来自无始的行为者。谁认为无始者的行为是无始的,他就说世界是依然无始的行为者所创造,他的行为是无始的,即没有最初也没有最后,并不是说世界是凭本体的无始存在。"②

---

① 伊本·鲁世德:《关于社团信仰证明法指津》,第66—67页。
② 伊本·鲁世德:《毁灭的毁灭》,第265页。

真主的本体是我们附加给真主的意义,它是"所有进行理性行为的潜能,或安排理性事物中次序的"①。真主的本性与他的本质没有区别,真主的本质是"一",因为"最终在存在中完美的,必然是一"②。世界是统一的,这种行为只能由一个造物主产生,决不能两神或多神并存,否则必然产生矛盾的行为。真主既不是静的,也不是动的,不能认为真主的本性是动与静的原则。真主的本体是简单的,即非合成的,因为合成只存在于物质中,有缺陷、有变化,而真主是纯粹的,没有变化与受感。总而言之,真主是"必然的存在"③。简单中的存在就是本质,因此无法确定真主的种和类,他根本没有种类。

艾什阿里派认为真主的德性是意义的德性,即因其中所具有的意义而用它来形容本体的德性,从而是附加于本体的德性。这样,"他们必须认为造物主是一个体,因为有德性和被德性所修饰的、具有意义和承受意义的,这些都是体的情况。于是,他们必须说本体是自我存在的,德性也是自我存在的,或者说它们中的每一个都是自我存在的,那么神就是多个的"④。穆尔太齐赖派认为本性和各种德性是同一事物,伊本·鲁世德认为这"有悖常理","知识应不是知晓者,除非其中一个可以是联系上下的"⑤。例如一个人可以既是被生的又是生出的,既是儿子又是父亲,这是

---

① 伊本·鲁世德:《毁灭的毁灭》,第473页。
② 伊本·鲁世德:《毁灭的毁灭》,第388页。
③ 伊本·鲁世德:《毁灭的毁灭》,第399页。
④ 伊本·鲁世德:《关于社团信仰证明法指津》,第75页。
⑤ 伊本·鲁世德:《关于社团信仰证明法指津》,第77页。

第三章 受希腊哲学影响的阿拉伯哲学家

相对他自己的父亲和儿子而言的。显然,穆尔太齐赖派的提法不属于这种情况。形体派则拘泥于教律文字,到了荒谬得无以复加的程度。

伊本·鲁世德认为真主的本体是完全抽象的、纯洁的,没有任何物质性和体性,但对大众却不能太抽象,"大众认为存在物就是可感觉可想象的,凡不可感觉和想象的均是无。如果对他们说有个并非体的存在,他们无法想象,就把它归于无一类"[1],所以对大众只能采取直观的方法。《古兰经》将"人内存在的完美的属性用以描述创造世界的造物主,有七种:知识、生命、能力、意志、听觉、视觉、言语"[2]。因为大众无法想象比这些完美性更高的属性。这些德性在真主中是无始的。《古兰经》就是真主的言语,它是无始的。而说明这种言语的言辞那是被创造的,至于《古兰经》中书写的字母则出自人之手。穆尔太齐赖派的错误在于他们认为言语仅仅是言词,因此认定《古兰经》是被造的。听觉与视觉,教律已经证明它们"属于存在物中被意识的意义",因为"制造者必然知道被造物的一切",那么真主"必然知道看的知识,必然知道听的知识,因为它们是真主的被造物"。[3] 真主是理性,不存在物质之中。他是完全的,所以是十全十美的理性,既是现实的理性,又是现实的被理性领悟的事物;既思悟自身,也思悟万物。真主对万物的思悟既非全称的思悟,也非特称的思悟。因为全称的知识是现实存在的个体者的潜在的知识,这是知识里的不足;而特称的

---

[1] 伊本·鲁世德:《关于社团信仰证明法指津》,第 171 页。
[2] 伊本·鲁世德:《关于社团信仰证明法指津》,第 160 页。
[3] 伊本·鲁世德:《关于社团信仰证明法指津》,第 184 页。

知识则是无限的特称事物的知识,它在真主的完全知识内也是残缺的。"我们对特称的知识是现实的知识。我们知道,真主的知识与其说类似全称的知识,不如说类似特称的知识,即使它既不是全称的知识又不是特称的知识。谁理解了这一点,他就理解了真主所说的'天地间微尘重的事物,不能远离他'①的意义,以及具有这种意义的其他经文。"②

万物的存在是我们有始的知识的原因,无始的知识又是万物的原因。而"如果万物由不存在到存在,使无始的知识中添加了某知识,就像给有始的知识添加知识一样,那么这无始的知识必然是万物的结果而不是其原因"。因此,世界是无始的,真主知晓无始世界的一切,"因为一切均由他处溢出,他仅仅从他是知晓者的角度,而不是从他只是存在者或凭某德性而存在的角度而言,是知晓的"③。无始的知识中材料的量,与人的知识中材料的量不同。人的"理性是有限度的,无法逾越,它无法理解这种知识的情况"④。

真主的意志和能力明显存在于世界从他溢出之中,这也体现了他的生命。他认为,说真主凭无始的意志去意愿有始的事物,这才是真正的异端。他强调,真主的意志、能力、生命都是无始的,作为真主创造物而存在的世界也必然是无始的,这显示了真主对万物,尤其对人的关心。由于人们无法想象目睹不到的事实,于是《古兰经》就把这种创造活动时间化了、

---

① 《古兰经》34:3。
② 伊本·鲁世德:《毁灭的毁灭》,第345—346页。
③ 伊本·鲁世德:《哲学言论集》,第38—39页。
④ 伊本·鲁世德:《毁灭的毁灭》,第343—344页。

第三章 受希腊哲学影响的阿拉伯哲学家

物质化了。他从时间、运动、可能性三方面证明世界是无始的,认为既然真主是无始的,那么真主所创造的世界理所当然是无始的:因为真主是无始的,所以时间也是无始的;而时间是运动的尺度,所以运动也是无始的;世界只是这一运动的总和,这样,世界也一定是无始的。世界在存在前,是无始的可能,从而必然是无始的,因为"无始事物中的可能即必然"[1]。必然的事物虽然是真主所创造的,但它又必然存在,换句话说,真主本身是按照必然性行动的,所以世界井然有序,只能是这个样子,这是必然。从这个意义上说,伊本·鲁世德所述的真主不过是必然的别名而已。

他抨击神学家们"把真主变成了一个无始存在的人,因为他们把世界比喻为出自这个人的意志、知识和能力的被制造物。当有人对他们说这必然是体时,他们说他是无始的,而每个体是有始的。这样,他们设想了一个非物质的一,他是一切存在物的作用者",这种说法"十分理想、富有诗意和说服力","但一探究就破绽百出"。[2] 他强调存在的第一原则即控制这个存在的力量,这种控制是通过维护存在体系的种种原则而进行的。这些规则使存在产生种种合成和辩证关系,他就是超脱物质的,不与人们头脑可以想象的任何物相似的存在的理性、存在的知识、存在的体系、存在的动因。真主的本体是纯粹的理性,即不是物质的,不存在于物质内。他是这个存在的理性,即这个存在的体系和规律。"理性就是使自然的力量起着理性的作用。由此可以断定,作为纯粹理性的存在物,就是那使万

---

[1] 伊本·鲁世德:《毁灭的毁灭》,第 97—98 页。
[2] 伊本·鲁世德:《毁灭的毁灭》,第 105 页。

物在它们的行为中具有秩序和体系的"[1],理性"这个原则使世界成为存在,成为被理性领悟的事物"[2]。

五、《毁灭的毁灭》[3]

这本书是针对加扎利批判希腊化阿拉伯哲学的《哲学家的毁灭》[4]一书而作的,可能写于 1180 年,是伊本·鲁世德最成熟的思想成果。他对加扎利的书逐段逐句进行评述,批驳其观点,阐述自己的看法。这种辩论式的写作手法是当时极为流行的。此书早在 12 世纪就被译成希伯来文和拉丁文,广为流传。阿拉伯文手稿于 1885 年方才在开罗正式出版。此书的基本出发点是双重真理说,既完全同意《古兰经》启示的绝对可靠性,又推崇哲学的真理。这是从阿拉伯新柏拉图主义传统中发展起来的,表面上对神学家让步,实际上捍卫哲学研究的正当性,是满足自身对真理一致性的强烈愿望所采取的唯一合乎逻辑的方法。

《古兰经》中毫不含糊地作为灵魂拯救必不可少的信条,即真主作为造物主和世界的天意统治者的存在,是任何阿拉伯哲学家所不敢表示异议的。正因为如此,加扎利首先攻击的就是哲学家们提出的宇宙无始无终论,力图说明他们无法证明造物主的存在。伊本·鲁世德在辩解过程中,全面地论述了自己的自然主义宇宙观,并一再强调,世界是真主所创造的,

---

[1] 伊本·鲁世德:《毁灭的毁灭》,第 107—108 页。
[2] 伊本·鲁世德:《毁灭的毁灭》,第 336 页。
[3] 又译《崩溃的崩溃》或《矛盾的矛盾》。
[4] 一译《哲学家的矛盾》,直译应为《哲学家们的崩溃》。

这是绝对肯定的;世界是怎样被创造的,这是可以讨论的。《古兰经》内没有任何经文明确陈述世界是在太虚和时间内被造的,恰恰相反,却有章节暗示这世界的物质和时间是非创造的,而只有天地万物的形式是在时间内创造的,例如《古兰经》第11章第7节和第41章第11节的经文。《古兰经》的高明之处就在于它"将感官方面的或形象化的描述,同精神的或非感官方面的叙述结合起来"①,满足了不同阶层人们的需要。他把造物主作为宇宙存在的原因,认为这个原因既然是与物质相分离的本体,它必然是与宇宙整体绝对地相分离的,那么"这绝对分离的,最适合的是理性"②。加扎利指出把真主的本性和宇宙的第一原则称为理性具有消极的意义。伊本·鲁世德反驳道,"并非如此,这在逍遥学派哲学中是专用于神的本体的名字"③。除了把造物主的本体称为"纯粹的理性"外,他还把他称为这个存在的纯粹的知识,"并非体的存在物,在其本体中仅仅是知识","形式不是知晓的,因为形式在物质内,如果存在什么不在物质内的,它就是知晓者和知识"。④ 这种知识既然是永恒的超然存在,它就只能被真主本身所知晓。

《哲学家的毁灭》一书的第二部分,集中批判因果关系及灵魂的自我存在性、非物质性和不可毁灭性等,加扎利认为这些命题与伊斯兰教教义严重冲突。因果关系论否定了真主可以无条件行动的绝对力量;哲学家们论述的灵魂的种种属性不符合伊斯兰教关于肉体复活的教义。伊本·

---

① 伊本·鲁世德:《毁灭的毁灭》,第585页。
② 伊本·鲁世德:《毁灭的毁灭》,第56页。
③ 伊本·鲁世德:《毁灭的毁灭》,第78页。
④ 伊本·鲁世德:《毁灭的毁灭》,第81页。

鲁世德在反驳中指出,"各分离的原则均来自第一原则,它们之间的联系,就是使它们相互之间具有因果关系。这个存在中所谓作用者、被作用者、创造者、被创造者只能从因果关系这个意义上理解",这就是"教律上所说的创造世界",换句话说,作用者、被作用者,创造者、被创造者只是"表明影响和受影响之间的辩证关系,即统治这个存在的种种规律和体系"。① 谁拒绝承认因果关系,他就否定了理性的结论,实际上摧毁了真主所专有的统治权和功效性这种特权的唯一逻辑上的基础。把一切归于真主那不可测知的命令,就不再可能从我们在世界上所观察到的美妙秩序去证明真主的存在,这就从根本上否定统辖宇宙间天地万物的那个智慧,从而否定了造物主本身的存在。针对加扎利无限扩大真主意志的随意性,伊本·鲁世德甚至认为"有意志者,他所意愿的一旦实现,他的意志就不复存在。总之,意志是受感和变化。至高无上的真主是不会受感和变化的,这样,他绝不能有本性的行为,因为本性的行为是他的本质所必需的"②。关于灵魂的自我存在性和非物质性,他是从物质与形式的相互关系的角度来进行论述的,指出肉体与灵魂的关系就是物质与形式,形式是自我存在的、非物质的,因而灵魂自然具有自我存在性和非物质性。至于灵魂的不可毁灭性,他认为是指同灵魂相结合的理性,而同肉体相联系的个体灵魂不是不死的,它"随着肉体的毁灭而毁灭"③。而理性,实际上并非人类

---

① 伊本·鲁世德:《毁灭的毁灭》,第 137—138 页。
② 伊本·鲁世德:《毁灭的毁灭》,第 141 页。
③ 伊本·鲁世德:《毁灭的毁灭》,第 153 页。

灵魂的组成部分,而是从外部移入的。理性并不是个体的,而是超个体的,它对过去的、现在的和未来的人们来说只有一个。这种理性是不死的。他着重指出,灵魂的德性"不是附加在本性上的,而是本体性德性。本体性德性,其现实地承载这种德性的对象可以不因此德性的殊多而成殊多,它成殊多仅仅从各种界定说法的殊多的角度而言"①。这种灵魂观自然在《古兰经》中找不到根据,他于是再次论述我们前面提到过的那种哲学和圣典的关系,以回避加扎利向哲学家直刺过来的矛头。

伊本·鲁世德在《毁灭的毁灭》中,对法拉比和伊本·西那进行了无情的指责,认为他们在许多方面曲解了亚里士多德的学说,尤其是作为他们的宇宙论和形而上学的柱石的整个溢出主义学说,把亚里士多德的学说弄得面目全非。将不可见的动因(即真主)与特定的可见的动因相提并论,推断出殊多性从单一性中流溢而出,这在理论上过于武断,在逻辑上也是荒谬的。他认为,关于世界的起源主要有三种学说:太虚创造说、潜在因素说、无始存在说。神学家们主张第一种学说,认为至高无上的造物主仅仅凭意志,就能从无(即太虚)中创造出万物。部分哲学家提出第二种学说,认为所谓创造,只不过是引出载体中所潜在的因素,没有预先存在的客体,不可能创造出任何事物。有的把这种动因称为"形式的赐予者",由他赋予物质以形式,成为被创造物。而无始存在说则强调物质和形式都是无始的存在,动因仅仅使载体中的潜能变为现实,只是从存在是

---

① 伊本·鲁世德:《毁灭的毁灭》,第177页。

形式和物质相结合的产品,它们的"关联或构成的原因是存在的原因"而言,通过比拟法,真主才被称为世界的"造物主"①。根据无始存在说,构成(即生成)和毁灭是互相转换的,"每个构成之物即另一个毁灭之物,它的毁灭又是其他物的构成。一物不能从无物中构成。构成的意义即事物的改变,从潜能改变为现实。因此,无物变为存在是不可能的。无物绝不是被称为宇宙的那个事物"②。

以法拉比和伊本·西那为代表的阿拉伯新柏拉图主义哲学家所提出的潜在因素说,一方面坚持本体的自我存在性,另一方面又宣称存在具有偶因性质,认为存在伴随本体而产生,并使本体变为存在,它本身是一种外在的偶因。使本体变为存在的这种偶因,其本身的存在必然需要另一偶因,这就造成偶因的无限推溯,因而从根本上否定了物质在自然过程中的积极作用,否定了因果关系,与艾什阿里派经院哲学家所提倡的偶因论别无二致。伊本·鲁世德认为,伊本·西那在上述理论的基础上建立起来的关于宇宙同时是可能的和永恒的观念,是自相矛盾的。因为可能性是处于潜在的可能中的事物的属性。一旦它变成现实,就不再是可能性,而是必然性了。宇宙既为永恒的,"就不可能不存在",因此它的"可能存在即必然存在","无始无终的存在是必然的存在"。③ 去掉了这一必然性,整个宇宙不复存在。

---

① 伊本·鲁世德:《毁灭的毁灭》,第180页。
② 伊本·鲁世德:《毁灭的毁灭》,第183页。
③ 伊本·鲁世德:《毁灭的毁灭》,第204页。

第四章　阿拉伯哲学探讨的主要课题

阿拉伯哲学虽然受希腊罗马哲学、波斯思想和印度哲理等外来影响,但它的基础是伊斯兰思想,本质上是伊斯兰哲学。这种哲学的中心课题是探讨真主与世界,研究存在的来源与系列,并以"真主—世界(宇宙)—人"为轴心,把这三者本身及其相互关系作为研究对象,涉及真主及其属性(德性),世界是无始的还是有始的,人的肉体与灵魂,真主与世界,人与世界,真主与人,人际关系等领域,形成了独特的哲学体系。

第一节　真主与世界——存在的来源与系列

一、真主与创世

《古兰经》是伊斯兰教的经典,也是伊斯兰经院哲学的理论基础。真主独一,是这种哲学的柱石。"你说:他是真主,是独一的主;真主是万物所仰赖的;他没有生产,也没有被生产;没有任何物可以做他的匹敌。"①这段经文是真主独一论的权威。"除真主外,假若天地间还有许多神明,那么,天地必定破坏了。"②阿拉伯哲学家中无人敢对真主独一性提出异议。经院哲学家一般依据《古兰经》,从宇宙的和谐性和宇宙现象的规律性来证明真主的存在。铿迪首先借助于亚里士多德等希腊哲学家的本体论和原因论来论证真主必然存在。③ 这种论证方法遂成为阿拉伯哲学家的主要论证方法。伊本·西那把形而上学的内容归于五个方面:第一真理(即真主)是独一的、必然的存在,他具有各种德性;由第一真理创造(溢出)的各种精神性本质及其次第、等级;精神性本质对物质性本质(天与地)的作用;获得关于万物的全称知识;形而上学的原则(自然学)和目的(幸福观)。④ 这在很大程度上反映了阿拉伯哲学的特点,真主作为独一的至高无上的存在是这种哲学的第一原则。

真主具有生命、能力、意志、知识、听觉、视觉、言语等属性,这是绝大部分阿拉伯哲学家所肯定的。早期神学家和经院哲学家中,神人同形说和属性论十分流行,穆尔太齐赖派首先否定真主具有无始的属性,认为这些属性只是真主本体的反映,是归之于本体的,否则属性与真主共有无始性,就陷入多神论的泥坑。⑤ 艾什阿里派将真主的属性分为行为的(消极的)属性和本体的(积极的)属性,提出造物主的属性与被造物的属性"绝

---

① 《古兰经》112:1—4。
② 《古兰经》21:22。
③ 参见《铿迪哲学论文集》第1卷中的著名论文《论真主的独一性和世界体的有限性》。
④ 参见伊本·西那:《九篇论文》,第114—116页。
⑤ 参见加迪·阿卜杜·哲巴尔:《五大原则解释》,第3卷,第233—234页。

对不同"的原则,认为真主的属性是永恒的,它既不同于真主的本体,又无异于真主的本体,而是附加于本体之上。加扎利倡导"真主是整体,属性是部分"的说法,"部分既不等同于整体,又不是非整体"。① 法拉比强调真主是纯粹单一的,不存在部分或种类,人们提到的真主的属性只是一种"局限性描绘",通过"形象化"的方法把它称为真主的属性,是一种"隐喻"的说法,而事实上我们以有限的知识,无法彻底认识真主。

在生命、能力、意志、知识、听觉、视觉、言语这七大属性中,争论最激烈的是关于真主的意志、知识和言语。阿拉伯哲学史上的第一场大论战——自由意志论和前定论的论战,固然有其政治背景,但从争议的内容看,触及了伊斯兰思想的一些本质性东西。贾赫姆派提倡真主拥有无限的权力,他的意志是绝对的,人与其他被造物一样,既没有力量、意志,也没有选择的余地。自由意志论从真主的正义性出发,强调了人的自由意志,认为人间的善与恶皆由人的行为所造成。由这场论战开端,真主的意志是否绝对,这种意志与人的意志之间的关系如何,成为经院哲学研究的重大课题。以艾布·荷宰依勒·阿拉夫为首的一些穆尔太齐赖派大师们提出了"起源"的概念,比什尔·本·穆阿泰米尔认为"凡从我们的实迹所'起源'的,均是我们所为的"②。正统派则主张人的行为由真主所创造,由真主的意志所决定。易卜拉欣·奈扎姆采取调和的"潜在论",力图将人的行为间接地归于真主的意志,直接地归于人的内在的自然本性。艾什

---

① 加扎利:《圣学复兴》,第1卷,第87页。
② 巴格达迪:《诸派分歧》,第143页。

阿里则将行为的创造与行为的获得区别开来,提出人的行为由真主创造,被人获得的概念。加扎利在强调真主意志绝对性的同时,承认"人在他的世界内的举动,宛如造物主在大的世界内的行为"[①]。

大多数穆尔太齐赖派认为真主的属性即真主的本体,但真主的言语这个属性却不能与真主的本体相等同。不仅如此,他们还认为作为真主言语的《古兰经》是被造的,这引起了一场大辩论。正统的伊斯兰神学家和经院哲学家坚决驳斥《古兰经》被造说,认为《古兰经》,包括它的字母和声音,都是真主的言语,是无始的。有的甚至把《古兰经》的封面和书写材料,也看作是无始的。伊本·罕伯勒声称,凡对《古兰经》的性质进行探究,其本身就是异端。艾什阿里采取中间的立场,既肯定《古兰经》作为真主的"真正的、自存的"言语,是无始的,又认为它具体为写在纸上的字母和朗读的声音时则是有始的。

伊本·西那认为,真主对我们所处的生与灭的世界上的万物具有全称的知识,但不具有特称的知识。他把意识分为理性的意识和感性的意识,前者知晓全称,后者认识特称,就人的认识而言,前者在后者的基础上抽象产生。但真主是纯粹的理性,与物质没有关系,因而不可能具有物质的特称知识。真主对诸如分离的理性、各种天体等最先一批存在物的知识则是个别的,因为它们不是物质的,无类可分。加扎利狠狠地批驳了伊本·西那的观点,强调真主"知晓一切","这不会造成他本质的变化"。[②]

---

① 《加扎利论文玑珠》,第178页。
② 加扎利:《哲学家的毁灭》,第234页。

第四章　阿拉伯哲学探讨的主要课题

伊本·鲁世德认为真主的知识既非特称的，又非全称的，而是人们的理性所不能理解的。

世界是真主所创造的，这是伊斯兰教徒的基本信仰之一。"他[真主]曾在六日内创造了天地，然后升上宝座，处理万事。"①为阐述真主创世这一命题，出现了太虚创造说、溢出论、照明观等。伊斯兰神学家和绝大多数经院哲学家主张真主从无[太虚]中创造了万物，"他[真主]说'有'，世界就有了"②，但对于天和地哪一个先被创造一直争论不休。易卜拉欣·奈扎姆引进了希腊哲学家阿那克萨戈拉的种子说，提出隐匿论，认为真主创造万物是一下子完成的，但让它们先后出现。与此相对，有人主张不断创造论，万物按真主的意志不断地被创造出来。法拉比和伊本·西那采取溢出主义宇宙观。舒赫拉瓦尔迪以照明说解释世界的产生。艾布·伯克尔·拉齐倡导五大永恒的本原论，认为造物主、灵魂、物质、空间和时间都是无始无终的存在，创造就是使物质带上形式后"显示"出来，因而从物质的存在转变成物体的存在，构成大自然。这种观点具有唯物主义的倾向。伊本·鲁世德以发展论与创世论相对立，他的自然主义宇宙观认为整个宇宙是一个永恒延续的体系，依照自己永远不变的规律而存在着，这突出了世界的物质性，实际上否认了真主创世说。

---

① 《古兰经》10:3。
② 《古兰经》6:73。

二、原子论（单质论）

大部分经院哲学家都主张原子论（即单质论），认为万物均由不可再分的最小度量——原子(单质)组合而成。最早提出原子论的是早期穆尔太齐赖派艾布·荷宰依勒·阿拉夫等人，他们把此作为论述真主能力的一个方面。既然万物是有始的，它的总数是有限的，每个物体作为"整体""全部""最大极限"，就必然有其"部分""局部""最小极限"，也就是说物体是可以分割的，其最小的单位是原子或单质。他们将原子的存在作为一种理性必须接受的假定。绝大多数穆尔太齐赖派经院哲学家肯定单质的存在，只有易卜拉欣·奈扎姆等人反对。

主张原子论的经院哲学家提出五大论据，证明原子的存在：1. 真主万能，他既然可创造物体，就必然可将物体分割，直至得到不能再分割的部分，那就是原子(单质)。伊本·哈兹姆甚至提出两阶段创造论，认为真主首先创造单个的原子，而后由原子合成(物)体。2. 两物相接，必然是某个部分相接，其接触最少的，是原子与原子相接，不能无限分割下去。3. 物体如能无限分割，没有原子，一段有限的距离可以无限地分割下去，那么越过这段距离的行者就越过了无限，这是不可能的。4. 如果每个一半都可再分成两半，以至无穷，那么大的物体和小的物体都拥有无限的原子，它们在量的方面就变成相等的了，这是理性不可接受的，因而必然有不可再分的单位，那就是原子。5. 真主无所不知，他知道原子的数目。原子的数目是可数的，凡物均不可能是无限的。

艾什阿里派大师艾布·伯克尔·巴吉拉尼在穆尔太齐赖派原子论的基础上，提出了完整的原子、偶因论。他在《导言》一书中论证了单质的存在：物体可分，人人皆知。倘能无穷无尽地分割下去，那么大象和蚂蚁都有数目无限的原子，一个不比另一个大，这显然是荒谬的，因而一定有不可再分的原子存在。这一论证后来成为艾什阿里派的著名论证之一。艾布·迈阿利·朱韦尼认为体（物体）一定是有限度、有边沿、有终点的，真正的球放在真正简单的平面上，这个球只有一个不可再分割的部分与平面相接触，这个部分就是单质。如果相接触的部分可以再分割，那这个部分实质上是平面，而不是球的某一点，这与假定不符。艾布·法塔赫·沙赫拉斯塔尼认为一个简单平面在宽度方面分割，最后成为一条只有长度没有宽度的线，线如果在长度方面进行分割，最后成不可再分的点，那就是单质。

艾布·比什尔·萨利赫·本·艾比·萨利赫认为一个单质只能与另一个单质相接触。艾布·荷宰依勒·阿拉夫则认为一个单质可与六个单质，分别从上、下、左、右、前、后六个方面相接触。艾布·加西姆·贝勒希认为单质没有长、宽、高，不占空间，因此不可能有面。一些经院哲学家认为至少八个单质才能构成物体，两个单质组成长，两个长构成宽，两个宽叠成高，一旦解体，物体就不存在，即毁灭。

伊斯兰经院哲学家的单质论和德谟克利特的原子论具有本质的不同。德谟克利特认为物体由原子组成，原子是最小的物质微粒，但却有一定的体积，它坚实而无空隙，具有"充实性"，是不可毁坏的。它在数量上无限多,具有某些基本特性,这些特性构成物质的特性。他"把元素之间的区别看成其他一切事物的原因。这些区别有三种:形状、次序、位置"①。伊斯兰经院哲学家所谓的单质,是真主所创造的,它们本质上相似,数量上有限,是非物质的,不具备特性。物体所具的特性由偶因承担,真主不断地创造偶因,使单质存在和运动,实现聚合(即组合或合成)或分离。聚合构成物体,分离则物体毁灭。单质在真空中运动,因运动而有时间。时间可分成相互前后衔接的部分,这种衔接由真主的意志决定。物体的存在、变化和毁灭,也由真主的意志决定,从而完全否定自然界内的规律。

偶因也是一种存在物。"运动与静止,起立和坐下,交汇与分离,长与短,颜色,气味,味道,声音,语言,服从与不服从,渎神与信神,冷与热,湿与干,软与硬,等等,都是偶因。"②偶因附着本质的方法是"坐落",即本质是偶因之所在。本质和偶因之间具有空间关系,每一部分的偶因坐落在物体的相应部分。坐落与聚合不一样,坐落是临时性的,聚合则由部分构成整体,不再分离,分离意味着毁灭。

创造、存留(持续)、毁灭都是外部存在的偶因,而不仅仅是思维的对象。偶因不能存留于两个瞬间。艾布·加西姆·贝勒希论证道:偶因要么凭自身而存留,要么凭它里面所发生的存留而存留。前者不可能,偶因既然为偶因,就不能凭自身而存留;后者也不可能,因为偶因不能凭偶因

---

① 北京大学哲学系外国哲学史教研室编译:《西方哲学原著选读》上卷,商务印书馆1981年版,第48页。
② 艾什阿里:《伊斯兰学派言论集》,第345—346页。

而存留。这样,偶因只能存在于一个瞬间,只能依靠真主的不断创造而存留。艾布·荷宰依勒·阿拉夫则认为有的偶因,如生命、能力、颜色、味道、气味等,可以凭真主创造的存留而存留,他还认为偶因既不在(物)体内,又不在事件内;既不在时间内,又不在空间内。偶因本身就好似体,是可以感知的。

后期的艾什阿里派基于偶因不能存留于两个瞬间,而提出连续创造论。他们认为每一个行为、每一件事情都可分为多个相互完全独立的部分,例如"书写"这个动作至少可分为:动笔的意愿、动笔的能力、书写时手的运动、笔的运动。先有意愿,再依靠能力,才能使手运动,带动笔进行书写,这四者间有联系,但没有必然的因果关系。人的意愿(意志)不能影响外界,但人可以通过"获得",把真主创造的行为归于自己。

原子论(单质论)是艾什阿里派的核心理论之一,其目的是证明世界之有始和造物主的存在。既然万物由原子(单质)所组成,原子不能脱离偶因而独立,偶因又不存在于两个瞬间,既不可能延伸到无始的过去,又不可能存留到无终的将来,那就必然是有始的。既然是有始的,就必然存在使它们成为有始的造物主。存在(有)和不存在(无)之间的转换完全凭真主的意志所决定。这样,整个宇宙间万物的存在及其存在方式与特性,都是真主的意志的体现。至于真主如何创造单质和偶因,他们的回答是一句口头禅:对真主的意志和行为"不问如何",不让人们去思考。

三、溢出观

一物来源于另一物,称为流出。这是新柏拉图主义的核心概念,表示万物由太一流出，每一级流出都减弱太一的完整性，作为递减过程的流出，同作为向上发展过程的进化是对立的。普罗提诺认为凡完满者必然流出，产生他物。太一常住不变，完满充溢，从中首先流出奴斯（理性）。它是太一的影子，便仿效太一，喷射出灵魂。灵魂具有双重性，既是内在的，又是外在的。前者来自理性，充满理性，思悟其存在之源；后者对外界，和向下的运动相联系，从而产生自身的形相，即自然的和可见的物质世界。这个物质世界处于最低级的领域，离太一最远，因而与太一相对立。太一是独一、万善之本；物质世界则是杂多、邪恶之源。凡从太一流出的，无不对太一怀有爱，渴望与他合一。但是，灵魂因沉沦于物欲，无法如愿，只有使灵魂净化，才能实现神人合一。这一思想对阿拉伯哲学影响甚大。

《古兰经》认为真主创造和发明万物，一个是创造和发明行为的主动者、具意志者，另一个是这一行为的结果，是被造物，两者不能相提并论。早期的伊斯兰教神学家和经院哲学家只是按照《古兰经》所述简单地说，真主说"有"，世界就有了，即真主令世界出现，世界便存在了。这就是创世说。9世纪末10世纪初，希腊哲学思想在阿拉伯世界广为传播。一些阿拉伯哲学家在解释真主与万物的关系时，逐渐采用新柏拉图主义的流出概念，认为世界的创造不是传统观念所说的那样一下子"有"的，而是一个渐进的流（溢）出过程。由于真主过于丰盛，于是流（溢）出了世界。这一过程是从最完美的境界，逐步趋向最不完美的境界（即物质世界）。灵魂禁锢在肉体中，无时不渴望解脱而进入更为接近世界本质、更为完美的灵界。这方面的杰出代表是法拉比和伊本·西那,尤其是伊本·西那,他提出了阿拉伯哲学中完整的溢出观。

值得一提的是,阿拉伯哲学家用"番依德"一词表示新柏拉图主义的"流出"概念,其实此词原意是"溢出",河水泛滥,溢出两岸,称为"番依德",这是一个不能自己控制的自然行为。阿拉伯哲学家选用此词表示万物来自真主,实际上否定了这一过程中意志的存在,因而被伊斯兰教神学家和保守的经院哲学家称为异端,认为这种学说实际上否定了造物主的存在,把世界的产生描绘成一个自然的过程。

什叶派中的伊斯玛仪派最早接受新柏拉图主义的流出观念,他们把这种观念和佛教中的轮回说结合起来,形成一套颇为复杂的唯心主义伊斯兰宗教哲学体系。他们认为物质来自精神,宇宙从真主溢出,提出七段溢出论:真主→宇宙理性→宇宙灵魂→原始物质→空间→时间→大地和人的世界。反过来,就是人与神合一的七级阶梯。他们认为真主通过宇宙理性和宇宙灵魂而主宰万物,为使人类灵魂免于沉沦,真主在每个历史周期都要派一位立法的先知(纳提格)来开导人们,引人们走正道。纳提格是宇宙理性的体现,可直接与真主相通。他死后,其灵魂转到新的纳提格身上。第六周期的纳提格是穆罕默德,他已不在人世,但他的灵魂依然存在,等第七周期开始,此灵魂就会转到隐遁的伊玛目身上,救世人脱离苦海。

精诚兄弟社认为宇宙是由1029个"大物体"组成,其中七个"圆的、凹面的、半透明的"行星,以地球为中心,洋葱似的层层排列,在各自轨迹上旋转。七大行星中离地球最近的是月球,最远的是水星,在它们之外还有两个领域:恒星天、最高天。地球上的万物由四种基本物质,即水、火、气、土(称为四大要素、元素或四行)所合成。天体则是由第五种基本物质所构成,这使它们与宇宙内的其他实体相分离。整个宇宙源于至高无上的存在——真主,万物由真主溢出,次序为:1.原动的理性(宇宙的理性);2.受动的理性(万有的灵魂);3.第一物质;4.能动的自然(万有的灵魂所具有的能力之一);5.绝对的物体(又称第二物质);6.天体世界;7.世界的原素;8.由各原素构成的无机物、植物、动物。真主是寓于万物而与万物俱在的绝对的本体,上述八种从真主溢出的本体与真主合为原始的本体系,而与一(1)到9这九个基本数字相当。万物来自真主,正如光来自太阳一样。万物由真主所"创造"(他们仍使用"创造"一词,但这里的"创造"与神学家和经院哲学家所说的"创造"不是一个概念),由真主的保佑继续存在,真主一旦忽略此世界,它便"顷刻化为乌有,不复存在"[①]。

理性、灵魂、第一物质、自然,这四者是单纯的。造物主、理性、灵魂、物质构成第一批四个一组的整体。造物主是一(1),通过理性(2)和灵魂(3)作为媒介,从物质(4)中创造出第二批"四个一组"的整体,即四大要素,尔后出现复杂的万物。凡物体均是复合的,由物质与形式构成。物质是单一的,形式是殊多的,万物的不同归于形式的殊多。空间、时间与运动,是物质显示存在的原始的偶性。无机物、植物、动物与人又是一个"四

---

① 《精诚兄弟社书信集》,第1卷,第236页。

个一组",由四大要素构成。太阳(火球)使水蒸发变成气,气遇冷成云,化作雨落下为水,水与土混合,构成无机物的基质。最高的无机物处于与植物王国的接触中,或曰介乎无机物与有机物之间。植物汲取营养、发育长大、繁殖衍生,高级植物又与低级动物难分难解。动物除植物的功能外,还有感觉与运动的能力。动物界的顶点上站着人,人除动物的功能外,还具有说话与辨别的能力。正因为有了理性的能力,人就介乎天神(天使)和动物之间的分界处。他们认为无机物、植物、动物和人,较高的种类总是在较低的种类之上产生与发展起来的。就在同一界内,也是这样。例如动物界,低级动物总是在比较高级的动物之前产生,高级动物的生活,为人的出现准备了基础。因此有人称他们为10世纪的达尔文。他们的发展论实际上是进化论的前奏。

法拉比认为宇宙间森罗万象,皆源于真主。万物自真主溢出,真主的知识,便是他最高的能力。真主由于"自然本性的必需"而生成了宇宙中存在的整个序列,它是由至高无上的存在所作出的体现其非本质的慷慨的一种"自发行为的结果"[①]。万物溢出之因,非造物主的意志,而是他对于所应溢出之物的知识。万物的原型,无始地涵于真主的本体中。这种溢出无需任何中间的媒介、偶因或目的,没有任何内部的或外部的障碍能够阻止这个过程持续地进行。

真主是第一存在,从真主首先溢出的是无始的第一理性。第一理性

---

① 法拉比:《道德城居民意见书》,第38页。

同时思悟它的创造者和它自身,从前者生成第二理性,从后者产生最外层的天体。接着,这第二理性一方面思悟它的创造者,生成第三理性,另一方面思悟它自身,产生恒星天体。此过程一个阶段接一个阶段地进行下去,先后生成第四理性和土星天体、第五理性和木星天体、第六理性与火星天体、第七理性和太阳天体、第八理性和金星天体、第九理性和水星天体、第十理性和月球天体,至此宇宙的理性完全溢出。每个理性,都是完全的、自成一类的。一切天体,都由上一级理性溢出。真主是"第一",处于第一级实在。前九种理性,就是所谓天上的天使(天神),构成第二级的实在。第十理性又称原动的理性或玄灵,他是天地间的中介,是第三级的实在。灵魂居于第四级,它并不永远保持其纯粹单一的原状,会因人类个体的繁衍而增多。形状为第五级,物质落于第六级。这六级为精神性的存在系列。第一、二、三级存在,即真主、天体的理性、原动的理性,不是实体,也不在实体中。第四、五、六级,即灵魂、形式、物质,虽非实体,却与实体有关。实体也分六级,自上而下为天体、人类、动物、植物、无机物、四行。这种溢出体系,与托勒密的天文体系完全吻合。整个宇宙实际上成为造物主本体独一的象征。星体有条不紊的运行、宇宙美妙庄严的景象,体现出造物主的伟大。

月球之下的世界为下界,其余的为上界。上界对下界万物的生成与发展具有影响,但下界自有其发展规律。这种规律是自然产生的。上界从最完善的境界逐步递减,直到下界的物质世界,这是最不完善的,无不与物质有关。但在下界内,存在物由简单到复杂,由低级向高级地发展,

第四章　阿拉伯哲学探讨的主要课题

构成一个等级分明的系统。这与上界的溢出恰恰相反。处于最低水平的是最基本的物质，或叫第一物质，它尚不是实体。第一物质是实体的基础。最低级的实体是四行，即四大要素。某些要素相结合，产生各种各样的并不十分复杂的一类实体，这些物体又相互结合，或再次与要素结合，产生具有各种积极的或消极的官能的比较复杂的另一类实体。这种结合过程受天体活动的影响，它继续进行，产生更高的、更复杂的实体。这样，从四行、无机物、植物、动物，最终出现作为最后结合结果的人。人处于下界内被造客体逐渐上升的螺旋体的顶点，他是"宇宙的缩影"①。

人类的理性，浑化于宇宙的理性内；宇宙的理性，又浑化于真主中。这样，人类的理性通过宇宙的理性，可以与真主相通。真主是不杂殊多相的纯粹的理性，这是最高的理性。宇宙理性则涵殊多相，它们有等级，按先后次序无始地由真主溢出。后者从前者溢出，越后面的离真主越远，它所接受溢出的纯理性的实在越少。理性是人类的本质，但人类的理性是从最低的原动的理性溢出的，离纯粹的理性甚远。人只有积极地与原动的理性相接触才能获得幸福。

与法拉比一样，伊本·西那在亚里士多德-托勒密宇宙论的基础上建立起溢出主义宇宙观，但他的观点与法拉比的不尽相同。他认为物质不是由真主溢出的，物质作为可能的存在的主体，是一切现实存在的前提，它是无始无终的、不生不灭的。真主的作用，仅是使可能的存在变成现实

---

① 法拉比：《道德城居民意见书》，第61页。

的存在。灵魂是精神世界与形体世界之间的媒介。真主是必然的存在,他是超绝形体和一切潜能的,他是独一的,殊多不由他溢出。由真主溢出的第一存在,是单一的、纯粹的理性,即第一理性。第一理性是可能的存在,它一方面具有从真主溢出时所具有的单一性,另一方面它从思悟他体、自悟本体而言,具有双重性,因而殊多性由它而开端。第一理性思悟其原因时,溢出作为最远天体统治者的天体理性(第二理性);它自悟其本体时,从它溢出天体灵魂,它借此灵魂为媒介而发生作用,它自悟其作为可能的存在时,由它溢出最远的天体。照这样的方式,由每一个理性溢出三样:理性、灵魂、形体。这一过程持续下去,直到第十理性,即原动的理性出现,上界到此为止。我们所生活的凡俗世界(下界)上的一切,包括人类的灵魂,皆由原动的理性所溢出并受它的统治。

宇宙的溢出过程是无始的,不是在某个特定的时刻被创造的。宇宙溢出的基础是物质。物质是万物所有的无始的纯可能性,它通过溢出接受了存在,或者说从可能(潜在)的存在变成了现实的存在。理性与灵魂是分离的精神,"理性不能直接运动形体,须以灵魂为媒介才能发生作用"。[①] 物质乃精神作用的界限,又为万物之殊多性的本原。物质绝不能被剥夺形式,物质的形式固有在物质之中,赋予它实际的存在。

他反对经院哲学家提倡先无后有论,以万物之有始为根据,从被造物来证明造物主的存在。他从万物是可能的存在的角度,证明造物主为必

[①] 伊本·西那:《拯救书》,第 455 页。

然的存在。他认为作用者与被作用者的关系,是因与果的关系,果产生于因,从这一点上说,宇宙因真主的存在而存在,真主为宇宙之本原。但因之于果,仅说明两者的关系,因所生之果必有此果所落实的对象,无此对象体现不出果,也就谈不上因。所以,不能从不存在进入存在,而只能从潜在的存在转化为现实的存在。原因只是在本体论上先于结果。他还指责柏拉图关于思想作为万物的生产之和,它永远自我生存,并且是个别事物的原型这一学说,认为这种学说颠倒了因果关系,思想是从事物的存在中进行抽象,产生一般概念的活动,离开具体的事物,哪来原型的概念。他强调客观的存在是人们认识的基础。但他与亚里士多德一样,将造物主的思想的客体与他的本体等同起来,将造物主的思想的最高行为降为一种自我思悟。因为真主的本体既是这种自悟的主体,又是它的客体,它必然是一种"纯粹的理性"[①],具有至高无上的完美。正因为如此,导致宇宙溢出的真主的自悟行为,既不具有意志,又不具有目的,而是一种自然的行为。

四、 照明说

波斯琐罗亚斯德教(拜火教、袄教)主张善恶二元论,认为火、光明、清净、创造、生是善端;黑暗、恶浊、不净、破坏、死是恶端。在善恶两端之争中,人应善思、善言、善行,从善避恶、弃暗投明,以便在死后通过末日审判

---

① 伊本·西那:《治疗书·神学》,第 356 页。

进入天堂。巴比伦、古埃及、印度都曾流行过以光明和黑暗为代表的善恶论。阿拉伯哲学家在伊斯兰教一神论的基础上,汲取了东方的善恶论思想和希腊哲学中的流出主义,将一神、光明和流出这三方面的概念结合起来,形成了照明说。在阿拉伯语中,"照明"和"东方"具有同一词根。从词源学上说,"东方"即太阳升起之处,"西方"则是太阳落山之处。阿拉伯思想家们据此把东方称为光明之家,西方则被说成黑暗之家。东方崇奉精神,西方推崇物质,精神高于物质,前者是光明,后者为黑暗。这一思想在阿拉伯世界中延续至今。正因为如此,照明说在阿拉伯世界中有着肥沃的土壤,很容易被人们所接受。现在很难说清是谁首先提出照明观念的,至少在伊本·西那晚年的著作中已有了照明主义的萌芽。但完整地提出照明说的,则是希哈卜丁·叶海雅·舒赫拉瓦尔迪。这一学说很快成为阿拉伯哲学的主流。

光是真正的存在,真主是"万光的本原",是"必然的存在",被称为"万光之光"。[①] 光具有漫射的性质,既能自身显露,又能显示万物,通过照明,使万物存在,这是一个动态的过程。抽象的光分为两部分:一部分与物体无关,另一部分是万物的主宰。前者是高级的制服的诸光,构成自上而下的纵向系列,即光度由无限而逐级减弱的系列。它因为光度过强,而不影响物体。后者是低级的(形式的)制服的诸光,这些光势均力敌,形不成纵向系列,而处于横向等级上,又分两部分:一部分通过见证,另一部分通过

[①] 舒赫拉瓦尔迪:《照明的哲理》,第121页。

照明。由见证产生理念世界,由照明形成可感世界,前者比后者高尚。这两个世界都有抽象之光,它是最高天体的原因。

纵向系列中,高级的照明低级的,低级的见证高级的,由照明和见证造成溢出。在横向等级内存在的诸光较弱,它们是纵向系列诸光的余光,其光度自然不及纵向系列诸光。横向等级包括天体存在物和诸天下的物质世界。物质世界内的存在物可分为单纯的物体和复合的物体,其原则都是制服之光,物体的存在及其种类均归于制服之光。万物有果皆有因,既然我们可以感知物体的存在,就必然存在这些物体的原因,那就是光的理念。这些理念不是偶然的,因为经常的、固定的、有规律的情况不会出于偶然。

横向之光相互间不存在因果关系,它们在纵向的各制服之光的等级之下,是势均力敌的,处于同一水平。纵向诸光与横向诸光之间具有因果关系。物质世界内的每一个本质的偶因,都是理性的光的状态的印迹和反映。如果说天体运动和星间状况造成本质的或偶因的某事物的构成,那么作为这一种类主宰的分离的理性,也就溢出了与被照明物体有关的理性状态。总而言之,"物质世界上的一切奇迹与怪事,均来自理念的光的世界"①。

这就是说,天体运动对元素的形成有所影响,它使元素接受光的理性的溢出。人所处的世界内的万物,皆是理念世界的阴影。横向诸光受纵向诸光的影响,而它又影响物质世界。

---

① 舒赫拉瓦尔迪:《照明的哲理》,第 257 页。

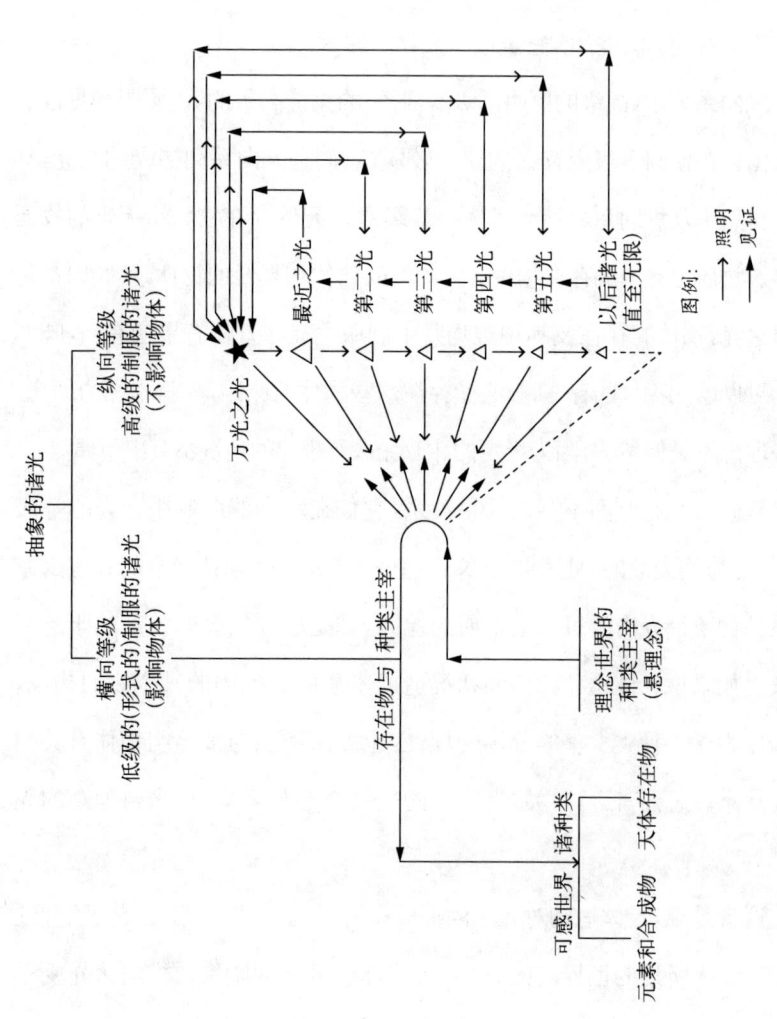

图 4.1 光的存在简图

最伟大的光(万光之光)是光世界内生命和运动的源泉,但这运动不是位移。万光之光具有无限的光线,他对诸光进行照明和溢出,使它们本身又成为其下诸光的照明源泉,从而构成从最近之光开始逐级下降,直至无限的等级,光度渐降,到最后无法继续照明,因而产生不了其他诸光。这最后的一批光线就是我们可目睹的,照亮物质形式的横向光线。渐次下降的诸光可称为中介物,它就是由真主发出的言语,或将真主之光带到两个世界(上界和下界)的天神(天使),它们的数目是无限的。"一"的存在的媒介是无限的。存在及其所包括的一大批种类,只代表了无限个世界的一个局部。"人的理性是有限的,无法认识存在的无限个方方面面的一切"[1],对纵向诸光所代表的理性难以尽知,从万光之光逐级溢出的理性是无数的。

无穷无尽的宇宙内,各个光的单位由形而上学之爱联系起来。万光之光既是施爱者,又是被爱者;最近之光既爱"一",又被其下诸光所爱;第二光既爱"一"和最近之光,又被其下诸光所爱。以此类推,爱的纽带把整个存在联系了起来。形而上学之爱是光世界内永远的运动,是这种运动的生命及其绝对丰富的源泉。这种爱有另两种形式:热爱和制服。它们是光结构和联系中的两大重要的因素。

存在结构中,一方面通过溢出,先后产生第一光(最近之光)、第二光、第三光……另一方面通过低级的光见证高级的光,反映出它们的存在。

---

[1] 舒赫拉瓦尔迪:《照明的哲理》,第264页。

"每一个制服之光见证万光之光。"①照明与见证通过直接和间接两种方法实现,前者是直接接受万光之光的照明并见证它,后者是通过比它高一级的制服之光来接受照明和进行见证。照明和见证随时产生无数抽象之光,这一过程既无始也无终,是一个不断进行的过程,整个存在就处于这种无穷无尽的创造运动之中。

每一个物质实体都有一个自立的光质的抽象的本质,由它安排此实体、关心此实体、保持此实体,它是此种类的全称。或者说,天体及尘世的元素和简单体在光的世界内都有一个种类主宰,它就是此种类的安排者,向此种类溢出自己的光。我们所感觉到的万物只是光的各种状态的阴影。这种种类主宰其实就是柏拉图的理念,它是此种类各个体的样本。物体对于发光的诸理性而言,实质上并不存在,只是光的状态向它溢出后才得以存在。

照明说把世界分为观念的世界和形式的世界,前者又分为神性世界和理性世界,后者分为物质的形式(包括天体的世界和四行的世界)和幻影的形式(悬主宰)。悬主宰是处于光的世界和可感的存在物世界之间的中间存在物。有人把它称为悬理念。"它犹如可感世界和可知世界之间的镜子,在它之上的高级世界和在它之下的低级世界均反映在这一镜子内。在镜内,每一个抽象的存在物、物体和偶因,甚至运动和静止、状态等等,都有独立的理念"②,即悬理念,它并不存在于尘世,因而不可凭外部的

---

① 舒赫拉瓦尔迪:《照明的哲理》,第 344 页。
② 格萨卜·巴希·扎达:《论柏拉图的理念和悬理念》,第 59 页。

感官进行意识。但它在尘世上有所表现，或许以精灵的形式出现。悬理念是梦幻的来源。

物质无形式不能存在，只有物质的物体是消极的，无存在可言。形式与物质的结合是无时间间隔的。"有人说先有本性再有偶因，此言差矣，因为种类的本性，如人性，一旦先存在，尔后才是偶因，好像先有全称的绝对的人性，尔后才是个人，这不可能，因为只有存在个别的人才有人性，绝对的只存在于实体之中。"[①]物体的本质由物质和形式构成，两者只在思想上可以分开。物质和形式都是黑暗，需要光的照明才能显现。

第二节　人与外部世界——关于认识的问题

一、灵魂与理性

亚里士多德区分了灵魂的三大作用：精神的作用（驱动第一体）、理性的作用（了解事物）、神性的作用（安排自然）。灵魂由它的作用而被识别，与宇宙运动、人的知识、神的安排相联系，这里将信仰的客体和证明的客体、玄学的内容和存在的内容、超自然现象和自然现象混为一谈。亚里士多德的上述观点，对阿拉伯哲学的影响颇大。关于灵魂（以及精神）与理性的问题，在阿拉伯哲学中，涉及人类的整个认识问题。这是阿拉伯哲学

---

① 舒赫拉瓦尔迪：《照明的哲理》，第208页。

最重要的课题之一。研究它,就触及了阿拉伯人文科学的核心,深入他们关于认识问题的本质。

阿拉伯人早在伊斯兰教出现前就已提到精神和灵魂。他们认为精神来自风,是"气息",它进入人体就构成灵魂。精神,管辖着自然;灵魂,支配着自身。这两者后来又融为一体。《古兰经》里提到精神的不同含义:精神是生命的来源,它来自真主("你的主曾对众天神说:'我必定要用泥创造一个人,当我把他造出来,并将我的精神吹入他的体内的时候,你们当为他而倒身叩头'"①);精神即灵魂("安定的灵魂啊!"②);精神意味着精灵和天使("众天神和精神在一日之内升到他那里。那一日的长度是五万年"③)。尔后,阿拉伯哲学家和思想家辩论精神和灵魂的意义,着重探讨这两者是同一的还是不同的,它们的性质、构成和功能。

在早期的研究中,古斯塔·本·罗加著有《灵魂与精神之差别》一书,他认为"精神是一种奇妙的物质,其位置在左心室中,常以生气供给全身,而给以运动与感觉的能力,故精神愈精致,愈奇妙,愈清彻,则人之思想与行为愈合理"。大家对精神的作用的看法是一致的,而灵魂,"则欲说明其究竟,谈何容易!"④哲学家对它众说纷纭,大多数人认为灵魂不是物质的,它同时可接受相反的性质,它是非合成的本质,离开肉体后依然存在。精神作为灵魂与肉体间的媒介,是运动和感觉的第二原因。后来,只有医生

---

① 《古兰经》38:71—72。
② 《古兰经》89:27。这节经文中"灵魂"一词,阿拉伯语中即"精神"那个词。
③ 《古兰经》70:4。
④ 第·博雅:《回教哲学史》,马坚译,商务印书馆1934年版,第23页。

们讨论精神的问题；至于哲学家，则以灵魂与理性相对。

穆尔太齐赖派哲学家易卜拉欣·奈扎姆认为"精神即肉体，即灵魂"①，人的本质即精神和灵魂，肉体只是它的躯壳。知识、意志等，只是灵魂的运动而已。知识从感性到理性，通过灵魂的作用，具有"受益的价值"，为人所掌握。② 他的老师艾布·荷宰依勒·阿拉夫则认为理性才是获得知识的力量，这种力量使人与万物相区别，人就是"凭理性"才"高于万物"③。艾布·阿里·朱巴伊索性提出"理性即学问"④。

铿迪摆脱经院哲学的束缚，在纯哲学的领域内建立自己的认识体系。他认为："证明之完美是理性的事。凡行为均归于理性，物质有了从理性流出的形式才能被想象。灵魂处于神的理性和物质世界之间的中间地位。人的灵魂是从宇宙灵魂流出的"，"人的灵魂是不会毁灭的简单实体，从理性的世界降到感觉的世界"。⑤ 他把知识分为感性的知识和理性的知识两大类，认为感性知识来自五大感觉器官，通过认识形式的力量，到达理性认识。灵魂是所有感性的和理性的事物的处所，它既是被感觉的，又是感觉者自身。灵魂是单纯的，它是生命的起点。

他把灵魂的精神性建立在"肉体和灵魂之间的联合，是可毁灭的一时的联合"⑥这样的哲学表述上。灵魂的基质来自真主，正如阳光来自太阳

---

① 艾什阿里：《伊斯兰学派言论集》，第 2 卷，第 332 页。
② 参见赫利勒·艾哈迈德·赫利勒：《阿拉伯哲学的前途》，第 84 页。
③ 参见赫利勒·艾哈迈德·赫利勒：《阿拉伯哲学的前途》，第 85 页。
④ 参见赫利勒·艾哈迈德·赫利勒：《阿拉伯哲学的前途》，第 86 页。
⑤ 阿卜杜·蒙伊姆·哈马台：《伊斯兰哲学的先驱们》，第 105 页。
⑥ 艾布·里达：《铿迪哲学论文集》，第 1 卷，第 261 页。

一样，因此，灵魂是一种精神性的神的本质。灵魂是不朽的，它在与肉体结合前和解体后都是游移的。他提出四大理性论，认为"理性的形式一旦与灵魂相结合，灵魂和理性就是同一的，灵魂既是具有理性者，又是被理性领悟者。这样，从灵魂方面来说，理性和被理性领悟者是同一事物"[①]。

法拉比认为灵魂是肉体的完善，灵魂不能在肉体之前存在，也不能从一个肉体转到另一个肉体。他将存在物分为必然的存在和可能的存在两大类，前者是真主（第一），后者指万物。真主既是理性，又是具理性者和被理性所领悟者，它是无穷无尽的，因此我们的理智和认识也是没有穷尽的。这就是理性统一体三位论。"理性对灵魂的其他潜能的地位，恰如灵魂对自然一样，意味着它是终极。但这种理性（它是灵魂完善之所在）不在于它是灵魂的一种潜能，而在于它服从于原动的理性的活动或行为，因为它局限于从事物抽象的被理性领悟的形式。"[②]所以，人的知识，非个人刻苦所为，而有赖于原动的理性。"原动的理性，既为赋物质以形式者，则人类获得知识的可能性，以及所获知识的正确性，都有赖于原动的理性。它以关于此类形式的知识，赋予人类。"[③]人的理性，被原动的理性之光所照，才能认识万物之全称，人的知识把凭感官取得的表象，化为现实的体验，抽象出形式，达到超感觉的知识，再帮助人了解其所经历之事理。美德产生于知识。

---

① 艾布·里达：《铿迪哲学论文集》，第1卷，第5页。
② 法拉比：《道德城居民意见书》，第84页。
③ 第·博雅：《回教哲学史》，马坚译，商务印书馆1934年版，第145页。该书将"原动的理性"译为"原动的精神"。

第四章　阿拉伯哲学探讨的主要课题

灵魂分为非理性动物的灵魂(精神)、理性动物(即人)的灵魂(精神—理性)、天体的灵魂(原动的理性)。人的灵魂的潜能有营养的、感觉的、想象的、说话的、欲望(即意志)的等等，其统一性建立在大脑服从心的基础上。大脑具有"某种物质的形态，准备接受描绘被理性所领悟的事物，它凭潜能而成理性。第一物质，也可潜在地被理性所领悟"①。换句话说，理性是大脑里对接受被领悟事物的形式的准备。人在凭自身的体验、感觉和设想去理解物体的形式的过程中，这种理性就成为有效的理性。大脑是主要的器官，"但它是第二主要的，它受心的指挥，而指挥其他器官"，"心是第一指挥所"②。

人的灵魂有三种情况：在自己一生中清楚了解被理性所领悟的事物，并终身行善从而取得永恒的灵魂；由于了解被理性所领悟的事物而取得永恒，但因为未行善而备受痛苦折磨的灵魂；没有了解被理性所领悟的事物，更没有行过善的灵魂，这种灵魂将是会毁灭的。这样，在法拉比看来，灵魂是否永恒由后天决定，它不是灵魂的本质。不过，他的这种观点并不是一贯的。伊本·图斐勒指出："法拉比在《道德城居民意见书》中提到险恶的灵魂在死后仍存在，永远受折磨，而在他的政治学说中又说这种灵魂将化为乌有，永恒的只是完全的灵魂。"③他在解释亚里士多德的灵魂学时认为，人所能达到的最高境界是在尘世上，最高的善也在此尘世上，现世

---

① 第·博雅：《回教哲学史》，马坚译，商务印书馆1934年版，第102页。
② 第·博雅：《回教哲学史》，马坚译，商务印书馆1934年版，第101页。
③ 穆罕默德·罗特菲·贾姆阿：《伊斯兰哲学史》，第24页。

生活之后所谓存在的一切不过是可以比之为老太婆迷信的幻想。这看来是否定单个灵魂的永恒，可他又认为人的真正幸福在于灵魂死后的存在，这显然是自相矛盾的。

艾布·伯克尔·拉齐强调真主从"神的基质"中赋予人以理性。这种理性能将在人的肉体内的灵魂"从尘世的沉睡中唤醒"，使它记起自己"在不可感知的最高世界里的原有处所"，使它知道自己通过哲学朝那个世界努力的责任。灵魂"通过哲学而净化"，净化的灵魂继续在这世界内，直至它完全发现"哲学的特效秘密"，从而转到理性的世界，"一旦实现这一目的，人的灵魂就靠理性的指引，回到它真正的处所"。这个"下界世界"毁灭了，"被迫与形式相结合的第一物质恢复它的纯洁，回到与形式相分离的最初状态"。[①]

精诚兄弟社则认为，人的灵魂"是从总灵魂或世界灵魂中溢出，人的个体灵魂构成可以称之为绝对人或人类灵魂的本质，人的灵魂沉浸在物质的海洋内，逐渐变成理性。灵魂有很多潜能，帮助它达到这一目标，最可贵的是思维的潜能，通过思维获得知识，而知识是灵魂生活之精粹"[②]。他们指出灵魂具有意志、能力和信念，其本质"全部来自气和光的本质"[③]。"人的灵魂是相同的。"[④]灵魂"即精神，它是一种天的、光的、知晓的、能动的、本性的、能感知的、能理解的、不死不灭的本质，而且永远存在，要么享

---

① 纳赛尔·胡斯罗：《旅行者的干粮》，第114—116页。
② 《精诚兄弟社书信集》，第2卷，第345页。
③ 《精诚兄弟社书信集》，第3卷，第16页。
④ 《精诚兄弟社书信集》，第3卷，第68页。

乐,要么受苦"①。死亡不过是"灵魂不再利用肉体",不是由于"自然的原因",就是由于"偶然的原因"。②

"欲望是人、动物和植物所共有的;感觉是人与动物所共有的,植物除外;思维是人与天使所共有的,动物没有。精神的特性则专属于那从物质的海洋中获救的肉体的灵魂的。"③他们把"心"看作"灵魂"的同义词,灵魂是"运动之根"④。"运动是在瞬间从一处移动到另一处,其对立面为静止,即在两个相接的瞬间停留在一个地方","灵魂与运动相联系是通过它与肉体的关系"。⑤ 他们声称火狱是"月球下的生与灭的世界",天园则是"诸天范围内的精神的世界",入火狱者是"附在动物肉体上的灵魂",它们受痛苦。进天园者则是"天使般的灵魂",它们"在星体的世界,诸天之内,不受痛苦"。⑥

婴儿的灵魂,恰如一张"白纸",各种感官所得到的感觉,"汇集于脑",由"大脑前部"的想象力使之成"形象",转交"大脑中部"的思考力去分析归纳,"去伪存真",条理化,存入"大脑后部",形成记忆,"需要时可由言语或行为表达",谓之"知识"。⑦ 人与禽兽,均有五官,但"人有理性,与万物不同",理性可"辨是非、断善恶",意志"以理性为依据",决定人的言行。

---

① 《精诚兄弟社书信集》,第 3 卷,第 290 页。
② 《精诚兄弟社书信集》,第 3 卷,第 291 页。
③ 《精诚兄弟社书信集》,第 3 卷,第 69 页。
④ 《精诚兄弟社书信集》,第 3 卷,第 90 页。
⑤ 《精诚兄弟社书信集》,第 3 卷,第 267 页。
⑥ 《精诚兄弟社书信集》,第 3 卷,第 63 页。
⑦ 《精诚兄弟社书信集》,第 2 卷,第 347—349 页。

理性和知识相联系,构成思想,表达思想的工具是语言,"思想的材料及其意义,无不在语言之中"。①

灵魂学是伊本·西那的哲学的核心。② 他的学说是二元的,认为"灵魂和肉体之间没有本质的联系",理性是理论灵魂的"最高潜能"。人有理性和行为能力,使人的本质中相对地显示出"多样性",但"理性的统一"直接体现在"我们对自己的意识"中,或我们对自身的纯粹理解中。理性不是让灵魂低级的潜能停留原处,而是使它上升。"理性的灵魂"不因知识的内容相区别,也不因其所获得的知识而不同。它与其他灵魂的区别"仅在于它准备与原动的理性相联系,并从原动的理性处获得知识"。有理性的灵魂即"真正的人",不会灭亡。有知识的好的灵魂,其"幸福寓于它与原动的理性的统一之中"③。

他把灵魂描述为"形式",认为"形式比物质更完美、更高尚,因为它是现实,而现实比潜能高","凭形式,肉体互相不同,其本质是统一的,起着它的作用","土与水不是因为物质而相异,而是凭形式而不同。剑的锋利不在于它的铁,而是由于它的刃"。他认为"灵魂是肉体的形式"(自然肉体形式的第一完美);灵魂又是"自我存在的本质",而不是肉体的一种"偶性"。灵魂是"本质和形式","本质在它自身,形式是它与肉体的联系"。他强调"灵魂统辖肉体,主持它的事务",理性的和实体的、灵魂的和肉体

---

① 《精诚兄弟社书信集》,第 1 卷,第 317—318 页。
② 详见本书第三章第五节中的"完整的灵魂学"。
③ 伊本·西那:《拯救书》,第 258—260 页。

的"形影相随"。他设想灵魂是"被造的",即有始的,只有当肉体存在时才体现灵魂;但灵魂又是"永恒的",因为它的存在是"与肉体完全分离的",它是"自我存在的本质",灵魂的"单纯性"使它"不会灭亡"。① 他在一首哲学诗内描述道:

灵魂恰如夜明灯,
真主智慧是燃油。
明灯高照人活着,
一旦无光即死亡。②

伊本·西那的灵魂学是和他的知识论密切地联系在一起的,他把理性置于灵魂金字塔的顶峰,认为人的灵魂具有理论的理性和实践的理性,这两方面的理性因人而异。灵魂最重要的潜能是"思辨力"。人通过"外感官"产生对纷繁杂呈的万物的"知觉",收集于大脑,经过思辨,使表象理性化,存于后脑,认识就是获得理性化的客体形象,没有原动的理性,人无法认识;没有感性的经验,对一般人来说,认识也不可能。不过有的人"内感官"发达,具有"直觉",直接"与原动的理性相通","无须训练和教育"就能获得知识。他把这称为"神圣的理性,这是一种本能的理性,但它十分

---

① 伊本·西那:《治疗书·灵魂学》,第 22—28 页。
② 赫利勒·艾哈迈德·赫利勒:《阿拉伯哲学的前途》,第 190 页。

高尚,并非人人皆有之"①。

加扎利认为"人的灵魂是世界的缩影"②。灵魂是有始的,由真主"通过天体灵魂来创造"③,属于不会毁灭的精神世界,由它主持肉体。精神、理性、灵魂和心实际上指同一事物,即人的本体或本质。本质和被理性所领悟是形影相随的,具有双重性:稀薄的—稠密的、被理性领悟的—被感知的、授予者—接受者、理性—灵魂等等,只有真主(一)高于双重性,是独一。物质是空间的开端,灵魂是时间的开端。先知的理性非常人所及,它与分离的理性和第一理性有关;先知的灵魂因其类似诸天的灵魂和天使的灵魂而卓越。真主令天神(天使)向先知启示,这与学者有联系,这些学者向平民传达真正的知识。平民是人间世界的基础。人间世界需要先知的教诲,而先知又与天神(天使)相联系,接受真主的命令。世界上存在三重关系——相互憎恶、相互缔约、相互热爱,构成冲突的、辩证的、发展的因素,造成世界万象的纷呈。但关键是爱,爱使万有中被分割的诸灵魂的各部分之间产生联系,趋向确信的学问,即其对象显露得不剩一丝怀疑的学问。

阿卜杜·莱梯夫·尤素福·巴格达迪(1162—1231)指出:"理性,它的永恒的主体是纯善。理性的力量比它之后所有事物更具单一性,因为它是这些事物的原因和安排者,凭它内部的第一力量而把握住这些事物。

---

① 伊本·西那:《拯救书》,第272页。
② 《加扎利论文玑珠》,第15页。
③ 加扎利:《认识灵魂过程中的登霄之梯》,第120页。

理性凭第一力量安排自然,自然凭理性的力量安排其下的事物。自然包围宇宙,灵魂包围自然,理性包围灵魂,第一因包围理性。第一因的学问高于理性学问,第一力量高于所有的力量。理性是有装饰的,灵魂和大自然也是如此。而第一因,则没有装饰,因为它仅仅是纯粹存在而已。"①理性在自我思悟时,领悟到它是低于它的那些果的因,从而知晓所有凭真主的整体命令而低于它的万物。"每个灵魂,感性事物在它里面,因为它是它们的标本;理性事物也在它里面,因为它是它们的标识。灵魂之所以变成这样,在于它是不动的理性事物和运动的感性事物之间的地毯。"②宇宙"由对立面的相互竞争而成"③,存在物由爱和斗合成,爱是向心的,斗是离心的,形成千奇百态的情况,成为认识的对象。

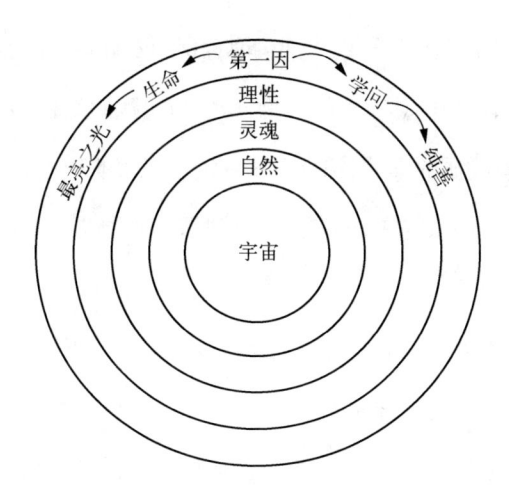

图 4.2　阿卜杜·莱梯夫·尤素福·巴格达迪的"灵魂与理性"学说示意图

① 阿卜杜·拉赫曼·巴达维:《阿拉伯新柏拉图主义》,第 249—250 页。
② 阿卜杜·拉赫曼·巴达维:《阿拉伯新柏拉图主义》,第 250 页。
③ 阿卜杜·拉赫曼·巴达维:《阿拉伯新柏拉图主义》,第 254 页。

伊本·图斐勒将精神和灵魂区别开来，认为这两者虽然都是来自真主的命令，但精神是永恒地从真主处溢出，它作为生命的原则而驻在心中。灵魂则是人体内有理性的、能意识的本体，它不会转化，也不会毁灭，不能以任何形容肉体的词汇修饰它，也不能凭任何感官领悟它，它不能被想象，只有凭它本身，才能被知晓，因而它是知晓者、被知晓者和知识这三者的合一。

舒赫拉瓦尔迪认为精神是稀薄之体，可分为动物的精神、自然的精神、人的精神等。灵魂则是"本体的莅临"，人的模样改变了，但他灵魂未变，依然是其本体。"灵魂在肉体之前不存在"。肉体与灵魂的关系，就像"铁被磁所吸引"，两者间不是"两个体的关系"，不是"体与偶因之间的关系，而是一种渴望性关系"。① 人凭灵魂意识到本体，它理论上意识全称的事物，实践上意识与肉体有关的事物，理性与实践的结合形成三大相互联系的完美：第一物质的理性、凭直觉的理性和现实的理性。一个人看到的只是现在，他在过去、现在、未来的转变过程中维持自身的统一，人"部分存在、部分不存在"，先前的存在转变成不存在，但它"化为它参与其性质的新的部分"，作为整体的灵魂依然保持"自我"②。理性在自我中发展。

伊本·鲁世德把精神作为第一理性，理性在每个人内是一。"理性独自在大地上永恒，其意思是说人性世世代代、月月年年相继相续地在宇宙

---

① 舒赫拉瓦尔迪：《傍注集》，第120页。
② 舒赫拉瓦尔迪：《傍注集》，第113页。

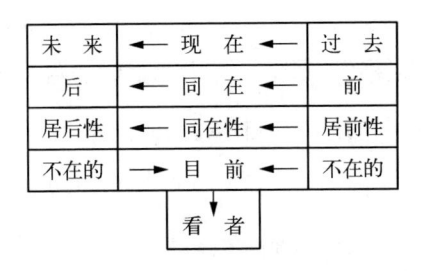

未来	←	现在	←	过去
后	←	同在	←	前
居后性	←	同在性		居前性
不在的	→	目前	←	不在的

↓ 看者

图 4.3　舒赫拉瓦尔迪的"灵魂与理性"学说示意图

中存在,一直到真主所意愿的时候,它是凭生命而不是死亡,而永恒。"[①]理性是一种不与形式相混淆的纯粹的力量。理性有两种——原动的理性和感受的理性,前者制造被理性领悟的形式,后者具有接受这些形式的潜能,提供了认识的可能性。灵魂在形式上是单一的,但对于接受灵魂的肉体而言是殊多的,可分为植物的、感觉的、想象的、欲望的和理性的五种。理性的灵魂为人所独有,具有实践的潜能和理论的潜能,通过观察、思维和推论使潜能化为现实。这种转化的基础是不以人们的主观意识为转移的客观世界的存在。

二、抽象与实在

抽象脱离实在无法进行,实在脱离抽象难以理解。阿拉伯哲学注重抽象,但不忽视实在。他们把前者作为形而上学的范畴,把后者作为自然学的内容。大多数阿拉伯哲学家认为形而上学的知识和自然学的知识是

---

① 赛米哈·宰因:《阿拉伯最后一位哲学家伊本·鲁世德》,第 114 页。

相辅相成的。

铿迪将行为和溢出作为形而上学和自然学的两大基础。存在与真理具有双重性：神的行为的世界与自然行为的世界，启示的真理和理性的真理，它们是相对的又是同一的。知识中的感性意识和理性审视相结合，才能构成知识的整体。"原动的理性的本体内集中了所有的形式，它将这些形式送到可感知的世界，让物质披上这些形式，同时也将这些形式送到人的理性，使它产生知识。人的理性的终极是与这种分离的理性相联系，并仿效它。"①从而使形而上学的知识来自自然学的知识并超越它。人的灵魂可以意识整体的和局部的、固定的和变化的、抽象的和实在的各种知识。

法拉比认为世界是单一的。从完全的角度看，世界是殊多的单一；若从残缺的角度看，世界则是单一的殊多。他指出存在的三重性，整个存在的统一体中包括分离的存在（抽象的）、与物体有关的存在（抽象—实在的）、物体的存在（实在的），构成序列。他强调形式与物质、完全与残缺之间存在的关系，认为"形式，其存在不是为了物质凭它而存在，而是为了具有体的实质成为真正的实体"②。（见图4.4）

铿迪将"无限即真主，至于世界则是有限的"③这一论述作为他全部哲学思想的基础，认为"自然的就是每个运动的，那么，自然学就是每个运动

---

① 赫利勒·艾哈迈德·赫利勒：《阿拉伯哲学的前途》，第204页。
② 法拉比：《道德城居民意见书》，第27页。
③ 艾布·里达：《铿迪哲学论文集》，第1卷，第113页。

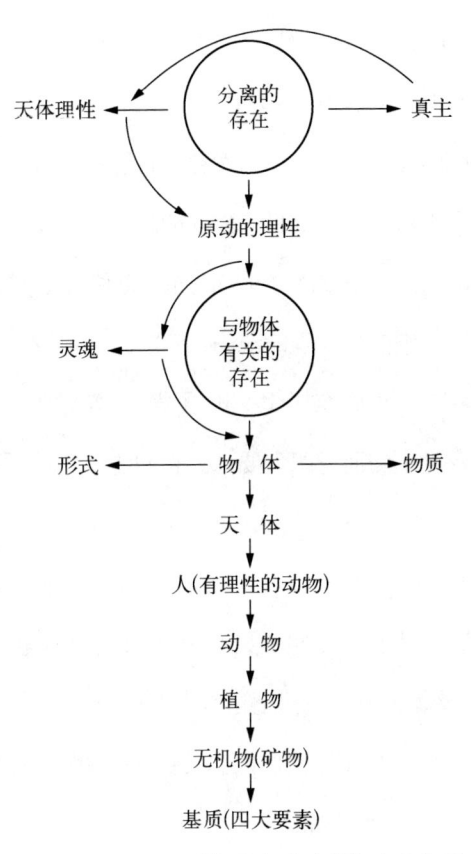

图 4.4　法拉比的"抽象与实在"学说示意图

的科学",而"形而上学则是不运动者的科学"①。"自然即真主作为原因,使它成为按运动而分为运动的或静止的事物。"②这样,铿迪在神的世界和自然的世界之间划了一条不可逾越的分界线。自然是第一行为者(神)的创造的结果。他从物体、时间、空间、运动等的有限抽象出造物主的无限。

---

① 艾布·里达:《铿迪哲学论文集》,第1卷,第11页。
② 艾布·里达:《铿迪哲学论文集》,第1卷,第40页。

法拉比却坚持整个存在的统一性,认为"必然存在的第一存在一旦存在,其他存在均因他的存在而存在"①,可能的存在因必然的存在而存在,但必然的存在一旦存在,可能的存在就自然存在,这里包括运动的辩证性和无条件性,从而实际上否定了神的世界独立的超然的存在。

精诚兄弟社声称,存在的结构包括抽象的和实在的、形式的和物质的,在空间和时间范围内所实现的统一,造成万物的产生。他们设想大地的产生是由于静止,静止后冷却,冷却后干燥,干燥后各部分密实,密实后产生物质,因疏密度不同而成四大要素。它们的某些性质相似,某些性质对立,相似的相吸,对立的相斥,形成转换和变化,产生生成和毁灭,导致自然的进化。他们指出,所谓"天",即"高于头顶的东西。雨来自云,云高浮空中,称为天"②。大自然是整体灵魂的力量的体现,尘世上的一切均在大自然内产生。整体灵魂在教律上指负责维持世界、安排万有的天神,而在哲学上就是"自然的力量"③。但他们又将这一切归于全能的造物主,认为宇宙存在之因归于完善的原因,这是一种精神的力量。宇宙不是无始的,而是从真主的独一无二性之光中照明和溢出的,万物的殊多来自真主的单一。他们从数的角度来研究外部世界,探讨认识的规律。

在法拉比的哲学和精诚兄弟社的哲学之间,伊本·西那小心翼翼地开辟自己的哲学道路。他赞同宇宙溢出论,反对潜伏说和结合、分离说,

---

① 法拉比:《道德城居民意见书》,第21页。
② 《精诚兄弟社书信集》,第2卷,第63页。
③ 《精诚兄弟社书信集》,第2卷,第64页。

认为万物的变化只是本质内的转变,"要素能相互转变。复合物也许从一个种类转变为另一种类,如小麦变成血,血转为骨、脑等"①。自然学独立于神学,它的研究对象是物体,具体地讲是研究物体的构成和运动。世界是无始的,因为它的原因是无始的。作为世界存在的原因的真主是凭本体的必然存在,从真主溢出世界,这种第一运动是本质上,而不是偶性上的自我的原则。一物通过自我而使他物存在,即为原因,由此阐明一物的本质和它原因之间的联系。"在自然界内或自然存在的存在物,例如动物及其器官、植物、无机物和四大要素,与那些制造出来的事物,如床、衣等之间有一条鸿沟。前者本身是它的运动和静止的原则,后者除非通过它从中合成的自然要素,是没有运动和静止的。"②这样,伊本·西那所谓的自然学与一般意义上的自然科学不同,它是从哲学角度阐述自然的存在,着重研究使物体构成和运动的各种力量,他把这些力量称为存在的原因、先决、根源、原则、基因、要素,其实指的是一码事。他的运动包括创造和形成,静止即维持其结果。运动分质的运动、量的运动(质不变,仅数量增加或减少)和位移运动(质和量均不变)。生成与毁灭产生于质的运动,发育与萎缩只是量的改变,位移只是空间的变化。凡运动必有原因,归之于物质因、形式因、动力因和目的因。

自然体的形式可分为不与体分离的形式、与体相分离的形式。后者的形式可相继出现在物质上,从而产生自然界万物的生与灭现象。除此

---

① 伊本·西那:《治疗书·自然学》,第 124 页。
② 穆罕默德·阿梯夫·伊拉基:《伊本·西那的自然哲学》,第 84 页。

以外,他还假定第三因素——无,这是一个偶因,某物的出现只有与某物相对的"无"相联系才可理解。万物按固定的逻辑程序产生、变化与毁灭。固定的、无始的哲学观成了他的知识论的基础。整个无始的存在和有始的变化都是人们认识的范畴。(见图4.5)

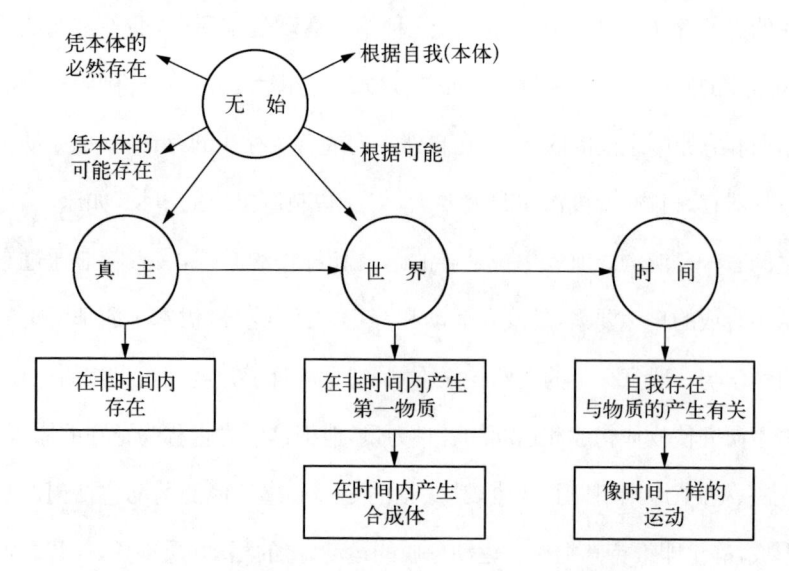

图 4.5 伊本·西那的"抽象与实在"学说示意图

艾布·伯克尔·拉齐的形而上学建立在五大永恒的本原论[①]上。他强调原始物质(称为绝对物质或第一物质)的存在是整个世界存在的基础,认为从无中创造的概念逻辑上是荒谬的。抽象的知识以实在的知识为基础,断然拒绝启示的思想。

加扎利指责宇宙无始说、生成说,否定世界的无始性,声称真主凭无

---

① 详见本书第三章第二节。

始的意志在时间内创造了世界,反对以实在的知识去说明抽象的知识,尤其痛恨用因果关系去论证信仰的问题,认为"一神教的学科是最高尚的最神圣的最完全的学问"①,把它置于一切学问之上。但又承认理性可以"知晓事物的真理"②。他把知识分为理性的、感性的、著名的和认可的四种,相信感性的事物和理性的事物,把它们作为知识的前提,但又强调真理来自精神的世界。

伊本·鲁世德提倡双重真理说,认为理性和启示是真理的两个绝对可靠的源泉,它们相互补充,相辅相成。与此同时,他又强调理性对感性的依赖,感性是理性的基础,认为"存在物的存在是我们知识的原因","我们的知识只是被知晓对象的结果,因该对象的产生而产生,因它的变化而变化","存在物就是作为存在物结果的知识的条件"③。人从认识具体的实在开始,借助理性,从局部的实在抽象出其共性,获得真正的知识。共性存在于实在,但它并不等于实在,而是实在的抽象。

三、方法论

知识的内容不能与它的形式相分离,为了获取知识得采取一定的方法,认识论与方法论具有密切的关系。阿拉伯哲学以追求知识或真理为总目标,但各派对这一真理的内涵和外延的看法不同,在如何达到这一真

---

① 《伊斯兰权威加扎利论文精选》,第22页。
② 加扎利:《圣学复兴》,第3卷,第3页。
③ 伊本·鲁世德:《哲学言论集》,第29页。

理这个问题上众说纷纭,从而产生了方法论之争。

正统的经院哲学家唯信仰是从,对哲学的一些基本问题,继承传统,采取信仰的方法论,从经典出发,维护纯洁的伊斯兰观念。逊尼派神学家马立克·本·艾奈斯在对《古兰经》提及真主"升上宝座"①一语进行注释时,强调"升上"一词"是众所周知的,但升上的方式却是未知的。相信这一点是一项义务,对此提出问题则是异端"②。这种异端论后来成为严守《古兰经》字面意义的伊斯兰神学家和正统的经院哲学家指责采取理性的批判的方法论的阿拉伯哲学家的杀手锏和最后防线。伊本·哈兹姆就谴责阿拉伯哲学家对诸如真主的本质、物体的构成、道德责任的性质等问题进行探索,认为那样做是完全徒劳无益的,人们不可能真正明了大自然和真主。《古兰经》所说就是真理,只有那些我们感官所及范围内能被直接领悟的事物,才是我们认识的客体。

穆尔太齐赖派首先提出从怀疑到理性思考,从而达到认识的理性的方法论,认为对一切,包括基本信仰和宗教经典,都要用理性的思维逻辑进行合理论证和判断后,才能被认为是真理。凡未经论证,仅凭口口相传形成的教义,包括"圣训",都是不足为信的。真理必然与理性相一致,凡与理性原则相悖的,定为谬误。

苏菲派认为知识分两类:神性知识和经验性知识。前者通过内心修炼,由造物主给灵魂以启示,使之彻悟而获得。后者则在客观经验的基础

---

① 《古兰经》7:54 和 20:5。
② 沙赫拉斯塔尼:《教派与信条》,第17页。

上通过理性思维而实现。前者是根本的,它包括对上至真主本体、下到宇宙万物的本质性认识,最后达到神人合一,实现认识主体和客体的融合。后者只是认识客体的反映。他们意欲在信仰的方法论和理性的方法论外,独创一种体验的方法论。

铿迪既主张知识的单一性,又提倡知识道路的双重性:理性的道路和启示的道路通向一个真理。但实际上这两者常常大相径庭,例如他经过理性的思索认为宇宙是无始的,而启示却说宇宙是真主创造的,根本无法统一。他不得不强调真理的客观性,强调以数学为基础的感性与理性相结合的道路。他的所有证明都建立在三个前提上:1. 存在需要证明其载体的客体;2. 作为公理般自明的理性原则;3. 本质或界定的知识。他认为"阐明任何事物只有通过它的界定"①。

精诚兄弟社强调,"凡想知道事物真理的人应该首先研究万物的缘由,他需具有一颗没有烦恼忧虑和种种信念的心,具有清除不良道德的纯洁的心灵,不沾染种种无效信仰的胸怀,并不怀成见地支持或反对某种学说,因为成见是欲望,而欲望使理智的眼睛变瞎,无法了解真理,它使明察秋毫的心灵也无法设想事物的真相,从而偏离正道,走上歧路"②。

法拉比提倡真理统一论,认为哲学和宗教是一致的。知识有表面和内里两相,通过正确的阐述使知识的表面和内里相统一。被感之物是被知之物的表象,只有对表象进行理性思维,才能抽象出其实质。无实质,

---

① 艾哈迈德·富阿德·艾哈瓦尼:《哲学流派》,第112页。
② 《精诚兄弟社书信集》,第3卷,第376页。

表象不能成立；无表象，实质也不复存在。他以独特的方法，研究语法、逻辑和哲学的关系，力图使这三者结合起来，采取雄辩的理性的方法研究问题、整理思想，描绘宇宙和谐的面貌，指明规律性的东西。

伊本·西那把客观事物的存在作为认识的基础。通过五大感官对这些事物的知觉所形成的感性意识，在综合、比较、分析之中，通过理性的作用而使认识深化，从感性知识上升到理性知识。他的哲学具有唯物主义和无神论的倾向，其主要部分是研究精神的、非物质本质的形而上学；研究物体形成和变化的物理学（自然学）；研究从物质的物中抽象出来的概念的逻辑学。他的方法论注重范畴、界定和证明。他首先确立三大范畴——可能（物质）、必然（真主）、现实（世界），把它作为整个形而上学的基础。在阐述这三者间的辩证关系的同时，强调世界的永恒，提倡与托勒密的天体理论相吻合的溢出说，实质上把真主和宇宙在泛神论上等同起来。他热衷界定，力图通过界定确切地叙述事物的本质特征，确定概念的内涵和外延。他赞颂美，认为"凡物之美是它处于应有的情况"[1]。他认为证明有三要素——内容、前提、问题，通过一定的前提，从具体的内容（证据）中导出结论，解决问题。他强调逻辑思维和具体经验相统一、理论和实践相统一，注意丰富的内容而不追求空洞的形式。但他一方面断言有助于发现真理和获得幸福的哲学，归根到底是高于宗教的，另一方面又承认高于认识方法的神秘知觉，肯定人的灵魂通过内在净化和道德完善后，可接受真主理性

---

[1] 伊本·西那：《拯救书》，第245页。

的溢出——真主直接的启示,从而认识常人所无法认识的东西。

法赫尔丁·拉齐主张"存在"不能接受定义,"因为我们知道存在,尤其是我们本身的存在,先于任何科学,从而不能回到比它更简单的概念或更早的定义"①。存在与本质的联系,不是实体间的联系,也不具有逻辑必然性,而是一种利他主义,不能将本质归于某存在物。至于知识则来自溢出的世界,即理性世界。知识依赖于心灵对所需知识的接受性。感觉纯粹起感受的作用。真主的知识是包罗万象的全面的知识,人的知识具有相当大的局限性。人只有坚定信仰、纯洁心灵、接受感悟,才能掌握真理。

伊本·巴哲提倡理性意识的方法,人通过行善而纯化,与原动的理性相接触或合一,由特称到全称,去认识一切可以领悟的形式。他强调通过思维,把感觉到的物质形式,上升到理性的认识,从而去认识种种精神的形式和思想的形式。② 这是一种唯理主义方法论。

伊本·图斐勒毅然采取批判的方法去对待前人留下的知识,通过相互驳斥的方法去思考阿拉伯哲学中的一些原则性问题。他把理性的灵魂作为人的本体的本质,认为知晓者、被知晓者、知识这三者是合一的。值得注意的是,他虽然把哲学和宗教作为达到真理的两条平行的道路,但在《哈伊·本·雅格赞》这个神秘主义哲学故事中却流露出明显的唯物主义倾向。该故事的主人公不必借助造物主的启示,就可在自然中认识自然,通过自我深化而达到认识的顶点。事实上,因果必然论已经成为他进行

---

① 法赫尔丁·拉齐:《东方学术论文集》,第1卷,第12页。
② 详见本书第三章第六节。

思考的逻辑依据。

加扎利采取典型的信仰的方法论,认为"哲学家们所谓的自然规则或因果规律,都是服从真主意志的事情。我们是把它作为一个既成事实而接受的。因为至高无上的真主在他拥有的知识内,知晓万物的命运,他将此教会了我们。既然如此,就没有什么束缚造物主意志的某种固定的自然规律"①。他不信任感性知识,认为人们的视野有限、视角不同,因而感性知识令人生疑。理性的知识也不行,不能使人们获得真理。只有真主将它投入人们心中的光芒,才是人们获得知识的钥匙。他对尘世间的知识采取怀疑的态度,认为"怀疑是审视的基础","谁不怀疑,谁就不会审视,无审视就无所见,无所见就两眼摸瞎,处于谬误之中",②因此他号召以审视的方法追求真理,独立思考,自成一派,对任何与教律说法不同的理论都不盲从,因为"教律是理性的外部,理性是教律的内部,它们相辅相成"③。

伊本·鲁世德推崇批判的方法论,认为宗教与哲学并重,引用圣典与理性分析不可偏废。这与伊本·西那(主张哲学高于宗教)和艾什阿里、加扎利(认为宗教高于哲学)不同,反映了以神学、宗教势力为一方,以哲学与科学提倡者为另一方,经过长期较量后哲学家表面的妥协。他一方面宣布哲学家不会制定新的信仰,不会拒绝《古兰经》和圣训中说到的明确的信仰,另一方面又大肆批判神学家和经院哲学家,尤其针对加扎利的

---

① 加扎利:《哲学家的毁灭》,第284页。
② 《伊斯兰权威加扎利论文精选》,第71—72页。
③ 《加扎利论文玑珠》,第60页。

《哲学家的毁灭》一书,进行了全面的反驳,指出真正"毁灭"的是加扎利自己,而不是哲学家们。就是对法拉比和伊本·西那,他也无情地指责他们在许多方面曲解了亚里士多德的学说。

他采取自然主义的道路,通向唯物主义,论证了整个人类有统一的、普遍的和客观的理性的学说。他的方法论将科学与教义相分离,提倡借助前人的知识积累,强调通过感性获取理性的知识,认为"我们在获取这些知识时,首先是感知,其次是想象,这时我们才能有完整的知识"①。真正的知识并不是对万物的局部认识,而是借助理性,从局部事物中抽象出事物的共性,并从共性的角度对局部事物的再认识。他声称灵魂和思想,都是作为一种形式而同宇宙循环相联系着,认为万物具有"变化的可能性",一种事物可能变成另一种事物,但只有在后一种事物"符合本性"时才能这样。②无论在自然界还是在理性中,既无绝对的产生,也无绝对的毁灭,有的只是在永恒存在的长河中,旧的解体,新的结合,发生变换。

第三节　人际关系和人类社会

阿拉伯思想是在伊斯兰社团所经历的社会动荡、政治分歧所引起的大辩论中产生和发展起来的。阿拉伯哲学家历来注重社会和政治问题。他们中除极少数过着平静的隐居生活外,大多数生活在社会的风口浪尖,

---

① 伊本·鲁世德:《灵魂学简要》,第 80 页。
② 伊本·鲁世德:《形而上学注释》,第 185 页。

为实现自己的主张而奔波,有的还进入权力层。铿迪的大半生在麦蒙和穆阿泰绥姆·比拉哈里发的王宫中度过。他的学生艾哈迈德·本·塔依卜·赛尔赫西担任穆阿泰迪德哈里发的教师和顾问。法拉比是阿勒颇哈姆丹朝艾米尔(国王)赛伊夫·道莱的近臣。伊本·西那曾被布韦希朝夏姆斯·道莱和阿拉乌·道莱这两位素丹任命为首席大臣和顾问。伊本·巴哲在格拉纳达和萨拉戈萨执掌过大权。伊本·图斐勒出任过穆瓦希德朝艾布·叶厄古卜·尤素福哈里发的御医兼大臣。这个职位后来由伊本·鲁世德接任。身处封建政治之中心,他们的处境不可能一帆风顺,不是陷于矛盾纠葛难以自拔,就是屡遭谗言而受陷害。例如,伊本·西那在迈哈姆德·加兹纳维素丹在位时曾被通缉,险遭杀害。伊本·巴哲被人毒死。伊本·鲁世德一度被贬流放,著作被焚。在这种情况下,许多阿拉伯哲学家十分重视对人际关系和人类社会的研究,提出他们的幸福观、道德论,描绘理想社会的蓝图。

一、 幸福观

法拉比指出人有两种生活:物质生活和精神生活。前者取自外界,使人体健康成长,获得"第一完美",为人的活动奠定基础;后者并不依赖物质世界,而是以自我为满足,过一种高尚的生活,实现"最终完美",这才是"最大的幸福"。[①] 这种幸福既不是现世的物质享受,也不是来世的天园享

---

① 《法拉比哲学论文集》,第 45—46 页。

第四章 阿拉伯哲学探讨的主要课题

乐,而是一种超脱物质的心灵状态。

自出生以来,人就具有理性的潜能,但这种潜能不会自行转化为现实,领悟现实的被理性领悟的事物;必须依靠原动的理性才能实现这一转化。原动的理性对潜在的理性(物质的理性)的关系,犹如太阳对目光。物体无光不能被看见,但它具有被看见的潜能,阳光使这种潜能变成了现实,使人们的目光可以目睹它。同样,原动的理性使潜在的被理性领悟的事物变成现实的被理性领悟的事物,使人的理性从潜在变为现实。这时,灵魂就成为一种"分离的"事物,不再需要肉体和感官作为中介物去进行认识。灵魂直接与原动的理性相联系,从生与灭的世界到达理性的世界,从而成为不朽。但灵魂的这种不朽并不与肉体相分离(灵魂与肉体相分离意味着死亡),而是在人生过着一种完美的生活,掌握了真正的绝对的知识,领悟宇宙万物,了解无始无终永不变更的存在物。但人们只有在道德城内才能达到这一点。道德城就是人们在社会中"合作进行幸福凭之真正地被取得的那些事物"[1]的社会。

肉体、社会、宇宙,都是由等级森严而又互相联系的各部分所组成的整体,共同努力达到属于整体的最高目标。道德城的元首能直接接受来自第一存在的启示,处于"最高等级的幸福之中"[2],由他带领全体居民实现幸福的目标。要保证人取得幸福,首先要培养美德,使它在人们的灵魂中生根。美好的行为多次重复就形成了美德。整个社会的居民的行为符

---

[1] 法拉比:《道德城居民意见书》,第117—118页。
[2] 法拉比:《道德城居民意见书》,第125页。

合道德规范,才能保证他们的幸福。其次要实现社会公正,公正并非平等,而是每个人获得与他的地位与贡献相应的份额。但平等最终又归于公正。

精诚兄弟社把宇宙分为两个世界:上界和下界。上界即十大天体的世界,包括月球、七大行星、恒星天体和最远的天体;下界即火、气、水、土这四行的世界,这是月球下的生与灭的世界。与这种宇宙两界论相对应的是人的存在的两世性:在尘世上,灵魂与肉体结合;在来世,灵魂脱离肉体。人是整个宇宙舞台的中心,是上升的和下降的两个宇宙活动的汇交点:人的肉体是物质上升发展的结果,人的灵魂由于从上界下降而与肉体相结合。人因同时具有肉体和灵魂这两个本质,而出现极端矛盾的现象。"它们是属性相异、情况相反的两个本质,而在一时的行为和偶然的性状方面又是共同的。人为了自己物质性的肉体,愿意留在尘世,盼望在尘世永存;为了自己精神性的灵魂又要求来世,盼望到达来世。"①这样,人在尘世上的行为和境遇往往难以统一。

人在尘世中的幸福体现在不断地上升之中,社会等级的上升使人身价提高,但更重要的是灵魂的不断完美,这得靠德行,而德行的实现又离不开肉体。"灵魂与肉体在一起时如果没有臻于完美的形象,它在尘世时没有和肉体一起具有完美的德行,那么人死后灵魂在来世就不会幸福。"②灵魂在尘世上应把目标对准上界,这种上升只有通过知识。"谁具有真正

---

① 《精诚兄弟社书信集》,第1卷,第259页。
② 《精诚兄弟社书信集》,第3卷,第491—492页。

的知识越多,他就越像天神,越接近造物主。"①知识靠学习与研究,凭前者接受现成的知识,靠后者获取新的知识。他们认为有两类书籍:"编纂的书籍和存在的书籍。"②前者重要,后者更重要。它要求我们去观察存在、研究存在,从存在中获取教益。人们通过研究,使感性知识上升到证明的知识。"证明的知识越多,灵魂就更有潜能设想作为从物质中抽象出来的形式的那些精神性的事情。这样,灵魂就与它们相似,变成潜在地类似它们,一旦死亡时离开肉体,就变成现实地类似它们,凭本体而独立,脱离生与灭世界的苦海,成功地进入精神世界的天堂。"③因此,只有认识世界才能使灵魂上升,实现死后的幸福。

伊本·西那认为,人类社会的存在出自人的本性。"人与其他动物的不同就在于:人如孤零零一人,万事自己动手,没有同伙协助他取得生活必需品,那他就不能很好地生活。"④共同的经济活动,是构成人类社会的主要因素,但不是唯一的因素。他着重指出语言在人类社会中的作用,而且人能预测未来。理性的学科能使人获得最大的幸福,它可分为理论的学科和实践的学科。理论的学科可分为下(自然学)、中(数学)、上(形而上学),使人们获得真理。实践的学科给人们正确的观点。实践善,科目很多,首先是伦理学,其次是治家安国的学问,它们使人在今世和来世都获得幸福。

---

① 《精诚兄弟社书信集》,第1卷,第450页。
② 《精诚兄弟社书信集》,第4卷,第42页。
③ 《精诚兄弟社书信集》,第1卷,第451页。
④ 伊本·西那:《拯救书》,第303页。

伊本·巴哲认为人是相互联系、一个服从另一个的各种器具的组合。器具包括物质性的和精神性的。前者又有自然的（肢体、器官和体液）和人工的（人造的器具）之分，手是"众器具的器具"[1]。甚至人的"本能的精神"[2]也是自然的。人的行为由一系列的器具井然有序地顺次运动而成，一个器具既是运动者，又是紧接其后的器具运动的致动者，"人内绝对的第一致动者是灵魂及其各部分"[3]，在另一处又说是"理性"[4]。他认为人的第一致动者由两部分构成：一个是真正致动的，即"意见"和"思想"，由灵魂中的理性实现；另一个是"欲望的潜能"，充作传递运动的第一环节。他采取灵魂、肉体二元论，认为它们之间的关系犹如船长与轮船的关系，人的行为由灵魂所指挥。但灵魂又不是与肉体完全脱离的本质。

当人的理性与原动的理性合为一体时，人才能脱俗而不凡；而人只有在积累知识的过程中才能达到原动理性的程度，一旦达到，就实现了"人类的最大幸福"。这是每个人的"自然目标"，但真能独自做到的只是少数。所以，人们应推举贤者为领导，带领大家团结协作，共同提高，获得真正的知识，进行与这知识相称的行为。他强调，普及知识应成为人们的共同行为，它是实现幸福的保证，但这只能在理想社会里才能实现。

伊本·图斐勒认为人分三类。一类人徒有人的形式，实际上只是无理性的动物，他们一辈子不知必然的存在，死后化为乌有，连灵魂和理性

---

[1]《伊本·巴哲的神学论文集》，第167页。
[2]《伊本·巴哲的神学论文集》，第162页。
[3] 伊本·巴哲：《论运动者》，见《铿迪、法拉比、伊本·巴哲、伊本·阿迪论文集》，第139页。
[4]《伊本·巴哲神学论文集》，第161页。

也不能永恒。另一类人虽然知道必然的存在，明白什么是真、善、美，但却随心所欲地生活，从未见证必然的存在，拒绝追求真、善、美，这种人死后"处于无休无止的痛苦和折磨之中"。只有第三类人才能得到永恒的幸福，他们在世时"知道这一必然存在的存在物，并整个身心趋向他，思念其伟大、美好与光辉，与他亲近直至死亡"。他们的灵魂"一旦离开肉体，就处于无穷无尽的享受之中，获得永无止境的欢乐与幸福"①。最大的幸福存在于与神的本体真正的合一之中，这是一种伊斯兰苏菲主义幸福观。

他甚至认为人类社会是幸福道路上的障碍，因为社会上人们结党营私，纵情享乐，"对他们，训诫提醒毫无益处，好言相劝不起作用，他们越争越凶，他们没有办法获得哲理，沉沦在愚昧无知之中"②，只有脱离这种社会，独自修行的人，才能获得真理，实现幸福。这种观点实际上反映了当时阿拉伯社会的危机，要求人们回避现实，独善其身。

伊本·鲁世德恰恰相反，他顺应当时呼吁公正、平等的社会思潮，提倡共同的幸福，认为教律和哲学的目的只有一个，那就是实现人们的幸福。"人是自然的最大奇迹"③，他处于不朽和毁灭之间的中间地位，是最接近天体等级的存在物，但与此同时，他又是可毁灭的。他将感性的存在和理性的存在结合起来，处于中间的环节。人只有合作才能实现幸福。幸福存在于人所特有的行为和行动之中，它与人的理性有密切的关系。

---

① 伊本·图斐勒：《哈伊·本·雅格赞》，第182页。
② 伊本·图斐勒：《哈伊·本·雅格赞》，第231页。
③ 伊本·鲁世德：《灵魂学简要》，第95页。

理性有理论的和实践的两大功能,这两者结合就能产生作为美德的行为。但一个人不可能具有所有的美德。美德是实现人类幸福的保证,所以人们应相互合作,组成集团,不够的向较好的学习,较好的帮助不够的,共同达到完美的美德,人能做到这一点。人类社会主要由三部分人组成——生产者(工匠和商人)、卫士、哲人,应以哲人为领导,因为他们具有理性的知识,可以制定法律使社会有约束,并通过教育培养社会公德,使真、善、美深入人心。

值得指出的是,伊本·鲁世德是阿拉伯哲学家中第一个从理想的社会的角度关心妇女的幸福。他在《论柏拉图的〈理想国〉》中大胆地提出了男女平等的思想,强调男子和妇女尽管有区别,但都是有理性的存在物(人),他们的存在目的是一致的。毫无疑问,男子在社会活动的某些领域比妇女强,但妇女在另外一些领域则超过男子。许多妇女具有卓越的才能,因此可成为哲学家、行政官、军队指挥员,但实际上这种情况难以实现,这是由于某些教条禁止妇女显示才能,妇女们自己也屈从这些风俗习惯,不指望自己出类拔萃。他在批判阿拉伯-伊斯兰世界的妇女状况后指出,现实的生活不让我们把妇女看作潜在的力量,仿佛她们生来就是生儿育女的工具,只从事家务,这使她们生活上依赖男子,造成社会的贫穷。应当充分认识妇女的才能,采取各种手段使她们有机会崭露头角。妇女应该享有男子所享有的权利,她们应该有权选择婚姻对象、获得与男子相同的战利品,甚至可以在男子面前领拜。只有这样,社会才是公正的,社会成员才是幸福的。

二、道德论

广义的伊斯兰道德论提倡采取中庸之道，运用理智，因时因地地使人的形体、道德、精神三方面都达到和谐的自然状态。"灵魂确实是令人作恶的"①，这里的"灵魂"是指人的原始倾向，有人把它译作"人性"。这种灵魂追求形体需要的满足，与动物无异。但人的灵魂又是"自责的灵魂"②，自讼自责，就能涤荡罪恶，约束情欲和兽性，显示高尚道德，从而使人的灵魂成为《古兰经》所说的"安定的灵魂"③，这时人的精神已经纯化，便可进入天园。

道德的初级阶段在形体方面，使浑浑噩噩的野蛮人知道做人的根本要素，在饮食、衣着、婚姻等人类社会生活的基本方面养成文明的习惯，懂得基本的礼仪。在此基础上，依照理智和知识行事，区别善恶，将慷慨、刚勇、公正、仁爱、忠实、忍耐、慈悲、宽恕等人的自然状态和自然情感，不偏不倚地表达出来，这就是道德。在广义道德论的最高阶段，固守善功已使人的精神获得一种纯洁的动力，"这等人，真主已经把信仰铭刻在他们的心上，并且以从他降下的精神援助他们。他将使他们进入下临诸河的乐园，而永居其中"④。这就达到了人生的目的。

狭义的道德论以顺从、知足、忍耐为基本德行。顺从即顺从真主，这

---

① 《古兰经》12:53。
② 《古兰经》75:2。
③ 《古兰经》89:27。
④ 《古兰经》58:22。

是最基本的,舍此不能成为穆斯林。"伊斯兰"就是顺从的意思。知足即满足于真主所赐,哪怕身处逆境,也以知足为乐,绝不埋怨命运的坎坷,而是以忍耐为本,坚贞不移。此外,它又可分为两个方面:使人能避免罪恶的一切道德品质,使人能力行善功的一切道德品质。前者如贞操、诚实、和平、温和与美言等等,后者如宽容、公平、仁慈、慷慨与刚勇等等。贞操是第一道德,淫乱者不仅今世要蒙受羞辱和咒诅,来世也要受惩罚。所以应该避开那些可能引起这种妄念的场合,既不能用容貌、声音、肉体去激起别人的情欲,也不要受别人的引诱而走上邪径。诚实使人不具有非分之想,不会用不正当的手段去获取不该获取的钱财和名誉。和平即无害他人,不给别人造成肉体的和精神的痛苦。温和就不会走极端、胡乱猜疑、诽谤他人。美言能与人和睦相处,不会去耻笑别人。向人行善的第一道德是宽容,适当的宽容能化敌为友,使人有改过自新的机会。公平待人,以德报德,这是本分。仁慈、慷慨都是对人行善,但应出自真诚的动机,不应索取恩报或使人难堪。刚勇以忍耐与坚定为前提,忍耐是身处困境时的美德,凭坚定才能百折不挠,这样就能显示刚勇,克敌制胜。《古兰经》中有很多道德论方面的论述,并强调"行善者自受其益,作恶者自受其害"[①]。行善将得到报酬,作恶会受到惩罚。

穆尔太齐赖派主张以美与丑来代替善与恶的概念。善的并非必然是美的,恶的也并不一定是丑的。例如,使人遭受痛苦和灾难,这不能称作

---

① 《古兰经》45:15。

善,但这痛苦和灾难如果能促使遭受痛苦和灾难的人猛醒,坏事变成好事,这应该说是美的。人的行为分两类:一类是与道德无关的行为,另一类是与道德有关的行为。前者指一般的吃、喝、睡等维持生命所必需的行为;后者则要受人褒贬,被褒的被人认为是美的,被贬的则被人认为是丑的。评论一个行为是美还是丑,应以理性为标准。同一个行为,对于不同的人、不同的时间、不同的地点,会有不同的评价。

人的理性既然能分辨善恶美丑,那么人应对自己的行为负全部责任。人的道德是人的观念和意志的体现。人的理性在认识基本真理方面的能力是差不多的(个别人例外),但人的行为却千差万异,对行为的评价也各不相同,这里涉及人的知识问题。知识是和美德统一的,或者说知识就是美德。哈瓦利吉派中的狂信派认为杀死政敌和教敌是理所当然的,是真主所喜悦的事情。这由他们的观念而定,而观念来源于知识。如果他们认识到随便杀人是不义的,就不会将丑事认作美事。知识能帮助人判断是非,它先于人的行为。

褒奖和贬责不是人的行为美与丑的原因,而是它应有的评价。判断一个行为是应受褒奖还是应受贬责,须根据行为本身而定。无意的行为有美丑,但不受褒贬。一个人睡眠中无意碰坏了东西,这行为自然是丑的,但不应受指责。真主所命令做的那些事情是好事,真主所禁戒做的那些事情是坏事,但它不能和美与丑相等同。只能说真主所命令的是应该做的,因为它是美的;真主所禁戒的是不该做的,因为它是丑的。而不能倒过来说凡美的是真主所命令的,凡丑的是真主所禁戒的。

人的意志分两种：一种是先于行为，但因种种原因而未进行此行为，从而未产生任何影响的意志；另一种是对行为产生影响的意志。对于后一种意志，穆尔太齐赖派一致认为人应对这种行为负责。至于前一种意志，则看法不一，大多数穆尔太齐赖派认为这种意志没有付诸行为，因此不存在责任问题。但艾布·荷宰依勒·阿拉夫和艾布·阿里·朱巴伊等人认为既有意志，就有责任问题。一个人意图杀人，虽然没有行为，但杀人意图本身就是罪恶的。如果一个人意图做某事，但其行为的结果正好与其意图相反，那么人是对其意图负责，还是对其行为负责？穆尔太齐赖派对此没有提出明显的观点。

艾什阿里派坚决反对穆尔太齐赖派的美丑观，他们认为善与恶、美与丑都根据教律而定，凡真主所命令的就是善行，凡真主所禁戒的那些行为则是恶习。除了教律外，不能有其他的道德标准。沙赫拉斯塔尼明确地指出，美与丑不是"自在的性质"[1]，否则的话，对美与丑就无所谓公认的道德标准，会因各人判断的不同而得出相异的观点。哈瓦利吉派中的狂信派将杀死政敌和教敌为善行，如果每个派都这样，那还有什么道德可言？如果承认同一个行为，可产生不同的评价，那实际上从根本上取消了教律，主张行为之间没有可比性，这必然引起争端。

他们认为人的意志不是绝对自由的，人的意志比起真主的意志算不了什么。人意图做某事，而由于种种外在的因素而不能实现其意图，这足

---

[1] 沙赫拉斯塔尼：《凯拉姆学探止》，第371页。

以证明存在着不以人的意志为转移的事情。"真主是万能的,绝没有什么他难以实现的事。"①人的行为是被造的,而"创造只是真主才有的属性"②。一个人应受褒奖或贬责不是根据人的行为,而是根据真主的判决。

苏菲派认为,人的自由并不是在善与恶两种行为中自由选择,而是指人应使自己的心灵摆脱欲望的引诱,不迷恋尘世享受。自由是对奴役而言,人迷恋尘世享受,就是尘世的奴隶,不是自由的,只有摆脱尘世羁绊,才能获得自由。只有这样,才能建立真正的道德。首先要忏悔,不仅要忏悔肢体的罪愆,而且要涤荡心灵的恶念。他们认为道德不仅指人的行为,而且是一个心理过程,肢体的行为只是心灵观念的反映。嫉妒和仇视是最大的恶念,恶行无不由此产生,只有心灵充满了爱,他的一举一动才能体现善。

加扎利把信仰作为道德的基础,只有信仰坚定了,他才能按教律所要求的去做,他的行为才是善的。"道德不仅仅是人的行为,行为来自信仰,内心的信仰驱动意志,意志指挥行为。"③人的心灵会产生各种杂念,仅有杂念不应受指责。人还有判断能力,知道什么是应该做的,什么是不应该做的,这就是说人有"根据教律要求的自制能力"④。心灵所思,并非都是杂念,只有违背教律的想法才是杂念,这时人应与自己的心灵搏斗,清除这些杂念。凡顺从这种杂念的,他的行为就是恶的。信仰不坚定、知识缺

---

① 艾什阿里:《伊斯兰学派言论集》,第1集,第216页。
② 巴吉拉尼:《公正论》,第152页。
③ 加扎利:《圣学复兴》,第3卷,第64页。
④ 加扎利:《圣学复兴》,第3卷,第36页。

乏者，才会那样。

众先知生来就具有最佳的道德，他们的美德是先天的。其他人则要通过后天的培养，尤其是自我养心，分辨善恶，以教律为准绳，取他人之善行，戒他人之恶习，自知、自觉、自行，使行善成为自己的本能，抵制物欲的引诱，防止偏离正道。道德培养必须从小抓起，培养他们自幼孝敬父母，尊敬师长，诚实，宽容，在衣、食、住、行等方面具有良好的习惯，遵守伊斯兰道德传统，成年后自觉履行宗教义务。他认为国家首脑不仅要安邦定国、体察民情、关心百姓，更重要的是要以身作则，克己循礼，推崇德行，杜绝不义的言行。

精诚兄弟社将知识和道德联系起来。在他们看来，数学不仅是研究数的学问，而且引导灵魂从感性的认识到理性的认识。占星术也是为了纯化灵魂，使它上升到星体世界。自然学的目的是促使人从万有的和谐和次序，认识真主为人所显示的奇迹，使具有最高道德水准的人与天神相接触。一个人如果是善的、有理性的，那他就是上界的妆饰。神学是最高的学问，其目的在于使人认识真主、具有高尚的德行。就像胎儿必须在子宫里几个月，以便发育成人一样，人必须在尘世上，使灵魂的美德得以完全，只有这样才能死后进入天园。为了来世的幸福，人应该克服肉欲、摒弃恶行、与人为善。人有三种道德：本性流露的自然道德；经过思维的理性道德；政治的、法律的道德。他们着重指出"人们中有的信仰跟随其道德，有的道德服从其信仰"，如是后者，"他一旦认定了某观点、某学说、某设想，他就使自己的道德和性格去符合这种学说或信仰，因为他的一言一行最关心的是支持他的学说,在他的一切行为中实现他的信仰"①。他们指责经院哲学家沉湎争论,有言无行。他们主张将理性和教律、理论和实践结合起来,使美好的德行成为人人所想,人人所行。

法拉比认为道德是行为的支柱,道德来自理性,人有选择行为的自由,并能根据理性来评价人的行为。"责任"首先具有道德的意义,其次才是"建立在众所周知的价值和行为准则的基础上",它"可以说是自由人应遵循的义务"。"责任与义务的区别就在于义务是内心的感觉,责任是进行那些其本身被规定的事情。"②他提倡知与行的统一,既要了解什么是德行,又要将这些知识在行为中体现出来。美德是"人们凭之行善,进行美好行为的种种心灵状态"③。这是在两个极端之间居中的心灵状态,过分与不足都是恶行,例如慷慨就在挥霍与吝啬之间。

道德是社会的产物,美好的道德是保证社会成员过幸福生活的一个重要方面。他强调社会首领的作用,指出他不仅自己要具有完美的道德,还应是个心灵医生,培养与发掘人们灵魂中的美德的潜在能力,矫治社会上的不良行为,使美德为社会所公认,所习。德行高尚的人,他们的德行已经成为他们的一部分,他们行善是自然而然的。但许多人办不到,他们只是"自律者","自我节制自己的行为,使它成为善行"④。应该通过教育手段或强制手段"使德行在人们的心灵中生根,或者使他们成为自律者",

---

① 《精诚兄弟社书信集》,第1卷,第306—308页。
② 阿卜杜·拉赫曼·巴达维:《理论道德》,第127页。
③ 法拉比:《哲学散论》,第24页。
④ 法拉比:《哲学散论》,第34页。

以"根除恶习"。自律带有自我强制的成分,只有达到自觉的程度,才是真正的德行。屡教不改应被驱逐出去。①

伊本·穆盖法阿著有《大礼集》《小礼集》等专门讨论世俗伦理的著作,提倡智者应随时清算自己,找出自己在宗教、道德、礼仪方面的问题,随时提醒自己,力求改正。同时,他应注意别人的优点,把它牢记在心,时时对照自己,作为矫治自己的标准。"智者应备两面镜子,一面用来照自己的问题,使它不断缩小,尽可能地矫正;另一面照人们的优点,以他们为榜样,尽可能地汲取这些优点。"②智者应与具有学识、道德的人交往,从他们身上汲取有用的东西,形成自己的美德。人们是相互影响的,只有相互促进才能互相长进。

伊本·西那认为改造别人首先要改造自己,改造自己是改造社会的捷径。人由理性的灵魂和物质的肉体组成,只有当理性占统治地位时,品行才能端正。但人们的灵魂沉沦在物质内,具有很多缺点和不足,它们是幸福道路上的绊脚石。智者对此不能掉以轻心,应随时注意、了解与根除这些缺点和不足,与自己的灵魂进行清算。最需要这样做的是头领们,因为他们手下的人不便或不敢指出他们的问题,他们更应自觉地把握自己。

叶海雅·本·阿迪的《道德修养》一书,把道德品质的差异归于人的灵魂的欲望的潜能、情感的潜能、理性的潜能这三大潜能之间的关系,只有理性控制欲望和感情时,人才具有美德。美德不能自然产生,而是人在

---

① 法拉比:《哲学散论》,第35页。
② 伊本·穆盖法阿:《小礼集》,第55页。

与自己的无理性倾向搏斗中,依靠学习、思考,在与善者交往中逐渐养成。社会道德不是一朝一夕能够形成,而是社会成员长期努力的结果,必要时可采取强制措施,清除害群之马,净化社会。美德与恶习相对立地存在,克服恶习才能养成美德。

米斯卡威赫可说是阿拉伯最著名的道德哲学家。他在《道德修养》一书中,认为道德来自理性的灵魂,最高的善是和最大的幸福相统一的。智慧、节制、勇敢、公正为四大基本美德,其他美德无不由此派生。他提出适度的概念,适度才能成为美德,过分与不及都走向反面,成为恶习。因此奸刁与愚昧、放纵与拘泥、莽撞与懦弱,都是恶习。公正的过分与不及都是不义。他针对当时社会,提出愚昧、放纵、懦弱、不义为四大恶习。美德不是先天而有,而是后天习得,通过教育而理解,付诸实践而养成。只有形成习惯,他的美德才成为自然。人的本质存在是理性,这是真主所创造的,而将人的理性化为美德,则与人的意志有关。他反对苏菲派的心灵修炼法,认为人的美德只有在社会生活中,在与人接触中才能反映。肉体的欲望应与精神的需要相结合,智者不是弃绝尘世享受,而应把此享受放在适可而止的地位,并将它与精神的享受相一致。

伊本·巴哲认为人的行为来自人的自由意志和思想,因其内容不同而具有不同的等级。人的行为的目的有三:肉体的、半精神的、全精神的。前者是为了肉体形式的完全,如吃、喝、穿等,仅有此行为的人仍留在动物的世界。他是人,但仅仅是与动物相差无几的人。半精神的目的使人具有道德的和理性的美德,这时人的共同感觉、想象力、记忆力大为发展,不仅要求吃饱穿暖,而且追求仪表的形象和文化素质,这时他才是具有完备意义上的人。只有到了全精神的阶段,人才具有绝对的完美,或者说具有神性的完美存在,可以与纯精神的原动的理性相接触,实现人生的最大目的。

伊本·鲁世德认为人是社会的动物,只有合作才能实现共同幸福。广泛合作就形成社会,人们在社会交往中就体现出道德。教律教会人们实践的道德,哲理则使人们熟悉理论的道德。道德离不开知识,知识的应用具有广泛的社会性,但它的掌握又具有相当大的局限性,因此必须通过多种形式普及知识,使美德在人们心中生根。他强调公正是社会道德的基础,提倡实现相对平等(包括男女平等),允许每个人自由表达自己的思想,美德即"履行自己的义务,尊重别人的权利"①。道德论的最终目的是使所有的人都幸福、美满。

三、理想社会

法拉比认为人们为生存,需结成社会。最理想的社会是道德城,它是人们"通力协作,实现真正的幸福"②的社会。这个社会既不像必需城那样,仅以提供人们糊口活命的必需品为满足,又不像聚财城那样,以敛财致富为乐趣。它的居民既不像卑劣城的居民那样追求声色犬马,沉沦于肉欲享受,又不像尊严城的居民那样争名誉夺地位,把尊严作为炫耀的资

---

① 伊本·鲁世德:《柏拉图的〈理想国〉注释》,第84页。
② 法拉比:《道德城居民意见书》,第118页。

本；他们既不像征服城居民那样团结一致，以征服他人、他国为幸事，又不像集团城那样奉行个人绝对自由，整个社会犹如一盘散沙。必需城、聚财城、卑劣城、尊严城、征服城、集团城都是愚昧城。他们的居民根本就不知道什么是真正的幸福，更不知如何获得幸福。与道德城相对立的，除愚昧城外，还有放荡城、背叛城、迷误城等。放荡城的居民明知真理和幸福之所在，知道如何去获得它，却反其道而行之，过着和愚昧城居民一样的生活。背叛城的居民背叛了自己的信仰，走上歧路。迷误城的居民具有各种荒谬的观点，并把它付诸实践。

一个城市是能够自给自足、社会职能齐全的最小人类社会的单位。道德城是一个理想社会，它"与自然存在物相似"，自然存在物从第一到第一物质，形成存在的等级，"各种自然物相互联系和联合在一起"①。道德城的首领宛若第一存在物，由他统率各部分相互联系的一个城市。道德城又"和健全的肉体相似，肉体的各个器官通力协作，延续生命，维持肉体的健全"②。道德城的各部分既有等级又有联系地为实现包括每个人在内的整体的最高目标而共同努力。

人以心为本，社会以首领为第一。首领应具备12个特性。③ 值得注意的是，这个标准虽然具有阿拉伯-伊斯兰传统的完人的概念，但却未将道德城的首领必须是穆斯林作为条件，而且根本没有涉及宗教信仰的问

---

① 法拉比：《文明政治》，第84页。
② 法拉比：《道德城居民意见书》，第118页。
③ 详见本书第三章第四节中的"道德与政治"。

题。这些特性中有的是天生的,有的随着阅历的丰富而获得,有的则是努力学习的结果,全部具有者实际上是位哲人。所以哲理,即真正的哲学知识,也是必需的。"首领具备所有的条件,却独缺哲理",那么道德城实际上就会"群龙无首",会"遭到毁灭"。① 真正的首领,他的灵魂与原动的理性相联系,直接从第一存在那里获得启示,因而"处于人类的最完全等级、幸福的最高等级中"②。一城只有一个元首。如果没有一个人完全具备担任首领的资格(12个特性),那么可以几个互补的人共同承担首领职责,组成集体元首。这就是元首的单一性。

整个社会像座金字塔,其尖端上是执政者或元首(首领),底座上是"只服务而不被服务"者,处于这两者之间的是"既领导又被领导"的各个阶层。③ 社会上的人可分为贤者、言者、能者、武士、劳力,与人的灵魂的五大功能(理性的潜能、想象的潜能、感觉的潜能、欲望的潜能、营养的潜能)相对应。贤者即哲人,他们具有智慧,对各种重要问题都能拿出主意;言者指演说家、诗人、作家、音乐家,他们能调动人们的想象潜能;能者具有把哲人的智慧化为实际的本领;武士即保卫者,他们卫护社会秩序的正常进行;劳力则是社会物质财富的提供者,包括农民、牧人、商人等等。这些人的社会地位虽然不同,但在道德方面却是没有区别的。不过任何社会都会有败类,就像"庄稼中有害无益的杂草"④,他们是城市内的二流子,包

---

① 法拉比:《道德城居民意见书》,第130页。
② 法拉比:《道德城居民意见书》,第125页。
③ 法拉比:《道德城居民意见书》,第119页。
④ 法拉比:《文明政治》,第87页。

括投机取巧者、随心所欲者、迷失正路者等。他们对道德城社会的存在是个威胁,因此道德城的首领必须时刻注视这帮人的动向,"采取相应的办法来对付他们,要么把他们驱逐出城,要么对他们进行处罚或拘留,要么使他们从事另外的工作"①。

社会首领的最大职责是,把社会成员有机地组合起来,并维护这种组合,以实现整个社会的最大幸福。道德城居民"按各自的天分和所作的贡献定贵贱"②。天分并非决定的因素,可以通过学习和实践弥补天分的不足。因此,首领必须把教育作为自己的重大任务。"人的存在就是为了达到最大的幸福,而为达到它,就需要知道什么是幸福,并把它作为自己时刻不忘的目标。"③道德城的居民的一切言行,其本身就是幸福的保证。

精诚兄弟社坚持宇宙灵魂单一论,认为人们通过集体的努力,可以达到"天神的等级"。完人即先知,他死后,他的民族作为一个整体,可以发扬他的各种高贵品质,成为"万众一心,具有统一意志和行为的团体"④,他们称之为精神城。在精神城内,每个人都知道"他们尽管具有各个不同的肉体,但他们的灵魂是同一个"⑤。换句话说,精神城作为人的特殊群体,他们在尘世条件下恢复了宇宙灵魂的单一性,为灵魂返回上界创造了条件。

---

① 法拉比:《文明政治》,第106页。
② 法拉比:《文明政治》,第83页。
③ 法拉比:《文明政治》,第78页。
④ 《精诚兄弟社书信集》,第4卷,第125页。
⑤ 《精诚兄弟社书信集》,第4卷,第170页。

精神城具有复杂的构成。精诚兄弟社一会儿把它看作是纯粹精神性的城市,一会儿又把它当作人在大地上的具体的社会。但不管怎样,精神城是以虔诚、忠实、仁义为基础的,它好比物质海洋中的"拯救船"(挪亚方舟),以实现"在天园内永恒"这个"最大目的"。① 整个城市的结构宛若根植于天上的由上向下生长的精神树,其主根是法律的制定者,他的左右手和亲密的弟子是主枝,由主枝伸出副枝(再传弟子),再到小枝(再再传弟子),而后长出树叶、花果。正因为根植于天上,所以可以获得启示,"把它下达给大地上的人,把他们拉入天神的等级"②。

有社会必定有首脑。精诚兄弟社认为有两种首脑:肉体的首脑和精神的首脑。前者如国王和大权在握者,他们通过强制的方法,对人的肉体产生影响。后者是教律的制定者,他们保证遵循教律者在来世成功、获救与幸福。显然,精神城的首领是后者,这种理想社会的创立者就是教律制定者,他必须具有与法拉比的道德城的首领相同的 12 个特性。他首先得规定一个基础,尔后"在这基础上进行其他工作,使言与行方面的教律得以完整"③,给人们规定该做的和不该做的,并创造适宜的环境,让人们从事正当的活动。此外,他要努力使该城实现四点:每个人具有分辨美与丑的理性;每个人都能仿效教律制定者的言行举止;每个人都有一份来自教律制定者的训令,在众所周知的时间内去研究它;每群人都有一个德高望

---

① 《精诚兄弟社书信集》,第 4 卷,第 172—173 页。
② 《精诚兄弟社书信集》,第 4 卷,第 136 页。
③ 《精诚兄弟社书信集》,第 4 卷,第 130 页。

第四章　阿拉伯哲学探讨的主要课题

重的头头,领导他们走正道。这四点实现了,精神城就建立了,此后就不再需要教律的制定者。该城的居民都能自觉地凭理性去做该做的事。

精诚兄弟社把他们的团体视为精神城的缩影或榜样。他们慎重对待每个拟吸收入社的对象,"考察其情况,了解其经历,摸透其脾性,询问其信仰"①,以决定能否接纳其为兄弟。与此同时,又十分注意兄弟社的社会基础,在各个阶层发展成员,尤其注意吸收青年人参加。他们认识到社会有贫富、地位有高低、知识有多少、品行有优劣,但把这方面的原因归于四点——身体素质、自然条件、教育程度、星体影响,并将后者作为主要的原因。人在钱财和学问方面有四种情况:钱财和学问兼而有之,钱财和学问两者皆无,有钱财无学问,有学问无钱财。他们应相互帮助,有钱财的拨出部分钱财资助贫困者,有学问者匀出一些知识给愚昧无知者,帮助他们学习文化。他们看重知识与信仰,认为人分四种:既有信仰又有学问者,无信仰且无知识者,无信仰但有学问者,有信仰但无知识者。他们自己属于第一种人。知识是进入精神城的必要条件,"一个人,他的知识没有达到我们的程度,是不可能进入我们这个城市的"②。

他们强调通过教育普及知识,认识万物首先得认识自己。"一个人如果自称认识万物,他却不认识自己,这就好比一个人喂饱别人自己却挨饿,治愈别人自己却缠绵病榻,给人穿衣自己却赤身露体。"③只有普及教

---

① 《精诚兄弟社书信集》,第4卷,第43页。
② 《精诚兄弟社书信集》,第4卷,第173页。
③ 《精诚兄弟社书信集》,第2卷,第378—379页。

育,全体居民都有文化知识,才能促进社会的发展,实现人类的理想。

伊本·西那把人类社会的存在作为人的社会本性之一。他提出公正城的模式,以法律为社会的基础,在法律上实现社会公正,维持社会的联系。这个社会有三种人:治理者、劳作者、捍卫者。法律的制定者应该"在每一种人中安排一名领导,在他下面有各级领导,一级领导一级,直至普通百姓。在公正城内,人人有工作、人人有地位、人人受益于他人"①。除上述的三种人外,还有奴隶,"他们生长于非名誉的地区","被迫为公正城的居民服务"。②

婚姻法是最重要的法律。婚姻是"公正城建立其上的最佳支柱之一"③。他提倡以爱为婚姻的基础,倡导公开结婚,反对私下纳妾和各种淫乱行为,以使每个人的出身和血统都一清二楚。要尽力维护婚姻关系,限制离婚,不让轻浮行为导致婚姻的破裂。他反对女性抛头露面,随意接触陌生男子,认为妇女应从一而终,而男子则有权娶几个老婆,但必须以有能力满足他的妻子的全部需要为条件。

公正城居民之间联系的纽带是合作和交流,他提倡等价交换的原则,甚至说好话也有代价。应该大力反对游手好闲,依赖他人为生。至于那些丧失劳动力的人,则由社会包下来,从公共基金中拨出他们的生活费。公共基金主要来自税收和罚款。在反对无所事事的同时,禁止"非社会性

---

① 伊本·西那:《治疗书·神学》,第447页。
② 伊本·西那:《治疗书·神学》,第452页。
③ 伊本·西那:《治疗书·神学》,第448页。

工作",例如通过结帮营私、赌博等"转移社会财产",采取放高利贷等方法"实际上过寄生生活"。①

公正城的首领应是哲人—先知,他由于与原动的理性相联系而认识真理,有办法使人们接受各种被理性领悟的事物,首先使他们认识全能的唯一的造物主的存在,并在他们心中播下必须有法律和公正的信念,从而为制定法律打下心理基础。他通过政治,采取给感性世界带来好处的方式,使人们接受真理,又通过科学的手段,使理性世界的内容为人们所接受,从而体现理论与实践的一致。但先知并非时时存在,所以他要指定继位人,被推荐为继位人的,必须具有理性的头脑、高尚的道德、超人的能力,他既能充分了解法律并不折不扣地执行,又能创造性地解决社会存在中的各种问题。随着时间的推移,以调整人们之间关系为目的的各种法律应合时宜地适当修改和更新。其目的是为了在新的条件下,继续实现社会公正,让每个社会成员得到更大的益处。

伊本·巴哲的理想国是完美城,它以实现全体居民的幸福为目标。与它相对的非完美城有四种:物质城、求美城、幻想城、颂主城。物质城的居民把吃喝玩乐等物质享受当作人生目的,提倡"有福尽量享,管它德与寿"。求美城的居民将追求美为唯一目的,食不厌精、衣必求美,把表面装饰放在一切的首位。有人认为追求美是一种高尚的行为,但伊本·巴哲认为"国家在大多数情况下往往毁在这帮人手里"②。幻想城的居民好大

---

① 伊本·西那:《治疗书·神学》,第447—449页。
② 伊本·巴哲:《索居指南》,第64页。

喜功,不讲实际,他们虽然也追求美的物质享受,但以"思想美德"为准则,耽于幻想、擅长言辞,并不将它化为现实。他们的做法尽管能帮助别人达到"完美的精神形式"却于事无补。① 颂主城的居民认为赞颂和祈祷能带来幸福,而忽视必须注意到的社会生活的方方面面。

实际上并不存在上述四种城市的纯粹情况,往往是四种情况以不同比例的混合,产生各种各样的社会状况,都是不完美的。"阿拉伯史中自先知迁徙以来的 600 年间所存在的众所周知的一切,都将疾病送入人们的灵魂中","灵魂患病者不能把善看作善,直到他们的灵魂恢复健康",②因而各派都有自己的人生目的,一是"使真主满意",二是"获得享受"。③他认为把物质享受放在首位,是他所处时代的灵魂的最大通病。所以,一个追求真理的人,在这种社会里总感到自己孤独寂寞,甚至被社会所不容,而成为离群索居者。

关于索居的思想,并非伊本·巴哲首创。法拉比就曾直截了当地指出:"人们中有德行者,在腐败的政治中没有地位,他应该迁徙到道德城去,如果当时确实有道德城存在的话。如果没有道德城,有德行者不容于尘世,生活十分糟糕,那么死就是他人生的最好解脱。"④伊本·巴哲在《索居指南》中注重研究"如果不存在幸福时,如何取得幸福,或者说如何自我

---

① 伊本·巴哲:《索居指南》,第 65 页。
② 伊本·巴哲:《论欲望的潜能》,见《铿迪、法拉比、伊本·巴哲和伊本·阿迪哲学论文集》,第 159 页。
③ 伊本·巴哲:《形而上学作品集》,第 119 页。
④ 《法拉比哲学论文集》,第 95 页。

摆脱那些妨碍他获得幸福的种种情况"①。索居者脱离社会,这是伊本·巴哲所劝告的。但他本人对此也并不满意,因为索居毕竟是违反人的社会本性的。索居本身其实是种恶,虽然在某种特定的情况下可能是善,就像鸦片,它是毒品,但对某些不正常的肉体来说,它可能成为有益的。处于病态社会中的人,可以借助在正常社会中被认为不正常的做法,即索居或独来独往,不随波逐流,守其独善。

伊本·图斐勒没有提出理想社会的模式,他并不认为理想社会的存在是人们取得幸福的条件,相反却把人类社会作为实现幸福的障碍。在《哈伊·本·雅格赞》这部哲理小说中,哈伊通过自己的观察与思考,借助内在的精神,终于大彻大悟,认识了真理。当阿卜萨勒向他介绍附近一个岛屿上居民的情况时,哈伊"对人们非常同情,盼望亲自解救他们,便萌生去他们那儿,向他们揭示和阐述真理的想法"②。但当他和阿卜萨勒到达那儿去"传播哲理的奥秘"时,却发现"人们对他冷冷淡淡,对他传播的真理不屑一顾,心里对他产生怨恨",整个社会结党成派,追名逐利,肉欲横流,"任何箴言都对他们不起作用",只会"增加他们的纷争","他们沉沦在愚昧无知之中,无法获得哲理",因而他"对教化他们感到绝望"。③

伊本·鲁世德认为哲学是组织社会,使所有的人获得共同幸福的必要知识。理想的社会是以哲学和法律为基础的共和制。"与真理相符的

---

① 伊本·巴哲:《索居指南》,第43页。
② 伊本·图斐勒:《哈伊·本·雅格赞》,第229页。
③ 参见伊本·图斐勒:《哈伊·本·雅格赞》,第230—231页。

法律"的制定者即先知,他"使人们了解美好的知识与行为,通过这些知识和行为实现人们的幸福,禁止他们遵奉腐朽的信仰和进行恶劣的行为"[①]。这种从首领到平民无一例外都得遵守的法律是启示与理性的结合,它是"文明所必需的"[②]。他强调哲学家是"先知的继承人"[③],在不存在先知的情况下,哲学家应依靠先知所留下来的法律,领导和管理社会。每个有能力的社会成员都应从事哲学研究,随时注意社会情况的变化,促使它朝更好的方向发展。

社会成员可分为特民和平民(大众)两部分,平民的知识局限于感性认识,认为凡存在的都是物质的、可感知的,除了物体外,一切皆不存在。因而他们的知识是肤浅的。特民们能将感性的知识提高到理性的认识,因此能深刻地认识世界,掌握社会知识,指导社会行为,"下到大众之间,用他们可以理解的语言开导他们"[④]。他主张恢复伊斯兰社团初兴时的比较平等的生活,认为平等是理想社会所应实现的目标之一。要达到这一点,必须恢复质朴的品质,认识真理、真诚工作。所谓真诚工作就是"进行能带来幸福的行为,避免能产生痛苦的行为",这"分成两部分:一是表面的肉体的行为,关于这种行为的知识被称为法律学;二是心理的行为,例如感恩、忍耐等等教律所号召或禁止的道德"。[⑤] 这些社会行为,哲学家称

---

① 伊本·鲁世德:《关于社团信仰证明法指津》,第215页。
② 伊本·鲁世德:《毁灭的毁灭》,第581页。
③ 伊本·鲁世德:《毁灭的毁灭》,第584页。
④ 伊本·鲁世德:《关于社团信仰证明法指津》,第191页。
⑤ 伊本·鲁世德:《论哲理和教律之间的联系》,见《伊本·鲁世德哲学》,第191页。

第四章　阿拉伯哲学探讨的主要课题

之为"实践的美德"。美德一旦成为社会的普遍行为，就形成社会公德。

一个既有法律，又有社会公德和个人自由的社会便是理想的"善人城"。他认为穆罕默德在世时的穆斯林社团就是善人城的最好体现。真主启示，由先知传达到人间的教律得到完全贯彻，人们自觉行善，具有充分的自由。四大正统的哈里发时期也基本这样。但倭马亚朝建立后，情况大变，统治者像个醉鬼，控制不了自己，却千方百计地控制别人；又像个病鬼，治不好自己却要医治别人。这以后的朝代更迭，每个新贵刚掌权时尚能以身作则，执法有度，实现社会公正，但不久又重蹈覆辙，不义和贪婪盛行，将好端端的一个国家变成肉欲之邦，跌入"毁国的败行深渊"[①]。因此他反对积聚财富。在他的善人城里不使用金钱，实现人人平等，各人无偿取得自己所必需的物品。要达到这一点，必须通过教育，培养社会公德。对于难以教育好的人，善人城可采取暴力，强迫他们按照善人城的诸项原则行事。

阿拉伯哲学家在坚信人本质上是平等的这种信条的基础上，将幸福观、道德论和理想社会三者紧密地结合在一起，研究人际关系和人类社会。他们的理想社会实际上是对当时存在的社会现实的批判。这种理想社会推崇高尚的道德，以实现人类幸福为目标，虽然只是一种乌托邦，但也体现了阿拉伯人的憧憬，甚至时至今日仍有一些人对它抱有极大的热情。

[①] 伊本·鲁世德:《柏拉图的〈理想国〉注释》，第 125 页。

参考文献

一、中文版

北京大学哲学系外国哲学史教研室编译:《西方哲学原著选读》,商务印书馆1981年版。

第·博雅:《回教哲学史》,马坚译,商务印书馆1934年版。

方立天:《佛教哲学》,中国人民大学出版社1986年版。

郭应德:《阿拉伯中古史简编》,北京大学出版社1987年版。

马德邻等:《宗教,一种文化现象》,上海人民出版社1987年版。

《马克思恩格斯全集》,人民出版社1959年版。

《马克思恩格斯书信选集》,人民出版社1962年版。

《马克思恩格斯选集》,人民出版社1972年版。

任继愈主编:《宗教词典》,上海辞书出版社1981年版。

沈福伟:《中西文化交流史》,上海人民出版社1985年版。

汤用彤:《印度哲学史略》,中华书局1988年版。

参考文献

于可主编:《世界三大宗教及其流派》,湖南人民出版社1988年版。

〔法〕马塞,H.:《伊斯兰教简史》,王怀德、周祯祥译,商务印书馆1978年版。

〔美〕希提:《阿拉伯通史》,马坚译,商务印书馆1979年版。

〔苏〕别利亚耶夫,E.A.:《伊斯兰教派历史概要》,王怀德译,宁夏人民出版社1980年版。

〔德〕布罗克尔曼,K.:《伊斯兰教各民族与国家史》,孙硕人等译,商务印书馆1985年版。

〔苏〕特拉赫坦贝尔,O.B.:《西欧中世纪哲学史纲》,于汤山译,中国对外翻译出版公司1985年版。

〔以色列〕埃班,A.:《犹太史》,阎瑞松译,中国社会科学出版社1986年版。

〔日〕中村元:《比较思想论》,吴震译,浙江人民出版社1987年版。

〔英〕希克,J.:《宗教哲学》,何光沪译,生活·读书·新知三联书店1988年版。

二、英文版

Abdel-Kader, A. H., *The Life, Personality and Writings of al-Junayd*. London, 1962.

Affifi, A. E., *The Mystical Philosophy of Ibnu'l-Arabi*. Cambridge, 1938.

Afnan, Soheil M., *Avicenna: His Life and Works*. London, 1958.

Ali, Ameer., *The Spirit of Islam*. London, 1955.

Fakhry, M., *A History of Islamic Philosophy*. New York, 1983.

Fakhry, M., *Islamic Occasionalism*. London, 1958.

Guillaume, A., *The Traditions of Islam*. Oxford, 1924.

Hourani, G. (tr.), *Averroes on the Harmony of Religion and Philosophy*. London, 1961.

Mahdi, M. (tr.), *Al-Farabi's Philosophy of Plato and Aristotle*. Glencoe, 1962.

Mahdi, M. (tr.), *Ibn Khaldun's Philosophy of History*. London, 1957.

Nasr, S. H., *Three Muslim Sages*. Cambridge, Mass., 1964.

Nicholson, R., *Mystics of Islam*. London, 1914.

Nicholson, R., *Studies in Islamic Mysticism*. Cambridge, 1921.

O'Leary, de Lacy., *Arabic Thought and Its Place in History*. London, 1922.

Rescher, N., *The Development of Arabic Logic*. Pittsburgh, 1964.

Sharif, M. M., *History of Muslim philosophy*. Wiesbaden, 1962.

Walzer, R., *Greek into Arabic*. Oxford, 1962.

Watt, W. M., *Islamic Philosophy and Theology*. Edinburgh, 1962.

Zaehner, R. C., *Hindu and Muslim Mysticism*. London, 1960.

三、阿拉伯文版

ابن ابى أصيبعة : «عيون الأنباء في طبقات الأطباء» القاهرة ١٨٨٢
ابن باجة : «كتاب تدبير المتوحد» بيروت ١٩٧٩
«رسائل ابن باجة الالهية» بيروت ١٩٦٨
«رسالة الاتصال» كملحق لكتاب ابن رشد «في تلخيص كتاب النفس» القاهرة ١٩٥٠
«كتاب النفس» دمشق ١٩٦١
ابن تيمية : «مجموعة الرسائل الكبرى» القاهرة ١٣٢٣ هـ
ابن حزم : «الفصل في الملل و النحل» القاهرة ١٣١٧ - ١٣٢٠
«الأخلاق و السير» بيروت ١٩٦١
«طوق الحمامة» بيروت ١٩٧٥
ابن خلدون : «مقدمة» بيروت ١٩٥٦
ابن خلكان : «وفيات الأعيان» القاهرة ١٩٢١
ابن رشد : «تهافت التهافت» بيروت ١٩٣٠
«فصل المقال فيما بين الحكمة و الشريعة من الاتصال» القاهرة ١٩٥٩
«الكشف عن مناهج الأدلة في عقائد الملة» القاهرة ١٩٥٥
«تلخيص كتاب النفس» القاهرة ١٩٥٠
«تفسير ما بعد الطبيعة» بيروت ١٩٤٢
«تلخيص كتاب المقولات» بيروت ١٩٣٢
«اتصال العقل الفعال بالانسان» بيروت ١٩٧٤
«بداية المجتهد و نهاية المقتصد» بيروت ١٩٨٢
«شروح مؤلفات أرسطو» البندقية ١٥٦٠

ابن سينا : « الشفاء (المنطق) » القاهرة ١٩٥٣
« الشفاء (علم النفس) » براغ ١٩٥٦
« الشفاء (الهيات) » القاهرة ١٩٦٠
« الشفاء (الطبيعيات) » القاهرة ١٩٦٩
« النجاة » القاهرة ١٩٣٨
« كتاب السياسة » بيروت ١٩١١
« الاشارات و التنبيهات » القاهرة ١٣٢٥ هـ
« منطق الشرقيين » القاهرة ١٩١٠
« رسالة في معرفة النفس الناطقة و أحوالها » القاهرة ١٩٤٣
« تسع رسائل » القاهرة ١٩٠٨

ابن طفيل : « حى بن يقظان » القاهرة ١٩٥٢

ابن عربى :« ترجمان الاشواق » لندن ١٩١١
« رسائل ابن عربى » بيروت بدون تاريخ

ابن مالك : « كشف أسرار الباطنية » القاهرة ١٩٣٩

ابن مسكويه : « تهذيب الاخلاق و تطهير الاعراق » بيروت ١٩٠٨
« الفوز الأصغر » بيروت ١٣١٩ هـ

ابن ميمون ، موسى : « دلالة الحائرين » باريس ١٨٥٠

ابن النديم : « الفهرست » القاهرة بدون تاريخ

أبو ريان ، محمد على : « أصول الفلسفة الاشراقية عند شهاب الدين السهروردى » اسكندرية ١٩٨٧
« تاريخ الفكر الفلسفى في الاسلام » اسكندرية ١٩٩٠

أبو ريده ، محمد عبد الهادى :« رسائل الكندى الفلسفية » القاهرة ١٩٥٠

أبو الفتوح شرف ، محمد جلال : « المذهب الاشراقي » القاهرة ١٩٧٢

أتاى ، حسين : « نظرية الخلق عند الفارابي » بغداد ١٩٧٥

اخوان الصفاء : « رسائل اخوان الصفاء » القاهرة ١٩٢٨
« الرسالة الجامعة » دمشق ١٩٤٨

الارض ، تيسير شيخ : « الغزالي » بيروت ١٩٦٠

أرنورد ، سير توماس : « تراث الاسلام » بيروت ١٩٧٢

الأشعري : « مقالات الاسلاميين » استانبول ١٩٤٠.
« الابانة عن أصول الديانة » بيروت بدون تاريخ
أغنا تنكو ، الكسندر : « بحثا عن السعادة » موسكو ١٩٩٠
أمين ، أحمد : « فجر الاسلام » ، « ضحى الاسلام » ، « ظهر الاسلام »
القاهرة ١٩٦٨
« حى بن يقظان لابن سينا و ابن طفيل و السهروردى »
القاهرة ١٩٥٢
أنطون ، فرح : « ابن رشد و فلسفته » اسكندرية ١٩٠٣
الأهوانى ، أحمد فؤاد : « كتاب الكندى الى المعتصم بالله فى الفلسفة
الأولى » القاهرة ١٩٤٨
الايجى ، عضد الدين : « المواقف فى علم الكلام » القاهرة ١٩٤٨
الباقلانى : « التمهيد » القاهرة ١٩٤٧
با لنثيا ، انخل جنثالث : « تاريخ الفكر الاندلسى » القاهرة ١٩٥٥
بدران ، ابراهيم : « دراسات فى العقلية العربية » بيروت ١٩٧٤
بدوى ، عبد الرحمن : « مؤلفات الغزالى » القاهرة ١٩٦١
«مؤلفات ابن خلدون » القاهرة ١٩٦٢
«الانصاف فيما يجب اعتقاده و لا يجوز الجهل به » الخانجى
١٩٤٦
« أرسطو عند العرب » القاهرة ١٩٤٧
« منطق أرسطو » القاهرة ١٩٤٨
« الأفلاطونية المحدثة عند العرب » الكويت ١٩٧٧
« الأخلاق النظرية » الكويت ١٩٧٥
« رسائل فلسفية للكندى و الفارابى و ابن باجة و ابن عدى »
بنغازى ١٩٧٣
« دور العرب فى تكوين الفكر الاوروبى » بيروت ١٩٦٥
البغدادى : « الفرق بين الفرق » القاهرة ١٩٤٨
البقرى ، أبو العطاء : « تفكير الغزالى الفلسفى » القاهرة ١٩٥٠
« اعترافات الغزالى » القاهرة ١٩٤٣
البهى ، محمد : « الجانب الالهى من التفكير الاسلامى » القاهرة ١٩٤٥
بيصار ، محمد : « الوجود و الخلود فى فلسفة ابن رشد » القاهرة ١٩٥٤

بينيس ، س : « مذهب الذرة عند المسلمين » القاهرة ١٩٤٦
التوحيدى ، أبو حيان : « المقابسات » القاهرة ١٩٢٩
   « الامتاع و المؤانسة » القاهرة ١٩٤٤
   « الحوامل و الشوامل » القاهرة ١٩٥١
تيزينى ، طبيب : « مشروع رؤية جديدة للفكر العربى فى العصر الوسيط » دمشق ١٩٧١
الجابرى ، محمد عابد : « تكوين العقل العربى » بيروت ١٩٨٤
جبر ، فريد : « مفهوم المعرفة عند الغزالى » بيروت ١٩٥٨
الجرجانى : « التعريفات » القاهرة ١٩٣٨
جمعة ، محمد لطفى : « تاريخ فلاسفة الاسلام » القاهرة ١٩٢٧
الجوينى : « كتاب الارشاد الى قواعد الأدلة فى أصول الاعتقاد » باريس ١٩٣٨
حسان ، عبد الحكيم : « التصوف فى الشعر العربى » القاهرة ١٩٥٤
حسين ، طه : « فلسفة ابن خلدون الاجتماعية » القاهرة ١٩٥٢
الحصرى ، ساطع : « دراسات عن مقدمة ابن خلدون » القاهرة ١٩٥٣
الحلو ، عبده : « الغزالى حجة الاسلام » بيروت ١٩٦٨
   « ابن رشد فيلسوف العرب » بيروت ١٩٦٠
حماده ، عبد المنعم : « من رواد الفلسفة الاسلامية » القاهرة ١٩٧٣
الحوفى ، أحمد محمد : « مع ابن خلدون » القاهرة ١٩٥٢
الخالدى ، طريف : « دراسات فى الفكر العربى و الاسلامى » بيروت ١٩٧٧
خليل ، خليل أحمد : « مستقبل الفلسفة العربية » بيروت ١٩٨١
الدسوقى ، عمر : « اخوان الصفاء » القاهرة ١٩٤٧
دنيا ، سليمان : « الحقيقة فى نظر الغزالى » القاهرة ١٩٤٧
   « التفكير الفلسفى الاسلامى » القاهرة ١٩٦٧
الرازى ، فخر الدين : « الاربعين فى أصول الدين » حيدر اباد ١٣٥٣ هـ
   « المباحث المشرقية » حيدر اباد ١٣٤٣ هـ
   « المحصل » القاهرة ١٣٢٣ هـ
رضا ، محمد : « الغزالى ، حياته و مصنفاته » القاهرة ١٩٢٤
رفاعى ، أحمد فريد : « الغزالى » القاهرة ١٩٣٦
زعبى ، محمد على : « البوذية و تأثيرها فى الفكر و الفرق الاسلامية »

المتطرفة » بيروت ١٩٦٤
زقزوق ، محمود حمدى : « المنهج الفلسفى بين الغزالى و ديكارت »
القاهرة ١٩٧٣
زيان ، بهى الدين : « الغزالى و لمحات عن الحياة الفكرية الاسلامية »
القاهرة ١٩٥٨
زيدان ، جرجى : « تاريخ التمدن الاسلامى » القاهرة ١٩٠٤
الزين ، سميح : « ابن رشد آخر فلاسفة العرب » القاهرة ١٩٦٨
السامرائى ، ابراهيم : « التوفيق بين الدين و الفلسفة عند الفارابى »
بغداد ١٩٧٥
السهروردى : « عوارف المعارف على هامش احياء الدين للغزالى »
القاهرة ١٢٨٩ هـ
« كتاب اللمحات » بيروت ١٩٦٩
شاهين ، عثمان عيسى : « المنهج عند الفارابى » بغداد ١٩٧٥
الشهرستانى : « الملل و النحل » القاهرة ١٩٤٩
« نهاية الاقدام في علم الكلام » لندن ١٩٣٤
الشيبى ، كامل مصطفى : « الفكر الشيعى و النزعات الصوفية »
بغداد ١٩٦٦
صبحى ، أحمد حمود : « الفلسفة الاخلاقية في الفكر الاسلامى »
القاهرة ١٩٦٩
صليبا ، جميل : « من أفلاطون الى ابن سينا » بيروت ١٩٦٦
« ابن سينا ، درس و تحليل و منتخبات » دمشق ١٩٣٧
« الدراسات الفلسفية » دمشق ١٩٦٤
« تاريخ الفلسفة العربية » بيروت ١٩٧٣
« مقدمة المنقذ من الضلال » بيروت ١٩٦٦
الطوسى ، السراج : « اللمع في التصوف » لندن ١٩١٤
الطيباوى ، عبد اللطيف : « التصوف الاسلامى العربى » القاهرة ١٩٢٨
عبد الجبار ، القاضى : « المغنى في أبواب التوحيد و العدل » بيروت
١٩٣٤
« شرح الأصول الخمسة » بيروت ١٩٦٥
عبد الرازق ، مصطفى : « فيلسوف العرب و المعلم الثانى » القاهرة

١٩٤٥
« تمهيد لتاريخ الفلسفة الاسلامية » القاهرة ١٩٤٤
عبد النور ، جبور : « التصوف عند العرب » بيروت ١٩٣٨
عبده ، الشيخ محمد : « بين الفلاسفة و الكلاميين » القاهرة ١٩٥٧
العراقى ، محمد عاطف : « النزعة العقلية فى فلسفة ابن رشد » القاهرة ١٩٦٨
« الفلسفة الطبيعية عند ابن رشد » القاهرة ١٩٧١
هزام ، عبد الوهاب : « التصوف و فريد الدين العطار » القاهرة ١٩٤٥
مزقول ، كريم : « العقل فى الاسلام » بيروت ١٩٤٦
العطار ، فريد الدين : « منطق الطير » القاهرة ١٩٧٥
عفيفى ، أبو العلا : « التصوف : الثورة الروحية فى الاسلام » القاهرة ١٩٦٣
العقاد ، عباس محمود : « الشيخ الرئيس ابن سينا » القاهرة ١٩٤٦
« أثر العرب فى الحضارة الأوروبية » القاهرة ١٩٤٦
عمارة ، محمد : « المادية و المثالية فى فلسفة ابن رشد » القاهرة ١٩٧١
« المعتزلة و مشكلة الحرية الانسانية » بيروت ١٩٧٢
عنانى ، محمد عبد الله : « ابن خلدون ، حياته و تراثه الفكرى » القاهرة ١٩٥٣
غرابة ، حموده : « الأشعرى » القاهرة ١٩٥٣
غردية و قنواتى : « فلسفة الفكر الدينى بين الاسلام و المسيحية » بيروت ١٩٦٧
الغزالى : « المنقذ من الضلال » القاهرة ١٩٥٢
« إحياء علوم الدين » القاهرة ١٩٣٣
« فضائح الباطنية » القاهرة ١٩٦٤
« تهافت الفلاسفة » القاهرة ١٩٧٢
« مقاصد الفلاسفة » القاهرة ١٩٦.
« معيار العلم » القاهرة ١٩٦١
« الاقتصاد فى الاعتقاد » القاهرة بدون تاريخ
« مشكاة الأنوار » القاهرة ١٩٦٤
مجموعة « الجواهر الغوالى من رسائل حجة الاسلام الغزالى »

القاهرة ١٩٣٤
مجموعة «فرائد اللآلئ من رسائل الغزالي» القاهرة ١٣٤٤ هـ
مجموعة «العقود و اللآلئ من رسائل الامام الغزالي» القاهرة ١٩٥٤
«المستظهري أو كتاب الرد على الباطنية» لندن ١٩١٦
غولدزيهر: «العقيدة و الشريعة في الاسلام» القاهرة ١٩٤٦
فاخوري، حنا، والجر، خليل: «تاريخ الفلسفة العربية» بيروت ١٩٥٨
الفارابي: «كتاب الوصايا» بيروت ١٩٢٨ أ
«احصاء العلوم» القاهرة ١٩٤٩
«كتاب آراء أهل المدينة الفاضلة» القاهرة ١٩٤٨
«كتاب السياسة المدنية» بيروت ١٩٦٤
«كتاب تحصيل السعادة» بيروت ١٩٨١
«فصول منتزعة» بيروت ١٩٧١
«رسالة في العقل» بيروت ١٩٣٨
«التعليقات، أغراض ما بعد الطبيعة و اثبات المفارقات، و مسائل متفرقة» حيدر آباد ١٣٤٦ هـ
«رسائل فلسفية للفارابي» بيروت ١٩٧١
«كتاب الجمع بين رأيي الحكيمين» بيروت ١٩٦٨
«عيون المسائل و جواب مسائل سئل عنها» القاهرة ١٩٠٧
فخري، ماجد: «ابن رشد فيلسوف قرطبة» بيروت ١٩٦٠
«دراسات في الفكر العربي» بيروت ١٩٧٧
«أثر الفارابي في الفلسفة الأندلسية» بغداد ١٩٧٥
فروخ، عمر: «الفلسفة اليونانية في طريقها الى العرب» بيروت ١٩٤٧
«عبقرية العرب في العلم و الفلسفة» بيروت ١٩٥٢
«فلسفة ابن خلدون» بيروت ١٩٤٢
«تاريخ العلوم عند العرب» بيروت ١٩٧٠
قاسم، محمود: «في النفس و العقل لفلاسفة الأغريق و الاسلام» القاهرة ١٩٤٩
«ابن رشد و فلسفته الدينية» القاهرة ١٩٦٩
«نظرية المعرفة عند ابن رشد و تأويلها لدى توماس

الأكوينى » القاهرة ١٩٨٢
القشيرى : « الرسالة القشيرية » القاهرة ١٢٨٤ هـ
قمير ، الأب يوحنا : « ابن رشد » بيروت ١٩٤٨
« ابن رشد و الغزالى ، التهافتان » بيروت ١٩٦٩
قنواتى ، جورج شحاتة : « مؤلفات ابن سينا » القاهرة ١٩٥٠.
كوربان ، هنرى : « تاريخ الفلسفة الاسلامية » بيروت ١٩٦٦
لويس ، برنارد : « أصول الاسماعيلية » القاهرة ١٩٧١
مالك ، شارل : « الآثار العربية الكاملة » بيروت ١٩٧٧
مبارك ، زكى : « الأخلاق عند الغزالى » القاهرة ١٩٢٤
المحاسنى ، زكى : « أبو العلاء ناقد المجتمع » القاهرة ١٩٤٧
محفوظ ، حسين على : « الفارابى فى المراجع العربية » بغداد ١٩٧٥
مدكور ، ابراهيم : « فى الفلسفة الاسلامية ، منهج و تطبيقه »
القاهرة ١٩٧٦
مروة ، حسين : « النزعات المادية فى الفلسفة العربية الاسلامية »
بيروت ١٩٧٨
مسعد ، الأب بولس : « ابن سينا الفيلسوف » بيروت ١٩٣٧
مظهر ، اسماعيل : « تاريخ الفكر العربى » القاهرة ١٩٢٨
معروف ، ناجى : « الفارابى عربى الموطن و الثقافة » بغداد ١٩٧٥
موسى ، محمد يوسف : « ابن رشد الفيلسوف » القاهرة ١٩٤٥
« بين الدين و الفلسفة » القاهرة ١٩٥٩
« القرآن و الفلسفة » القاهرة ١٩٧١
« الفكر العربى فى العصر الحديث » بيروت ١٩٧٣
نجاتى ، محمد عثمان : « الادراك الحسى عند ابن سينا » القاهرة ١٩٤٨
النشار ، على سامى : « مناهج البحث عند مفكرى الاسلام » القاهرة ١٩٤٧
« نشأة الفكر الفلسفى فى الاسلام » القاهرة ١٩٨١
نشأة ، محمد على : « رائد الاقتصاد ابن خلدون » القاهرة ١٩٤٤
هاشم ، حكمة : « تحقيقات حول نقد الغزالى لمذهب المشائين و الأفلاطونية
الحديثة » دمشق ١٩٦١
وافى ، على عبد الواحد : « المدينة الفاضلة للفارابى » بيروت ١٩٨٤
الوردى ، على : « منطق ابن خلدون » القاهرة ١٩٦٢

图书在版编目(CIP)数据

阿拉伯哲学/陈中耀著. —北京：商务印书馆，2019.12（2021.7 重印）
（季愚文库）
ISBN 978-7-100-17945-4

Ⅰ.①阿… Ⅱ.①陈… Ⅲ.①阿拉伯哲学—研究 Ⅳ.① B371

中国版本图书馆 CIP 数据核字（2019）第 256503 号

权利保留，侵权必究。

季愚文库
阿拉伯哲学
陈中耀 著

商 务 印 书 馆 出 版
（北京王府井大街36号 邮政编码 100710）
商 务 印 书 馆 发 行
上海雅昌艺术印刷有限公司印刷
ISBN 978-7-100-17945-4

| 2019年12月第1版 | 开本 880×1240 1/32 |
| 2021年7月第2次印刷 | 印张 14¾ |

定价：75.00 元